HOWDUNIT FORENSICS

A GUIDE FOR WRITERS

法醫
科學研究室

DOUGLAS P. LYLE

道格拉斯・萊爾／著　祁怡瑋、周沛郁、林毓瑜／譯

犯罪手法系列　HOWDUNIT SERIES　1

本書獻給所有務求正確的聰明作家，
我希望這本書適足以協助各位做到「正確」。

目　錄
CONTENTS

PART I
THE FORENSICS SYSTEM
法醫科學的體系

1

法醫科學：歷史沿革與組織架構 ·········· 21
FORENSIC SCIENCE: THE HISTORY AND ORGANIZATION

2

證據：法醫科學的中心與靈魂 ·········· 41
EVIDENCE: THE HEART AND SOUL OF FORENSICS

PART II
THE CORONER AND THE BODY
法醫與屍體

3 解剖：深入屍體 ………… 65
THE AUTOPSY: A LOOK INSIDE THE BODY

4 認屍：受害者是誰？ ………… 79
IDENTIFYING THE BODY: WHO IS THE VICTIM?

5 死亡時間：時間軸的關鍵部分 ………… 113
TIME OF DEATH: A CRITICAL PART OF THE TIMELINE

PART III
THE CRIME SCENE AND THE CRIME LAB
犯罪現場與鑑識實驗室

推薦序一

FORWORD

馬特・威頓 Matt Witten

寫犯罪小說和電視劇非常有趣，但絕對會有職業傷害。首先，你常常會做一些稀奇古怪的夢。其次，當你在晚餐桌上聊起連環殺手或將人勒斃的方法時，你的家人難免有點不安。最後更麻煩的是，你可能正在寫一部謀殺推理小說的曠世傑作，寫到一半卻突然發覺你不知道自己在寫什麼鬼。

參閱《法醫科學研究室》不見得能治好你的怪夢症，也不見得能讓你成為一個言行舉止較能被社會接受的晚餐良伴，但絕對能讓你增廣見聞。從DNA、槍傷後遺症到相關的法律問題，這本書無所不談，廣泛囊括了所有法醫科學的基本常識。

不只如此，這本書極其易讀，又搭配超級有趣的軼事。事實上，我讀這本書最大的困擾是我太太老是把書偷去讀，而她甚至對這種東西沒興趣。

在寫《法網遊龍》（*Law & Order*）、《美女專案組》（*Women's Murder Club*）及其他犯罪影集劇本的過程中，我諮詢過許多專家，並閱讀大量參考書籍，我發現多數科學家「想的」都和犯罪作家不一樣。而道格拉斯・萊爾會像作家一樣思考，無疑是因為他協助犯罪作家已逾十載，回答過我們成千上萬的問題。《法醫科學研究室》絕對是我讀過最好的參考書籍。

最棒的是，你說不定會發現讀這本書為你帶來靈感，讓你冒出謀殺推理小說和劇情轉折的新點子。事實上，我正在想該如何將萊爾醫生提到的「鯊魚手臂案」寫進我下一部電視影集裡，或許我會試著在

晚餐桌上說給我的家人聽聽看。

馬特・威頓為多部犯罪電視影集寫過劇本，包括《法網遊龍》、《CSI犯罪現場：邁阿密》、《美女專案組》和《情理法的春天》（*Homicide*）。

推薦序二

FORWORD

李·戈德伯格 Lee Goldberg

剛開始寫警匪電視劇時，我學到的做法是避開科學原理的東西，枯燥的闡述只會扼殺一個好故事的動能。不管科學上的原理是什麼都不該談得太多，你大可用一句話很快帶過。你可以讓你筆下的其中一名員警說：「實驗室發現犯罪現場的微物跡證，直接指向道格拉斯·萊爾。」然後，我們就能進到下一場飛車追逐、槍戰或貓抓老鼠的鬥智遊戲了。

印象中，唯一一部稍微對科學原理表現出些微興趣的影集是《檀島警騎》(*Hawaii Five-O*)。在每集當中，一身藍色、有著尖下巴的史蒂夫·麥加雷 (Steve McGarrett) 必定會去見披著實驗室白袍的方查理 (Charlie Fong)，而方查理則會根據再怎麼樣也很可疑的科學原理，一本正經、滔滔不絕地做些沒有意義的闡述。這種橋段蠢到每一部《脫線總動員》(*Naked Gun*) 電影都忍不住拿來惡搞。

沒人想在警匪劇中看到科學原理。大家想看的是帥氣的英雄、快節奏的劇情、怪誕的人物，以及精彩的動作場面。

神探可倫坡 (Columbo) 跟犯罪現場調查員談過話嗎？見鬼了，從來沒有。

潔西卡·佛萊契 (Jessica Fletcher)[1] 看過任何一份實驗室報告嗎？別做夢了。

《警署故事》(*Hill Street Blues*)、《情理法的春天》或《紐約重案組》(*NYPD Blue*) 裡的警察多常去實驗室聽簡報？幾乎沒有。他們忙著應

1　影集《推理女神探》(Murder, She Wrote) 的主角。

付自己錯縱複雜的性生活、自身藥物濫用的問題、法治體系的官僚文化，還有警局內部的政治陰謀。

這些影集的幕後編劇為什麼不關注鑑識層面的鋪陳？因為這種東西本質上就不刺激。我們相信觀眾不在乎物證；他們關心的是人，他們關心的是激情和動作。他們對凶手是誰和犯罪動機有興趣，但對犯案手法就不特別感興趣了。

試管、指紋、體液、DNA、陰毛和屍體解剖，純粹就是沒什麼香豔刺激或懸疑可言。

或至少表面上看似如此。

兩部在電視上搬演的犯罪劇碼改變了一切，扭轉了慣有的編劇觀點——辛普森（O.J. Simpson）的真實案件和《CSI犯罪現場》（*CSI: Crime Scene Investigation*）的虛構影集。

辛普森案是一次DNA與法醫科學的洗禮，吸引了數百萬計的民眾。它不只是一場審判或媒體事件，而是一門課程，把觀眾一無所知的科學層面介紹給他們，而且令人看得如痴如醉。

《CSI》繼之而來。一部關於鑑識實驗室技術人員的警匪小影集，沒人指望它成功。然而它是對的時間對的影集，觀眾剛發現法醫科學這門學問，它就搭上了順風車，並將科學原理的說明擺在中心、推到前面。劇情完全圍繞著證據，犯案凶手及其動機在故事的敘述中退居次要，不管是什麼微小的物證，犯罪現場留下的線索才是重頭戲。它打破了電視的每一條法則。

《CSI》真的是一夕轟動，在首播日就爆紅。這一系列影集和它的兩個延伸節目，從根本改變了我們在電視上說推理故事的方式（我認為也改變了電影和書籍）。真實世界裡，陪審團在法庭上期望從檢察官那裡看到和聽到的，甚至也因這部戲有了改變。

但事實是,《CSI》和它的延伸節目及仿效它的影集都失真到荒謬的地步。劇中人物的言行舉止、負責的調查範圍、在案件中的執法權利、和警方探員的關係,乃至於他們迅速調查出來的科學結果,都毫無現實根據。

地球上沒有一間警方的鑑識實驗室長得像《CSI》的三個節目中那樣。多數的鑑識實驗室都很拮据、樸素而死氣沉沉⋯⋯肯定不是百萬打造的建築奇觀,配有最先進、最尖端的科技,裝了成排的平板螢幕監視器,還打上富有情調、五顏六色的鹵素聚光燈。

你絕對不會看到現實世界中的犯罪現場調查員身穿亞曼尼、配戴手槍、質問目擊者,還有開著鍍鉻的悍馬車。

一如我認識的一位退役凶殺探員所言:「《星艦迷航記》(Star Trek)都比《CSI》還真實。而且,要是實驗室裡的傢伙膽敢開口質問目擊者,我早就把他斃了。」

然而對電視圈的從業人員來說,只要觀眾買帳,這一套就能成立。所以,儘管你我或許知道《CSI》是瞎掰的,對製作電視節目的人而言,它是成立的。現在,如果你要為電視上的犯罪劇碼編寫劇本,你就得把《CSI》的世界融入你的虛構小宇宙。更重要的是,觀眾期待看到這些東西。

警匪片必備犯罪調查劇碼,在我看來,備受推崇的《法網遊龍》就是最明顯的例子。如果你去看看這部影集早期的節目內容,你連一個犯罪現場技術人員都看不到,頂多是其中一位探員可能會提到某個「剛從實驗室得到」的消息。如今,在每一集當中,每個犯罪現場都一定有個侃侃而談的犯罪調查技術人員,探員則至少要義務拜訪犯罪調查總部一次,聽某個身穿白袍的技術人員用華美的高科技做多媒體簡報。若非如此,觀眾就不會覺得這個故事「逼真」。

在警匪片的世界裡,犯罪調查是否純屬虛構並不重要。在虛構的情節中,犯罪調查是新的現實元素,其他虛構出來的現實都要以此

為標準衡量「真實性」……至少直到另一部警匪片成為破紀錄的大熱門，重新定義我們說犯罪故事的方式。

在那之前，不管你是刻劃犯罪故事的作家或推理迷，要想深入了解警匪片虛構的科學原理，道格拉斯‧萊爾的作品都是必要的參考來源。這本書說的是法醫科學在真實世界中如何運作，而不是像吉爾‧葛瑞森（Gil Grissom）和何瑞修‧肯恩（Horatio Caine）這樣的角色變的魔術。而你或許會發現，真實世界中的法醫科學，甚至比我們每星期在電視上看到的東西更令人著迷。

李‧戈德伯格是電視編劇兼製作人，作品包括《鐵膽英雄》（*Spenser for Hire*）、《靈異妙探》（*Psych*）、《謀殺診斷書》（*Diagnosis Murder*），以及《神經妙探》（*Monk*）系列作，曾兩度獲愛倫坡獎（Edgar Awards）提名。

前言

Introduction

《CSI犯罪現場》、《屍骨未寒》(*Bones*)以及《法網遊龍》等犯罪影集的風靡凸顯出大眾對法醫科學的興趣。法醫科學為什麼突然變得這麼有趣?是對死亡或犯罪世界的變態著迷?還是人類天生好奇,對科學知識總有很強的求知欲?事實上,我們對鑑識相關事物的著迷可能是以上所有因素綜合的結果。科學和戲劇是一對強大的組合。

事實證明,即使是對一般外行人而言,法醫科學的世界也相當引人入勝。聽到有什麼新的鑑識技術,或因為鑑識證據而在法律上取得的勝利,我們會覺得很好奇。無論是從一根睫毛、一滴眼淚或一具有數百年歷史的木乃伊身上取得DNA,還是用一枚不完整的指紋解開懸宕數十年的凶殺舊案,我們都黏在電視機前看這是怎麼辦到的。

法醫科學是一門博大精深的學問,涵蓋解剖學、組織學、生理學、藥理學、化學、物理學、生物學、細菌學、昆蟲學、人類學、心理學等領域,這還只是其中幾項而已。當然,本書不可能囊括法醫科學的所有面向。事實上,每一章談到的主題都需要幾本教科書才能談個透徹,而一般讀者會覺得那麼深入的探討不只令人一頭霧水,還很枯燥乏味。

在這本書當中,我試圖打開法醫世界的大門,讓讀者對法醫科學有一個廣泛的認識,並進一步了解最常見的鑑識技術,亦即你會在電視上看到的、在報紙上讀到的那些。還有,對小說家而言,這裡有你撰寫故事所需要的細節。對許多人而言,這本書提供了認識法醫科學需要的所有資訊,當今和歷史上的資料皆有。然而,也有些人會想挖掘得更深入。如果你是後者,我建議你簡單地用Google之類的網路

搜尋引擎，針對任何你想探究的主題、姓名或詞彙搜尋一下，看看能
找出什麼結果。

　　最重要的是，我希望這本書既讓人學到東西，也令人看得入迷；
當然，還有刺激你思考和發問。針對讀者當中的作家朋友，我希望本
書不僅提供你創作一個可信故事時所需的知識，也能激發你的靈感，
讓你探索你筆下不曾考慮過的領域。

——Ｄ・Ｐ・萊爾醫生

PART I

THE FORENSICS SYSTEM

法醫科學的體系

1 法醫科學：歷史沿革與組織架構

FORENSIC SCIENCE: THE HISTORY AND ORGANIZATION

法醫科學（forensic science）是什麼？源自何處？「forensic」這個詞最初是什麼意思？

其簡短的定義是「法律的」，較長的定義為「有關犯罪活動調查所運用的科學，以及在法庭之上的證據分析與呈現」。因此，法醫科學是科學與法律的交集。「Medico-legal」這個做為forensic的代用詞，即清楚指出這門學問是法學和醫學的結合[1]。

Forensic一字源自拉丁文的forum。在古羅馬，forum是城市或城鎮的社區集會場所，既用來讓商人、政治家、學者和公眾聚在一起討論公共議題，亦做為公開審判、執行正義之處。幾世紀下來，forum一詞遂演變成forensics。

時至今日，forensic用來指涉與法律相關的事務，forensic science則是科學原理在法律範疇的運用。值得注意的是，forensic不同於「clinical」，clinical的意思是「與臨床醫療相關的」。

舉例來說，臨床毒物學（clinical toxicology）是分析病患照護的藥物與用藥。心臟病患者的毛地黃（digitalis）[2]血中濃度是否適足達到期望的效果？患者的症狀是否肇因於某種藥物使用過量？臨床毒物學關注的是病患的照顧與治療。

另一方面，法醫毒物學（forensic toxicology）則是將臨床毒物學（即藥物和毒物的研究）的原理和檢驗程序應用在法律案件上。受害者是

---

1 Medico意指醫療、醫學，legal為法律或法學。
2 一種強心劑藥物。

被毒死，抑或藥物過量致死？路線歪來歪去的駕駛人是喝茫了嗎？犯罪嫌疑人的異常行為是因為使用藥物嗎？法醫毒物學協助解答這些問題。

鑑識（犯罪）實驗室和醫療（臨床）實驗室也大相逕庭，後者處理的是活人。臨床或醫院實驗室裡的檢驗目的是協助診斷和治療病患。鑑識實驗室的證據檢驗則是希望能建立犯罪嫌疑人和罪行之間的關聯。

另一個例子是臨床病理學家和法醫病理學家之間的差異，後者位居法醫科學調查體系的頂端。如同實驗室一般，法醫病理學家和臨床病理學家的責任也極為不同。臨床病理學家關注的是協助其他醫生治療患者。就此而言，他監督醫療實驗室、解讀檢驗結果、檢查活體組織切片和手術移除的組織，並執行醫療解剖。醫療解剖是用來判定某個人為什麼會死，以及找出可能存在的併發症。

法醫病理學家則著重於犯罪傷害和死亡。他可能要監督鑑識實驗室（並非總是如此，因為鑑識實驗室往往隸屬警局）、解讀鑑識結果，並執行法醫解剖。法醫解剖也用來解釋某個人為什麼會喪命或受傷；然而，重點在於判定這種死傷是不是犯罪行為造成的結果。

法醫科學的發展

沒人確定科學是何時開始用來協助辦案，但許多人認為法醫科學的源頭可追溯到中國的刑官宋慈（1186-1249）。他在一二三五年發表了第一部法醫科學文獻，這部文獻有個頗為詩意的書名，叫做《洗冤錄》。

接下來幾世紀，法醫科學的發展斷斷續續。有些技術很早就發明出來且發展迅速，有些技術則延宕落後，還有些技術是直到現代才出現。沒有一項鑑識技術是憑空冒出來的，都各自有段獨特的演進過程。

現代法醫科學奠定在幾世紀的科學發現上。我們對物理和生物原

理的認識必須要先精進、擴充，才能運用在法醫科學的世界中。在我們知道有DNA的存在及其如何作用之前，DNA檢驗不可能成為一套受到認可的程序。直到我們發現指紋的存在及獨一無二的特性，它們才能被用來辨識身分。

法醫實驗室採用一項技術之前，這項技術必須經過科學界嚴密的測試與改良。新的技術勢必要面臨法律上的挑戰，所以科學界必須能夠認可這些技術。事實上，每一種鑑識技術都走過類似的路，包括武器鑑定、毒物鑑識和血清鑑識（血液和體液的研究）。

一九〇一年，卡爾．蘭德施泰訥（Karl Landsteiner, 1868-1943）發現人類的血液可加以分類，於是歸納出我們沿用至今的ABO血型系統（ABO blood group system）。一九一五年，里昂尼．拉提斯（Leone Lattes, 1887-1954）以蘭德施泰訥的發現為基礎，研發出一套簡單的辦法，可判定乾掉的血跡是屬於A、B、O哪一種血型，犯罪調查立刻就採用了他這種檢驗技術。一如我們將在第九章讀到的，ABO血型系統目前不只用來辨識犯罪嫌疑人身分、排除清白無辜的人，也用在親子鑑定和犯罪現場重建。

類似的例子在法醫科學的歷史上俯拾即是。二十世紀初，卡爾文．戈達德（Calvin Goddard, 1891-1955）將比對顯微鏡（comparison microscope）的子彈比對系統臻於完美，以利判定彈頭是否來自同一件武器，當前這項技術仍是武器鑑定主要仰賴的技術。亞伯特．奧斯朋（Albert Osborn, 1858-1946）的著作《待鑑文書》（*Questioned Documents*, 1910）為文書鑑定立下準則，許多準則仍為現代文書鑑定人員所採用。

最早的法醫科學家

有趣的是，最早的法醫科學家不是來自科學界，而是來自虛構的世界。藝術模擬真實人生，真實人生也模擬藝術。

亞瑟．柯南．道爾爵士（Sir Arthur Conan Doyle）筆下的夏洛克．福

爾摩斯屢次使用指紋、文書鑑定和血液分析的科學研究來破案。事實上，在福爾摩斯小說的第一集《血字的研究》（*A Study in Scarlet*, 1887）中，福爾摩斯研發了一種化學物質，用來判定一塊髒污是不是血跡。由於這項技術在真實生活的犯罪調查中尚未出現，福爾摩斯絕對是走在時代前端。

馬克·吐溫（Mark Twain）的《密西西比河上的生活》（*Life on the Mississippi*, 1883）用一枚拇指印揪出殺人凶手，《傻瓜威爾遜的悲劇》（*The Tragedy of Pudd'nhead Wilson*, 1893–1894）中則是有枚指紋成為呈堂證據。這些例子都早於一八九○年代法蘭西斯·高爾頓（Francis Galton, 1822–1911）劃時代的指紋研究，指紋研究也讓高爾頓受封爵士頭銜。

許多人相信第一位存在於真實生活中的法醫科學家是漢斯·格羅斯（Hans Gross, 1847–1915）。他的犯罪調查方法具備邏輯和組織，不只剖析罪犯的心思，也研究他們的追捕者，為現代犯罪學奠定了基礎。

一八九三年，他發表了第一篇將科學知識與程序運用在犯罪調查當中的論文。他於一八九八年的經典著作《犯罪心理學》（*Criminal Psychology*）勾勒出犯罪行為的法則，以及證據應如何評估並運用在刑事訴訟上。有趣的是，他也以「犯罪學家」（criminalist）這個較為現代的用語來指稱犯罪調查相關人員。

很快地，就有其他人追隨格羅斯的腳步，最著名的是法國里昂的一位警官兼教授艾德蒙·羅卡（Edmund Locard, 1877–1966）。二十世紀初，他發表了一套至關重要的觀點，俗稱羅卡交換定律（Locard's Exchange Principle），這套觀點依舊是現代鑑識調查的基石。

羅卡交換定律

凡走過、碰過，甚至是不自覺的，無論他留下什麼，都將成為指證他的無聲證人。不只指紋或腳印，還有他的毛髮和衣服纖維、他打破的玻璃、用工具造成的痕跡、油漆刮擦痕，乃至於他遺留或帶走的血液或精液。

除了這些，還有很多東西都是無聲的證人。這樣的證人不會忘記，不會因為一時沖昏頭而顛三倒四，也不會因為人類目擊者不在場就不存在。這些是事實的證據。物理證據不會有錯，不會自己造假，也不可能完全沒有。是人類沒能找到、研究、理解這些證據，這些證據的價值才被抹煞掉。

——艾德蒙·羅卡

想掌握法醫科學的精髓就一定要了解羅卡交換定律。如同羅卡教授的優美陳述，法醫科學的基本前提是一個人只要接觸了另一個人、物體或場所，物質交換就會發生。血液、纖維、毛髮或其他任何物質，或者被這個人留下，或者被這個人帶走。如果你有養寵物，你對這種物質交換就不陌生。看看你的衣服，你很可能發現貓毛或狗毛黏在纖維上。你也可能發現你把這些毛帶上車、帶進辦公室，並帶到任何你常去的地方。

判定犯罪嫌疑人在犯罪現場與否，是法醫科學的基礎功能之一。證據的分析是要建立凶手和罪行之間的關係或聯結。在某些案件中，犯罪嫌疑人只要在場就表示有罪。裂開的銀行保險庫面板上的指紋、從性侵受害者身上取得的精液，或是涉及搶案的車輛擋泥板上的油漆，這些都足以判定犯罪嫌疑人恐怕沒有「清白無辜的」理由出現在現場。

這種證據的關聯性是法醫科學的中心與靈魂。它證明了某個人和另一個人、地方或物體有所接觸。它也可能證明兩件物體或物質有

一個共同的來源。比方說，在搶劫案件的兒童受害者衣服上，如果找到符合特定某一輛汽車的油漆碎屑，那就顯示這輛車是油漆的來源。或者，如果犯罪現場發現的血跡符合從犯罪嫌疑人血液中取得的DNA，便證明這些血液有一個共同的來源，亦即該名犯罪嫌疑人。這是否代表那個人有罪？不盡然。這種判定要到法庭上進行。證據的關聯性只能用來推估該名犯罪嫌疑人在場，此種關聯性是否為有罪的證據仍有待警方和檢察官去證明。又或者反過來，由犯罪嫌疑人及其辯護律師針對在現場找到的證據提出清白的理由。

我們再看看另一個例子。一名女性在家中遭人強暴殺害，現場發現的精液驗出DNA與住在隔壁的男性相符，情況看來對他不利。但是，萬一這兩人之間有祕密情事呢？若是他在她遇害前一小時左右去找過她呢？情況就沒那麼清楚了，不是嗎？他唯一不能否認的，就是犯罪現場找到的是他的DNA。然而，他在那裡或許有其他理由。因此，法醫科學可以指出他和犯罪現場有關聯，卻不一定能指出他為什麼在那裡，以及他在那裡時發生了什麼事。

法醫科學的一般組織

本書不談執法和調查的技術，而較著重於犯罪學家、鑑識實驗室和法醫的功能。這仍舊是一個很大的範圍，屆時你將看到法醫科學的領域涉及許多學科，以許多不同的方式加以組織。

如前所述，現代法醫科學與科學的進步攜手並進，尤其是物理科學和生物科學。顯微鏡的發明、攝影術的發展、對彈道物理學的了解、血型的發現，以及DNA的分析都是這種進步的例子。在運用到犯罪調查之前，這些科學原理和程序歷經多年的精益求精。有些進展很快，有些蝸步龜移，因此各種領域的科學或多或少是以參差不齊的形式進入法醫科學界。

我們也就不必訝異，這些五花八門的技術進入一個一體相連的研

究領域之後，組織起來既不順理成章也不直截了當。而且，針對這些技術在犯罪調查上的運用，各個國家各異其趣，甚至在美國境內各個區域也各有不同。時至今日依然如此，有些轄區擁有完整而精密的鑑識實驗室，有些則相形之下較為粗陋。

對小說家來說，這是一座充滿機會的金礦。廣受大眾喜愛的恐怖小說家約翰・索爾（John Saul）曾說，他將故事背景設定在小鎮上是「因為那裡的條子很愚蠢」。他的意思是，假如你的故事發生在鄉村，當地的執法人員在處理重大刑案上既缺設備又沒經驗。而在像洛杉磯這樣的城市，警方、鑑識實驗室和法醫辦公室僱用上百甚至上千的人力，並且握有數百萬元的預算，儘管資源依舊匱乏得令人遺憾。偏遠的南方小鎮可能配有一名警長、一名副警長，再加上地方的殯葬業者，就是鑑識小組的全體人員了。有點類似梅貝里的安迪和巴尼，再加上充當法醫的理髮匠佛洛伊德[3]。對小說家而言，這是一塊肥沃的土壤。

無論在某一特定轄區內分工程度有多精細，現代法醫科學綜合了五花八門的學科以利破案。這需要執法單位、犯罪現場技術人員、鑑識實驗室，以及法醫的通力合作。

鑑識實驗室已存在數十載。奧古斯都・弗莫（August Vollmer, 1876–1955）於加州柏克萊擔任警長時就已採用鑑識技術；一九二三年任職洛杉磯警長之際，他更成立了全美第一間鑑識實驗室。著名的一九二九年情人節大屠殺（〔St. Valentine's Day Massacre〕參見第十六章：武器鑑定）促使兩名芝加哥商人協助西北大學（Northwestern University）成立第一間獨立運作的鑑識實驗室——科學犯罪偵查實驗室（Scientific Crime Detection Laboratory，簡稱SCDL）。一九三二年，聯邦調查局（FBI）成立了國家鑑識實驗室，為全美執法單位提供服務，也成了未來各州

3　安迪（Andy）、巴尼（Barney）、佛洛伊德（Floyd）為美國六〇年代電視劇《安迪・格里菲斯秀》（*The Andy Griffith Show*）中的警長、副警長和理髮匠，梅貝里（Mayberry）為劇中虛構的小社區。

和所有地方實驗室的典範。如今，許多州別都設有區域和地方實驗室，支援各個層級的執法單位。

現代鑑識實驗室和法醫辦公室提供的科學服務多樣而複雜。實際上，某一特定的實驗室提供的服務量取決於其規模及預算。州立實驗室和區域實驗室提供一系列廣泛的服務，地方實驗室則可能只提供基本的檢測。小型實驗室往往將較為精密複雜的檢測外發給較大的區域實驗室。此外，聯邦調查局的國家鑑識實驗室（National Crime Lab）為全國各地的執法單位提供服務。FBI實驗室不只執行現存每一種檢測，還擁有或有權進入資料庫，從指紋、胎痕到郵戳不一而足。

相對於國家級的實驗室，在地方上較大的實驗室，各個學科或許有獨立的部門，較小的實驗室則往往將各種服務綜合在一起。舉例來說，一間大的州立實驗室可能有個別的武器、工具痕跡、血清學（血液檢驗）和DNA單位，地方實驗室則可能將武器、工具痕跡、DNA和血清學鑑定綜合在一起。在非常小型的實驗室，可能只有一名技術人員負責所有工作。顯然地，在這種情況下就會有大量的工作必須送往大型的相關實驗室。

你一定聽過CSI，它代表的是犯罪現場調查。大型鑑識實驗室可能有一個特別的犯罪現場調查單位（Crime Scene Investigation Unit，簡稱CSIU），由具有證據識別、收集及保存專業的人員所組成。他們也擅長在犯罪現場進行許多「實地測試」（field tests）和篩檢試驗。犯罪現場的樣本送回實驗室之後，這些技術人員有許多也會執行實驗室裡的檢驗。較小的轄區不會有專門的CSIU，所以證據收集的工作就落到地方員警或治安官頭上。

另外還有兩個詞彙值得注意，因為有可能造成困惑。那就是犯罪學家（criminalist）即為法醫科學家（forensic scientist）。刑事偵查學（criminalistics）是法醫科學的同義詞，使用這兩者當中的任一說法都是正確的。由於現代鑑識實驗室中應用的許多學科範圍廣博而精細，許

多犯罪學家便專攻法醫科學的其中一個領域。他們或許專攻毒物學
（藥物和毒物）、血清學（血液）、指紋分析、化學、武器和彈藥，或
鑑識實驗室的其他許多服務領域之一。

鑑識實驗室的服務

一般而言，驗屍官或法醫辦公室提供的法醫科學服務可分為生物科學
和物理科學兩個範疇。這兩個範疇在接下來的章節中都會深入詳談。

生物科學鑑識服務

▶ **植物學**（botany）：法醫植物學家對植物殘跡的鑑定可能是破案關
鍵。植物的碎屑、種子、花粉和土壤都可能指出犯罪嫌疑人。比方說，
如果在犯罪嫌疑人衣服上找到的花粉符合某一郊外犯罪現場，那就表
示該名犯罪嫌疑人去過同樣的區域。如同昆蟲一般，植物和花粉證據
也可能揭露一具屍體是否被移動過。

▶ **法醫人類學**（forensic anthropology）：法醫人類學主要關注的是人
類骸骨的辨識，他們往往必須判定當事人的年齡、性別和人種，指出
當事人是否有任何疾病或創傷，並盡可能推斷死亡時間、死亡原因及
死亡方式。其他任務可能還包括辨識大規模災害中罹難者的身分，或
埋葬在亂葬崗中的死者身分。

▶ **法醫昆蟲學**（forensic entomology）：昆蟲學是研究昆蟲的學問。法
醫昆蟲學家運用自身對蒼蠅及其他食腐昆蟲生命週期的知識，推斷大
致的死亡時間。他們也可能運用對昆蟲棲息地的了解，來判定一具屍
體是否曾從甲地被移至乙地。

▶ **法醫牙科學**（forensic odontology）：亦即法醫口腔學（forensic
dentistry）。法醫口腔學家透過比對齒列與X光片紀錄、齒模或照片，
來協助辨認無名屍。由於牙齒的琺瑯質是人體最堅硬的物質，往往在

死者已經什麼都不剩之後仍然保留下來，因此有助於法醫口腔學家能辨識凶殺案的受害者、大規模災害中的罹難者，乃至於殘骸。他們也可能受命比對犯罪嫌疑人的齒痕與受害者身上或食品上的咬痕，後者如乳酪或蘋果，這些有可能是凶手留在現場的痕跡。

▶ **法醫病理學**（forensic pathology）：這是法醫病理學家的專業領域。法醫病理學家是接受過法醫病理學專科訓練的醫生。法醫通常是法醫病理學家，受命回答許多關鍵問題。受害者是誰？他是怎麼死的？他受到何種創傷、何時受傷與如何造成的？法醫病理學家運用解剖、警方報告、醫療紀錄、犯罪嫌疑人的供詞和證人的證詞，以及鑑識實驗室的證據評估結果，來尋求解答。

驗屍官或法醫最後要負責開立死亡證明書，並負責判定死亡時間、死亡原因和死亡方式。法醫要受理許多自然死亡的案例，基本上所有意外、自殺、凶殺死亡的案件也都會來到法醫手中。為避免有醫療疏失之虞，法醫對創傷或死亡原因的發現可能是案件最終結果的關鍵。法醫可能也要檢驗倖存的受害者，以判定受傷原因和造成傷口的時間，尤其是在攻擊、強暴和虐待案件中。

▶ **法醫精神病學**（forensic psychiatry）：法醫精神病學家往往關係到刑事和民事訴訟程序，因為凶手的精神狀況不只對有罪無罪的判定很重要，對量刑也很重要。法醫精神病學家可能受命判定某人的神智或反應能力是否足以出庭受審、簽屬文件，或在知情的前提下同意接受醫療行為。在自殺案件中，法醫精神病學家可能受命進行「心理剖析」（psychological autopsy），以判定可能的動機。

▶ **血清學**（serology）：血清學的部門負責處理血液及其他體液，像是唾液和精液。血型、親子鑑定和基因圖譜鑑定都由血清學家執行。

▶ **毒物學**（toxicology）：毒物學是藥物和毒物的研究。法醫毒物學家受命判定活人和死者身上是否有藥物或毒物存在，此外可能也要評估其對當事人的犯罪行為或死亡的影響。他們可能會受命辨別違法藥

物，或判定某位駕駛是否喝醉，又或者某位員工是否違反公司的藥物使用規定。

物理科學鑑識服務

▶ **文書鑑定**（document examination）：待鑑文書是指年分或真實性存疑的文件。這也包括任何可能遭到竄改的文件。文書鑑定人員運用筆跡分析來比對已知的範本和可疑的文件或簽名。他們可能也會受命分析紙張和墨水的物理與化學特性，乃至於設法讓壓印的筆跡（第二頁）顯現出來。遭篡改的打字或複印文件也屬於文書鑑定人員的專業範圍。

▶ **指紋鑑定**（fingerprint examination）：指紋鑑定人員負責比對指紋、掌紋和足印。犯罪現場留下的痕跡可與資料庫或犯罪嫌疑人的印痕進行比對。

▶ **武器鑑定**（firearms examination）：武器鑑定俗稱彈道學（ballistics），但這個說法並不正確。武器鑑定檢驗的是武器、彈藥、已擊發的彈頭、彈殼，以及霰彈。武器專家運用顯微鏡和各種化學分析來鑑識武器類型，並將任何已擊發的彈頭或彈殼與犯罪嫌疑人的武器配對。

▶ **其他型態性跡證**（other patterned evidence）：型態性跡證是指形成某種可辨型態的證據，可與樣本型態相比對。指紋是此類證據之一例，其他如胎痕、鞋印和特定工具留下的痕跡亦然。

▶ **微物跡證**（trace evidence）：微物跡證（任何一件微小的證據）的例子包括頭髮、纖維、油漆、玻璃和土壤。此類證據能指出與受害者有所接觸或犯罪現場的犯罪嫌疑人。

其他法醫科學服務

▶ **採證單位**（evidence collection unit）：在許多轄區中，這個單位也稱作犯罪現場調查單位。單位組員負責犯罪現場證據的收集與保存，並負責將其送往實驗室。他們的責任包括找出潛藏的指紋、收集毛髮

和纖維,並採集現場其他任何證物。

▶ **證據保管**(evidence storage):有一個安全的地方保管和保存證據是很重要的。這些資料往往必須保存數年,甚至數十年,監管鏈(chain of custody)[4]必須從頭到尾無一缺漏,否則證據可能遭到損壞,或喪失其證據價值。只有獲得授權的人方能檢驗證據,且經手時都必須簽署紀錄,時時負起保管的責任。假如武器實驗室需要檢驗一顆被視為證物的可疑彈頭,檢驗人員必須簽署提取證物的紀錄,並負責保管,直至簽署交回安全的證物儲藏室。無論案件才剛發生一天或已十年之久皆然。

▶ **攝影單位**(photography unit):這個單位負責以攝影的方式記錄現場與所有證據及屍體(若有)。對犯罪現場的重建和證據在法庭上的呈現而言,這些照片或影片至關重要。

驗屍官和法醫

你可能注意到我幾乎是將「驗屍官」和「法醫」當作可互換的同義詞在用,儘管你接下來就會讀到這兩者的不同之處。原因在於,負責「所有死亡相關事務」的人是叫做驗屍官或法醫,端視該轄區採行的體制而定。由於本書的目的是要提供你不分區域構思故事的一般資訊,兩種頭銜皆可通用。我為了討論之故,而交替使用兩者。倘若你將故事背景設定在一個真實的地點,請查一下該區採行哪一種制度,隨之採用恰當的頭銜。若故事地點是虛構的,你可以任選一種使用,只要保持前後一致即可。

驗屍官(coroner)一詞來自英國官職中的「國王驗屍官」(crowner of the king)或「王權捍衛者」(keeper of the pleas of the Crown)。驗屍官的官職確切何時出現已不可考,但在諾曼征服(Norman Invasion, 1066)

---

4 指證據保管程序之完整紀錄。

之前就已使用此一頭銜，可能早至西元前八七一年阿佛列大帝（Alfred the Great）統治時期便已存在。金雀花王朝的理查國王（〔King Richard Plantagenet, 1157-1199〕又稱獅心王理查）於一一九四年正式設立此一職位。接下來，到了一二七六年，名為《驗屍官條例》（De officio coronatoris）的法令明定驗屍官的職責所在。這部條例後來被一八八七年的驗屍官法（Coroners Act, 1887）取代，並加以修訂。

　　早在十一世紀，驗屍官就負責執行許多司法工作，包括判定死亡原因在內。在刑事訴訟的流程中，他甚至要扮演法官的角色。就後者而言，他是一位查案法官，意思是他要實際參與查案，而不只是根據呈堂證據做出裁決。也就是說，他要主動去找證據和凶手。此種查案法官源自古羅馬法，古羅馬法也是俄羅斯、西班牙和法國司法系統的基礎。

　　但在英國的法律之下，法庭之上的法官是不查案的。他們不會積極涉入犯罪調查，也不會參與採證，而是聆聽其他司法工作人員提供的證據，並監督法庭內的訴訟程序。

　　英國的驗屍官則是制度當中的例外，他們的職責比較具有查案的性質。換言之，他們是「不查案制度」當中的「查案法官」。十七世紀，早期的英國移民將驗屍官的官職帶到新世界，因此美國有類似的查案性質驗屍官體制。

　　法醫（medical examiner，簡稱ME）是較為現代的發明，於十九世紀末傳入美國，源頭可溯至法國和蘇格蘭。基本上，法醫是至少具有醫學博士學位的醫療專業人員。現代多數法醫都接受過病理學的訓練，尤其是法醫病理學。這意謂著法醫理想上是一位專精病理學的醫生，並具備法醫病理學領域的經驗與訓練。

　　美國現存兩種類型的法醫調查體制。驗屍官體制較古老，且在許多方面不如較為現代的法醫體制。幸運的是，美國當前的潮流較傾向於後者。

在英國，幾世紀以來都是由國王指派驗屍官。在美國，由於沒有國王，驗屍官便成為一種委任或選舉出來的職位。擔任驗屍官需要什麼資格條件嗎？基本上沒有，至少不需要特別的醫療或法醫科學技能。唯一的條件就是要能贏得選舉，或爭取到縣政委員會（county commission）或任何相關主管機關的委任。這往往是一場人氣競賽，至今依然。

驗屍官有可能是治安官、報社社長、街坊鄰里中的咖啡館老闆，或地方上的禮儀師。此人具備的醫療訓練或經驗往往少之又少，甚至根本沒有。歷經過去數十年來的演變，當今許多轄區都要求驗屍官必須是合格醫生，或許是內科醫生、產科醫生，也或許是皮膚科醫生，但不必是病理學家，當然也不需要是法醫病理學家。所以，驗屍官實際上可能沒有資格執行他的許多任務，此一缺失促成了法醫體制的誕生。

一八七七年，麻薩諸塞州通過以法醫取代驗屍官的法令，並要求法醫必須是合格醫生。紐約市在一九一五年採行了類似的體制。一九四〇年代，國會成立各州法律統一委員會（Commission on Uniform State Laws），其中一項來自該委員會的法令就是法醫法（Medical Examiner's Act），多數州別都予以採納，進而使得多數驗屍官都被法醫所取代。然而，華盛頓哥倫比亞特區卻不在此列。直到一九九〇年，國會在三軍病理研究院（Armed Forces Institute of Pathology）下設三軍法醫辦公室（Armed Forces Medical Examiner's Office）之前，在聯邦法院管轄之下都沒有死亡案件調查單位的存在。

多數法醫體制都要求法醫必須是病理學家，有些更進一步要求法醫要受過法醫病理學的訓練。兩者不盡相同。如前所述，多數臨床病理學家都在醫院工作，他們監督醫院裡的實驗室，並執行醫療解剖。醫療解剖的目的是要找出病灶和自然死亡的死因。相形之下，法醫病理學家則是在法醫科學領域受過額外訓練的臨床病理學家，負責死亡

和犯罪傷害的所有面向，或許還要監督鑑識實驗室，並執行法醫解剖。後者的目的是要協助判定死亡原因與死亡方式。

　　在理想的世界中，每個轄區都有一名具備法醫病理學家身分的法醫。此人有資格完成該職位的所有職責。然而，即使到了今天，在許多地區，驗屍官體制仍蓬勃發展，沒有醫療背景的驗屍官繼續擔任負責死亡調查的官員。這是一種務實的解決方案，因為這些地區純粹可能沒有足夠的人口，照理說並不需要一名法醫病理學專業的法醫。

　　在這種情況下，驗屍官有幾個辦法可以獲取必要的專業病理學服務。他可以將病理和實驗的檢測工作，簽約外發給較大的區域或州法醫辦公室。或者，他可以僱用一位法醫病理學家來充當法醫，這位病理學家可能獲得像是副驗屍官（Deputy Assistant Coroner）這樣的頭銜。在驗屍官辦公室的合法權利之內，他可以執行解剖、出庭作證，或許也監督鑑識實驗室。

　　法醫和鑑識實驗室的關係因轄區而異。在某些地區，法醫負責監督鑑識實驗室。在其他地區，鑑識實驗室則歸執法單位所管，像是警察局或警政署。如同病理服務，許多鄉下轄區透過與大城市或州鑑識實驗室簽約，取得實驗室的服務。

驗屍官或法醫之職責

　　驗屍官或法醫肩負許多任務，法官、陪審員、調查員和科學家都是他在法醫調查體系裡要扮演的角色。簡言之，他的職責涵蓋死亡調查的每一層面，包括：

- 判定死亡原因與死亡方式
- 判定死亡時間
- 監督來自屍體的證據採集
- 確認無名屍及骸骨身分
- 判定死亡的任何加重因子

- 開立死亡證明書
- 在法庭上提出專家證詞
- （在某些地區）監督鑑識實驗室
- 檢查活人所受的創傷，並判定造成創傷的原因與時間

為了履行這些職責，他動用所有可以取得的資源。檢視證人證詞、訪視犯罪現場、評估收集來的證據和鑑識實驗室的測試結果、執行解剖，都是他的工作範圍。此外，他通常具有傳喚權，可以獲取任何他認為有必要的證據，並訊問目擊證人。他常和警方及刑事偵探合作，為他們提供他或鑑識實驗室進行鑑識檢測的結果，協助引導他們辦案。

法庭上的法醫

法醫最重要的職責中有許多都在法庭之上進行，因為法庭正是科學被帶到法律面前的場域。他的證詞可能讓案件成立或不成立。事實上，他對死亡原因與死亡方式的判定（見第六章）就決定了一個案件在一開始會不會來到法庭。倘若他確定死亡方式是自然死亡或自殺身亡，便不可能成為一件訴訟案件。但若是他殺或意外死亡（例如職場意外），這個案件就大有可能進入法庭。法醫可能會被檢方或辯方傳喚作證，也可能面對持不同意見的專家。他所宣誓的職責在於呈現證據，並根據這些事實提出客觀公正的見解。

他可能會被要求解釋及討論鑑識證據，進而針對證據向法官和陪審團提出他的專業意見。就此而言，他既是科學家，也是教育家。陪審團往往只會從他一個人口中聽到複雜的科學知識，而他要能讓他們能夠理解。有時候，他也必須發揮他的知識與溝通技能，來對抗意見與他相左的專家。

我們的訴訟體制本質上是兩方互抗。這意思是雙方都試圖智勝

或辯贏對手。他們皆試圖提出有利於己方的證據，並「扭轉」任何不利的證據，讓不利的證據也能支持其對案件提出的理論。此種角力置法醫專家於艱難的處境。雙方都有可能帶專家來支持或駁斥法醫的證詞。這些專家可能是其他法醫病理學家、毒物學家、武器專家，或某個來自其他法醫科學領域的人。

每位專家都需要在陪審團面前達到合格的標準。辯護律師會針對他們的資格、訓練、經驗、專精領域、教學職位、在相關領域發表過的著作提問，乃至於提出任何能夠鞏固或損害其專業權威的問題。傳訊他的那一方會問簡單、有利的問題，另一方則會問較為困難的問題，以削弱他所提出的證詞。專家要有心理準備，面對可能令人不舒服的問題。

專家的證詞應該要誠實且審慎。他在避免誇大其辭的同時，也要將他誠實的意見表達清楚、取信於人。換言之，他的意見既不能太確定，也不能不確定。前者可能令陪審團抱持保留態度，後者則可能有損他的可信度。

除了根據他本身的能力與知識，也依反對或支持他的專家人數與類型而定，法醫可能自行提出所有的證據，也可能請他的同僚或鑑識實驗室提出部分的證據。比方說，法醫可能針對驗屍結果作證，指紋專家則可能將找到的指紋和比對結果提出來討論。毒物專家可能提出毒物檢驗的結果。武器專家可能展示他所比對的兩顆彈頭的照片。

專家證人務必明白訴訟程序不同於科學研究，真正的目的不是要挖掘絕對的真相，而是要提供足夠的證據，讓陪審團能夠根據適當的法規，理解事實真相的某一面。某些證據可能不被接受。這些證據可能是不當取得或因處理失當而遭到污染，抑或被認為是過度煽動或帶有成見。

所以，若是某些證據遭到排除，那又怎麼可能找到絕對的真相？豈不就像試圖解開一道數學題，卻只把當中一半的數字算進去？多半

的確如此，然專家不能改變法律，必須在法律的規範下做事。他只能提出獲准呈現出來的資料，竭盡所能解釋清楚，並公正客觀地提出他真正的意見。如此便能協助陪審團盡可能接近真相。

就專家證詞而言，針對資料是以何種方式呈現給陪審團，法官一般會給予相當大的自由發揮空間。多數證人只獲准回答問題，如果他們意圖偏離問題太遠，對方律師會提出抗議，或法官自己也會加以約束。專家則獲准談得更廣泛，甚至是教導陪審團。之所以會脫離一般問與答的證據呈現方式，乃因專家在那裡就是為了滿足「說明」的目的，他要呈現並解釋在他專業領域的任何證據。他的確就是去那裡教導法官和陪審團的。舉例來說，一般陪審員很難只透過一連串是非題了解DNA證據的影響。讓專家解釋DNA為何、如何進行測試，以及測試結果所代表的意思，才能讓陪審團得到理解及評估證據所需的知識。

就鑑識檢驗結果的呈現而言，專家很少獲准斷言比對結果無庸置疑絕對吻合。他比較會用像是「類似於」、「與什麼一致」、「與何者並無二致」、「與何者可堪比擬」或「與什麼擁有許多共同特徵」之類的說法。這當中每一種說法都說明了法醫證據難得有絕對的時候。這些說法陳述的毋寧是可能性。例如，沒有兩個人的DNA一模一樣，但作證的專家不會說DNA與被告「完全吻合」，而是不吻合的概率是十億分之一。這麼說幾乎是絕對的了，但也不盡然。

何以致此？因為科學不是絕對的。它不是固定不動的，數學或許是個例外，但就連數學也有爭議存在。科學奠定在理論的基礎上。科學家試圖解釋事物的緣由時，他們會發展出一套理論解釋既有的現象，並加以檢驗。如果這套理論禁得起檢驗，它就成為一套獲得認可的理論，否則就要經過修改調整與重新檢驗。一旦歷經種種嚴密檢驗，這套理論就會成為公認的理論或我們眼中的真相。但後續可能還有其他證據冒出來，這套理論就又要隨之更動。這是否意謂著原本的

「真相」不是真的，新的「真相」才是？不，這表示新的理論就像舊的理論一樣，多數時候都是成立的。有多成立？端視該理論和檢驗結果而定。一套理論成立的或然率或許是百分之五十（一半一半）、百分之九十（很有可能）、百分之九十九點九九九（極有可能），又或者不可能的概率是五千萬分之一（實際上百分之百可能）。如同其他的科學支系，法醫科學處理的是或然率，而非絕對性。

證據接受標準

不管資料是由誰呈現，法官和陪審團要怎麼知道呈堂證據背後的科學是真實的，而非垃圾科學？他們怎麼知道這套理論或檢驗流程經過可靠的確認？又怎麼知道檢驗結果所呈現的或然率是真實的？要如何怎麼防範有人站上證人席大發議論，淨說一些毫無科學根據的個人意見？當今法庭接受證據的標準源自下列兩個指標判例。

弗萊訴美國案（Frye v. United States）

一九二三年，在弗萊訴美國案當中，哥倫比亞特區巡迴法院表示准許測謊機提供的證據成為呈堂證據。此劃時代的決定奠定了科學證據成為呈堂證據的標準規則，今日稱作「弗萊法則」（Frye Standard）。此一法則言明法庭接受「廣獲認可的科學原則與發現」的專家證詞，前提是這些原則與發現「充分確立」且為科學界「普遍接受」。如此一來，新的科學檢驗就能獲准呈現在法庭上，但唯有在經過科學界嚴密把關並予以認可之後。

弗萊法則成為行之有年的標準，在許多轄區仍舊奉行不悖，不過後來已被道伯法則（Daubert Standard）或聯邦證據法七〇二條（Rule 702 of the Federal Rules of Evidence）所取代。

道伯訴梅洛道製藥公司案

（Daubert v. Merrell Dow Pharmaceuticals）

聯邦證據法七○二條言明「事實審理者」（亦即法官）可用專家證詞來「了解證據」，並根據他的判斷來「判定有爭議的事實」。一九九三年，美國最高法院更加鞏固並擴大了此一法則。美國最高法院表示，弗萊法則中所謂的「普遍接受」並不絕對，且針對什麼樣的專家證詞能獲准進入法庭，賦予法官更大的自由決定空間，無論是何種案件。就這方面而言，為了協助法官，法院提供了幾項指導原則。

若要獲得法庭採納，一項新的科學技術或理論必須：

- 接受檢驗以及同業審查
- 持續符合受到認可的標準而得以標準化
- 具有已知且可接受的錯誤率
- 獲得普遍認可

這基本上意謂著該項技術或理論必須能被闡明、測試、審核、認可，並且持續受到監督以保準確無誤。

科學證據的採納與證詞的提出，往往在審前聽證及動議就會進行，這個階段不會有陪審團參與。如果在法官眼中專家呈上的證據符合弗萊或道伯法則，他就會允許證據呈現在陪審團面前，否則他可能將證據排除，不予審理。

2 | 證據：法醫科學的中心與靈魂
EVIDENCE:
THE HEART AND SOUL OF FORENSICS

如果羅卡交換定律是法醫科學的基石，那麼證據就是鑑識實驗室的中心與靈魂。確實，證據是鑑識實驗室存在的唯一理由。沒有證據，實驗室要做什麼？證據是用來判定是否有犯罪事實、建立犯罪嫌疑人和現場的關係、證實或推翻不在場證明或辯詞、識別加害者或受害者、排除清白無辜者、引出口供，並為進一步的調查指出方向。

現代鑑識實驗室試圖辨識及比對任何送至實驗室的證據，接著藉由排除不相關的他人，來建立證據與某一特定個人的關係。

這顯示出一個關鍵的概念：證據是用來過濾犯罪嫌疑人，而不是用來將矛頭指向任何一個人。個人化的證據將不相關的人都過濾掉，獨留加害者。

這不是現代才有的概念。我們再一次師法夏洛克・福爾摩斯。福爾摩斯在故事中數次談及他的信念：好的證據和清楚的推理能將唯一一個選項過濾出來。我最喜歡他在〈綠玉冠探案〉（The Adventure of the Beryl Coronet）中說道：「我個人始終秉持的座右銘是，當你排除了一切不可能之後，剩下來的再怎麼不可能，也一定是真相。」

本章稍後會談到證據的辨識力，但首先我們要看看證據如何歸類。

證據類別

直接與間接證據

證據可能是直接或間接的。直接證據直接指出事實。例如，目擊

者的證詞和供詞在本質上是主觀的,也因而背負著所有主觀資料都會有的問題。在指認犯罪嫌疑人和事件的回溯上,目擊者背負著錯誤百出的惡名,因為記憶力與印象會受到身心狀況、能力、偏見、經驗及當下的情緒影響。萬一證人的視力與聽力不佳、有種族歧視或本身極為情緒化呢?他對於誰在何時用何種方式對何人做了什麼的認知,會不會是扭曲的?絕對會。儘管多數時候這種扭曲不是有意的,然而它們確實存在。針對這種現象所做的研究顯示,目擊證人高達百分之五十的時候可能是錯誤的。

在這種情況下,間接證據顯得較為客觀且符合機率法則。這導致了一個耐人尋味的現象,那就是間接證據往往比直接證據更可靠。不像目擊證人的說詞,準確的科學證據不會被主觀看法所扭曲。對證據的詮釋就不一定了,但結果還是結果。(編註:監視器屬於強而有力的直接證據,可佐證事實,然不在本節的討論範圍內)

間接證據就是任何不直接的證據。血液、毛髮、纖維、彈頭、DNA⋯⋯事實上,所有法醫科學的證據本質上都是間接證據。這種類型的證據需要法官和陪審團從呈堂證供推斷事實。舉例來說,如果犯罪現場發現的指紋或毛髮符合某一犯罪嫌疑人,陪審團就可能推斷那是被告留下的痕跡,而在犯罪現場發現這些東西的事實,就說明了被告和現場有關聯。在多數情況下,這些都不是絕對的證據,但極有可能表示此人牽涉其中。

物理及生物證據

法醫科學證據亦可區分為物理或生物證據。物理證據可能以指紋、鞋印、胎痕、工具痕跡、纖維、油漆、玻璃、藥物、武器、彈頭、彈殼、文件、爆裂物、石油副產品、助燃劑等形式呈現。生物證據則會是屍體、血液、唾液、精液、毛髮,乃至於自然界的物質,例如木頭、植物和花粉。

證據的使用

犯罪現場證據和其他類型的證據，在犯罪調查上可能具有許多功用：

▶ **犯罪事實**（corpus delicti）：此拉丁文詞彙意指「犯罪的主體」，或犯罪的根本事實。證據會揭露凶手犯下的究竟是哪一種罪行。

▶ **做案手法**（modus operandi，簡稱MO）：加害者犯下罪行所採取的步驟與方式。同一個犯人所用的方法往往是重複的，所以辨認做案手法有助於揪出或誘捕加害者。

▶ **關聯性**（linkage）：犯罪嫌疑人和受害者、地點或其他證據的關係或連繫，對破案來說相當關鍵。

▶ **證實**（verification）：證據可加強或駁斥犯罪嫌疑人的供詞或目擊者的證詞，顯示出誰在說謊、誰說的是實話。

▶ **犯罪嫌疑人身分**（suspect identification）：諸如指紋或DNA之類的證據往往能辨識出加害者的身分。

▶ **犯罪現場重建**（crime scene reconstruction）：證據往往能讓調查人員重建案發經過。

▶ **調查方向**（investigative leads）：證據常能為警方和驗屍官指引調查方向，且往往帶領他們找到加害者。

就鑑識的角度而言，證據具有許多功能。證據可用在物件的辨別與比對，可顯示出物件所屬的類別和個別的特徵，可用來重建案發經過，並建立或排除某一犯罪嫌疑人與犯罪事件的關聯。

辨別與比對

證物的鑑識分析有兩大目的：**辨別**與**比對**。辨別是為了判定某一特定物件或物質確切為何。這種白色粉末是海洛英，是結晶甲基安非他命，還是糖粉？在犯罪現場留下印痕的鞋子是哪一家製造的？在一場可疑的火災留下的殘骸中，是否有石油化學製品殘留的痕跡？地毯

上的褐色污漬是乾掉的血液，還是巧克力醬？

在這種情況下，辨別是相當關鍵的一環。倘若現場找到的粉末是糖粉而非海洛英，或者污漬的確是巧克力醬而非血跡，就可能根本沒有犯罪的事實。相反的，如果驗出海洛英或血跡，那麼兩者都可能成為刑事訴訟程序中的關鍵證據。這種辨別的工作是鑑識實驗室很重要的一部分。經過檢驗之後，檢驗人員可能表示可疑物質存在或不存在，也可能沒有定論，他們既無法否定某一物質的存在，也無法肯定。

比對則是用來判定可疑的物品或物質和已知的樣本是否有共同的來源。也就是說，它們是否來自同一個人、同一個地方，或同一件物體？指紋、毛髮或血液是來自犯罪嫌疑人身上的嗎？肇事逃逸案件中，受害者衣服上找到的油漆污漬，和犯罪嫌疑人的車輛吻合嗎？凶案受害者身上取出的彈頭，和經過擊發測試的犯罪嫌疑人的槍枝是否相符？

舉例來說，在比對犯罪現場的指紋和犯罪嫌疑人的指紋後，檢驗人員可能會說兩者吻合（對犯罪嫌疑人來說是壞消息）、不吻合（可能就排除了犯罪嫌疑人的嫌疑），或比對結果沒有定論，問題或許在於犯罪現場的指紋品質不佳。在最後一種情況中，犯罪嫌疑人既不能洗清罪嫌，也無法確認有罪。

類型特徵與個別特徵

某些類型的證據比其他類型的證據占有更重的分量。頭髮和纖維或許能顯示出關聯性，DNA和指紋則絕對能建立起關聯性。之所以有這種差別，乃因某些證據具有**類型特徵**，某些證據則具有**個別特徵**。

類型特徵是指該特徵屬於某一特定類別，但並非某一特定物體所獨有。比方說，假如受害者遭到槍擊，鑑識判定彈頭來自點三八左輪手槍，那麼所有的點三八都是可能的凶器，而不屬於這個類別的其他口徑則排除考量。或者，犯罪現場找到的血液驗出是B型，血液的來

源便有可能成千上萬相同血型的人。倘若犯罪嫌疑人的血型為 B 型，那他仍舊有嫌疑，接下來的 DNA 測試將判定樣本是否和犯罪嫌疑人吻合。但犯罪嫌疑人的血型若是 A 型，就會予以排除。

　　單憑一件類型證據很難證明有罪，但往往可以證明無罪。上述的 B 型血型就能將其他不同血型的人都排除在外。

刑事檔案：亞特蘭大市兒童連環謀殺案

　　一九七〇年代末至一九八〇年代初，在喬治亞州亞特蘭大市，年幼的黑人兒童紛紛失蹤，他們的屍體繼而出現在鄰近的河裡或河岸邊。這種情況不僅造成當地居民的恐慌，針對可能是誰殺了這些孩童的熱議，也演變成充滿種族色彩的指控與臆測。聯邦調查局接手辦案，相關報導充斥全美各地的報紙。感覺起來，凶手似乎是從橋上把屍體丟入河中，因此警方布署了監視網。一九八一年五月二十二日清晨，亞特蘭大市的員警在查特胡奇河的一座橋上值勤時，聽見有物體掉落河中的巨響，並發現橋上有一名年輕黑人男性。此人名叫韋恩‧威廉斯（Wayne Williams），警方上前盤問後將他釋放。五天之後，二十七歲的納桑尼爾‧卡特（Nathaniel Cater）的屍體被沖到下游河畔，韋恩‧威廉斯成為頭號犯罪嫌疑人，於六月二十一日遭到逮捕。

　　一九八一年十二月，威廉斯為亞特蘭大市兒童連環謀殺案受審，根據的主要是纖維類型證據。在幾名受害者身上找到的各類纖維，共計多達二十八種不同的類型。這些纖維在化學和光學的檢驗下都吻合來自威廉斯家中及車上的樣本。藍色、黃色、白色和黃綠色等各種合成纖維，與威廉斯的廚房地毯、房間地毯、床單、腳踏墊和車上的布料類似。此外也發現了與他的狗相符的毛髮。威廉斯獲判有罪。

　　它們屬於一個不同的類型，只有血型是 B 型的個體才會留在可疑

之列。然而，如有多種類型證據都指向某一個犯罪嫌疑人，證據的分量就可能足以構成強力的鐵證。亞特蘭大市兒童連環謀殺案即為一個經典的例子。

在諸如此類的案件中，光是類型證據的數量就極不可能純屬巧合。這些纖維與毛髮綜合起來，會是別人留下的機率有多高？雖然類型證據不能絕對證明某一犯罪嫌疑人和某個特定的地點有關，而且每一件類型證據個別看來可能稍嫌薄弱，但一旦發現了大量吻合的證據，犯罪嫌疑人出現在犯罪現場的機率就會高得具有壓倒性。

個別特徵堪稱證據來源的絕對證明。最為個人化的證據類型要屬指紋和DNA，沒有兩個人擁有一樣的指紋或DNA（DNA相同但指紋不同的同卵雙胞胎除外）。像是彈頭的彈道痕跡、鞋印、胎痕和工具痕跡等印痕，也可能獨特到足以視為個別證據。此外，斷裂或撕裂的型態，像是碎玻璃、撕開的紙張，或從火柴紙夾上剝下來的火柴，也可能具有能夠天衣無縫拼在一起的裂痕，就如拼圖一般，因而顯示出各個碎片有相同的來源。

個別特徵分析的最高指導原則，就是沒有兩件物品完全一模一樣。沒有兩把槍會留下相同的彈道痕跡；沒有兩片玻璃會以同樣的方式裂開；沒有兩雙鞋子或兩組車胎磨損的情況完全相同。

犯罪學家的目標是要辨認個別特徵，因為這些特徵直指可疑證據的來源，而能真正讓「案件成立」。如果彈道特徵符合一顆點三八子彈從一件可疑武器的擊發測試痕跡，這些痕跡就是個別證據。這足以將某一特定槍枝與其他點三八手槍區分開來，指出這把特定的點三八就是凶器。同樣的道理，在前述B型血液的例子中，DNA可用來排除所有不相關的B型人士，只留下確實在犯罪現場留下血液的那一個人。

底線是類型證據可大為縮小可疑的範圍，個別證據則又能更進一步縮小範圍，甚或縮小到單一個人身上。

重建證據與關聯證據

　　無論一件證據的性質是類型證據或個別證據，它都可能被用來重建犯罪過程的來龍去脈，或指出犯罪嫌疑人與犯罪現場的關聯。

　　重建證據是任何有助於重建犯罪現場的證據。碎玻璃或撬開的門窗可能顯示加害者出入的位置。窗戶是從裡面還是外面打破？加害者是用鑰匙還是螺絲起子進來的？鞋印、血液飛濺和彈頭的軌跡可能顯示每個人在房間裡的位置，以及犯罪事件如何發生，乃至於發生的順序為何。受害者是正面還是背面遭受攻擊？很快便喪命還是歷經掙扎？凶案當下頭號犯罪嫌疑人在場嗎？還是如犯罪嫌疑人所說，他是事後才碰巧跑來？重建證據有助於法醫判定誰在何時何地用何種方式做了什麼，也有助於判定誰說的是實話、誰有可能在說謊。本章後續將詳細探討犯罪現場的重建。

　　關聯證據是將犯罪嫌疑人和犯罪現場連結在一起的證據。指紋、鞋印、毛髮、纖維、血液與其他體液、刀械、彈頭、槍枝和油漆等等，都可能用來指出犯罪嫌疑人和現場的關聯，或證明現場的指紋、毛髮、血液不屬於他，犯下罪行的必定另有其人。

　　這種關聯在第一章討論過，但值得在此再提一下。證據照理說要建立起犯罪嫌疑人和某人、某地或某件物體的關聯。來自受害者衣物上的受害者毛髮或纖維，若在犯罪嫌疑人的衣物上找到，那就表示他們有某種程度的接觸，也就建立起兩者之間的關聯。若在搶案、凶案或強暴案現場找到犯罪嫌疑人的指紋、血液或精液，就表示他和犯罪現場有強烈的連結。凶器上若有犯罪嫌疑人的指紋，那他可就需要好好解釋一番了。在這些情況下，犯罪元素都連結到犯罪嫌疑人。此種關聯則可透過犯罪學家的蒐證和鑑識實驗室進行的分析建立起來。一旦成功，證據就可能成為呈堂證供，並得到定罪的結論。

蒐證

警方、犯罪學家和驗屍官的技術員，要負責找出、保全、收集並運送證據至鑑識實驗室或驗屍官辦公室。驗屍官和鑑識實驗室技術人員接著分析每一件證據。從頭到尾每個步驟都要嚴格執行，不可放過任何細節，否則證據到了法庭上就可能被認為不足採信。

找出證據

在收集並加以處理之前，證據得要先被找到。這個步驟往往相當直截了當。報案民眾表示有竊賊闖入，在警方抵達之後，報案人請他們入內，帶他們去看被撬開的窗戶、家中的保險櫃和破門逃走的路徑何在。但是，萬一證據可能的所在地點與犯罪現場無關，警方又未受邀進入該區，怎麼辦呢？為了進入並搜查該地，他們需要搜索票。

搜索票

美國憲法第四條修正案保護公民「不得受到不合理的搜查與扣押」。這意謂著警方和犯罪現場調查人員在進入私有住宅搜索證據之前，要先取得法官簽發的搜索票。搜索票必須載明時間、地點、待搜物件，而且要以「合理事由」為根據才能取得。由警方向法官聲請簽發搜索票。只有執法人員才能取得搜索票，律師、私家偵探和一般民眾都不行。

取得有效搜索票所需的程序為：

▶ **準備一份聲請書**：聲請書上必須陳述待搜地點、待搜物件，以及警方何以認為該物件位於該地（合理事由）。

▶ **準備一份搜索票**：這是法官要在上面簽名核准搜查的官方文件。

▶ **完成搜索票的簽核**：警方人員必須將搜索票和聲請書上呈給法官。倘若法官認為合理事由成立，就會簽名正式核准。

　　取得搜索票往往很簡單，但有時也非常困難。搜索票的取得與簽核之所以會有問題，主要在於合理事由、具體搜查細節和搜查範圍三方面。

　　合理事由───合理事由是指警方有具體的理由強烈相信可疑物件位於待搜地點。單憑直覺或臆測是行不通的。

　　姑且說某武器供應商有一個進行軍火交易的祕密基地，警方觀察到已知的武器仲介商帶著可用來裝槍械的板條箱進出。調查人員甚至可能知道是誰收了這些非法武器。這就不只是直覺而已。從那裡進出的包裝箱裝有武器就是頗為確鑿的證據。在這種情況下，搜索票就大有可能簽發下來。

　　另一個常見的情況是警方從線民口中得知某個地點進行非法活動。然而，在法官根據線民的說詞核發搜索票之前，他可能會要求警方證明這位線民向來很可靠。

　　相反的，如果法官覺得合理事由不成立，他可能就不會簽發搜索票。或許線民不可靠或在警方那邊沒有績效紀錄，又或許用來支撐搜索票聲請而呈交的證據不夠有力。單憑目擊者看到犯罪現場附近有輛藍色休旅車，並無法構成取得搜索票的充分理由，前往搜索犯罪嫌疑人的藍色休旅車或其住家。

　　具體搜查細節───搜索票必須明確指出警方欲搜索的目標為何，不能只說他們要進屋裡看看能找到什麼。搜索票聲請書應列出他們要找的特定物件。以武器仲介商的例子來說，他們要找的會是來福槍、手槍和其他槍械、彈藥、用來裝武器的板條箱，以及記錄軍火交易的任何書面或電腦資料。一旦取得搜索票，警方接下來就能搜索任何可能找到這些東西的區域。房屋、閣樓、車庫、壁櫥、狹小的空隙等任何可能藏有槍械之處，乃至於任何檔案櫃或電腦，搜索起來都很

合理。

除了搜索票上明列的物件，若是在搜索過程中，他們發現其他證據或非法物品呢？這些東西可以扣押嗎？這是一個耐人尋味的法律問題，而答案有時是肯定的，有時是否定的。

萬一搜索票上只列了裝有槍枝的板條箱，沒有寫手槍、書面資料或電腦呢？如此一來，警方就只能搜索實際上能夠藏匿板條箱的區域。房間、閣樓、壁櫥和地下室會是可搜索的區域，廚櫃的抽屜則不然。要是他們打開一格抽屜，發現了毒品或武器，他們就不能予以扣押並用在法庭上。有鑒於此，警方往往會在搜索票上試圖將各種細項納入其中，以求搜索得更加滴水不漏。以武器仲介商的情況來說，他們會把手槍、書面資料和電腦都涵蓋進去，可能甚至還包括毒品。幾乎哪裡都能用來藏這些小東西，如此一來，調查人員就可以檢查更多地方。

搜查範圍——另一個困難在於搜查範圍的定義必須說明清楚。比方說，如果搜索票只針對房屋本身，但沒有特別表明要搜車庫或倉庫，這些區域就會是禁區。如果搜索票上列了車庫，但未列裡頭停放的車子，那麼就只能搜索車庫，不能搜索車子。

如你所見，取得一份適用的搜索票沒有電視上演的那麼簡單。它需要注意細節。萬一疏忽了枝微末節，一件案子就可能瓦解。

沒有搜索票的搜查

如前所述，為了搜索某一地點，第四條修正案要求取得具合理事由的搜索票。但也有些時候，搜查行動可以在沒有搜索票的情況下進行。如果犯罪嫌疑人在摧毀證據，或一場建築物火災有摧毀證據之虞，警方能去搶救證據嗎？有時是可以的。在以下幾種情況中，最高法院已准許「無搜索票」之搜索。

▶ **緊急狀況**：在某人的性命或健康有危險的緊急情況下，警方可不持搜索票進入。期間所發現的任何證據都可拿來使用。但警方不能離開後，擇日再返回蒐證。第二次入內就需要搜索票。

▶ **證據之立即喪失**：此一例外情況適用於犯罪嫌疑人或其他因素（例如建築物失火）危及證據時。

▶ **合法逮捕**：若犯罪嫌疑人已被依法逮捕，他本身及所屬的任何財產，像是房屋或車輛，皆可進行搜查。

▶ **同意搜證**：若當事人同意他本人或所屬財產接受搜查，那就不需要搜索票。

搜索完成也找到證據之後，接下來呢？證據必須予以保全、收集，並妥善保存。

保全證據

犯罪現場與證據的保全具有至高無上的重要性。執法機構成功調查並起訴犯罪者的能力可能在這個關鍵步驟就喪失掉。就算是配有昂貴設備與精密技術的鑑識實驗室，對於受到損害、改造或污染的證據都莫可奈何，而法院也很少允許諸如此類的證據呈至陪審團面前。

初步保全證據的重責大任落在第一位承接案件的員警身上。他必須有組織、邏輯地接近犯罪現場，否則便可能對自己、同儕、受害者、目擊者或犯罪嫌疑人造成傷害。例如，暴力犯罪者可能仍在現場，燒毀的建築物可能結構不穩，碎玻璃可能對人體造成創傷，而證據也可能被毀損、破壞或變得毫無用處。

首位承接案件的員警要在扣留目擊者的同時又不准他們接近犯罪現場。由於他無從得知報案人是目擊者或犯罪嫌疑人——加害者自己報案的情況並不少見，或許是以為這麼做可以減輕嫌疑——允許他人進入實際的現場則可能導致證據丟失或受到污染。加害者試圖摧毀或移動證據的情況也很常見。

　　一來到現場，個人安全是員警的首要考量。他要確認加害者已經不在場，或已不具威脅。倘若加害者在場，就會遭到逮捕羈押。接著他會協助受害者，視情況施與急救，並動員緊急醫療服務。這件事完成之後，員警就開始犯罪現場維護的程序。

　　同時，他可能需要扣留並分開犯罪嫌疑人和目擊者，以免雙方發生衝突。在這個階段，他可能不知道誰是犯罪嫌疑人、誰是目擊者。目擊者有可能變成犯罪嫌疑人，而犯罪嫌疑人實際上可能是有用的證人。員警可能沒有理由或合法權利扣留某些目擊者，若是如此，他就必須取得他們確切的身分，以及離開現場的每一個人的聯絡方式。

　　保全犯罪現場的中心概念，是前一章提過的羅卡交換定律。它指出，只要兩人彼此接觸過後，必有微量物質的交換或轉移。毛髮、纖維和印痕是經典的例子。在犯罪現場也是同樣的道理。透過鞋子、衣服或雙手，每一個進入現場的人或者會留下他們在場的證據，或者會帶走關鍵的微物跡證，也可能損壞或改變遺留下來的證據。因此，現場必須立即進行管制，且所有的目擊者和犯罪嫌疑人都不得進入犯罪現場。

犯罪現場

　　什麼構成犯罪現場？顯然依情況而定，但員警必須迅速決定現場的規模和界限。典型的犯罪現場包括案發地點和靠近的區域、出入口，以及逃脫處。案發地點可能是屍體所在的位置（以凶殺案來說）、保險箱或櫥櫃（以竊案來說），或整棟建築物（以可疑的火災來說）。完整的現場可能還包括屋前街道或整個街廓，乃至於鄰近的建築物或附近的空地、樹林。

　　犯罪現場首先要用封鎖膠帶、路障、車輛或其他員警建立封鎖線。唯有處理現場不可或缺的人員才能獲准進入。這件事往往比表面

上來得困難。受害者的家人或鄰居可能情緒不穩，很難驅離現場。精明的媒體人員往往自有辦法混進去。警察局長或其他高階長官儘管沒有充分的理由出現在這裡，低階巡邏員警卻可能很難阻止他們進入現場。此外，永遠不要低估來看熱鬧徘徊不去的民眾。

一旦劃定界限，員警就要建立一份管制紀錄，所有造訪現場的人員都必須簽名。這份紀錄在許多方面都對調查的進行有幫助，其中很重要的一個功用，就是在發現不明指紋和鞋印時縮小必須受到檢驗的人數。如果能將調查人員過濾出來，印痕就有可能歸加害者所有。

在這之後，犯罪現場調查人員便實地走訪現場，以利規畫採證的方式。在這次概略的調查中，他通常不會檢驗任何一件特定的證據，但會試著綜觀全局。

在處理現場時，現場暴露出來的一切都會以筆記、素描和照片加以記錄，或許還會進行錄影。這不只包括現場和證據，也包括周遭區域，尤其是加害者可能用以進出的出入口。

受到指派的記錄員負責精確記錄犯罪現場所有活動。有時會用錄音器材，事後再將錄音內容謄錄下來。無論如何，記錄必須鉅細靡遺。除了描述現場，也必須明確列出每一件證據，並寫下對證據的描述，註明證據是於何地、由何人在何時找到，乃至於證據最後如何處理。記錄員也要辨別現場拍攝的每一張照片，並加以註記。

犯罪現場會盡早拍照以利保留原始狀態。照片絕對要在任何證據移動之前進行拍攝，包括屍體在內。現場整體的樣貌要拍成數張照片，若是在戶外，則要從各種角度拍下周遭區域。每一件證據和屍體所有傷口的特寫照都至關重要。錄影的優點是能把聲音也錄下來，如此一來就能增加說明。不過就算使用錄影設備，記錄員仍會拍攝照片，因為照片能為細節提供較大的解析度。

受傷的任何一方都要拍全身照，包括犯罪嫌疑人在內。任何一道傷口都要拍下特寫照。這個步驟是要在現場或醫院（甚至是手術台上）

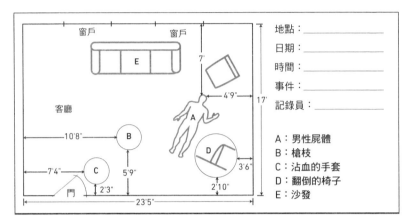

圖 2-1｜犯罪現場素描。素描必須清楚、完整，並呈現出每一件證物的相對位置。

進行，則取決於創傷的特性。

　　腫塊、擦傷和抓痕可在現場拍照，重大創傷、槍傷和穿刺傷則需將受害者送至醫院再行拍照。

　　素描極為重要。素描顯示出每一件證據和其他證據或屍體之間的關係（見圖 2-1）。每一件證據都要標示出來，並定位出它和兩個定點的距離，像是它和牆壁、門口、消防栓或人行道的距離。這種三角定位法顯示出每件物體確切的平面相對位置。現場素描可能粗略，但務必準確。事後為了清楚或美觀的緣故可以再行重畫，有一些電腦程式可用來協助畫出清楚的線條。

找出及保存證據

　　一旦犯罪現場界定出來並加以保全，初步的實地調查也完成之後，收集證據的繁冗工作就展開了。這個步驟既不火辣也不酷炫，不像電視上演的，妥善執行起來其實頗為累人。

　　確切由誰負責採證，取決於承接調查工作的鑑識實驗室或執法機構的規模、預算和組織架構。在較小、較缺經費的轄區，此一任務由

員警執行。較大、分工較精細的實驗室則有特別的採證單位，這些就是犯罪現場調查人員。無論實際上是由誰採集證據，他們都應該要受過相關技能的適當訓練。

第一步是在犯罪現場找出證據。屍體和武器可能顯而易見，但其他物件則須經過一番搜索，尤其是較小的物質和微量的跡證。現場的出入口，乃至於屍體周遭一帶（以凶案而言），或打開來的保險箱、櫥櫃和抽屜（以搶案而言），都是目標範圍。這些是典型的搜索區域，因為多數證據都是在這些地方找到。之所以如此，則又要追溯到羅卡交換定律了。加害者必然會和屍體或保險箱有近距離接觸，也必然會行經靠近現場、進入現場、離開現場及從現場逃離的區域。他可能留下了指紋、鞋印、胎痕、血液、毛髮、纖維、玻璃碎片或油漆碎屑，也可能在其逃逸路線沿途丟棄凶器或用以進入現場的工具。他可能一不小心掉了一只沾血的手套。這些物件都是搜索目標。

採證

採證具有一定的順序。首先要搜索並收集的是最脆弱或最容易丟失、毀損或受到污染的證據。在戶外的犯罪現場尤其如此，因為風雨可能會使情況複雜化。脆弱的證據可能包括血液、纖維、毛髮，甚或指紋、鞋印和胎痕，端視情況而定。

在後續的章節裡，我們會針對犯罪調查典型的證據，看看找出及收集特定類型的證據所用的技巧。現在則先來大致了解整體的採證過程。

明顯可見、暴露出來的可疑指紋會拍照存證，接著再予以「提取」（見第十二章）。工具痕跡、鞋印或胎痕也一樣，先行拍照再行提取或鑄模。纖維和毛髮則以專業照明工具搜索，並用鑷子夾取。地毯和家具則用吸塵器吸過，每個區域都用一個新的集塵袋。這麼做往往能收集到技術人員肉眼漏掉的毛髮、纖維和其他微物跡證。

　　為免造成毀損和交叉感染，每件證據都要分開包裝。多數乾燥的微物跡證都可裝在藥包型證物封套（druggist's folds）中，這種證物封套小小一個，是摺疊起來的紙張。此外也可能使用信封、密封罐、塑膠藥瓶，以及紙袋或塑膠袋。文件則以塑膠套封起來送往實驗室。

　　液體證據放進打不破的密封容器內，可能含有揮發性物質的固體證據亦然，例如調查員相信有碳氫化合物助燃劑殘留其中的火災餘燼。如未密封，這些殘餘物可能在檢驗之前就揮發掉。在這種情況中，乾淨的油漆桶和封口緊密的瓶罐都很好用。

　　潮濕或帶有水氣的生物證據則要放在通風的容器內，以利證據風乾。否則濕氣可能導致發霉及細菌孳生，進而導致樣本的腐壞與毀損。染血的衣物往往會掛起來徹底風乾。待生物性的物質乾燥之後，再重新將證據裝進密封容器內。

　　要從現場移走證據，有時很難或不可能不造成損壞。針對被撬開來的窗戶膠條上留下的工具痕跡，鑑識人員或在現場進行處理，或把整個窗框拆下來帶到實驗室。同樣的，水泥牆上的彈孔也可以當場處理，不然就是小心拆掉一部分牆壁，之後再到實驗室檢驗。

　　證據收集的另一個重要面向，就是取得適當的對照樣本（control sample），亦即用作檢驗結果對照標準的樣本，具有核對或核實的作用。對照樣本可能來自受害者、犯罪嫌疑人或現場的物件。若能從犯罪嫌疑人的車上取得對照纖維，現場發現的車用踏墊纖維才有價值。如此一來，已知樣本或對照樣本就能用來比對不明的犯罪現場樣本。從受害者或犯罪嫌疑人身上取得的血液對照樣本，則可用來比對犯罪現場的不明血跡，看看是兩人中的哪一個流的血，如果他們任一方有流血的話。

　　有時，對照樣本的形式是與可疑證物的基質相同的**基質**（substrate）。所謂基質是指其他物質活動、放置或與之融合的任何物體、物質或環境。例如，一塊燒焦的地毯被懷疑含有汽油之類的助燃劑殘留，

因此最好拿來和同一塊地毯不含可疑物質的部分相比對。從地毯未受火燒毀損的範圍取得的樣本，或許就能供作已知樣本之用。如果鑑識人員發現燒焦的地毯中有已知樣本沒有的可疑碳氫化合物，他就可以更確定那確實是外來的化學物質，而非地毯本身或其黏著劑的成分。

監管鏈

監管鏈絕對是採證最重要的一環。沒有這份連貫的保管紀錄，證據在法庭上就可能不獲採納。由於外力的介入無法被排除掉，辯方可合理質疑證據的真實性與完整性。有鑑於此，每個經手證據的人都必須負起責任並留下紀錄，這條監管鏈必須從犯罪現場到法庭保持連貫。

找到某件證據的人要做記號以利識別，這包括在物件寫下或刻上他姓名的縮寫。當然，他必須要能做到不損壞證據，也不改變證據任何可供辨識的特徵。例如，他可能會把姓名的縮寫刻在彈殼上。之後到了法庭，他便能明確辨認出這個彈殼正是他在現場找到的那一個。若是彈頭就不可能這麼做了，因為會改變彈頭表面的紋理，提高彈道比對的難度。接下來，物件就被裝進證物袋，發現證物的人也要在袋上做記號並簽下大名。證物袋上的識別資料包括案件編號、物件的名稱與描述、找到物件的人、見證採證過程的人，以及發現此一物件的日期、時間和地點。

如果物件本身無法安全做上記號，就會被裝進合適的容器或包裝裡，接著再整個一起裝進證物袋。裝有物件的容器和證物袋都要簽名做記號。例如，血液樣本可能是用沾濕的棉花棒採集，風乾後再將棉花棒裝進密封玻璃試管內，外頭標示採集者的姓名縮寫和日期，再將試管裝進證物袋，證物袋也做一樣的標示。採集者後續就能藉由辨認他在樣本試管和證物袋上的姓名縮寫，合理作證說這就是他取得的樣本。

每個接手證據的人都要在證物袋簽上姓名或姓名的縮寫，並標明

日期。接下來,他就要負責保持物件的完整,直到交給下一個人為止。且讓我們回到凶案現場找到的彈殼上。發現的員警將彈殼收集起來、做上記號,並放進一個做了記號的證物袋內,再將證物袋簽交給犯罪現場指揮官。指揮官繼而將之轉往實驗室,並簽交給實驗室的技術人員。在物件的檢驗與評估完成後,技術人員再簽交給證據保管者放置在安全無虞之處,直到下次有需要時。再接下來,證據就交由檢方呈上法庭。從發現證據的員警、犯罪現場指揮官、實驗室技術人員到證據保管者,如果這條監管鏈保持完好無缺,每一位證人就都能作證,證明呈上法庭的物件確實就是現場所收集及實驗室檢驗過的物件。

原始現場與第二現場

我們已經談過犯罪現場如何界定及管制,證據又是如何找到、保存及收集。但萬一犯罪現場不只一處呢?萬一犯人在犯罪過程中轉移了地點呢?

犯罪現場可被視為原始現場或第二現場。原始現場是罪行實際發生的地點,後續任何地點就都被視為第二現場。以銀行搶案來說,銀行是原始現場,逃逸用的車輛和歹徒的藏匿地點是第二現場。或者,如果凶手在某個人的家裡犯案,但將受害者的屍體載往他處,例如丟棄到河裡,那麼受害者家裡就是原始現場,加害者的車輛和那條河就是第二現場。典型的狀況是原始現場會比第二現場產生更有用的證據,但也不盡然。

有時只有第二現場可供調查之用。如果一具屍體是在「棄屍地點」找到,那麼這裡就是第二現場。凶案實際發生的原始現場不明。調查人員可試圖用第二現場發現的證據辨認凶手或查出原始現場。舉例來說,受害者身上發現的纖維,可能來自一塊昂貴或稀有的地毯。調查人員或許能用這件證據找出製造商與賣家,最終列出一份買方或那件產品鋪設地點的清單。如此一來,調查範圍就可能大大縮小,並且可

能循線找出原始犯罪現場及加害者。

犯罪現場重建

　　我在前面提過，證據的功能之一是重建犯罪現場。**犯罪現場重建**既是科學也是藝術。重建過程的主要目標是判定可能的案發經過，以及案發過程中每位在場人士的地點與位置。對判定犯罪嫌疑人的真實性與目擊者的可信度而言，這些資訊可能是關鍵。

　　調查人員首先必須回答的問題，是犯罪現場是**動態**（﹝dynamic﹞**亦稱積極**）或**靜態**（﹝static﹞**亦稱消極**）。這指的是犯下此一案件是否涉及大量活動。例如，姑且說一名凶案的受害者被捅了很多刀，如果現場沒有打鬥跡象，受害者躺在地上的一攤血泊中，這就可能是一個靜態的現場。相形之下，如果家具翻倒或物品從桌上被打落，又或者各個房間到處是血跡，這就顯示出一個較為動態的現場，也表示有掙扎的情形發生。這兩者是截然不同的現場，也是不同的案發經過所造成的結果。針對發生了什麼事，如果犯罪嫌疑人或目擊者的說詞與現場所見相違背，那就啟人疑竇了。

　　調查人員初步實地走訪現場之後，便開始針對案發經過在心中勾勒一套假設的理論，接著再檢視每一件物理證據，看看證據是否支持這套理論。他要把現場取得的資訊、來自鑑識實驗室的資訊、任何一位傷患的醫療報告，以及法醫的驗屍報告，全數考慮進去。任何有所牴觸之處都要使其相符，或者針對理論做出調整。這意謂著現場的重建隨著證據的揭露不斷演變。

　　調查人員持續檢驗他的理論，依據的不只是證據，還有邏輯和直覺判斷。但他不可妄下定論。加害者做了什麼，或某件證據是因加害者的某個行動而出現在某處，表面上看來可能有一套合乎邏輯的解釋，但如果確切的證據並不支持，這套理論就必須重新評估。如果在

發生凶案的房屋後門外發現了一把槍，攻擊者在逃逸時丟棄槍枝就是合乎邏輯的推論。是有這種可能，但萬一槍枝是故意丟在那裡來營造非法入侵的假象，掩飾家庭凶案的真相呢？丈夫留在槍枝上的指紋，或受害者留在丈夫鞋子上的血跡，可能就改變了這套理論。在重建過程中，所有證據皆應詳加考慮並做出解釋。

鞋印可能揭露加害者的每一步。指紋可能指出他所碰過的東西。工具痕跡往往是在入口和保險箱或櫥櫃撬開之處找到。血跡噴濺、彈道、遭受重擊與刺入的角度，以及經由活體檢驗或解剖判定的受害者傷口特性，可能顯示出攻擊者和受害者的實際位置和相對位置。解讀屍體死後屍斑的型態（見第五章），可能就確認了屍體死後幾小時被移動過。意圖清理現場的痕跡可能與犯罪嫌疑人的說法相牴觸。

犯罪現場重建必須把這一切都考慮進去，甚至不只這些。如我所言，這門學問既是科學也是藝術，需要技巧高明、經驗老道的調查人員將所有證據拼湊起來，勾勒出案件的樣貌。

故布疑陣的犯罪現場

就判定現場是否經過變造而言，犯罪現場重建是無價的。變造是當加害者對現場動手腳，意圖呈現出假象。最常見的變造場景是加害者試圖讓謀殺看起來像自殺或意外。舉例來說，假設有一名丈夫以鈍器重擊妻子頭部，將她殺害。他將臥室清理乾淨後，把妻子搬到浴室放進浴缸，接著打電話叫救護車，謊稱她洗澡時跌倒。或者，他也可能把她的屍體留在臥房，試圖讓現場看起來像是有人打破玻璃或撬開門鎖，行竊失風而引發殺機。

另一種情況是讓凶殺顯得像自殺。萬一是丈夫暗中讓妻子服下足量的酒精與安眠藥，隨後假造一份遺書呢？

自家人行竊可能故布疑陣成外人闖入。有可能珠寶不見了、窗戶撬開了──還有，當然，珠寶是保了保險的。

　　將命案受害者的衣服撕開或脫掉，可能是在犯罪動機並非色欲時，故意要顯得像是姦殺。

　　縱火亦可被認為是故布疑陣。在這種情況下，加害者藉由縱火掩飾其他罪行，或許是謀殺，或許是盜用公款。他想讓屍體上的謀殺跡證或顯示他盜用錢財的文件付之一炬。

　　在這每一個情況下，調查人員、法醫和鑑識實驗室的發現可能有違加害者的意圖，道出一個不同版本的故事。那名妻子頭部傷口的型態可能和浴缸邊緣不符，反倒與衣櫥裡的球棒相吻合，球棒上則有丈夫沒注意到的淡淡血跡。文書鑑定人員可能很快就發現遺書不是受害者寫的，而是她丈夫寫的。鑑識人員也可能從被火燒掉的文件中找出訊息。受害者的血液裡沒有一氧化碳、氣管裡沒有煙灰，可能表示他在失火前就已死亡。而這些發現顯示出案發經過和最初乍看之下不一樣，或者和加害者主張的說詞不一樣。

PART II

THE CORONER
AND THE BODY

法醫與屍體

3 解剖：深入屍體

THE AUTOPSY:
A LOOK INSIDE THE BODY

解剖（autopsy）、驗屍（post-mortem examination）和屍體剖檢（necropsy）等詞彙可以交替使用，同樣都是指屍體的檢驗。autopsy一詞意指「剖析自身」。Necropsy會是更貼切的用詞，necro是「死亡」的意思，所以necropsy就是「剖析死亡」。然而，autopsy才是自中世紀以來的傳統用詞。

解剖史

早在西元前三五〇〇年，美索不達米亞人就已對動物進行解剖，以期與冥冥中的神聖力量溝通。他們相信動物的許多器官都帶有神諭，尤其是肝臟。古埃及人在為屍體做前往另一個世界的準備時，也會執行某種形式的解剖。做為木乃伊製程的一部分，腹腔會被剖開，除了心臟以外的內臟會被取出，裝進陵墓裡的禮葬甕當中。大腦是從鼻腔以碎屑的形式取出。這些古老的文化執行解剖並非為了探索醫療知識，而是基於宗教與超自然的理由。

　　首度真正為了獲取醫療知識而執行的解剖，可能要追溯到西元前三世紀，埃拉西斯特拉圖斯（Erasistratus, 約304-250 B.C.）在亞歷山卓城（Alexandria）創辦解剖學校，希羅菲盧斯（Herophilus, 約335-280 B.C.）則發現動脈和靜脈構造不同。為了證明希波克拉底（Hippocrates, 約460-370 B.C.）「體液說」（Four Humours theory）的疾病成因理論所言不虛，醫治劍鬥士的名醫蓋倫（Galen, 131-200）既解剖了動物，也解剖了人體。

自蓋倫以降的幾個世紀，希臘人、羅馬人、埃及人和中世紀歐洲人，紛紛為了認識人體構造進行解剖。但由於醫學不發達，再加上教會緊盯諸如此類的手術，這方面的研究進行得雜亂無章。

教宗克勉六世（Pope Clement VI, 1291–1352）下令解剖黑死病死者，以期找出讓兩千五百萬至三千五百萬人、佔歐洲約三分之一至一半的人口喪命的疫情原因。說也奇怪，即使當時一般普遍相信這場鼠疫是出於超自然的因素、巫術或對人類罪惡的懲罰，教宗卻尋求解剖學方面的原因。結果當然一無所獲，因為還要再過幾世紀，才有挖掘真正原因的工具與知識。

十五世紀末，首批醫療學校出現在義大利的波隆那和帕多瓦，教宗思道四世（Pope Sixtus IV, 1414–1484）准許將人體解剖做為醫療與手術訓練的一部分。之後還要再經過兩百五十年，解剖才成為今日的有用工具。喬瓦尼·莫爾加尼（Giovanni Morgagni, 1682–1771）是一流的解剖學教授，長年任教於帕多瓦，並首度將解剖發現與各種疾病連結在一起。他指出疾病是人體構造上的變化所致，並反過來導致人體構造的改變。大體解剖學（〔gross anatomy〕以肉眼研究人體構造）及病理學的領域於焉誕生。大約與此同時，雷文霍克（Antoni van Leeuwenhoek, 1632–1723）發明了顯微鏡，這種儀器為科學家打開了微小事物的世界。但還要再過兩個世紀，德國病理學家魯道夫·菲爾紹（Rudolf Virchow, 1821–1902）才用雷文霍克的發明，奠定細胞生物學和解剖學的基礎。他發現疾病不只如莫爾加尼所說，會對器官造成肉眼可見的改變，也會導致人體細胞的改變。

一六〇四年，在聖十字架島（St. Croix Island）的嚴冬，七十九名開拓者將近死了一半之後，法國殖民者執行了北美史上第一例留下文獻紀錄的解剖。考古和歷史證據顯示，有幾次解剖是為了揭露這個群體這麼多人死於非命之因。

法醫解剖學的里程碑

- 西元前三世紀於亞歷山卓城，埃拉西斯特拉圖斯和希羅菲盧斯首度為了研究疾病的狀態執行屍體解剖。

- 劍鬥士名醫蓋倫於帕加馬（Pergamum）解剖屍體，留下大量有關人體解剖的文獻。

- 凱撒大帝（Julius Caesar, 100-44 B.C.）遇害，羅馬的一位醫生檢驗了他的屍體，判定他所受的二十三道穿刺傷中，只有心臟那一道足以致命。

- 一二〇〇年代，真正的法醫解剖首度於波隆那大學（University of Bologna）完成。

- 一二三五年，宋慈的法醫科學手冊《洗冤錄》於中國問世。書中有部分敘述了如何檢驗命案死者以助破案。

- 安布魯瓦茲・帕雷（Ambroise Paré, 1510–1590），歷經四任法國君王的著名軍醫，以燒灼和動脈結紮術取代截肢術治療戰爭創傷，並率先使用松節油為傷口殺菌。他留下大量戰爭與凶殺傷口的解剖文獻。

- 一六四二年，萊比錫大學（University of Leipzig）率先開辦法醫學領域的課程。

- 喬瓦尼・莫爾加尼為許多命案死者執行解剖，並留下詳細紀錄。

- 一七九八年，法國內科醫生馮索－艾曼紐・福德爾（François-Emmanuel Fodéré, 1764–1835）發表《論法醫學與公共衛生》（*Traité de médecine légale et d'hygiène publique*），乃法醫學的里程碑。

- 一八〇一年，安德魯・鄧肯（Andrew Duncan, 1744–1828）開始在愛丁堡大學（Edinburgh University）講授法醫學課程；一八〇七年，其子小安德魯（1773–1832）成為首位法醫學教授（Professor of Medical Jurisprudence）。

- 一八一三年，曾於愛丁堡攻讀的外科醫生詹姆斯・史尊漢（James

S. Stringham, 1775–1817）成為美國首位法醫學教授。

- 柏林醫學教授約翰・路德維希・凱斯帕（Johann Ludwig Casper, 1796–1864）於一八五〇年出版《法醫解剖》（*Gerichtliche Leichen-öffnung*），並於一八五六年出版《法醫學實務手冊》（*Handbuch der gerichtlichen Medizin*），兩本著作皆成為國際通用的教科書。他率先用彩色印刷圖片闡述法醫病理學。

病理學家：臨床 VS. 鑑識

病理學的英文「pathology」源自希臘文的 pathos 和 logos，前者指「疾病」，後者指「學問」。因此，病理學就是研究疾病的學問。

病理學此一醫學專業始於十九世紀。到了二十世紀初，大體病理學和顯微病理學讓我們對疾病與死亡的認識開始迅速發展。到了一九〇〇年代中期，病理學家開始細分專業科目。解剖病理學家主要處理疾病的狀態，並且以解剖和手術移除的組織來進行研究。臨床病理學家主要投入於實驗室的檢驗和疾病的診斷。如今，一般的醫療或臨床病理學家與這兩個領域都有關。

臨床病理學家監督醫院實驗室，以確保品質並解讀檢驗結果。他為所有專科的診治醫生提供諮詢，協助他們診斷及治療病患。他所執行的驗屍是醫療解剖，目的是判定死亡原因，以及揪出任何其他疾病的存在。

相對而言，法醫病理學家關注的是病理學與法律交集的領域。他處理的較有可能是傷害與死亡，而不是疾病。他執行法醫解剖，且往往要針對他的發現與意見出庭作證。

法醫解剖

法醫病理學家典型的工作是執行法醫解剖，儘管在某些地區可能指派醫療病理學家擔任法醫，並負責此一任務。

執行法醫解剖是為了回答四個問題（後續章節中會談得更詳盡）。

1. 死亡原因為何？何種疾病或創傷導致死亡？（見第六章）
2. 死亡機轉為何？實際上導致死亡的生理異常現象是什麼？（見第六章）
3. 死亡方式為何？是自然死亡、意外死亡、自殺或凶殺？（見第六章）
4. 死亡時間是何時？（見第五章）

誰要被解剖？

驗屍官一般會調查任何外力造成、不尋常、突發或出乎意料的死亡事件。在多數地區，每年有約莫百分之一的人口死亡，其中約有四分之一會受到驗屍官或法醫關注。在多數死亡事件中，負責照顧當事人的醫生會簽署死亡證明書，驗屍官會接受醫生對自然死亡的判斷。倘若主治醫生覺得不放心或懷疑事有蹊蹺，他就可能要求法醫介入。

針對任何特殊情況，法醫可能會也可能不會執行解剖。在評估一宗案件時，他有幾個處理的方式可以選擇。以末期病患或相當年邁的慢性病患者來說，他可能什麼檢驗也不做，將死亡視為自然的結果。在其他案例中，例如車禍或工安意外的受害者，他或許會執行粗略的檢驗，並安排毒物篩檢，看看當事人是否受到任何一種化學傷害。如果這些都顯示沒什麼可疑之處，純屬意外死亡，那麼他就會據此簽署死亡證明。有時他會執行部分解剖。如果受害者死於跌倒或工安意外造成的頭部創傷，法醫在填寫報告之前，可能只會檢查頭部和腦部。也或許他會執行完整的法醫解剖，一切由他決定。

驗屍官執行解剖的法律根據依轄區而異，儘管多數都是根據

類似的指導原則。**強制通報死亡案件**（reportable death）或**驗屍案件**（coroner's case）指的是任何依法必須通報驗屍官進行調查的死亡案件。下列是導致驗屍官介入執行驗屍的常見情況：

- 暴力死亡（意外、凶殺、自殺）
- 職場死亡（可能是因為受傷或暴露在毒物或毒素之下）
- 可疑、突發或出乎意料的死亡
- 在監禁或警方拘留期間發生的死亡
- 於入院二十四小時內發生、未受醫生照顧，或患者在昏迷情況下入院，且在死前不曾恢復意識
- 在醫療或手術過程中發生的死亡
- 墮胎時發生的死亡，無論是在醫院、自行墮胎或非法墮胎
- 被發現的屍體，無論身分已知或未知
- 在屍體可以火化或海葬之前
- 法院提出要求

但並非所有落入這些類別的案件都會執行解剖，驗屍官或法醫有最後決定權。若是死亡原因很明顯，情況又不可疑，驗屍官可能就會接受某一死亡原因，以及任何醫生簽署的死亡證明。

舉例來說，儘管患者是未受醫療照護在家死亡，或在入院後二十四小時內死亡，醫生可能相信患者的死亡是自然發生。如果病患有嚴重的心臟疾病或癌症，抑或任何致命重症，醫生或許就會簽署死亡證明，而驗屍官會予以接受。不會有解剖或進一步的調查。

解剖程序

解剖是一個科學程序。目的是要檢驗屍體，找出死亡原因和死亡方式的證據。執行方法是透過肉眼和顯微鏡檢驗屍體，乃至於毒物（含藥物與毒物）、血清（即血液）及任何法醫認為必要的輔助檢驗法。或

許不言而喻，但仍值得一提，解剖必須在屍體進行防腐處理之前執行。防腐劑會改變傷口的外觀，並導致毒物檢驗失準。

解剖的時機依許多因素而定。可能是在取得屍體後立即或過幾天執行。週末和假日、工作量超載，或者需要將屍體轉送到較大型的實驗室，都可能導致延誤。在這段時間，屍體會存放在冰櫃中。存放達四到五天，就會導致屍體產生細微但顯著的變質情形。

每位病理學家各有做事的方法，但絕大部分而言，法醫解剖會遵照普遍通用的方案。許多步驟彼此重疊，有些可能以不同的順序執行，端賴情況的特性而定。典型的步驟包括：

- 辨認死者身分
- 屍體著衣及不著衣拍照
- 移除任何微物跡證
- 測量屍體的身高及重量
- 屍體進行全面或部分Ｘ光掃描
- 檢驗屍體外部
- 解剖屍體
- 針對檢驗中移除的任何組織進行顯微檢驗
- 毒物和其他實驗室檢驗

法醫完成驗屍並檢視所有輔助資料後，就會填寫最後的報告並提出意見。

讓我們更詳細地看看這每一個步驟。

▶ **身分辨識**：死者的身分辨識至關重要。如果死者成為刑事訴訟的事主，毫無疑問地必須確認死者是誰。若是身分未經確認，從屍體蒐集而來的證據在法庭上就沒什麼用處。

▶ 當事人的身分通常不會有疑問。家人或朋友會前來認屍，否則可能用照片、指紋及齒列紀錄來判定。

▶ **拍照**：屍體著衣和不著衣的照片都要拍。臉部和身體的正面照和

側面照很重要，尤其是若受害者的身分尚未完全確立。每一個傷口、疤痕、胎記、刺青和不尋常的身體特徵，都要充分記錄。

▸ 微物跡證：在移動屍體測量身高及重量，以及進行任何其他檢驗之前，要先仔細搜索微物跡證。這是為了避免這些脆弱的證物在檢驗過程中丟失或受到污染。法醫小心細察屍體及衣物，找尋毛髮、纖維、液體的痕跡，以及其他微物跡證。他會用放大鏡，往往也會用專業照明工具，例如雷射光、紫外線或紅外線。衣物要小心移除、裝袋，移至乾淨的環境中進一步檢驗，並針對微物跡證做更仔細的搜索。

▸ 測量身高及重量：這是實際驗屍的第一步。法醫將測量結果連同年齡、性別、人種、髮色與眸色一起記錄下來。

▸ X光：受創區域的X光檢驗往往會顯示出骨頭和某些類型的內部軟組織創傷，以及外來異物大致的形狀和尺寸，後者可能有助辨識凶器。以穿刺傷而言，可顯示斷裂而遺留下來的刀尖。這種檢驗對槍傷極為有用。彈頭難以預測，且在人體裡會以不尋常的路徑移動，尤其如果撞到骨頭的話。X光有助找出彈頭最後停留的位置，並且將之取出，進行彈道測試。例如，一顆彈頭可能進入胸腔，撞到肋骨或脊柱而偏移，往下穿過橫膈膜，最後停在骨盆一帶。全面搜索胸腔也不會找到這顆彈頭，但腹部或全身X光就能顯示出它的位置。

此外，彈頭很容易變形和碎裂，留下碎片和殘骸，顯示出彈頭在人體走過的路徑。這對犯罪現場重建來說可能很有用，因為子彈的路徑可能指出槍擊當下受害者和攻擊者站立的相對位置。

▸ 外部檢驗：如有可能，屍體的外部檢驗在犯罪現場就該展開。法醫要在屍體移動前走訪現場，但實際上並不一定可行。這麼做的好處是他能對屍體和犯罪現場有一個整體的認識。他能親眼看到屍體的位置，以及屍體位置和其餘犯罪現場證據的關係，後者如加害者的出入口、凶器或血跡噴濺。照片是有幫助，但親臨現場能有更清楚的了解。

值得注意的重點是，此一犯罪現場的檢驗並不包括法醫碰觸或移

動屍體，除非絕對必要，以免任何與屍體相關的證據丟失或受到污染。

　　基於同樣的理由，從現場移動屍體時必須十分謹慎。以外傷造成的死亡而言，在移動屍體之前，受害者的雙手要用紙袋包覆，以保全受害者手上或指甲裡的任何微物跡證。屍體通常會用乾淨的塑膠布包裹，接著裝進乾淨的屍袋。層層的包覆可將屍體掉落的任何微物跡證收集起來，同時避免留下外來物質混淆或污染後續取得的任何證據。一旦到了實驗室，屍體就從運送用的包裝中移出來，放在解剖台上。塑膠布接著就送到鑑識實驗室，進行微物跡證的搜索。

　　病理學家專注在屍體上。在他最初的檢驗當中，屍體穿著衣物。他要找像是毛髮、纖維、槍擊殘留物、精液、唾液或血跡等微物跡證，任何發現都要拍照存證與收集。他也要尋找衣著與屍體傷口吻合的破損之處。比方說，受害者襯衫上的破洞是否吻合屍體上的槍傷或穿刺傷？如果不然，就有可能是加害者企圖變造現場，而在受害者死後替屍體更衣。檢驗過後要小心移除衣著，避免喪失任何微物跡證，並送至鑑識實驗室處理。

　　下一步，法醫判定屍僵的狀況與屍斑的存在與位置（見第五章：死亡時間，「屍斑」一節）。一旦知道屍體發現時的姿勢和屍斑的位置，就可能指出屍體在死後是否被移動過。

　　他要尋找疤痕（外傷或手術）、刺青、胎記，以及任何皮膚的損害或異常，予以拍照並製作示意圖。倘若屍體尚未確認身分，這些資料可能格外有用。

　　如同對著衣屍體的檢驗，屍體上找到的微物跡證必須加以檢查、拍照與收集。在受創致死的案件中，要剪取受害者的指甲並刮取證據。若受害者反抗過攻擊者，就可能找到來自凶手的毛髮、血液和組織。在性侵案件中，法醫則會梳理陰毛，尋找來自強暴犯的毛髮。此外也要從陰道和肛門採樣以檢驗精液。法醫從受害者的頭髮、眉毛、睫毛及陰毛採樣，與屍體上或屍體周遭找到的外來毛髮進行比對。接

下來，所有採集到的微物跡證就送往鑑識實驗室，做進一步的評估。

指紋是在所有微物跡證都取得之後再行採集，尤其是在剪過或刮過指甲之後。這個步驟之所以延至此時，乃因光是把手打開或掰開來採集指紋，就可能導致細微證物的喪失。

創傷不分新舊都要檢查並拍照。示意圖顯示出傷口在屍體上的位置，並標示出傷口和解剖標誌（anatomical landmark）的相對位置。例如，胸部的穿刺傷要標示出它和頭頂、一隻腳的腳跟、人體中線、傷口同側乳頭的距離。就犯罪現場重建而言，此一細節可能相當重要。傷口的確切位置可能顯示出攻擊者的身高，以及是左撇子或右撇子。這也可能有助於排除某位犯罪嫌疑人。假使犯罪嫌疑人明顯過矮，不可能由上往下刺傷六呎四（約一九五公分）高受害者的脖子呢？

鈍器造成的挫傷（瘀青）要加以測量並拍照。若是廣泛分布在受害者的四肢和軀幹，可能表示死者生前曾有掙扎或受到凌虐。手臂和雙手的瘀青和傷口可能表示受害者試圖抵抗攻擊者。諸如此類的創傷稱作防禦性傷口（defensive wounds）。在徒手或用繩索勒斃的案件中，可能會在喉嚨一帶看到瘀血（見第八章：窒息，「索狀物勒死」一節）。

如果能夠取得殺人凶器，法醫可能會拿來與創傷進行比對，以判定造成創傷的是否即為該件凶器。他或許會借助於X光。在鈍器傷（見第七章：身體傷害，「鈍器傷」一節）的命案中，顱骨凹陷性骨折或整排肋骨骨折的型態若與可疑凶器相吻合，即可做為重要證據。

就穿刺傷而言，如有可能，法醫會謹慎判斷有幾道傷口。在某些情緒激動或「殺紅了眼」的凶案中，傷口可能多到無法準確計算。若是如此，法醫就會判斷最少有幾道傷口，繼而測量每道傷口的寬度、厚度和深度。此一檢驗的目的還包括判定刀刃是單面或雙面，以及哪道傷口是致命的一刀（見第七章：身體傷害，「銳器傷」一節）。倘若攻擊者不只一人，這項資料可能相當關鍵，因為它直接影響各個加害者所面臨的指控。實際致命的那一道傷口的加害者，可能要背負更重的

罪責。猶豫性傷口（hesitation wounds）則往往伴隨用刀自殺的情況。多為輕微的皮肉傷，是當事人在真正下刀前意圖鼓起勇氣所造成的。

　　槍傷的穿入傷口要測量並拍照。法醫會評估子彈進入人體的角度，以及發射當下槍枝與人體的距離（見第七章：身體傷害，「槍械與彈藥」一節），因為這些是可用來判別自殺與凶殺的關鍵資料。如前所述，X光有助追蹤彈頭在體內行經的路徑，並定位出最後停留之處。這項資訊用於解剖時找出彈頭，以及評估其對器官與組織造成的損害程度。

　▶ **解剖**：解剖就是把屍體剖開做內部檢驗。剖開的動作則是以Y字型切口（Y incision）（見圖3-1）來完成。這種切口要劃開三條線：兩條從兩邊肩膀向下延伸至胸骨底部，第三條繼續往下，沿著腹部中線到恥骨。接著將肋骨和鎖骨鋸開或剪開，移除胸骨，露出心臟、肺臟和胸部血管。

　　心臟和肺臟相繼取出，儘管多數時候兩者是整體一起移除。血型、DNA分析及毒物測試所用的血液，往往是取自心臟、主動脈或周邊的血管。一份血液樣本被裝進含有氟化鈉

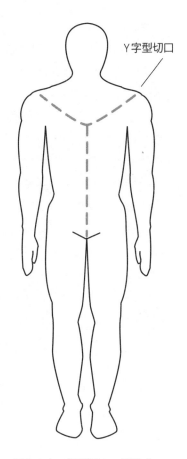

Y字型切口

圖3-1｜Y字型切口。透過此一切開方式，可將胸骨移除以檢查及取出心臟和肺臟，亦可對腹部臟器進行處理。

（sodium fluoride）的試管中。氟化鈉可抑制細菌生長。這一點很重要，因為酒精是某些酵母和細菌代謝過程的副產品。如果檢驗延後了幾天，血液酒精濃度就可能提高，造成指數錯誤。氟化鈉則降低了這種可能性。

　　法醫的注意力接著轉移到腹部。每一件器官都要經過秤重與檢查，並採樣以顯微鏡檢驗。若知道死者最後一餐的內容與時間，胃內容物可能有助於判定死亡時間（見第五章：死亡時間，「最後一餐」一節）。胃內容物、眼液、膽囊裡的膽汁、尿液和肝臟組織，皆可能採樣進行毒物測試。

　　最後，法醫要找頭部創傷或顱骨骨折的證據，接著檢查腦部。為此，他必須打開顱骨。首先，從其中一隻耳朵後面切開頭皮，劃過頭頂到另一隻耳朵後方（見圖3-2）。頭皮接著往前剝離，露出顱骨。用開顱鋸移除部分顱骨，露出腦部。他先在原位檢查腦部狀況，接著取出來徹底檢查，並採集組織樣本。

　　檢查並採樣以備後續的顯微鏡檢驗之後，將器官歸回原位，切口予以縫合。接下來，遺體可能就交返家屬埋葬，除非調查上有必要做

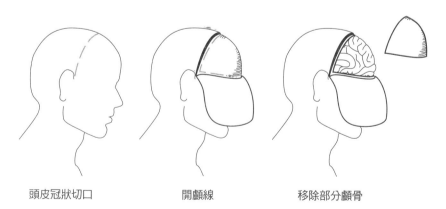

頭皮冠狀切口　　　　　　　開顱線　　　　　　移除部分顱骨

圖3-2 ｜取出腦部。步驟包括切開頭皮，將頭皮往前翻，鋸開並移除部分顱骨。

更進一步的檢驗。

▶ **組織顯微鏡檢驗**：移除的組織樣本浸泡在福馬林中「固定」，再以石蠟包埋。這些石蠟塊讓標本較易切成很薄的薄片。切片置於載玻片上，用像是蘇木紫－伊紅（hematoxylin and eosin，簡稱H&E）之類的生物染色劑染色，以顯微鏡檢視。

▶ **毒物檢驗**：任何收集而來的體液和組織皆送至毒物實驗室做藥物與毒物檢測。胃內容物和眼液可能揭露出受害者死前幾小時攝入的藥物。尿液和膽汁可能指出受害者過去幾天所使用的藥物為何。毛髮可能顯示出長期攝取重金屬（砷、汞、鉛）的跡象。血液對於檢測酒精濃度和許多其他藥物尤其有用。尿液可顯示出巴比妥類藥物和其他種類鎮靜劑的存在，乃至於大麻和尼古丁。

正式解剖報告

最終的報告涵蓋解剖和顯微鏡的發現，連帶附上任何輔助檢驗的結果，例如毒物、血清或DNA分析。法醫接著運用報告上的資料，提出他對死亡原因和死亡方式的意見（見第六章）。

報告可能立刻建檔，也可能延後至所有輔助檢驗結果都返回。這可能要花幾天或幾週的時間。有時候法醫可能先建一份初步聲明，等到報告都回來之後，再擬定他的最終報告。由於他的發現和意見足以影響警方、檢方、犯罪嫌疑人，以及所有相關人等的家屬，法醫通常在處理初步聲明和最終報告時都會很謹慎。

即使是最終報告也並非「確鑿」的定論，隨時皆可加以更動。如果他發現讓他改觀的證據，他可以修正他的意見和報告。舉例而言，如果一名長期臥病在床的老婦死於療養院，看起來是自然死亡，驗屍官可能判定沒有解剖的必要，並在他的報告中表明死亡方式乃屬自然。但萬一涉及一筆龐大的遺產或保險金，又有人提出該名婦人遭到

謀殺的證據呢？驗屍官可以開棺驗屍（如果已經下葬），更仔細地搜索創傷或毒物的跡象。倘若發現了致命的創傷或毒素，他可以修改他的報告，表示死亡方式並非自然，而是遭到殺害。警方就會隨之展開調查。

　　每位病理學家都自有一套製作最終報告的方法與風格，但某些資料是必不可缺的。典型的制式內容是：

- 外部檢驗
- 受創的證據
- 中樞神經系統（腦部和脊髓）
- 胸部、腹部和骨盆的內部檢驗
- 毒物檢驗
- 其他實驗室檢驗
- 意見

　　意見包括他對死亡原因、死亡機轉和死亡方式的評估。

4 認屍：受害者是誰？

IDENTIFYING THE BODY: WHO IS THE VICTIM?

警方和法醫太常面臨要辨認無名屍的情況了。在電影中，這個過程通常只占幾分鐘的播放時間，但在真實世界可能要花上數週、數月或數年。屍體永遠無法查明身分的情況也並不少見。

身分不明的屍體可能死了幾小時、幾天、幾個月，甚至許多年。依死亡後經過的時間長短而定，身分的確認可能只是在電視上放送那麼簡單，也可能非常複雜，牽涉到許多不同的法醫科學訓練和技術。

倘若屍體多多少少保持完整，體型、性別、人種、疤痕和刺青、臉部照片、指紋和DNA檢驗，乃至於受害者的服裝，都可能有助於確認身分。但如果屍體嚴重腐壞，用以確認身分的資料有許多就可能無法取得。

若是屍體只剩骸骨，確認身分的難度又更高了，可能需要法醫人類學家、法醫口腔學家（齒科專家）、法醫藝術家的協助。他們會合作確立當事人的身分，評估死亡後經過多久時間，並希望能判定死亡原因與死亡方式。

調查是要針對一名凶案受害者或一具被發現的屍體，還是要針對集體災難（例如空難或颶風）的多名受害者或在亂葬崗發現的整批屍體，這些專家的技術是關鍵。上述領域的專家可能被要求依據臉部骨骼重建受害者的面孔。

認屍的重要性

除了讓死者與家屬重聚以便安葬，也有許多調查和法醫科學議題使得認屍至關重要。以凶殺案而言，屍體的身分會是破案最關鍵的一環。受害者有九成是遭熟人所殺害，像是家人、情人、朋友、生意夥伴，或其他與當事人有關係的人。連環殺手之所以難以追緝的原因之一，就在於犯案的通常是陌生人，也就是說，凶手和死者沒有長期的往來關係。但多數凶手和死者是有關係的，屍體身分的確認讓調查人員可以挖掘受害者的人際關係。

基本的考量

大自然和時間對死者並不仁慈。從死亡的那一刻起，極端的氣候、細菌、昆蟲和掠食者紛紛來摧毀屍體。屍體被發現時的狀況取決於死亡歷時多久，以及屍體是被埋起來或暴露在各種元素之下。

若是暴露在各種元素之下，屍體就會毀損得更快更嚴重。未被埋葬的屍體不只直接受到水分和極端氣溫的影響，也是掠食動物和昆蟲的目標。在溫暖潮濕的氣候中，細菌和昆蟲可能短時間就讓屍體化為骸骨；而在較冷較乾燥的地區，此一過程可能要歷時數個月，甚至數年（見第五章：死亡時間）。當動物掠食者也來參一腳的時候，軀體就真的會被吃掉，骨頭則四處分散，這是暴露在外的屍體往往會面臨的情況。有時只能找到一兩根骨頭或一副顱骨，屍體其餘部分則下落不明。本章稍後將談到這對法醫人類學家構成的難題。

儘管埋葬會形成保護作用，這種保護卻是不完整的。埋葬的屍體最重要的腐壞因素包括埋葬時間、埋葬容器，以及墳墓的深度。除了時間是不可控的因素之外，容器則至關重要。比起裝在金屬棺木裡，直接掩埋的屍體腐化進程快上許多。顯然，紙箱或塑膠袋只能提供一點保護。比起六呎深的墳墓，挖得很淺的墳墓會引來更多

昆蟲和掠食者。

　　丟進水裡的屍體也有類似的問題。無論有沒有添加重物，屍體一開始幾乎總是會下沉。直到組織和體腔蓄足了分解過程產生的氣體、產生浮力之前，屍體都會保持沉在水中的狀態，一段時間過後就會浮出水面，成為一具「浮屍」。這個過程所需的時間主要視水溫而定。我們在第五章會更進一步探討。

　　如你所見，屍體會發生什麼情形以及屍體完全腐壞所花的時間，視其所在地點而有不同。原則上，暴露在空氣中一週相當於浸泡在水中兩週，又相當於埋在土裡八週。

屍體保存

　　並非所有屍體都會腐化到只剩骸骨。有時候，環境條件將屍體保存到不可置信的地步，甚至能保存好幾年。酸鹼度很高的土壤可能延後或阻礙細菌生長，進而產生防腐作用。沼澤地區發現的屍體就是如此。這些「沼屍」可能數十年都保持相當完好的狀態。冷凍的屍體和木乃伊往往也保存得很好。木乃伊的形成是當屍體暴露在很熱很乾的條件下，使得屍體乾燥化（脫水），去除了細菌生長而致腐壞所需的水分。剩下來的是一具深色的乾屍，看起來就像堅韌的皮膚縮水，皺巴巴地包住骨骼。第五章會探討這些過程。

　　此外，屍體內部的條件也可能延緩腐壞而有益保存。像是砷之類高濃度的毒物可殺死細菌、延緩腐化，所以即使死者已經死了許多年，屍體也顯得像是剛死幾週。

毀屍

　　有些凶手企圖毀屍，湮滅凶案中最主要的證據。他們以為若是警方永遠找不到屍體，他們就不會被判刑，事實卻不然。在許多案件中，即使沒找到屍體，凶手也獲判有罪。而想要毀掉一具屍體可

沒那麼容易。

　　就意圖毀屍而言，火似乎是凶手最愛用的工具。幸好這種手段基本上從來沒有成功過。若是沒有火葬場，火幾乎不可能燒得夠熱夠久，到足以摧毀一具人類屍體。火化要以華氏一千五百度（攝氏約八百一十五‧五度）左右的高溫燒兩小時以上，且仍會留下碎骨和牙齒。失火的建築物很少達到這樣的高溫，也不會燒到這麼久。而屍體可能外觀嚴重燒焦，但內部的組織和臟器往往保存得很好。

　　另一個廣受愛用的工具是生石灰。凶手之所以用這種東西，是因為他們在電影上看過，而且他們通常沒有化學學位，否則就會三思而後行了。不僅是生石灰不會摧毀屍體，這麼做也要花很久時間，以及用到大量這種化學物質。多數採取這種方法的凶手只是撒一些在屍體上，然後把屍體埋了，心想剩下的任務交給生石灰就行了，最後什麼也不會留下。在掩埋地點，屍體往往會接觸到水分。生石灰是氧化鈣，與水接觸就會起作用，產生氫氧化鈣，又稱作熟石灰。這種腐蝕劑可能毀損屍體，但過程中產生的高溫又會殺死許多具有腐壞作用的細菌，並使屍體脫水。兩種因素協力之下，反倒能防止腐壞並促進木乃伊化。所以，使用生石灰其實有助於保存屍體。

　　酸劑也會被用來毀屍，凶手一樣是希望酸劑會徹底溶解屍體。連環殺手傑佛瑞‧丹墨（Jeffrey Dahmer）[1] 用了這種方法，結果卻不太成功。的確，鹽酸、硫酸和氯磺酸等強酸可摧毀屍體，連同骨頭在內的一切都不放過。如果用了足量的酸劑，歷經夠久的時間，是能成功沒錯。但這不只困難，而且極度危險。酸劑確實會摧毀屍體，但也會腐蝕屍體所在的浴缸和水管。酸劑產生的氣體則會使壁紙剝落，灼傷加害者的皮膚、眼睛和肺臟。

1　美國著名連環殺手，於一九七八至一九九一年間以凶殘的手法殺死十七名男性，其中包括青少年。

刑事檔案：酸浴殺人犯

一九四〇年代，約翰‧喬治‧黑格（John George Haigh）受到英國大眾的矚目。他供稱自己不只犯下多起殺人案，還飲下死者的血，並用酸劑摧毀他們的屍體。他似乎偏好硫酸，在他的工作室就存放了一大桶。他奪走受害者的錢財，並藉由偽造文書奪走他們的房產和事業。在坦承犯案時，他基本上對警方抱持嘲笑的態度，認定他們沒有屍體不能起訴他。他錯了。依據鑑識證據，他獲判有罪，並於一九四九年八月十日在倫敦旺茲沃思監獄（Wandsworth Prison）處以絞刑。

所以，無論是大自然或加害者的作為，幾乎總會留下什麼給法醫和其他法醫科學家去研究。或許是原封不動的屍體，或許是部分毀損的屍體，也或許只有一根骨頭，但總能讓他們用來辨識身分。我們來看看他們是怎麼辦到的——首先是屍體，接著再看只有骸骨的狀況。

認屍

完好或僅部分毀損的屍體提供驗屍官很多可運用的素材。在這種情況下，當事人的年齡、人種、性別及體型通常很明顯。此外，亦可將屍體的臉部照片和失蹤人口的照片或描述相比對。一旦推定吻合，親友就能來做最後的身分確認。倘若沒有失蹤人口符合屍體的整體特徵，照片和特徵的描述則可經由執法單位和媒體發布出去。

事情如果總是那麼容易，屍體身分的識別可就是個簡單的任務了。但事實往往不然，法醫和他的工作人員必須訴諸其他管道才行。

陪葬品

屍體往往連同衣物、首飾及其他物品一起掩埋。不消說，皮夾、身分證或兵籍牌會有幫助。醫療急救吊牌或手環通常可追溯到擁有者

身上。但也不一定，因為有些只寫了必要的急救資訊，有些則有人名和身分證字號。盒式鍊墜裡面可能有心愛的人的照片，戒指和手鐲常常刻了名字、姓名縮寫或日期。

衣物的風格或廠牌可能具有鮮明的特色。例如，設計師服飾和鞋子可能引導警方朝某個地區進行搜查，而流浪漢的襤褸則可能指向另一區。洗衣店標籤往往可追溯到某一家特定的乾洗店，進而追溯到該件衣物的主人。

當事人可能被裝在棺木裡，也可能用毯子或其他東西包裹起來。昂貴的金屬棺木會有製造商名稱，或許還有序號，不過意外事故和凶案的無名屍不太可能裝在這種棺木中。權充使用的木製棺木，則或許可從製作原料、方法或特殊記號得到線索。毯子和床單也是如此，通常會有廠商或店家的標籤。塑膠袋上可能有加害者的指紋，進而可循線查出屍體的身分。

身體記號、疾病和疤痕

胎記和刺青等身體記號往往特色鮮明，足以提供強而有力的身分辨識證據。

胎記有很多種，其中一種獨具特色的類型叫做葡萄酒色斑（紅色胎記），是一種帶紅色或紫色的色斑，可能小小一塊，也可能涵蓋很大的範圍，像是整個肩膀或半張臉。蘇聯首任總統米哈伊爾‧戈巴契夫（Mikhail Gorbachev）額頭上就有這樣的一塊胎記。葡萄酒色斑通常相當不規則，如同變形蟲一般，所以具有鮮明的特色，樣式獨一無二。如果一具無名屍身上有這種記號，呈現出該記號的舊照片就能用來確認身分。

刺青也可能一樣易於辨認，有時家人或朋友認得刺青的圖樣。有些刺青可追溯到刺青師，尤其時下紋身被視為人體藝術，有些刺青師個人風格強烈，此類藝術的追隨者常能認出特定某位師傅的作品。

　　雖然不是通行的準則，但遭逮捕的人身上若有刺青和其他身體記號，在個人資料建檔流程中常會予以素描或拍照。如果當事人之前被捕時曾留下這樣的素描或照片，即可拿來與屍體比對。

　　辨別特定幫派成員的幫派刺青可能縮小搜查範圍。如果死者有前科，昔日的獄友、觀護人或逮捕他的警察就可能認得他身上的刺青，因而至少能協助推測身分。此外，許多警局轄區保有當地幫派的刺青相關檔案。舉例來說，一九八七年建立的加州幫派檔案（CAL/GANG），就是一個全加州現存幫派分子的資料庫，內容包括刺青的照片與特徵描述。在加州以外的地區，許多州也用類似的幫派網（GangNet）資料庫。搜尋這些資料庫，或許就能查出個所以然來，找到所需的身分資料。

　　法醫化學家也幫得上忙。許多刺青師使用含碳的黑色顏料、含氯化汞的紅色與含重鉻酸鉀的綠色顏料。有些人則用苯胺製作的染料。從屍體皮膚提取一些顏料分析是可行的，有助確認作品出自哪一位刺青師之手。

　　在澳洲一宗稱之為「鯊魚手臂案」的知名案例中，刺青的用處便被凸顯出來。

刑事檔案：詹姆斯・史密斯──鯊魚手臂案

　　一九三五年四月，兩名漁夫在澳洲雪梨沿海捕獲一隻大虎鯊，並捐贈給當地的一間水族館。幾天後，這隻鯊魚吐出一隻保存完整、肌肉發達的白人手臂。為了執行解剖，鯊魚犧牲了，但沒再找到任何人類殘骸。

　　手臂顯示是遭刀械支解，而非被鯊魚的牙齒撕裂。更有甚者，刀傷顯示出是死後才進行切割。手臂上有個兩名拳擊手互相廝殺的刺青圖樣。透過精細的採樣取得的指紋指出受害者是一名有前科的前拳擊

手，名叫詹姆斯・史密斯（James Smith）。他的妻子指認了刺青。

　　深入的調查帶領警方找到派崔克・布洛迪（Patrick Brady）。他是知名的偽造專家和毒販，死者在失蹤前才和他一起釣過魚。這兩人共用的船屋有個箱子下落不明，警方假定是布洛迪殺了史密斯，分屍後裝進箱子裡。史密斯的手臂一定是在水裡從箱子漂了出來，被鯊魚吞下肚。經過盤問，布洛迪扯出一個叫雷吉納德・霍姆斯（Reginald Holmes）的人，但此人在史密斯命案開庭前便舉槍自戕。布洛迪的律師從法院取得禁制令，以一隻手臂不足以做為謀殺罪起訴的證據為由中止審判。無論如何，警方仍起訴了布洛迪，但陪審團可能礙於法庭裁決，宣告無罪釋放。

　　有時候，只需藉由媒體發布死者特徵、衣著、首飾和刺青或胎記，就能確認無名屍的身分。你也看過電視上警方協尋的報導。主播可能會描述當事人身高六呎二、一百八十磅重、白人男性、介於三十至四十歲之間，有褐色頭髮、褐色眼睛，前臂有個刺有「瑪莎」字樣的刺青。他可能會補充說受害者身著藍色牛仔褲和紅色格紋襯衫，被用一條藍色羊毛毯包裹起來。屍體的照片可能被登出來，希望有人認得照片、刺青、衣著或毛毯，前來指認屍體。

　　如果這些都失敗，法醫在解剖時可能發現受害者患有某種疾病或曾動過手術，從而縮小搜查範圍。好比肢端肥大症、神經纖維瘤、硬皮症等疾病並不普遍，但卻很容易辨識。只要過濾一下患有這些罕見疾病的失蹤人口，或許很快就能確認身分。有些疾病有官方紀錄及互助團體，死者可能是當中的一分子，向這些單位查詢一下或可證明有幫助。

　　受害者若是割過盲腸或切除了膽囊，查詢同樣年齡與性別、動過這些手術的失蹤人口報告可能有幫助，尤其如果最近才剛動手術，因為法醫往往能判定手術傷口有多久。

　　無論是手術或械鬥產生的，傷口的復原都依循一樣的模式。第一週當中，傷口會有固定縫線，而拆線後幾個月內皆可看出縫合的痕跡，洩露傷口的型態。

　　有幾週的時間，由於傷口部位長出新的微血管幫助癒合，任何疤痕都會略微呈現粉紅色或紅褐色。接下來幾個月，隨著人體以膠原（密集成束的結締組織）填補損傷，顏色逐漸淡去，疤痕也大大縮水。經過四至六個月，疤痕成熟之後，最終就變成一條淡淡的白線。約一年左右，膠原組織持續縮小。此後終其一生，疤痕的型態都不再改變。這意謂著在最初四到六個月左右可大致判定疤痕已形成多久。

　　手術器材是指任何人工製造、用在外科治療的器具，上面通常都有獨特的記號。舉例來說，如果身分不明的屍體裝了人工髖關節，法醫可在解剖時將它移除，並加以檢查。諸如此類的人工關節上刻有產品序號，可追溯廠商、施行置換手術的醫院，以及接受手術的患者。心律調節器、心臟整流去顫器、人工心瓣膜及其他心臟醫療器材，也有可追蹤的序號。

死者指紋

　　除非屍體嚴重腐壞，否則通常都能取得指紋，並和已知的失蹤人口及國家指紋資料庫進行比對，如此一來就能迅速且完全的確認身分（見第十二章：指紋）。在某些情況下，就連成木乃伊狀的屍體都可取得指紋。這種屍體的指頭肉墊已經皺縮且質地似老舊皮革，但只要泡在水裡或甘油之中，可能就會膨脹到足以採集指紋的程度。或者可將鹽水注射到指尖，使得肉墊膨脹而顯露出摩擦脊。再不然，也可以小心將指頭肉墊上的皮膚削下來，置於兩片載玻片中間，以顯微鏡檢視並拍照。

牙齒比對

　　法醫口腔學家也經常參與屍體的辨識。牙齒比對的價值在於牙齒幾乎就像指紋一樣獨一無二。每個人的牙齒都不一樣。你我或許有相同的牙齒數量和型態，但每顆牙齒的長度、寬度和形狀都截然不同。缺牙、齒列不整和重建過的牙齒（含補牙填充物、牙套和牙橋），乃至於裂縫、溝槽以及磨損的模式，又使得牙齒更具獨特性。

　　面對一具無名屍，法醫往往會拍一組牙齒X光片，來和符合屍體年齡、性別、體型等整體特徵的失蹤人口最近的牙齒X光片相比對。一旦比對成功，屍體的身分就確認了。

　　但這凸顯出牙齒比對最主要的問題：要有已知的資料可供屍體的牙型比對之用。萬一警方對於當事人可能的身分毫無頭緒，像是沒有符合無名屍整體特徵的失蹤人口報告，他們就無法取得可供比對的牙齒紀錄。

　　較新的技術使得填充材質的化學分析成為可能，從而也能指引調查人員找到製造商或使用該材質的牙醫。就屍體身分的最終確認而言，這可能是很重要的一步。假設當地只有一位牙醫使用從某具屍體找到的填充材質，而他只在二十幾名患者身上使用過，拿屍體的牙型和這些患者的牙齒紀錄相比對，就可能比對出正面的結果。

　　牙醫可能會看出與當事人職業有關的變化，此一資訊則有助縮減可能名單，或將調查轉移到新的方向。頻繁使用某些管樂器的吹奏者，牙齒可能會被樂器的吹嘴改變。木匠工作時若是習慣將釘子咬在嘴裡，牙齒則可能被釘子磨損。

　　用牙齒辨識身分並非現代才有的辦法。西元一世紀，羅馬皇帝克勞狄一世（Claudius）要求看他那被斬首的情婦的牙齒，以確認她的身分。顯然她有一顆明顯變色的門牙。在書信的封蠟上，征服者威廉（William the Conqueror）用他歪七扭八的牙齒留下咬痕，從而能夠藉以辨識。一七七六年，保羅・列維爾（Paul Revere）在邦克山之役（Battle of Bunker Hill）後辨認出一名友人的屍體。列維爾似乎是為此人做了一副假牙，而他認出了自己的手藝。

刑事檔案：約瑟・瓦倫醫生的牙齒

保羅・列維爾是一位出色的金屬匠和雕刻師，受過齒科藝術的訓練。一七七五年，他為他的朋友約瑟・瓦倫（Joseph Warren）醫生做了一副假牙。

同年六月，瓦倫醫生於邦克山之役陣亡，埋在陣亡將士的亂葬崗。瓦倫的家屬想將他的遺體挖出，安置在私人墓地。為此，必須從眾多遺體當中分辨出哪一具是瓦倫醫生。列維爾認出他為朋友做的假牙，於是有了肯定的辨識結果。

時至今日，在大規模災害的情況下，或在露天的亂葬崗，倘若能取得可能罹難者的X光片，屍體的X光片便會拿來與之進行比對。這種做法大大加速了身分辨識的過程。儘管牙齒紀錄還是會用在這樣的情況中，DNA已在許多方面取代了此一技術。

血型與屍體

血型的鑑識功能在第九章會談到，但血型也有助於辨認屍體，至少可以排除某些可能的身分。這是根據血型取決於雙親的事實，某些組合就是不可能生出某些血型的孩子。舉例來說，如果一具屍體被認為是約翰・史密斯，並被驗出血型是B型，但約翰的雙親分別是O型和A型，那麼這具屍體就不是約翰。這對父母生不出B型的孩子。所以，血型把約翰排除了。但如果屍體的血型是A型或O型，約翰便仍舊是一個可能。這並不能確認屍體即為約翰，但也並未把這種可能性排除。讀過第九章之後，你會有更清楚的概念。

DNA與屍體

第十章會探討DNA的細節。就辨認無名屍而言，DNA的用處很有限，但在有可能的時候，它就能絕對地確認身分。何以受限？原因很簡單，如同指紋和牙齒比對，屍體的DNA必須和疑似是死者的人相比對。不過，如同指紋，在某些情況中可求助於國家資料庫。此一資料庫被稱之為DNA聯合索引系統（Combined DNA Index System，簡稱CODIS），雖然資料還是不充分得令人遺憾，卻持續在擴充之中。如果此系統當中存有受害者的DNA資料，即可進行比對。若無，屍體的DNA對法醫而言可能還是有用。

姑且假設法醫懷疑在他解剖台上的屍體是已失蹤數月的約翰·史密斯。屍體嚴重腐壞，因此從外觀無法判斷身分，也無法取得指紋。更有甚者，約翰沒有牙齒紀錄。約翰的家屬或許能帶他的梳子、牙刷或他舔過的信封或郵票過來，法醫或許能從這些物品採集DNA，拿來與屍體的DNA相比對。藉由PCR和STR等DNA技術（見第十章：DNA，「DNA指紋分析」一節），這種身分辨識法愈來愈常見。

刑事檔案：札伊娜·菲爾查德的DNA

一九九九年十二月十九日，安東妮·羅賓森（Antoinette Robinson）報案說她七歲的女兒札伊娜·菲爾查德（Xiana Fairchild）不見了。擴大搜索該區之後，既沒找到這個女孩，也沒發現她的屍體，警方沒什麼進展。接著到了二〇〇一年一月，在札伊娜位於加州瓦列霍（Vallejo）的住處南方六十哩處的一條山路附近，一名建築工人發現一部分的顱骨和頜骨。

經過鑑識，這些骨頭被認為是來自與札伊娜同齡的孩童。取自頜骨上其中一顆臼齒的DNA與札伊娜牙刷上取得的DNA進行比對，這些破碎的顱骨和頜骨便確認為札伊娜的遺骸，進而判定即使她在一九九

九年十二月就遭到誘拐，她的命案卻是在二〇〇〇年八月左右才發生。

最後，在札伊娜遭誘拐的前幾天剛被解僱的計程車司機柯提斯·狄恩·安德森（Curtis Dean Anderson）被控犯案，此時他人已經在監獄服刑。札伊娜失蹤幾天前，一名八歲女孩從他手中逃脫，他因誘拐及妨害性自主獲判兩百五十一年的期刑。札伊娜失蹤前幾週，安德森曾登門拜訪他的計程車車行同事、札伊娜母親的同居人羅伯特·騰堡（Robert Turnbough），這似乎是個不祥的預兆。

如果上述資料都無法循線確認屍體身分，驗屍官就必須訴諸其他更有創意的辦法。亞伯漢·貝克（Abraham Becker）和魯邦·諾金（Reuben Norkin）案呈現出法醫可以多麼足智多謀。

刑事檔案：亞伯漢·貝克、魯邦·諾金和派對點心

亞伯漢·貝克和妻子珍妮（Jennie）的婚姻充其量只是個空殼。一九二二年四月六日，他們在紐約市出席友人家中的派對。珍妮吃了法式開胃小點、杏仁、葡萄和無花果。他們離開派對之後，就再也沒人看到珍妮的身影。貝克說她和另一個男人跑了。警方循線追查到貝克的生意夥伴魯邦·諾金，諾金在壓力之下坦承他協助貝克掩埋這名失蹤女性的屍體。他表示貝克用扳手將她打死，然後把屍體埋在一個很淺的填坑中，並撒上石灰希望加速腐化。他帶領警方到埋屍地點。

貝克面對偵訊時表示那具屍體不是他的妻子。他說妻子的體型較為高大，衣服也不是最後看到她時所穿的樣式。法醫卡爾·肯納德（Karl Kennard）執行解剖，發現受害者的胃部保存良好，他在胃內容物中發現杏仁、葡萄、無花果，以及抹了肉醬的法式開胃小點。貝克則辯駁隨便哪個女人都可能吃下這些食物，但當肉醬經過化驗後，顯示其成分和派對上供應的肉醬並無二致。那是一道家傳食譜。兩人皆被判

一級謀殺罪。

死亡原因

　　驗屍之後，法醫或許能判定死亡原因，死亡原因也可能有助於辨識屍體身分。若是吸毒過量致死，警方就會徹查當地的毒販和毒蟲。獨具特色的刀傷則可能促使警方追查此一凶器的購買地點，最終找出買主是誰。槍傷受害者會拍X光片以利找出彈頭位置，接著就可以移除，交由彈道專家進行檢驗，進而找出凶器和開槍的凶手。

　　這些調查的意義在於找出加害者或許就能確定受害者身分，因為多數凶案都發生在彼此認識的人之間。即使加害者拒絕透露，只要調查他的背景、人際圈和生意往來情況，就可能有助確認受害者身分。

骸骨

有時鑑識團隊並沒有屍體可供檢驗，而只有骸骨可用。在這種情況下，法醫人類學家和法醫口腔學家的專業通常就會派上用場。如同屍體一般，調查人員依循一套邏輯程序，以求確認遺骸的身分。他們要回答幾個問題：

- 這些骨頭是人骨嗎？
- 受害者的生物特徵（體型、年齡、性別和人種）為何？
- 人死多久了？
- 死亡原因與死亡方式為何？

　　雖然人類學這門科學存在已久，但法醫人類學的領域是一九三九年之後才有的事。《聯邦調查局執法月刊》（*FBI Law Enforcement Bulletin*）依舊保有W. M.克羅格曼（W.M. Krogman）醫生的經典文章。一九七二年，美國刑事鑑識學會（American Academy of Forensic Sciences）成立了體質人類學（Physical Anthropology）部門。一九七七年，美國法醫人類學

協會（American Board of Forensic Anthropology，簡稱ABFA）開始了該領域工作者的專業認證，此後該領域即迅速擴展。

法醫人類學家處理的骸骨可能是整副完整的骸骨、部分骸骨、幾根骨頭，或只有一根骨頭。這些骨頭可能散落在地上、埋在土裡，或在一棟建築物中被發現。

人類 VS. 動物

第一個要回答的問題是這些骨頭是不是人骨。聽起來容易，多數時候也確實不難——如果有一副完整的成人骨骼存在。但隨著時間與自然的影響，再加上各種動物掠食者，骨頭可能四分五裂且四散各處，並不一定能取得整組完整的骨頭。這對法醫來說可能就麻煩大了。舉例來說，熊的前掌骨類似人類的掌骨，某些龜類的龜殼碎片往往和人類顱骨碎片很像，羊和鹿的肋骨則顯得像人類肋骨。

如果受害者是嬰兒或幼童，要判定是不是人骨又更困難了。嬰兒的骨頭和牙齒小得多，而且很容易和小動物的骨頭及牙齒混淆。嬰兒的顱骨並未完全密合（合在一起形成單一的結構），所以不會找到一副完整的顱骨。

然而，在謹慎的檢驗之下，熟練的法醫人類學家通常都能區分人骨和動物骨頭。這是一件需要高度技巧與豐富經驗的任務，所以已經超出本文討論的範圍。

生物特徵

一旦確立骨頭來自人類，人類學家的焦點就轉移到初步辨識死者。他要先看看屍體的生物特徵，再接著評估死亡時間、死亡原因和死亡方式。

身體特徵

辨識任何無名屍的希望都繫於判定死者個人的生物特徵。年齡、體型、性別和人種是關鍵，判別這幾項特徵即可大大縮小範圍。光是判定死者性別就把可能性去掉了一半。如果骨頭是五十幾歲、六呎（約一八三公分）的白人男性，調查時就可把任何不符合這些條件的人排除掉。這些特徵一旦確定，調查方向就轉往個人化的特徵。骨頭中任何的疾病證據、先天性缺陷或創傷的存在都很重要。

就整副完好的成人骸骨而言，性別的判別率將近百分之百，年齡會有五到十歲的誤差，身高則有一又二分之一吋（三‧八一公分）之內的誤差，人種多半能準確判斷。如果只有部分或幾根骨頭，以上每一項的判別準確率就縮小了。

年齡

在只能取得骨頭的情況下判斷當事人年齡，法醫人類學家看的是牙齒、顱骨和骨化中心的成熟度，乃至於骨頭和關節與年齡相關的正常改變。由於這每一項資料的分析都只能大致推算年齡，最終還是要靠鑑識人員做出他最接近的判斷。未成年比起成年人的年齡更能準確估算。兒童和青少年的牙齒與骨骼依循一定的成長軌跡與成熟模式，藉由評估發展階段就能相對縮小年齡範圍。成年之後，成熟的過程已經完成，牙齒和骨骼改變的速度緩慢許多，要評估的年齡範圍就廣泛許多。

首先鑑定的往往是牙齒。人類有兩組牙齒：二十顆乳牙（小孩）和三十二顆恆齒（大人）。牙齒的發展在出生之前就已開始。乳牙的形成、出現和掉落，以及恆齒的出現依循既定的順序發生。有說明此一順序的圖表可供參照，可據以估算死亡時小於十二歲的受害者年齡。除了第三大臼齒（智齒）以外，乳牙的掉落和恆齒的出現於十二歲左右完成。最後出現的是智齒，通常是在十八歲冒出來。

　　這種一般普遍的時間順序，有助於評估小於十八歲的死者年齡。舉例來說，一副擁有所有恆齒而獨缺智齒的骸骨，死亡時年齡可能介於十二歲至十八歲。如果第三大臼齒已經長出來，牙齒對法醫判定年齡而言的用處就沒那麼大了。

　　以成人而言，顱骨對估算年齡的用處不大，但對嬰兒可能有點幫助，儘管不像過去認為的那麼有幫助。嬰兒的顱骨實際上分成幾塊，隨著時間過去漸漸沿著骨縫密合起來或接在一起。骨縫是鋸齒狀的分裂線。照理說，骨縫密合的型態應該有參考價值，但不幸的是密合的型態相當多樣，所以年齡的估算就不是那麼準確。

　　如果能夠取得，人類學家便將焦點轉移到屍體四肢的長骨上。這些骨頭包含三個部分：骨幹（骨體）和兩端的骨骺（見圖4-1）。生長板（骨骺板或骨化中心）位於兩端附近，骨幹和骨骺於此接合。只要骨骺還是「打開」的，骨頭就能繼續生長。當骨骺「關閉」或骨化（像骨幹一樣變成堅硬的骨頭），就不可能再生長下去了。這件事發生的時間人各有異，但通常是在二十五、六歲完成，而且女性往往比男性早一點。如果身分不明的骸骨很小一副，骨骺板沒有閉合，當事人就可能是孩童。如果骨頭的狀態接近成人，而生長板有部分閉合，那麼

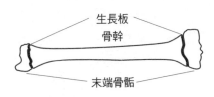

圖4-1｜長骨。人類長骨包含骨幹（骨體）和兩個末端骨骺。兩片骨骺（生長板）將這兩個部分結合在一起，此處也是骨頭生長之處。成熟之後，骨骺板閉合，終止生長。

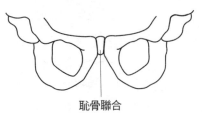

圖4-2｜恥骨聯合。恥骨聯合是左右兩半恥骨在骨盆前側的聯合處。聯合處隨著年齡變直、變窄。

當事人死亡時就可能是青少年或二十出頭。如果生長板完全閉合，當事人的年齡可能已逾二十五歲。

人體各部位的骨骺依不同既定時間閉合。例如，手肘一帶的骨骺在十二至十四歲間閉合，髖部和腳踝是十五歲左右，肩膀則介於十八至二十歲間。據此就能頗為準確地判定介於十二至二十歲左右的年齡。

另一個年齡的指標在於恥骨聯合（見圖 4-2）發生的變化。右恥骨和左恥骨在脊柱後側以薦髂關節相連，在前側則以恥骨聯合相連。恥骨聯合是細細一根邊緣略微呈圓齒狀的軟骨。隨著年齡增長，這根軟骨會變得更像一條直線。這條線變直是一個粗略的年齡指標，但只能參考到大約五十歲為止。

另一個檢驗的重點區域是肋骨的胸骨端，這裡是肋骨與胸骨相連之處。年輕時，肋骨的末端光滑渾圓，但隨著年齡增長就會變得坑坑洞洞，邊緣也比較銳利。標準的做法是察看第三、第四、第五肋骨的末端。檢查這些接合點可將年齡的範圍縮小到二十八歲半至三十歲到六十五至七十歲之間。七十歲以後，這些變化就沒什麼參考價值。此外，連接肋骨與胸骨的軟骨會隨著年齡骨化（硬化），這一點也可用來大致推斷年齡。

骨頭往往隨著年齡增長流失鈣質與密度。換言之，骨頭會變得脆弱、單薄、容易斷裂。骨頭的 X 光、光子吸收測量、電腦斷層掃描或核磁共振造影檢查會顯示出鈣質的密度，並可能有助於判斷年齡。無論任何年齡，骨質疏鬆症和營養不良等疾病都會降低骨質密度，從骸骨推定年齡時必須將這一點考慮進去。由於這種骨質脫鈣的現象受到許多因素影響，對年齡的判定而言只有一點用處。

年齡亦可導致關節炎及其他關節異常。在四十歲之前，關節炎並不常見。六十歲左右之後，肋骨和喉頭（人體的音箱）軟骨骨化加劇。這代表如果關節炎造成的嚴重改變明顯可見，當事人死亡時就可能年逾六十。

體型

你可能會以為，想判定無名屍的身高，只要把骸骨從頭到腳量一量就大功告成了。如果有一副完整無缺的骸骨，這種做法是可行的，但如果只有部分殘骸就不可能了。此外，身高只是體型的一部分。當事人的身材是瘦小或壯碩？這對身分鑑定而言可能有重大差別。六呎高、身形單薄的男性可能暗示了某一群人選，六呎高、身形壯碩或肥胖的男性則可能指向另一群目標。

如果可以取得一根以上的長骨，測量這些骨頭可推估身高。這種技術叫做異速生長（allometry）。舉例來說，其中一條基本原則是身高等於肱骨（上臂骨）的五倍長。不過，每根長骨也有圖表和公式可用以協助估算身高。雖然任何一根長骨都可供計算之用，最準確的仍以股骨（大腿骨）和脛骨（小腿骨）為主。一九六七年，赫諾維斯（Genovés）研究出一套公式。

用股骨和脛骨長度估算身高，以公分為單位
男性：股骨長度 × 2.26 + 66.38 = 身高（公分）
　　　　脛骨長度 × 1.96 + 93.75 = 身高（公分）
女性：股骨長度 × 2.59 + 49.74 = 身高（公分）
　　　　脛骨長度 × 2.72 + 63.78 = 身高（公分）

但萬一只有骨頭碎片呢？幸好還有其他公式可從碎片推估出骨頭的長度，一旦推算出來，長度的估計值就可用來計算整個人的身高。

一旦身高估算出來，法醫就試著判定當事人的體型。這就沒有公式可用了，只能憑經驗猜測。如果骨頭很粗，尤其是在肌肉與骨骼相連的區域，當事人最可能有副壯碩的體格，否則便可能是較為瘦小的體型。不幸的是，這部分的猜測再怎麼樣都不準確。

同樣的，當事人的利手（左撇子或右撇子）往往是可以判定的，

因為慣用的那一邊容易有較粗壯的骨頭。也就是說，右撇子的右手臂和腿骨通常較左側粗壯。

性別

與估算年齡的情況相反，從骸骨判定嬰幼兒的性別比判定成人的性別困難。原因在於骨骼的性別差異要到青春期才會顯現出來。青春期過後，男性與女性的骨頭生長方式不同，並開始具有性別特徵。若能取得需要的骨頭，法醫人類學家可憑這些差異準確判斷骸骨的性別。

男性骨骼整體的尺寸和骨頭的厚度大於女性。但這並非放諸四海皆準，因為骨頭的尺寸及厚度和許多性別以外的因素有關。不分性別，營養較足與繁重的肢體活動會形成較為強壯的骨頭。所以，比起營養不良又很少勞動的男性，吃得好又從事體力勞動的女性可能有一副顯得較為男性化的骨骼。

儘管如此，某些骨頭在特定部位的厚度還是能用來辨別男女。一般而言，男性肱骨頭、橈骨（拇指側的前臂骨）和股骨的直徑較大。

從骨頭判斷性別最可靠的依據是骨盆。男性的骨盆只是用

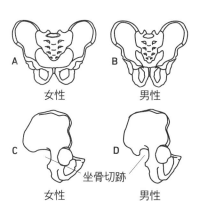

圖4-3｜盆骨。女性的骨盆（A）比男性（B）寬。此外，女性的坐骨切跡（C）開口較男性大。

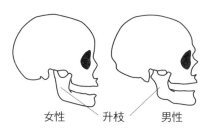

圖4-4｜下顎骨。男性下顎骨的升枝是彎的，女性則是直的。

來支撐和活動，女性的骨盆則須因應分娩（見圖4-3 A及B）。女性的骨盆較寬，骨盆出口的直徑也較大，以利分娩時讓嬰兒通過。女性的坐骨切跡（坐骨神經及其他神經通過這裡延伸到腿部）也比男性寬（見圖4-3 C及D）。此外，生過孩子的女性恥骨後側可能有疤痕而不平整，這是分娩時韌帶撕裂又重生所致。

顱骨也有幫助。男性顱骨往往有更明顯的骨脊和脊狀隆起，而且較大、較厚，尤其是在顏面肌肉和下顎肌肉相連的部位。此外，男性下顎骨（下頜骨）的升枝略微彎曲，女性則往往是直的（見圖4-4）。

如你所見，能否判定骸骨的性別取決於有多少及有哪些骨頭保存下來。如果整副骨骼原封未動，準確度就極高。如果只找到一塊臀骨或下顎骨，法醫人類學家的工作就較為困難，但他還是能做出頗為準確的猜測。

人種特徵

就算有可能，當事人的人種背景也很難判定，因為沒有哪個骨頭特徵是某一人種獨有。任何分類再怎麼樣都很粗略，而且會因人種融合而變動。一副骸骨只能被分到三大類：白種人、黑種人或黃種人。

白種人往往有高而圓或方的顱骨、長臉和窄而翹的鼻子。相形之下，黑種人或黃種人後代則是較低、較窄的顱骨，以及較寬、較扁的鼻子。黑種人的四肢比例往往較白種人來得長，黃種人的四肢則較短。此外，白種人的股骨往前彎，黑種人的股骨則比較直。

具有人種融合背景的個體，骸骨混合了各個祖先個別人種的特徵。人種融合往往就使得人種的判斷變得不可能。

個人特徵

遺骸年齡、體型、性別和人種的推斷結果，大大縮小了無名屍身分搜查的範圍，但要確立真正的身分還需更多資訊。只知道遺骸是十

二至十八歲、五呎（約一五二公分）高的左撇子白人女性，並不能絕對肯定身分，但或許能把焦點縮小到幾個人身上。如同屍體，這些資料會拿來與任何通報過的失蹤人口相比對（只不過，與屍體不同，骸骨的比對必須追溯前幾年的資料），如果找到了擁有類似特徵的人，就會再做更進一步的鑑定。

如同一具較為完好的屍體，若有殘留的衣物、首飾和陪葬品，或許就能補充一些資訊。舊傷存在的證據也可能是辨識遺骸的關鍵，像是已經癒合的骨折、刀傷或槍傷可能傷及骨頭而留下痕跡。將這些發現和潛在人選舊有的醫療紀錄或X光片做比對，或許就能循線確認身分。如同完好的屍體，有許多醫療器材也能在骨頭堆中找到，像是人工髖關節和心律調節器。由於這些器材上往往有可供追蹤的序號，遺骸的身分就能藉以確認。

有幾種疾病會在骨骼上留下證據。原發性骨癌以及轉移（擴散）到骨頭的癌細胞，還有像是肺結核、梅毒和骨髓炎（骨頭感染發炎）等傳染病，都可能留下特有的線索。諸如哲德氏症（Paget's disease）和軟骨症等骨頭的病變，通常很容易辨認。

這些創傷或疾病的發現又更進一步縮小可能的範圍。當然，這些身分特徵都是比指紋、齒型和DNA弱得多的指標。

儘管從骸骨無法取得指紋，但往往可以取得DNA和牙齒。齒型可與舊有的牙齒紀錄和X光片相比對，有時也有照片可供參考。這種比對通常不需要整副牙齒，但如果有又更好。在許多案例中，DNA可從骨頭和牙齒取得。當然，這兩種技術都需要有歷史紀錄或已知的DNA樣本存在。

用粒線體DNA來判定身分是另一種技術，第十章將予以討論。粒線體DNA是由母系血統代代相傳，歷經數世紀恆久不變。這種DNA相當強大，在腐壞或只剩骨頭的殘骸中也能存活很久。人體所有細胞和牙髓當中都能找到它的蹤影，甚至在不會帶有正常DNA或

細胞核DNA的髮幹中也有。如果懷疑屍體是特定的某一個人，從母系親屬（例如兄弟姊妹）取得的粒線體DNA，就能拿來與無名屍相比對。若有共同的母系祖先，這當中每個人的粒線體DNA就會彼此吻合。

臉部重建

上述所有辦法都無法確認遺骸身分時，就必須考慮做臉部重建。倘若能將肖像模擬出來並發布出去，或許有人認得出這個人。再不然，若搜查範圍已縮小到幾個人，這些人的照片便能拿來與身分不明的顱骨相比對，這種技術稱為顱相疊合術（skull-photo superimposition）。

臉部重建是一門不可思議的藝術，往往有法醫人類學家、齒科專家，以及藝術家或雕塑家參與其中。用完整或部分的顱骨重建臉部，則牽涉到在紙張上重現二維圖像，或在電腦螢幕上重現或雕塑出三維頭像。無論哪一種方式，目標都是要製作出一個近似於死者面孔的肖像。

雕塑家會用顱骨或顱骨的模子當作骨架，一層一層將黏土塗上去，做出黏土模型。在顱骨某些骨骼標誌上的平均皮膚厚度，當前的研究已有確定的結果。雕塑家將此一厚度的小墊片置於這些部位，再用黏土條連接起來，接著將這副框架填滿並塑出輪廓。無需贅言，這件工作需要藝術家的眼光與巧手。

刑事檔案：約瑟夫・門格勒的顱骨

約瑟夫・門格勒（Josef Mengele），納粹的死亡天使，對希特勒第三帝國的囚犯進行各種惡劣透頂的人體實驗，可能有四十萬人葬送他的手中。然而，當蘇聯軍隊解放奧斯威辛集中營之際，很少人知道門格勒的名字。事實上，要到許多年後，阿道夫・艾希曼（Adolf Eichmann）被捕，門格勒才成為納粹獵人的頭號目標。

從一九六〇年代到一九八〇年代，目擊和傳聞指出門格勒於不同時期出現在阿根廷、巴西和巴拉圭，他成為全世界最搶手的戰爭罪犯。一九八五年，有關他即將遭逮捕的謠言甚囂塵上。死亡天使是否終將接受審判，並為他所犯下的罪行負起責任？可惜答案是否定的。一對在巴西生活的德國夫婦沃夫罕・巴薩特（Wolfram Bossert）和莉絲洛特・巴薩特（Liselotte Bossert）向有關當局指出，恩布村（Embu）附近的一座墳墓裡埋的是約瑟夫・門格勒。

來自美國和德國的科學家，以及一組西蒙・維森塔爾中心（Simon Wiesenthal Center）[2]的專業團隊，參與了骸骨的鑑定。他們判定這些骨頭屬於一名體型與年齡和門格勒相符的白人男性。可惜門格勒的黨衛隊檔案資料相當粗略，尤其是他在一九三八年留下的手繪齒列圖並不準確。齒列圖顯示出門格勒補過十二顆牙，但未指出它們的位置。此外，也沒提及他那門牙縫很開的笑容。

德國法醫人類學家李察・海默（Richard Helmer）進行了照片疊合（photographic superimposition）的鑑定。他拍下從墳墓取出的顱骨，標出三十多個識別點，接著將一張已知的門格勒照片疊在顱骨照片上，判定兩者完美吻合。他確信這些骨頭就是門格勒的遺骸。最終結論於一九九二年拍板定案，從骨頭取得的DNA與門格勒親戚身上取得的樣本匹配。

然而，這個程序受到許多問題的干擾。髮色、眸色、髮型，以及有無鬍鬚都是未知數。有些部位由軟骨組成，所以可能付之闕如，例如鼻子和耳朵。把這些特徵畫出來或刻出來有賴「最接近的猜測」。同樣的，皮膚的厚度和體脂肪的含量必須估計出來，估算錯誤可能對最後的模型有極大的影響。

2　為紀念在二戰中被納粹殺害的猶太人而成立的國際人權組織，一九七七年成立於洛杉磯，以奧地利猶太人西蒙・維森塔爾命名。

　　若能比對出一個符合遺骸整體特徵的失蹤人口，而且又能取得此人的照片，就可能會用顱相疊合術來確認身分。基本上，是將這個人的照片疊在類似尺寸的顱骨照片上，比對兩者的骨骼標誌。這種做法很少得出定論，但可以排除某些人選。如果照片顯示兩眼太開、鼻子太長，或下巴的輪廓不同，顱骨就不屬於那名可疑人選。相反的，若是這些特徵全都符合，這名可疑人選就不能排除掉。

　　這種技術被用來協助解開二十世紀最大的疑案：約瑟夫・門格勒真的死了嗎？

照片比對和年齡變化

　　法醫人類學家最常參與骸骨鑑識，但他也可能受命判定某兩張照片是否屬於同一人。這些照片拍攝的時間往往相隔數年或數十年，品質與技術都有很大的差距。有時其中一張照片來自監視器，另一張則是家庭生活照。儘管每個人的容貌都會隨著年齡改變，但有某些特徵是不會變的。

刑事檔案：約翰・李斯特的容貌

　　一九七一年，約翰・李斯特（John List）和他的母親、妻子及三個青春期孩子住在紐澤西州西田鎮（Westfield）的一棟大房子裡。鄰居注意到他們有一陣子沒看見李斯特一家人了，除了夜夜燈火通明之外，他們的房子就像廢棄了一般。警方調查發現，在靠近屋後的房間裡，海倫・李斯特（Helen List）和三個孩子的屍體整齊地排放在睡袋上。在樓上的一個房間，他們發現約翰的母親艾爾瑪（Alma）的屍體。約翰・李斯特則不見蹤影。

　　警方找到五封寫有收件人的信，李斯特在信中說明犯下這起多重命案的理由。顯然他瀕臨破產，不想讓家人靠社會救濟過活，於是殺了

他們，讓他們免受恥辱。兩天後，他的車子出現在紐約約翰‧甘迺迪國際機場的長期停車場。

十三年過去，伯納德‧崔西（Bernard Tracy）仍在調查此案，絲毫沒有這名亡命之徒的線索。為了重新燃起大眾對此案的興趣，他接洽了超市小報《世界新聞週刊》（Weekly World News）。他們在一九八六年二月十七日做了約翰‧李斯特的專題報導，結果仍舊一無所獲。

然而，科羅拉多州奧羅拉市（Aurora）的汪達‧法蘭諾里（Wanda Flannery）覺得那篇報導刊出的照片神似她的鄰居鮑勃‧克拉克（Bob Clark），於是向鮑柏的妻子迪蘿瑞絲（Delores）提及此事，迪蘿瑞絲則是對她那勤上教堂的丈夫可能是殺人凶手的想法嗤之以鼻。在那之後不久，克拉克夫婦就因鮑柏財務處理不當陷入經濟困境，移居到維吉尼亞州里奇蒙市（Richmond）。

一九八七年，聯邦調查局鑑識專家金‧歐當諾（Gene O'Donnell）受命加入調查。歐當諾運用最新的電腦技術和約翰‧李斯特的照片，藉由添加灰白的髮色、後退的髮線和豐腴的下巴，成功讓照片「變老」。另外，還加上類似於李斯特在照片中所戴的粗框眼鏡。接著，伯納德和電視節目《美國頭號通緝要犯》（America's Most Wanted）接洽。他們聘請法醫雕塑家法蘭克‧班德（Frank A. Bender），依據約翰‧李斯特最後一張已知的照片，製作一個他十八年後可能樣貌的半身像。犯罪心理學家理查‧華特（Richard Walter）博士則是負責側寫，以助重建約翰‧李斯特當前可能的樣貌。他認為依照李斯特的宗教背景來看，他不太可能接受任何整形手術，生活模式也不會有節食和運動的習慣。這是很有價值的參考資料，因為兩者都能改變李斯特的老化模式。

一九八九年五月二十一日，《美國頭號通緝要犯》連同那張模擬照片和半身像播出約翰‧李斯特案。超過兩百五十通電話湧入。其中一通來自科羅拉多州的一位匿名人士，他表示約翰‧李斯特現居維吉尼亞州里奇蒙市，化名為鮑勃‧克拉克。結果來電者是汪達‧法蘭諾里

的親戚。指紋證明鮑柏‧克拉克和約翰‧李斯特正是同一個人。一九九〇年五月一日，約翰‧李斯特在殺害家人將近二十年後，獲判五個無期徒刑。

法醫將一張照片疊在另一張照片上，比較眉棱骨（眉毛一帶）、鼻孔和下巴輪廓等固定的結構。比對吻合即表示兩張照片可能同屬一人。這不是斬釘截鐵的證據，但具有參考的價值。

法醫人類學家或藝術家也可能受命讓一張照片「變老」。假設有個犯罪嫌疑人或失蹤人口已經不見幾年或甚至數十年，便能用舊照推斷此人幾年後可能的樣貌。在許多案例中，用這種方法尋找失蹤人口或緝捕犯罪嫌疑人都相當成功。當事人變老的樣貌多半是猜測的結果，但近年來隨著經驗的累積，許多專業人士在這方面的技巧已臻純熟，並以電腦程式輔助這項工作。

此外，也會針對待尋個案進行心理側寫。目的是看看他是什麼類型的人、做過什麼樣的工作、有何種飲食和運動的習慣，以及有無可能接受整容手術等。法醫藝術家利用心理側寫的資訊來協助推敲當事人這些年來容貌可能的改變。

約翰‧李斯特案便是運用這種技巧的最佳範例。

死後經過時間

埋葬學的英文 taphonomy 源自希臘文的 taphos 和 nomos，前者是指「墳墓或埋葬」，後者則是「規則或法律」。所以，taphonomy 意謂「埋葬的規則」，研究的是人體在死後會發生什麼事。屍體如何腐化、又如何白骨化（腐化到只剩骸骨的地步）是埋葬學的課題。我們將在第五章看到，這門學問可能牽涉到法醫人類學家和口腔學家，乃至於考古學家、氣候學家、植物學家、昆蟲學家等專家。這裡我們先看看死

亡已久的骸骨，到了第五章，再針對剛發生不久、法醫或多或少有完整屍體可供鑑定的情況做討論。

面對骸骨，人類學家首先要回答的問題是：這些骨頭在這裡多久了？對任何鑑識工作而言，這個問題都是關鍵。已有數百年之久的骨頭沒有鑑識價值，但歷經兩年、二十年、甚或五十年的骨頭，可能還是大有可為。

容我釐清一件事，免得你在你的小說裡犯這種錯誤：變成骨頭之後，屍體看起來不會是一副完整無缺的骷髏。你不會看到一副骷髏坐在椅子上，或坐在沉入水中的汽車駕駛座上。原因在於，將骨骼固定在一起的肌腱和韌帶會隨著人體組織腐壞。這意謂著骸骨會散掉，剩下一堆一根根的骨頭。

那麼，屍體完全白骨化要花多久？如前所述，依環境而定，氣溫和濕度是最重要的因素。在佛羅里達州的沼澤可能只要兩星期，在北部的深林裡則可能花上好幾年。

對法醫人類學家來說，推估死後經過時間從來就不簡單，而且隨著每一天過去會愈來愈困難，不過還是有幾點幫得上忙。

埋葬地點的物品可能是洩露真相的線索。衣物、首飾、棺木的材質和陪葬品可能顯示出埋葬的時期。比方說，箭頭或舊式步槍的彈丸就與合成物質或塑膠製品的年代不同，而報紙或雜誌的書頁則能為死亡時間訂出一個大範圍。

骨頭的化學分析也有幫助，像是測定氮含量。氮存在於蛋白質及構成蛋白質的胺基酸當中。骨骼包含蛋白質基質及附著其上的鈣質。隨著骨頭慢慢劣化，氮就會連同蛋白質含量一起下降。測量剩餘的氮含量可估算出骨頭被埋了幾年或幾十年。估算出來的數值並不準確，因為蛋白質和氮的流失率受到氣溫和濕度影響，就和影響屍體腐敗率的兩大因素相同。

骨頭容易從土壤和地下水吸收氟和鈾，測量這些成分的含量也是

圖4-5 ｜骨頭螢光。在紫外線照射下，螢光從骨頭外側和內側表面消失。（Ａ）不足百年的骨頭，整個切面都會發出螢光。（Ｂ）幾百年後，螢光完全消失。（Ｃ）介於兩者之間的時期，中間的螢光帶漸漸變細。

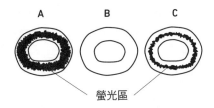

螢光區

時間的粗略指標。

　　另一種測量是基於不同的胺基酸以不同的速率從骨頭流失。化驗新鮮的骨頭可能得出多達十五種不同的胺基酸，百年以上的則可能只有七種。脯胺酸（proline）和羥脯胺酸（hydroxyproline）是兩種存活時間最長的胺基酸，若是它們不存在，就表示骨頭已經入土幾百年了。

　　紫外線是另一種有用的工具。新鮮的骨頭在紫外線照射下會發出淺藍色的螢光。如果將骨頭橫向切開，那麼骨頭的整個切面都能看到這種螢光。這種螢光隨著時間消失，一開始是表面，接著來到骨頭裡面。由於長骨是中空的，螢光是從外側表面及骨頭中心的內側表面消失。不足百年的骨頭整個切面都會發光，但隨著時間過去，這一圈螢光帶會愈變愈細，直到經過幾百年之後完全消失（見圖4-5）。螢光帶只能為骨頭的年分提供粗略的估計值，而且比較受到人類學家關注，比較不受法醫科學家重視。

　　放射性同位素（radioactive isotopes）有助測定骨頭年代。碳-14定年法（Carbon-14 dating）對鑑識的用處不大，因其範圍太廣。碳-14同位素的半衰期（衰退百分之五十所花的時間）是五千七百年。這對測定幾千、幾百年的物品年代有用處，但對較短的時間則不然。然而，其他的放射性物質卻可能有幫助。由於二戰期間核子武器的測試與使用，以及從一九五〇年代延續至六〇年代的後續測試，全球環境中的碳-14、鍶-90、銫-137和氚（屬於氫的一種放射性同位素）增加了。在骨頭中若是發現一種以上這些物質的含量增加，就表示受害者死於

約莫一九五〇年之後。此前的死者並未暴露在這些同位素增量的環境中，所以不會顯示出這種含量提高的現象。

焦骨

　　無論屍體是在白骨化之前或之後被焚毀，骨頭對人類學家而言都會構成特殊問題。在正常的情況下，他會以骨頭的質地和色澤推估時間，但焚燒後的質地和色澤已然改變。然而，這些改變或能提供有關火燒強度與時間長短的線索，進而為死亡原因與死亡方式提供有用的調查線索。間接或短暫暴露在火源之下只會導致骨頭變成黃褐色，可能有也可能沒有煙燻的痕跡。直接暴露在火源之下，骨頭則會炭化變黑，而且可能裂開或碎掉。長時間直接接觸火源，骨頭則可能化為白色灰燼。在這些情況下，人類學家說不定只有一點殘屑可供鑑識。更為雪上加霜的是，火燒的高溫導致骨頭乾燥（脫水）而縮水，使得體型難以準確推斷。

死亡原因和死亡方式

骸骨偶爾也能為死亡原因和死亡方式提供線索。如同一具全屍，這方面的判斷結果能為調查另闢蹊徑。證明受害者是死於鈍傷或槍傷，對於調查和最終的破案可能很重要。

　　從高處落下或來自鈍器重擊等外力鈍傷，受傷的骨頭可能斷裂、粉碎，或呈現出撞擊痕跡（凹痕和凹陷）。有時這些骨頭損傷顯示出凶器的類型。棒球棒、鐵撬和鐵鎚，各自都會在顱骨上留下不同的印記。

　　斧頭或刀子造成的銳器傷，在凶器觸及骨頭之處可能看得見剖面、刻痕和缺口。偶爾沿著剖面也會看到有凶器的金屬碎屑殘留。

　　槍傷可能在顱骨留下進入與穿出的彈孔，並在肋骨、脊柱及其他

骨頭留下鑿痕和其他缺損。找到一、兩顆彈頭會對調查有幫助。有時候，測量進入孔可估算造成創傷的彈頭口徑。查看骨頭的創傷或找出嵌在裡面的彈頭，或許就能推斷彈頭的路徑，進而判定可能有哪些器官受損。

當然，鈍器、刀械和彈頭都可能不損及骨骼就致命，許多勒死和多數自然死亡的案例也沒在骸骨留下證據。這意謂著骸骨可能無法為死亡原因與死亡方式提供任何線索。

法醫面臨的其中一個問題，在於他看到的骨頭損傷是死亡時間附近發生的，還是許多年前的舊傷。舉例來說，在死時和死亡前幾年形成的顱骨骨折，可能代表兩種截然不同的意義。鑑識團隊往往區別得出來。

斷裂的骨頭會適時復原。復原的方式是透過在傷口一帶形成骨痂（疤痕），這個過程則費時數月完成。當然，死亡之後就不會有復原這回事。所以，斷裂處如果結了很厚的骨痂，那就一定是在死前數月受的傷。相形之下，瀕死期（死亡時間附近）的骨折不會有復原跡象，也就沒有骨痂。所以，沒有復原跡象的顱骨骨折可能是在死亡時間附近形成的，也確實可能與死亡原因有關。這意謂著可能是頭部遭受重擊或從高處摔落造成當事人死亡。反之，復原良好的骨折就不會和死亡原因有直接關係。

但如果是死後多年，骸骨在自然中暴露很久之後才產生的裂痕呢？棄置於大自然中的骨頭往往會有自然因素及掠食者造成的損傷，而法醫通常能判定裂痕是何時產生。

活人的骨頭含有水分、活體蛋白質和脂肪，使得骨頭較不脆弱。骨折容易自然呈現螺旋狀或「青枝」（greenstick）[3]狀。乾燥化的骨頭非常脆弱，粉碎得更快，也斷得更俐落，通常會和骨頭的長軸平行或交

---

3 折而未斷的骨折型態，類似植物的青嫩枝條折而不斷，故名青枝骨折。

叉。查看骨折的型態，法醫人類學家就能分辨死前骨折和年代久遠的死後骨折。

　　根據骨骼損傷的時間與特性，法醫人類學家和法醫或許就能判定死亡原因，並判定這是自己造成、意外，抑或他殺的結果。但死亡方式的判定從來就不簡單或準確，萬一結果顯示當事人死於顱骨破裂呢？這是頭部遭受重擊（他殺）、不小心摔落（意外），還是心臟病發或中風跌倒（自然）造成的？

屍體定位

除了一些照片的比對，所有身分鑑識的技術都需要有屍體或骸骨。沒有屍骨，就沒有可供鑑識的材料。發現一具屍體往往是啟動身分鑑識程序的開端。但也有時候，調查人員知道發生了命案，或者可能有命案發生，但他們找不到屍體。蕾西・皮特森（Laci Peterson）案就是一例。二○○二年的聖誕夜，當時懷孕八個月的蕾西在加州莫德斯托市（Modesto）失蹤，不久就顯示她已遭到殺害。有關當局在鄰近區域和她丈夫史考特（Scott）釣魚的港灣展開搜索行動。二○○三年四月，蕾西和她未出世的兒子康納（Conner）的屍體被沖到舊金山灣岸邊。史考特・皮特森後來因犯下這起雙重謀殺案被定罪。

　　凶殺案中，發現及檢驗屍體至關重要。搜索人員會運用各種低科技和高科技的定位方式。所有證據都被用來縮小搜索範圍，包括受害者的工作與休閒習慣，以及目擊者的證詞。受害者可能離家數哩的地方工作，搜索就會沿著這條路線進行。他或許常在附近的森林裡跑步或散步。又或許有人注意到犯罪嫌疑人的車輛，或在某個偏遠地區發現受害者的衣物。這些零星資料都對於集中搜索大有幫助。

　　其中一條基本法則是「往下找」埋屍地點。假設警方相信待尋屍體被埋在一處偏僻道路附近，該區的地勢沿著道路的其中一側上升，

並沿著另一側下降。那麼，搜索就往下坡的那一側進行。為什麼呢？因為把屍體拖下坡比上坡容易。就這麼簡單。

搜索範圍一旦界定出來，接著就要以有系統的方式涵蓋這個區域。剛被翻過的土壤、溝渠、隆起或凹陷的地帶或許有幫助。新挖的墳往往比周遭來得凸出，較舊的墳則可能凹陷下去。這是由於土壤沉降、屍體腐壞及骸骨崩解的緣故。有趣的是，屍體埋得愈深，凹陷的程度就愈大。這可能是因為土壤大量被翻動，較容易往下沉得更深。另一個因素可能是在挖得較深的墳坑中，土壤壓在屍體身上的重量較大，就會較早壓垮骸骨，而且垮得更徹底。

如果能提供一件受害者的衣物，追蹤犬或許就能循著氣味找到埋屍地點。特別訓練的尋屍犬則會追蹤腐肉的氣味。牠們往往能找到埋在淺墳和泡在水裡的屍體，較深的墳地就可能有問題了。

另一個重要的線索可能來自埋屍地點植被的改變。挖掘過程中翻動的土壤和屍體的存在會改變埋葬處一帶的土壤條件。密度、濕度、通風度和溫度的改變，可能引來與埋葬處周遭不同的植物品種。或者，該區典型的植物可能會出現在那裡，但改變了的土壤條件增加它們生長的密度和肥沃度。這種改變可能是肉眼可見的，尤其是從空中俯瞰。

空中偵察攝影可以與熱感應顯像儀結合使用。甫被翻動過的土壤比一般緊實的土壤散熱得更快，用這種儀器顯現出來的影像就會比較「涼」。再不然，腐敗中的屍體也會散熱，與周遭區域相比之下，可能顯示出相當的差異。所以，熱感應顯像被用來檢查有無較涼或較暖的定點，而這些區域接下來就會進行更積極的搜索。

倘若發現隆起或凹陷的可疑區域，用來找出熱源和氮源（兩者都是腐敗過程的副產品）的特殊裝置就會派上用場，或者也可能會用專門的儀器來測量土壤物理特性的變化。透地雷達（ground-penetrating radar）可以「看到」地下的情況，往往能找出遭掩埋的屍體。測量電

導率（electrical conductivity）也可能有幫助，因為埋在土裡的屍體往往會增加土壤的濕度，而濕度會增加土壤的電導率。將兩根金屬探頭置於土壤中，電流會在兩者之間流動並進行測量。電流改變可能表示有屍體埋在那裡。

磁性感應器也可能派上用場。簡單的金屬探測器可能找出受害者的珠寶或皮帶扣環。

一種叫做「磁力計」（magnetometer）的特殊裝置也有幫助。磁力計是用來測量土壤的磁性。土壤含有小量的鐵質，所以具有低量的磁性反應。埋了屍體的區域土壤相對較少（空間被屍體占據），所以呈現的磁性反應指數又更低。磁力計從土壤上方通過，把任何磁性反應微弱的區域找出來。

多具屍體

如果辨識一副屍骨很困難，對法醫人類學家來說，亂葬崗和重大災難事件的現場顯然更是困難重重。他不只很難分辨現場是誰的骨頭，也可能無法準確判斷現場有多少具屍體。在滿是雜亂骸骨的亂葬崗尤其困難，法醫人類學家可能永遠也無法確定受害者人數，但他至少能推斷最小數目。舉例來說，如果他發現九十副顱骨、頜骨或盆骨，他就能斷定至少有九十個人被埋在這個地方。有可能更多，但不可能更少。

在這些情況中，每一根骨頭都要用本章所談到的適用技術加以分析。這就是為什麼亂葬崗的骸骨辨識過程既漫長又艱辛。

5 | 死亡時間：時間軸的關鍵部分
TIME OF DEATH:
A CRITICAL PART OF THE TIMELINE

你讀到或在電視上看到的謀殺推理故事，大概每一個都會提出有關死亡時間的問題。現實生活中的命案報導也是如此。警方為什麼花這麼多工夫判定死亡時間？法庭上為什麼要針對死亡時間爭論不休，兩造雙方都要試圖把時間說得對自己有利？因為死亡時間可以排除或鎖定某個犯罪嫌疑人，也可以證實或推翻目擊者和犯罪嫌疑人的說詞。它實際上可以讓案件成立或不成立。這是法醫最重要的功能之一。

在探究死亡時間的估算何以如此重要之前，我們先來了解一下「死亡時間」一詞是什麼意思。

定義死亡時間

死亡時間有數種。容我重複一遍：死亡時間有數種。「死亡時間」表面上是個簡單明瞭、直截了當的字眼，顧名思義就是指受害者呼出最後一口氣的確切時間。可惜事情沒那麼簡單。死亡時間其實有三種：受害者的器官機能確實終止的**生理死亡時間**、死亡證明書上記載的**法定死亡時間**，以及法醫推算出來的**估計死亡時間**。

值得注意的是，估計死亡時間和法定死亡時間及生理死亡時間可能大不相同。

唯一能夠絕對準確地判定死亡時間的罕見情況，是當一個人在醫生或其他醫療專業人士在場時死亡。醫生可以做出死亡判定並記錄時間，即使如此也是假設他的手表或牆上的時鐘很精確。但撇開那一點

點誤差不談，以這種方式目擊的死亡是以上三種死亡時間會彼此吻合的唯一情況。

否則，確切死亡時間的判定就很重要。但萬一有人目睹致命的一擊或致命的一槍，又或者監視器拍到事發當下並錄下時間呢？這樣不就精確標示出死亡時間了嗎？答案是充分肯定的。如果遭到目擊的事件當場致死，目擊者就看到了實際死亡的一刻，否則目擊者看到的只是致命的創傷，而非實際的死亡時間。一個人在遭受嚴重且顯然致命的傷害之後，還可以存活幾小時、幾天，甚或幾年。

但多數的死亡事件都沒有目擊者。自然死亡可能發生在睡夢中，意外死亡和自殺身亡往往是在死者獨自一人時發生。在凶殺案中，加害者通常是唯一的目擊者，而他很少會去看手表，就算看了，他也不可能從實招來。這意謂著在法醫必須判定死亡時間的情況中，他只能推估大概的時間。

如果屍體是在生理死亡發生很久之後才被發現，這三種死亡時間可能有幾天、幾週或甚至幾個月的差距。舉例來說，假設一名連環殺手在七月殺了一個人，但屍體直到十月才被人發現，那麼生理死亡是在七月，法定死亡時間是十月，此為屍體被發現而留下法定紀錄的時間。法醫所推估死亡時間可能是七月，又或者六月或八月。這只是一個估計值，會有許多因素聯合起來干擾判斷，然法醫務必力求準確。

死亡時間的重要性

準確估計的死亡時間可以是揭發加害者身分的依據。在刑事案件中，它可以排除某些犯罪嫌疑人而鎖定其他犯罪嫌疑人。比方說，做丈夫的表示他於午後兩點出門開會，晚上八點返家時發現妻子死了。他說自己整個早上都在家，出門時她還活得好好的。如果法醫判定死亡時間介於上午十點至正午之間，這名丈夫可就有得解釋了。相形之下，

若推估顯示死亡發生在下午四點到六點之間，而這名丈夫在這段時間
有可靠的不在場證明，調查就會轉往不同的方向。

　　注意在上述案例中，法醫推估出來的是一個範圍，而不是確切
的死亡時間。他並非指稱下午四點半，而是說介於下午四點到六點之
間。簡言之，他能做到的就這麼多，而這就是為什麼要稱之為估計死
亡時間，因為那是最接近的猜測。

　　死亡時間不限於刑事調查，也可能運用在民事案件中。保險理
賠可能取決於被保險人在條款生效時是否仍在世，或在條款失效前是
否已死亡。哪怕只差一天也很重要。同樣的，遺產繼承可能與死者實
際死亡時間息息相關。假設有兩名生意夥伴在相近的時間死亡。其合
約可能約定若其中一方死亡，公司資產就歸另一方所有。在這種情況
下，公司資產就會歸後死那一方的繼承人所有。其他像是遺囑的財產
分配，也可能受到配偶當中哪一方先死亡所影響。

死亡時間的判定

死亡時間的判定既是藝術也是科學，需要法醫運用各種技術詳加觀
察，做出他的推測。一般而言，屍體死後愈快檢驗，推測上就愈準確。

　　不幸的是，屍體死後發生的變化捉摸不定，連發生的時段也無法
預測。沒有一個因素可準確指出生理死亡的時間，永遠只能做最接近
的猜測。但如果充分掌握必要原則，法醫對於生理死亡時間的推測往
往具有相當的準確度。

　　法醫運用各種觀察和檢驗以助做出推測，包括：

- 屍冷
- 屍僵
- 屍斑
- 腐壞程度

- 胃內容物
- 角膜混濁度
- 眼球玻璃體鉀濃度
- 昆蟲活動
- 現場記號

其中最重要也最常用的是屍冷、屍僵和屍斑。法國醫學家、犯罪學家亞歷山大‧拉卡薩涅（Alexandre Lacassagne, 1843–1924）醫生，曾任法國里昂法醫學會會長，撰寫了大量關於**屍冷**（屍溫）、**屍僵**（屍體的僵硬程度）和**屍斑**（屍體的顏色）的文獻。

屍冷

死後的正常體溫為華氏九十八‧六度（攝氏三十七度），屍體會逐漸降溫或升溫，直到與周圍介質達到平衡為止。由於屍體溫度可以方便且快速地測量出來（我們馬上就會談到如何測量），多年來專家一直在尋求利用相關數據推估死亡時間的公式。早在一八三九年，英國醫生約翰‧戴維（John Davey）就在倫敦研究屍體失溫的速度，到了一九六二年，馬歇爾（T. K. Marshall）和霍爾（F. E. Hoare）方試圖將相關分析標準化，建立了一套名為「標準冷卻曲線」（Standard Cooling Curve）的電腦運算公式。在這段期間，甚至在馬歇爾和霍爾之後，許多人都試圖設計出類似的算法，可惜沒有一個證實比既有的公式更準確。該公式如下：

死亡時數＝（98.6－屍體核心溫度〔華氏〕）／1.5

此一概略的失溫速度一直持續到屍體達致環境溫度為止，之後便保持穩定。聽起來夠簡單的了。

不過，情況沒有這麼單純。屍體是否以每小時一‧五度（攝氏○‧

八三度）的速度失溫，受到周圍環境、屍體大小、衣物及其他因素影響。舉例來說，比起在流動的冰冷河水裡，屍體在溫暖房間裡失溫的速度要緩慢許多。而在酷熱的環境中，例如八月的亞利桑那州鳳凰城一處密閉的車庫裡，室溫可能達華氏一百二十五度（約攝氏五十一·七度）以上，屍體則可能升溫。關鍵在於，屍體會降溫或升溫直到與環境一致。

驗屍官的技術人員在現場處理屍體時會測量體溫，以及周圍介質的溫度，像是空氣、水、雪或土壤（倘若屍體被掩埋）。理想上，屍溫測的是直腸或肝臟的溫度，後者較能準確反映屍體真正的核心溫度。做法是在右上腹開道小切口，將體溫計插進肝臟組織中。唯有受過訓練的人員在法醫的指示下才能執行此一步驟，過程中必須小心不要改變或破壞屍體上任何既有的傷口。有些人建議從刀傷或槍傷的傷口插入體溫計測量核心溫度，便無須製造新的切口。但由於任何外來物都有可能污染或改變傷口，傷口又是案件的關鍵證據，因此不會採取此種做法。基於實際考量，通常是測量直腸溫度。

屍體死後愈快被發現，用這種方式推估的死亡時間就愈準確。屍體一旦達到環境溫度就沒戲唱了。但即使做法正確，又在死後很快進行，屍溫的判定還是會受到一些因素影響而失準。

用來計算的假設條件之一是初始體溫。一般認定正常體溫為華氏九十八·六度，然實際情況因人而異。有些人的正常體溫比其他人要高，女性體溫就有比男性高的傾向。而與發燒有關的疾病會讓死時體溫顯著升高，慢性病、脫水或長時間休克則可能降低初始體溫。多數人的體溫在一天當中也會有所變動（基本上是晝夜不同）。這一切都意謂著計算一開始就有某種程度的誤差。

屍體透過三種不同的機轉被動散熱：**輻射**（以紅外線的型態散熱）、**傳導**（散熱至任何與屍體接觸的物體上）和**對流**（散熱至到流動的空氣中）。屍體的狀態與環境條件影響散熱的速率甚鉅。

　　肥胖的體型、厚重的衣物、溫暖滯塞的空氣、暴露在陽光直射之下或密閉的環境，都會減緩散熱的速度。脂肪和衣物是很好的隔熱物，所以比起未著衣物而暴露在寒冷或流通的空氣、水以及陰影之下的瘦削屍體，穿著毛衣的肥胖屍體散熱慢上許很多。孩童和老年人，乃至於患有慢性病或瘦弱的人，往往散熱得比較快。倘若屍體接觸到冰冷的表面，如大理石或冰涼的水泥地，散失的熱度會比較大。

　　還有一個變數：死亡幾天之後，蠅蛆開始以屍體為食，牠們的活動和內部代謝過程有時會提高屍體溫度。不過，這對鑑識調查人員應該不構成問題，因為昆蟲活動一旦發展至此，屍溫也就無用武之地了。

　　如你所見，散熱作用充滿誤差。儘管如此，盡早謹慎測量屍體核心溫度並考量屍體周圍的條件，還是能得出一個合理準確的估計值。

　　假設有兩個人於夏末在德州休士頓市家中遭到殺害，屍體在死後四小時被發現。一具屍體在室溫一百一十度（約攝氏四十三度）的車庫裡，另一具屍體則留置在空調維持七十二度（約攝氏二十二度）的客廳中。屍體以每小時約一・五度散熱，如果法醫有證據證明死亡發生於四小時前，他應該會預測核心體溫落在九十二度至九十三度之間。

1.5度（每小時）× 4小時＝6度
98.6 – 6 ＝ 92.6

　　如果他測得的核心溫度不同，他就要修正他的算法。但萬一受害者年紀很大或很年輕、很瘦、未著衣物，或倒在冷氣送風口附近冰涼的磁磚地上呢？在這些情況下，散熱會更迅速。核心溫度可能是華氏八十八度至九十度（攝氏三十一至三十二度），或許還更低。法醫若是沒把這些降溫因素考慮進去，就可能推算出一個錯誤的死亡時間。比方說，核心溫度是華氏八十八度，而他未能根據屍體周圍的環境條件做出調整，就可能估算出死亡時間大約已經過七小時。

98.6 – 88 = 10.6 / 1.5 = 7.1 小時

六到八小時和三到五小時是很不一樣的估計值。凶手可能在前一段時間中有牢不可破的不在場證明，而且很容易就能證明自己不在場，因為他當時根本還沒抵達犯罪現場。他說不定正和二十個人共進午餐。但才不過四小時之後，他就可能沒有這種不在場證明。

至於在車庫的屍體呢？法醫會預計屍體一樣以每小時一‧五度升溫，所以核心溫度應該是大約華氏一百零四度（攝氏四十度），或許甚至更高。

屍僵

屍僵（rigor mortis）是肌肉細胞死後的化學反應導致的肌肉僵硬與收縮。造成這種結果的化學反應則是三磷酸腺苷（adenosine triphosphate，簡稱ATP）從肌肉流失。三磷酸腺苷是肌肉活動的能量，沒有它，我們的肌肉就無法收縮。三磷酸腺苷的存在與穩定有賴穩定供應的氧氣和養分，隨著死亡時心跳停止便不再供應。三磷酸腺苷指數下滑，肌肉便收縮硬化形成屍僵。後續在腐壞過程中，當肌肉組織本身開始分解，屍體則又不再僵硬，而出現肌肉癱軟（鬆弛）的現象。

值得注意的是，全身的屍僵同時開始，但不會同時顯現出僵硬的狀態。屍僵形成的過程有一個可預測的典型模式，那就是首先會在臉部、頸部和手部的小塊肌肉顯露出來，接著再進行到較大塊的肌肉。這種由小到大的漸進過程，純粹是因為較小塊的肌肉含有較少的三磷酸腺苷，流失的速度相對就會較快。再者，小塊肌肉的僵硬狀態也比大塊肌肉更容易顯露出來。

屍僵大約在兩小時內開始，整個過程則需大約十二小時。屆時屍體就會完全僵硬，固定在死亡時的姿勢，這種狀態往往會再延續十二小時。這叫做屍僵的**僵硬期**（rigid stage）。這個過程接下來就會反轉，

從小塊的肌肉開始，漸行至大塊的肌肉，屍體以同樣的模式變得不再僵硬。這個過程又需費時大約十二小時左右，此時肌肉變得癱軟（鬆弛），稱之為屍僵的**鬆弛期**（flaccid stage）。

12-12-12 是屍僵的一般通則：屍僵在十二小時過後出現，持續約十二小時，在接續的十二小時消退。所以，屍僵只在死後的最初三十六小時內有用。正常的條件下是如此，但依屍體和情況而定又有很大的差異。這些差異使得屍僵成為判定死亡時間最不可靠的方式。為了解這些差異，我們來看看這個過程背後的生理機轉。

有時屍僵在死後很快就會發生，在任何導致死前消耗三磷酸腺苷的情況下就會出現這種狀況。如果在死亡當下肌肉的三磷酸腺苷指數已經非常低，肌肉的收縮和僵化就會更為迅速。

肌肉活動和過高的體溫是消耗三磷酸腺苷最主要的兩種情況。臨死之際，任何重度的肌肉活動都會加速屍僵的形成。比方說，受害者可能正在跑步、與加害者搏鬥、溺水掙扎，或者嚴重癲癇發作。這當中每一項就算不會消耗肌肉所有的三磷酸腺苷，也會把大半都消耗掉，使得屍僵在死後幾分鐘之內就形成。有趣的是，死前曾遭追逐的受害者最先出現屍僵的會是腿部，在這種情況下，該部位的三磷酸腺苷損耗得最厲害。番木鱉鹼（strychnine）是一種導致驚厥和肌肉抽搐的藥物，情況類似重度的肢體活動。番木鱉鹼中毒的受害者幾乎是立即形成屍僵。

由於體溫升高也會導致三磷酸腺苷的消耗量提高，所以任何提高體溫的藥物或發炎感染的狀況皆可導致屍僵迅速形成。敗血症（血液感染）、肺炎或任何發熱（發燒）症狀的患者，乃至於中暑的人，屍僵都會來得非常迅速。

反之亦然。寒冷的條件會減緩三磷酸腺苷損耗的過程，進而延遲屍僵的開始與進展。暴露在寒冷氣候中而死的受害者，或在死後立刻冰凍起來，可能好幾天都不會形成屍僵，或許要到屍體變暖或解凍之

後才會。此外，基於不明原因，肥胖的人比瘦削的人形成屍僵的速度慢。事實上，有時肥胖的人完全不會形成屍僵。

　　彎曲或伸展屍體會破壞肌肉纖維，從而破壞屍僵的狀態。一旦遭到破壞，屍僵就不會再恢復。

　　屍體痙攣（cadaveric spasm）是全身瞬間僵直，使屍體固定在死亡當下確切的姿勢。屍體可能以坐著、跪著、伸出手的姿勢凍結起來，事實上任何姿勢都有可能。屍體痙攣是在極度激烈的肢體和情緒狀況下發生。受害者死亡當下可能緊握一把刀，屍體痙攣將導致那隻手死握這件武器不放。

　　儘管有些爭議，但對屍體痙攣最貼切的解釋，就是瞬間形成的屍僵。這種看法有道理，因為導致屍體痙攣的條件和導致早發性屍僵的條件類似。

屍斑

　　屍體上通常都會有一塊塊的暗沉分布各處。這種暗沉是屍斑（英文稱作livor mortis、lividity或post-mortem hypostasis）。它之所以重要的原因有二：首先是有助判定死亡時間，其次是可以顯示出屍體是否曾遭搬動。後者就算不比前者重要，至少也一樣重要。

　　屍斑是呈現青紫色調的組織，經驗不足的生手可能會誤認為瘀青。它是血液在血管中淤塞所致。死後心臟停止跳動，血液停止流動，重力導致淤塞的血液沉積在屍體的低位區（〔dependent area〕朝下的部位）。這表示一具仰臥屍（面朝上平躺）會沿著背部及臀部兩側形成屍斑，左側臥屍則會沿著左側肩膀、手臂、髖部和腿部形成屍斑。

　　然而，壓在堅硬表面上的低位區會顯得很蒼白，並在周圍形成屍斑。舉例而言，平躺在地的屍體會沿著整個下側表面顯現屍斑，但實際接觸到堅硬地面的部位除外。頭部、肩胛骨、臀部和小腿的後側接觸點會顯得很蒼白，因為屍體的重量壓在這些支撐點的血管上，使

得淤塞的血液無法在此沉積。緊繃的衣物也可能造成一樣的結果，腰帶、褲頭帶或胸罩可能在屍斑分布的區域留下一道白色的痕跡。

　　屍斑為什麼是這種混濁泛黑的顏色？飽含氧氣的血液是鮮紅色，被剝奪了氧氣的血液則是紫色。死亡之後，心跳和血液循環停止，人體細胞盡其所能吸取所有的氧氣，將血液當中的氧氣剝奪殆盡。缺氧的血液呈現深紫色，沉積之後便形成紫色的屍斑。

　　但也不是所有屍斑都青青紫紫的，一氧化碳中毒和氰化物中毒（見第十一章）的情況下，屍斑可能呈現櫻桃紅或粉紅色。一氧化碳和血紅素結合，產生碳氧血紅蛋白（carboxyhemoglobin），這種化合物的顏色是鮮紅色。同樣的，氰化物和血紅素結合，產生的氰化血紅蛋白（cyanohemoglobin）也是鮮紅色。此外，氰化物是一種代謝性的毒物，妨礙人體細胞使用氧氣。由於細胞不再吸收氧氣，血液保持富含氧氣的狀態，這也使得血液呈現鮮紅色。所以，飽含碳氧血紅蛋白、氰化血紅蛋白或氧氣的血液是鮮紅色，產生的屍斑也反映出這一點。

　　另一個產生紅色屍斑的常見狀況，是當受害者臨死前或死後暴露在相當寒冷的環境中。在這種情況下，所有的細胞活動因為寒冷而減緩，包括死後從血液吸取氧氣的活動在內，從而使得血液富含氧氣並呈現紅色，屍斑於是就會呈現紅色或粉紅色。

　　失血過多致死（流血而死）的人可能沒有或很少屍斑，由於殘留的血液不多無法沉積，典型的特色是全身都會很蒼白。相反的，嚴重心臟衰竭、中風或窒息而死的人則可能形成深紫色的屍斑，在這些情況下，生前的血液含氧量通常很低，所以顏色會是深紫色，屍斑就會隨之呈現深紫色。

　　屍斑通常在死後三十分鐘至兩小時開始浮現，在八至十二小時達到巔峰。一開始，改變屍體姿勢會轉移暗沉的位置。如果屍體仰臥兩小時，接著被翻到左側，沿著背部開始累積的屍斑就會轉移，變成沿著左側累積。但六至八小時，屍斑就漸次固定了。（編註：亦有資料指

出為六到十二小時）這代表改變屍體姿勢不會導致暗沉轉移。原因在於經過六到八小時之後，這個區域的血管開始破裂，從血管滲出的血液暈染開來，擴及周圍組織。不同於留在血管系統裡的血液，組織裡的血液會固定在原位。法醫可用轉移和固定的屍斑來推估死亡時間，並判定屍體是否被搬動或改變過姿勢——在沒有外力協助的情況下，死者是不會自己這麼做的。

倘若屍體被發現面朝下，胸部、腹部和腿部前側有固定屍斑，法醫便可推斷死者至少是六至八小時前死亡，可能更久，但不可能更短。如果屍斑還能轉移，死者就可能是在不到四小時前死亡。反之，若屍體被發現面朝下，但卻在背部有固定屍斑，那麼屍體就是在死了至少六小時後被移動過，但不會更早，否則屍斑會轉移至新的低位區。這代表屍體死後先是仰臥至少六小時，久到足以讓屍斑固定，接著才被翻過來趴著，或者移動到一個完全不同的地點，以趴姿被棄屍。

此一固定的過程不是一種兩極化的絕對現象，而是漸進式的。意即在四到六小時之間，有些屍斑可能會固定，有些則可能還是會移動。如果法醫發現屍體背部有一些淡淡的固定屍斑，正面則有真正固定的屍斑，那麼他或許會推斷屍體先是躺在地上四小時左右，接著被人搬動，改成面朝下放置，再趴了六小時左右。

同樣的過程也發生在內臟。解剖一具仰臥姿的屍體時，法醫預計會發現血液沿著肺臟、肝臟、脾臟、腦部，以及其他內臟的後緣區（背側）沉積。這可能會構成問題，因為仰臥姿受害者的血液會沿著頭皮及腦部後側淤積，甚至會滲透到硬腦膜下腔（介於腦部和顱骨之間的空間）。乍看之下，這種淤積的情況看起來可能像是後腦受到鈍器重擊，導致頭皮和腦部挫傷（瘀血）。法醫必須運用專業知識和經驗做出區別。

從這裡你就看得出來，審慎檢驗屍斑的模式可為凶案提供關鍵證據，並協助重建圍繞著死亡的案發過程。如果屍斑的模式和屍體的姿

勢不符,那就表示有人有理由要移動屍體。那個人不一定是凶手,但凶手最有可能是他。也有些時候,發現至親屍體的家屬可能會想在報警之前清理屍體,或將屍體調整成較為雅觀的姿勢、移動到較為得體之處。

　　以上的推理過程假設的都是正常的情況。由於屍體的腐敗主要是依周圍的氣溫而定,而屍斑的固定是由於血管破裂,釋放出來的血液滲透到組織當中,所以任何加速或減緩腐敗過程的因素,都會對屍斑的固定起一樣的作用。在濕熱的環境中,屍斑可能在三、四個小時這麼短的時間內就固定。在較冷的氣候中,則可能要三十六小時之久。

屍體腐化率

　　腐化(putrefaction)是指屍體腐爛或分解。在正常的情況下,屍體依循一定的模式腐化,法醫可藉以推估死亡時間。

　　人一旦死亡,人體所有的活動就會停止,心臟不再跳動,血液不再流動,所有人體機能不再運作。多年來,世人相信頭髮和指甲在人死後還會繼續生長一段時間。事實上,查爾斯・泰迪(Charles Meymott Tidy)在其著作《法醫學》(*Legal Medicine*, 1882)中就表示真有其事。之所以會有這種錯誤的信念,是因為隨著體液從屍體流失,組織萎縮或縮水,才會顯得指甲和頭髮在死後幾天比死亡當時還要長。

　　人類屍體的分解作用在死亡之後立刻啟動,並且分為兩個部分:自溶和腐化。自溶(autolysis)基本上是一個自我消化的過程。人死之後,細胞裡的酵素開始細胞和組織的化學分解反應。如同多數的化學反應,這個過程會因高溫而加速,因低溫而延緩。腐化是以細菌為媒介摧毀人體組織。主事的細菌多半來自屍體的腸道,儘管環境細菌和酵母在許多情況中也會來參一腳。細菌在溫暖、潮濕的環境中壯大,在寒冷的氣候中則委靡不振。將細菌冰凍起來就會完全停止其活動。冷凍的屍體到解凍之前都不會腐化。

　　腐化是一個醜陋而令人不悅的過程。在正常的氣溫條件下，腐化依循一定的程序進行。在最初的二十四小時，腹部發青並擴及頸部、肩膀和頭部。緊接著屍體很快就會膨脹，這是細菌活動產生的氣體累積在體腔和皮膚所致。從臉部開始，五官膨脹，眼球突出，舌頭伸出來。皮膚接著浮現大理石一般的紋路，臉上、胸部、腹部和四肢布滿網狀血絲。紋路呈現青黑色，這是由於血紅素對硫化氫的反應所致。腹部隨著氣體持續累積而膨脹，皮膚則開始起泡。很快地，皮膚、頭髮和指甲開始剝落。到了這個階段，屍體已經變成青黑色。分解產生的液體或屍水（purge fluid）開始從口鼻流出，看起來可能像傷口流血，但這是人體組織過度分解所致。

　　然而，腐化的過程幾乎從來不會按照正常的速度進行，因為屍體的狀況幾乎從來不符合正常的條件。外在環境和屍體內部的條件都會大大改變這個過程。肥胖、過多的衣物和濕熱的環境會加速這個過程，瘦削、衣不蔽體、躺在冰冷表面或有冷風吹拂的屍體分解的速度則慢了許多。相當寒冷的氣候可能將腐化過程延緩到屍體過了幾個月還像剛死一、兩天。倘若屍體在這個過程開始前已經冷凍起來，便會形成保護作用，使得屍體不會腐化。一旦開始腐化，就算把屍體冷凍起來，也不能阻止最終的腐化結果。如果冷凍得夠快，屍體或許能保存幾年。

　　敗血症（血液感染）對人體的破壞力尤其強大，可能大大加速腐化過程，使得只放了二十四小時的屍體看起來也像放了五、六天。原因不僅在於此種情況下死亡的人體溫度較高，敗血症發病的過程也會將細菌散布到全身，使得腐化進程快速遍及全身。

　　內臟往往是以一定的順序腐化，法醫可藉以評估死亡時間。腸胃道中有多種細菌，所以最先開始腐化。接著是肝臟、肺臟和腦部，然後是腎臟。最後，子宮和前列腺也屈服於細菌的威力之下。

　　如果置之不理，分解過程到了最後就會只剩一副骸骨。屍體完全

白骨化所需的時間依我們探討過的環境條件而定，而且這個過程不一定一致。在偶然的情況下，屍體分解得參差不齊，某些部分腐化了，其他部分卻多少仍保持完好。

　　另一個影響腐化率的重要因素是陳屍地點。置於露天的屍體會比埋在土裡或泡在水中腐化得更快。一般的法則是暴露在地面一週，相當於水裡兩週及土裡八週。此外，暴露在外或埋得很淺的屍體容易成為掠食者的目標。

　　屍體會引來狗、貓、熊、豬、鼠，以及其他掠食動物。牠們可能會把肉吃掉，並帶走部分屍體。剩下的肉和骨頭可能顯示出爪痕和齒痕，反映出掠食者的種類。比方說，狗和貓往往會在組織上留下楔型（V字型）的缺口，囓齒動物留下的傷口則往往較淺，邊緣也較平滑。囓齒動物的前齒（門牙）會在遭囓咬的骨頭上留下平行的紋路。法醫要尋找掠食者活動的證據，因為這可能影響他對死亡時間的判斷。

　　但分解並不是人體死亡後唯一的變化方式，在某些情況下，屍體可能會木乃伊化或屍蠟化。

　　木乃伊化（mummification）是指屍體在炎熱、乾燥的環境中脫水變乾。過低的濕度妨礙細菌生長及屍體腐化，同時也會把組織的水分吸收掉。在古埃及，屍體會抹上香料和鹽巴加速乾燥的過程，所以屍體不會腐化，而是木乃伊化成一具堅韌、發黑的屍體，外觀猶如皮肉縮水包住骨頭。這與製作肉乾的過程類似。內臟可能會變乾並萎縮，或者變成類似油灰一般的深黑褐色物質。木乃伊化的屍體往往能保存很長的時間。

　　屍蠟（adipocere）是一種叫做皂化（saponification）的化學過程的結果，基本上就是轉化成肥皂。屍蠟化是某些細菌和人體脂肪組織產生作用所致，例如導致氣性壞疽（gas gangrene）的產氣莢膜梭菌（Clostridium perfringens），這種細菌將人體脂肪轉化成屍蠟的基本構造——油酸（oleic）、硬脂酸（stearic）和棕櫚酸（palmitic acids）。結果產生

一種灰褐色、多脂或蠟一般的物質，讓屍體猶如一尊蠟像。乍看之下，屍體可能像是一個假人模特兒或一塊巨型肥皂鑿刻出來的人像。浸泡在水中或於溫暖、潮濕的環境發現的屍體最常形成屍蠟，而且屍蠟通常要花好幾個月才會形成，所以涵蓋的死亡時間範圍很廣。嚴重屍蠟化的屍體不可能只死了一、兩星期而已。

屍體的腐化程度不一定一致。一具屍體可能部分白骨化、部分木乃伊化，還有部分轉化成屍蠟。不完整的防腐處理可能導致有部分保存得很好，但也有部分白骨化。

另一個值得一提的腐化狀態是浮屍的膨脹現象。受害者可能死在水裡，或者於死後不久被丟進水中。屍體一開始會往下沉，但隨著腐化作用致使氣體累積在組織和體腔中，就會上浮至水面。由於這些氣體是細菌活動的副產品，所以深受水溫的影響。在墨西哥灣溫暖的水域裡，高溫加速細菌生長及氣體形成，屍體可能過一、兩星期就會浮出水面。在寒冷的氣候，細菌繁殖的速度較為遲緩，可能就要幾星期或幾個月。

一般而言，在氣候溫和的水裡發現的屍體會呈現：

- 二至三天後，雙手和臉部腫脹
- 五至六天後，皮膚自身體剝離
- 八至十天後，指甲剝離
- 在較溫暖的水中經過十四天左右會浮起來，在較寒冷的水中則需時三、四週

依屍體本身與水中的許多條件而定，以上每一種徵象的出現都充滿了變數。

死後經過時間

對法醫而言最困難的任務之一，就是在屍體已被棄置數週或數月後判定大概的死亡時間。在這種情況下，屍冷、屍僵和屍斑都不再管

用，因此法醫要用既定的死後腐化階段來建立時間軸，並依據屍體的發現地點做出調整。

平均溫濕度是評估的關鍵。比起陽光普照的田野，棄置在寒冷山洞裡的屍體腐化得慢上許多。遭掩埋的屍體比暴露在外的屍體分解得慢。細菌在遭掩埋的屍體身上往往較不活躍，掠食者和氣候的變化也較不易對屍體造成損害。不足兩、三呎的淺墳，屍體隨著環境溫度的改變會受到一些影響，埋得很深的屍體則處於相對穩定的溫度中。

法醫可能會諮詢法醫氣候學家，看看最近的晝夜高低溫為何，並運用相關數據調整他對時間的推估。比方說，棄置在科羅拉多州林地的屍體，在日均溫高低分別為華氏八十五度和六十五度的情況下，會比華氏六十五度和四十五度腐化得快。經高溫曝曬四、五天的屍體，看起來可能像置於一般溫度中十到十四天的屍體。

以遭掩埋的屍體來說，土壤的濕度影響腐化的速度，濕度愈高腐化得愈快。埋屍地點的土壤含水量取決於相對濕度、降雨量，以及土壤的排水程度。潮濕、多雨或低窪地區的墳塚含水量會比乾燥地區的山坡來得高。法醫在評估時必須考慮這些變數。

更有甚者，屍體的地點和暴露程度在受害者死後隨時都有可能改變。像是在埋屍或棄屍前可能會先被留置幾天，有時也會從一個地點移至另一個地點。案發當下，凶手可能純粹沒有棄屍的餘裕，等想好棄屍計畫再回來。或者，警方在搜索時可能不經意移動了屍體。也或許連環殺手基於病態的幻想而移動屍體。屍體甚至可能被人類以外的媒介移動，例如水或山崩。

受害者從死亡到遭埋屍的幾天內，因暴露條件有所改變，可能導致法醫評估死亡時間的誤差。他要尋找屍體被移動的證據，並試圖分析屍體待過的每一個地方與待了多久，以針對死亡時間做出專業的推測。這不是件容易的差事，常常還是不可能的任務。

試想有具屍體被丟進湖裡，兩天後拖上岸掩埋。或者屍體加上重

物後沉入冰冷的河水中，接著從重物脫離沖至下游，最後停在一處偏僻、陽光普照的河灣，四天後被人發現。或者屍體埋了一週，接著被挖出移到另一個埋屍處，土壤和水分的條件截然不同。又或者在山洞中的屍體，被掠食者拖至陽光下。在這每一種情況中，屍體都在不同的環境條件下暴露了不同的時間。

最後一餐

　　法醫對死亡時間的判定常藉助於受害者的胃內容物。飯後依消化的食物類型和分量而定，胃部約莫在兩小時內會清空。倘若受害者胃中含有大量未消化完全的食物，那麼他可能是在飯後一、兩小時內死亡。若胃中空無一物，則有可能是在飯後經過四小時以上死亡。此外，假如小腸也是空的，死亡時間可能距離最後一餐十二小時以上。

　　如果法醫能從目擊者證詞中查出最後一餐進食的時間，便能藉以推定死亡時間。假設有個人被發現死在旅館房間裡，法醫發現他的胃中滿是尚未消化的食物。如果他在晚間八點到十點間和一位生意夥伴共進晚餐，接著回到旅館房間，胃部滿是食物代表他回房不久就死了，法醫或許會判定死亡時間介於晚間十點和午夜之間。

　　計算方式取決於一些因素。比起輕食和富含碳水化合物、糖分與液體的餐點，大餐以及富含蛋白質和脂肪的食物消化得較慢。酒精和鎮定劑及麻醉藥物的攝取，乃至於某些疾病，往往會減緩消化及胃部清空的速度。反之，有些藥物和疾病則會加速消化過程。此外，消化率也因人而異。所以，對死亡時間的判定，胃內容物的作用微乎其微。

眼睛

　　覆蓋瞳孔的透明薄膜稱作角膜。人死之後，角膜就變得混濁，不再是透明的。如果「死不瞑目」，這種現象可能短短幾小時內就會發生。假如死時闔上雙眼，則可能經過二十四小時才會發生。

129

玻璃體是充滿於眼球中，一種透明的濃稠液體。人死之後最初幾天，玻璃體中的鉀離子濃度持續提高。這是因為紅血球將鉀離子釋放到玻璃體中。雖然玻璃體鉀離子含量的判定只在最初三、四天有用，但不同於其他許多死後的變化，其不受環境溫度的影響。

昆蟲

除了掠食動物之外，屍體也會引來各種昆蟲。通常是以腐肉維生的蒼蠅和甲蟲，牠們具有按照特定順序在特定時間出現的傾向，法醫可藉以判定死亡時間。不幸的是，昆蟲出現的模式依地理區域、特定地點、季節，以及一天當中的時間而大不相同。由於昆蟲界複雜的本質，鑑識人員常會尋求法醫昆蟲學家的協助。昆蟲學是研究昆蟲的學問，法醫昆蟲學則是研究在屍體上繁殖的昆蟲。

首度運用昆蟲來破案的案例可追溯至十三世紀的中國。在一二三五年，第一部法醫科學文獻中，宋慈描述了一宗用鐮刀犯下的凶案。村民被迫排成一列，把他們的鐮刀置於跟前的地上。蒼蠅受到死者留在刀鋒上的血液吸引，聚集在其中一把鐮刀上。凶手心想這必定是神明顯靈，便不打自招了。現代法醫昆蟲學始於十九世紀中期的法國，於一八八七年尚・皮耶・梅寧（Jean Pierre Mégnin, 1828–1905）發表《墳地動物誌》（*Faune des Tombeaux*）以及一八九四年發表《法醫昆蟲學屍體動物誌》（*La faune des cadavres application de l'entomologie à la médecine légale*）達到巔峰。美國法醫昆蟲學委員會（The American Board of Forensic Entomology）於一九九六年成立。

人死後七十二小時內，法醫運用所有昆蟲以外的方式判定死亡時間，做出他最接近的推測。七十二小時後，昆蟲型態就是最準確的判斷方式了。昆蟲以兩種基本方式協助判定死亡時間：第一種是憑藉昆蟲固定的發展階段，最顯著的要屬綠頭蒼蠅；第二種是針對在屍體上繁衍的昆蟲種類出現的順序。

　　有許多物種以屍體維生，或以受屍體吸引的昆蟲維生，又或者以上兩者皆有。每一種都有各自偏好的出現時間和順序，以及不同的生命週期。由於這個主題的細節遠超乎本文探討的範圍，所以我們姑且局限在最常見的種類上，亦即綠頭蒼蠅。認識這種昆蟲，就能讓你體會到法醫昆蟲學家要面對的問題。

　　屍體暴露在外時，綠頭蒼蠅最早出現，往往是在死後一小時內。牠們尋找屍體最潮濕處產卵，例如口、鼻、腋下、鼠蹊部和開放性傷口。不出幾小時，卵孵化成幼蟲（蛆）。接下來十天，幼蟲以屍體為食，成長茁壯並反覆蛻皮。幼蟲的成長率有圖表可供參照，生物學家可拿現場發現的幼蟲比對長度，推估幼蟲的年紀。藉由這種方式，他通常就能說出幼蟲是三天大或九天大。幼蟲化蛹後，大約經過十二天，便羽化為成蟲。所以，這整個週期費時約十八到二十二天。成熟後的蒼蠅會接著產卵，生命週期持續循環。

　　在正常情況下，如果法醫或昆蟲學家只發現蟲卵，死亡時間可能不到四十八小時。如果找到蛆，但沒找到蛹，死者就可能是在二至十天前死亡。發現蛹表示已經過十天以上，破蛹而出的成蟲則表示在兩到三週前死亡。

　　你可能已經猜到了，事情不會真的那麼簡單。綠頭蒼蠅夜間不產卵，冬季時牠們的數量減少，甚至完全沒有。所以，如果死者是在午夜遇害，綠頭蒼蠅可能要到天亮才會出現。如果天氣很冷，牠們可能根本不會出現。在不利的條件之下，幼蟲可能休眠很長一段時間。假如屍體是在一個白天溫暖、晚上很冷的區域，牠們可能一天當中有一半時間都在休眠。此外，要是天氣轉冷了幾天，這段時間的發展過程就可能延宕。昆蟲學家或許會諮詢法醫氣候學家提供有關過去幾天至幾週的溫度與天氣狀況。

　　在封閉建築物中的蒼蠅活動通常會延緩。如果屍體裝在容器裡，像是後車廂、木桶或以塑膠布包裹，蒼蠅可能根本不會出現。遭掩埋

的屍體可能不會引來蒼蠅，但其他昆蟲確實會攻擊屍體。要用昆蟲活動來判定死亡時間，必須把這每一種狀況都考慮進去。

多數時候，昆蟲研究只能提供最低限度的死後經過時間。如果發現蠅蛹，屍體勢必「至少」放置了六至十天之久。不可能更少，因為蠅蛹還來不及成形。但如果氣候對幼蟲而言不理想，可能就要花更久才會成蛹。另一個擾亂因素則是昆蟲的大量出現，新的世代不斷繁衍出來。兩週後形成的成蟲本身也會產卵，這些卵也會依循類似的週期。所以，一具三週之久的屍體可能會有蠅卵、蛆、蛹和成蟲。釐清這一切可不簡單。

昆蟲也可能顯示出屍體曾被移動過。在屍體身上繁衍的昆蟲若是不屬於發現屍體的那個區域，就表示屍體曾被放置在有這些昆蟲存在之處，所以屍體勢必被移動過。

昆蟲的另一個用處在於毒物學（見第十一章）的領域。以屍體組織維生的昆蟲會將組織含有的化學物質消化吸收掉。倘若屍體已經腐化到無法進行毒物篩檢的程度，昆蟲幼蟲可能會顯示毒物的存在。有些化學物質會妨礙幼蟲的成熟速度，有些則會加速；法醫對死亡時間的評估可能隨之改變。

活體幼蟲、蟲蛹和空心的蛹會予以採樣，讓昆蟲學家評估有哪些類型的昆蟲存在以及處於發展週期的哪個階段，並且已歷經多少次的週期循環。有些幼蟲要放在KAAD溶液（一種混和了酒精、煤油和其他化學物質的溶液）或酒精當中，將牠們保存在能夠反映現場的狀態。

現場記號

法醫運用可供他支配的一切來推估死亡時間，包括許多科學證據以外的發現。現場記號涵蓋現場的任何資訊，乃至於來自目擊者或親朋好友的證詞。以受害者最後一次被人看見的時間做為起點——假如這個線索準確無誤的話，他一定是在那之後的某個時間點遇害。家人

和朋友可以談及受害者的習慣，以及他們觀察到的任何改變。

　　未赴約或上班、沒進行例行性散步或買咖啡、沒收取的郵件或報紙、印有日期的發票，都有可能派上用場。在攻擊過程中被毀損的手表或時鐘，或許能顯示案發的確切時間。家中電燈未亮或煙囪沒有冒煙，鄰居可能會覺得奇怪。

　　受害者的衣著也可能有幫助。舉例來說，如果受害者兩天沒去上班，但卻穿著上班服，身上帶著汽車鑰匙在自家前門被發現，他遇害時正要去工作就是合理的假設。又或許，他排定了一場板球賽，卻未現身。接著，他身著運動服在車庫被發現。在這種情況下，他可能是在準備出發時遇害的。

　　假設有個鄰居知道當事人固定晨間七點出門散步，但已經兩天沒有這麼做了。他家中的燈亮著，卻沒人應門，於是鄰居報警處理。警方到場後發現有具屍體坐在椅子上，面前開著的電視停在某個頻道。椅子旁有本電視節目指南，翻在三天前節目表那一頁，而且那個頻道的節目被圈了起來。這個證據顯示死者是在三天前該節目播映時死亡，抑或不然，這只是最佳猜測，法醫會把此一資訊連同前述的科學判斷方式一併考慮進去，再做出最後評估。但這些現場記號可以幫助他縮小時間範圍。

拼湊所有線索

　　如你所見，判定死亡時間並不容易。沒有哪一項檢驗或觀察結果得以顯示確切的時間，所以法醫運用各種可用的資源，將所有線索拼湊在一起，以求界定出一個生理死亡時間的合理範圍。

　　假設有具屍體早上六點被發現，現場分析顯示屍體溫度為華氏九十度（約攝氏三十二‧二度），屍斑固定、屍體完全僵硬，且看不出有昆蟲活動的跡象。法醫要如何據此判定死亡時間呢？屍體溫度顯示受害者於約莫六小時前死亡，屍斑則顯示六至八小時的時間範圍。通

常死後八到十二小時才會完全僵硬。缺乏昆蟲活動在意料之內，因為死者是在日落之後死亡。由於這些都不是絕對的時間，所以法醫綜合以上線索做出最佳的推測。他可能會推估最有可能的範圍是六到九小時，而判定死亡時間介於前一天晚上九點到午夜之間。他頂多只能做到這樣，但如果頭號犯罪嫌疑人在那段時間沒有不在場證明，這樣可能也就足夠了。

人體農場

有關死亡時間的探討，若不提及人體農場（〔The Body Farm〕正式名稱為田納西大學法醫人類學研究中心〔University of Tennessee Forensic Anthropology Facility〕）及其對埋葬學（見第四章：認屍，「死後經過時間」一節）的貢獻就不完整了。

　　一九七一年，在諾克斯維爾市（Knoxville）的田納西大學，法醫人類學家威廉‧巴斯（William M. Bass）博士成立了人體農場，用以研究屍體在各種環境條件下腐化的速率與模式。基本上，他創造了一個戶外埋葬學實驗室。

　　巴斯博士從一具屍體開始，目前已研究過數百具。在任何時候，這座占地三英畝的農場上可能有多達一百五十具屍體一起腐化，它們可能暴露在日曬或陰影下、埋在各種不同的深度或泡在水中、塞在後車廂或垃圾袋裡、用地毯包裹起來、埋在混凝土地板下，抑或掛在鷹架上。我們對腐化過程的認識隨著這每一具屍體而增加。事實上，有關屍體的腐化，我們所知的一切全都來自巴斯博士的農場。

　　聯邦調查局不時藉助於巴斯博士的專業，以及從人體農場取得的研究成果。他們甚至會派人員去受訓。未來，人體農場希望能為執法單位製作一份屍體腐化圖集，並協助將透地雷達和其他屍體定位技術臻於完美，包括研發聞出屍體位置的「電子鼻」。主要目標是要更深入了解腐化的化學作用，以期更準確地判定死亡時間。

6 死亡原因、死亡機轉及死亡方式：受害者是怎麼死的？

CAUSE, MECHANISM, AND MANNER OF DEATH: HOW DID THE VICTIM DIE?

從法醫科學的角度來看，死亡原因和死亡方式具有至高無上的重要性。每天大概每分鐘都有人死亡，但其中只有一小部分會引來鑑識調查系統的注意。在探討死亡的鑑識層面之前，我們先來看看死亡本身。

死亡的定義

死亡就是某個人「生命終止」之時，對嗎？如此定義也算無可挑剔了。但話說回來，「生命終止」是什麼意思？生命確切又是什麼時候才算終止？我們要如何判定靈魂何時離開軀體？一個人要在何時、如何宣告死亡？

死亡的判定從來就不直截了當。在過去一百年之前，死亡的判定幾乎是不可能的。事實上，如我們在前一章所見，死亡的確切時間仍舊存在爭議。

在十七世紀，醫生知道活人會呼吸、有心跳，但就這樣了。如果你有呼吸和心跳，你就是活著，否則就是死了。聽起來夠簡單的。但有些人可能表面上像是死了，實際上卻是生病或酒醉。酒精、藥物、心臟疾病、嚴重的感染、失血、休克、脫水及其他狀況，都可能讓人呈現昏迷，摸起來渾身冰冷，呼吸很淺，脈搏微弱。活著的跡象可能很難確定。以為已經死了的人又甦醒過來的情況也不在少見。

為了克服這個問題，前人發明了幾種判定死亡跡象的辦法。舌

135

頭乳首拉扯法、菸草煙霧灌腸法，或是將熱燙燙的火鉗插進人體各個孔竅等方法都受到使用。我很懷疑如果當事人還活著，火鉗那一招會不會燙得他跳起來。拉扯舌頭則普遍到發展出專門的工具，這種工具由夾子和握柄組成，夾子用來夾住舌頭，握柄轉動時則會前後拉扯舌頭。拉扯一小時左右，若仍無反應便宣告死亡。

　　儘管如此，偶爾還是有重病但仍活著的人被宣告死亡，結果卻證明沒死。

　　最後，殮房或「太平間」的制度成立了。在這裡，尚有疑義的死者會被置於病床上觀察，直到出現腐化跡象。一旦屍體開始發出臭味，死亡的事實就確定了。對死者家屬而言，這個過程可能不太愉快，但至少能藉以做出肯定的死亡宣告，避免過早下葬。在十七世紀，過早下葬的情況並非聞所未聞。

　　兩百年前，醫生會直接把耳朵貼在患者的前胸聆聽心跳，這叫做「直接聽診法」。但如果患者是女性，就不太允許這麼做了。一八一六年，法國醫生雷奈克（René-Théophile-Hyacinthe Laënnec, 1781–1826）發覺自己陷於這種窘境，於是他將幾張紙捲成圓筒狀，把耳朵貼近一端，另一端置於女性患者的胸口上，解決了這個難題。比起舊有的直接聽診法，他發現透過這種間接方式能更清楚地聽見心跳聲。聽診器於焉誕生，後來再演進到目前的形式。

　　此一發明讓醫生能將心跳的怦怦聲聽得更清楚，從而對死亡做出更準確的判定。沒有心跳、沒有空氣進出肺臟，那就沒有生命跡象。但儘管如此，對於呼吸很淺、脈搏極弱的人而言，這些聲音還是有可能聽不到，即使仍微弱地存在著。

　　威廉・愛因托芬（Willem Einthoven, 1860–1927）打造出第一台簡易的心電圖機（electrocardiographic machine，簡稱ECG或EKG），因而獲得一九二四年的諾貝爾醫學獎。這種裝置能確實記錄心臟活動的電波，讓醫生對死亡有更客觀的判斷依據。沒有心臟活動的電波就沒有心跳，

沒有心跳就沒有生命。最後，死亡終於有了真正的定義。抑或不然？

二十世紀歷經呼吸器和心律調節器的發展，腦死之後心臟和肺臟仍能藉以持續運作。這樣的生命是人工生命，但如果活著的定義就是有呼吸和心跳，人工生命也是生命。情況突然間更加混沌了。

腦死指的是腦幹死亡。目前，必須要由測量腦部活動的腦波圖（electroencephalogram，簡稱EEG）判定腦電波消失，方能宣告一個仰賴呼吸器和心律調節器維持生命的人死亡。

一八七五年，理查・卡頓（Richard Caton, 1842-1926）將猴子與兔子暴露在外的腦部所釋放的電波記錄下來，生物的腦部有電波活動的概念首度獲得證實。一九二四年，德國精神科醫生漢斯・伯格（Hans Berger, 1873-1941）將電極貼附在頭皮上，首度記錄人類的腦波圖，為醫生和科學家提供第一份腦部活動的檢測結果。然而，腦死判定充滿了爭議，時至今日，美國各州對腦死各有不同的定義。

如你所見，從古至今，死亡都沒有一個直截了當的定義。但這對驗屍官來說為何很重要？這應該是醫學問題，不是鑑識問題吧？不盡然。萬一在加護病房裡靠呼吸器維生的人頭部中彈，或被酒醉駕駛撞了呢？倘若受害者死亡，開槍者或肇事者的刑責就會加重許多。中彈或被車撞的事實使得受害者的死成為驗屍官和檢察官關注的焦點。受害者還活著的話，開槍或肇事者可能要面臨暴力攻擊或交通事故的起訴。受害者若死亡，罪狀就加重為過失殺人或蓄意謀殺。在拔掉呼吸器之前，照顧受害者的醫生必須百分之百確定他沒有存活的希望，否則他的死就和醫生有關。而你一定料想得到，針對何時該關掉受害者的維生系統，控方和辯方律師自然會各執一詞。泰麗・夏沃（Terri Schiavo）[1]案便是這種司法角力之一例。

1　一九九〇年，泰麗・夏沃因心跳驟停造成大腦嚴重受損而成為植物人。一九九八年，泰麗的丈夫希望移除其生命維持系統，但遭到她的雙親反對。在多次上訴後，二〇〇五年，法院判決結束泰麗的生命。該案引起關於倫理學、安樂死與監護人制度的諸多爭議。

如果這名腦死的人是器官捐贈者,那麼又有別的爭議要浮出檯面了。在捐贈之前,捐贈者必須已經腦死。但一旦腦死,屍體就來到法醫的管轄之下。若未獲得法醫允許而摘除任何器官,即可視為妨礙司法調查。幸好由於在這種情況下時間緊迫,多數轄區的驗屍官辦公室都會主動同意,以便摘除器官予以捐贈。

儘管如此,辯方仍可主張受害者不是因槍傷而死,而是摘除器官或拔除呼吸器所致,有罪的是醫生,不是開槍的人。如此這般沒完沒了。死亡從來就不容易。

撇開死亡確切定義的問題不談,一旦死亡就歸法醫或驗屍官所管。只要有可能,法醫就必須針對任何出乎意料或有可疑之處的死亡事件,判定死亡原因、死亡機轉和死亡方式。為此,法醫必須運用來自犯罪現場、解剖及鑑識實驗室的證據。

死亡原因與死亡機轉

簡言之,死亡原因是指一個人為什麼會死。心臟病、槍傷或腦部受到重創,都是導致生理異常而死的疾病或創傷。

死亡機轉則是實際導致生命終止的生理異常。以心臟病發作的受害者來說,死亡機轉可能是心律產生致命變化,或者心臟嚴重受損,無法輸送適量的血液以維持生命(心因性休克)。在極罕見的情況下,心臟病發作的受害者死亡機轉是心臟肌肉斷裂(心室破裂)。以上每一種導致死亡的機轉都是基於相同的死亡原因——心臟病發作。

槍傷的受害者也可能死於幾種機轉。彈頭可能直接毀損心臟或大腦。如此一來,死亡機轉就是心臟或腦部的穿透性創傷。又或者彈頭可能引發大量出血,進而導致死亡,牽涉其中的死亡機轉就會是失血過多。此外,傷口可能受到感染,導致敗血症及死亡。如此一來,死亡機轉就是敗血症,死亡原因則為槍傷。

死亡原因、死亡機轉及死亡方式：受害者是怎麼死的？

CAUSE, MECHANISM, AND MANNER OF DEATH: HOW DID THE VICTIM DIE?

6

同樣的，頭部受到重擊的受害者可能死於腦部的直接創傷（腦震盪）、腦部本身出血（顱內出血）或腦部周圍出血（硬腦膜下血腫或硬腦膜外血腫），進而導致腦部受到壓迫，使得呼吸終止（窒息），再次說明了同一個死亡原因可能經由幾種機轉導致死亡。

相反的，同一種機轉則可能是幾種不同原因的結果。失血過多（死亡機轉）可能是各種分歧的原因所致，例如槍傷、穿刺傷、出血性潰瘍、肺腫瘤出血，或過量攝取華法林（warfarin）之類的抗凝血藥物。在這每一種情況中，失血和休克是生理上的異常之處。

從這些例子，你可以看到單一的原因可能透過各種機轉導致死亡，而單一的機轉則可能是各種不同原因所致。驗屍官必須加以判別，任何刑事訴訟程序都深受他的結論影響。

舉例來說，假設有個人被酒醉者開車撞成重傷，救護人員抵達現場將他送往醫院，他在醫院傷重不治。如果法醫判定車輛撞擊造成的鈍器傷導致嚴重而致命的腦部創傷，駕駛就可能因為這個人的死遭到起訴。但萬一法醫判定他受的傷沒有那麼重，受害者是因內出血而死，救護人員和醫療人員未能發現、予以適當治療呢？誰該為這個人的死負責？在這兩種情況中，死亡原因都是車輛撞擊造成的鈍器傷，但死亡機轉可能是腦震盪或失血過多。法醫對死亡機轉的評估會決定隨之而來的法律行動。前者可能導致車禍過失致死的指控，後者則是醫療疏失的訴訟。

讓我們再更進一步。萬一在調查過程中，法醫發現此人情緒低落、精神恍惚，他實際上是自己跑到肇事車輛前面去的呢？他的死是否構成自殺？

這個問題的答案就牽涉到死亡方式，亦即死亡原因是如何、為何、經由何人產生。法醫也必須就此做出判定。

五種死亡方式（實際上是四種加一種）

死亡方式是導致一連串事發經過的根本原因。換言之，事情是怎麼發生的？為什麼會發生？誰起的頭？動機何在？死亡是受害者本身、另一個人、不幸的巧合或大自然所致？主要的死亡方式有四種：

▶ **自然死**：自然死亡是大自然的作為，生病的自然過程導致死亡的結果。心臟疾病、癌症、肺炎和中風是常見的自然死亡方式。這是法醫要面臨的最大的一個死亡類別了。

▶ **意外死**：意外死亡肇因於計畫之外或出乎意料的事件。跌倒、車禍、觸電是意外死亡的例子。

▶ **自殺**：自殺是當事人死於自己手中。個人蓄意造成的槍傷、服藥過量或上吊屬於自殺死亡。

▶ **凶殺**：凶殺是死於他人之手。要注意凶殺不一定是謀殺。凶殺是由法醫來判定；謀殺則是由法庭判定的罪狀。儘管兩者都會被法醫界定為凶殺，但就法庭上的判決而言，過失致死和一級或二級謀殺的違法程度各有不同。

▶ **無法判定或歸類**：這個額外的類別，是用在驗屍官無法確切判斷恰當類別的情況下。

如同單一死亡原因可導致許多不同的死亡機轉，任一種死亡原因亦有幾種不同的死亡方式。頭部槍傷不會是自然死亡，但有可能被認為是凶殺、自殺或意外。

只有自然死亡是由於疾病，其他類別牽涉到創傷，而可能導致民事或刑事訴訟。當然，就連自然的死亡原因都可能被視為意外或凶殺，在很罕見的情況下也可能被視為自殺。這怎麼可能？萬一一個病入膏肓的人被禁止就醫呢？或許有筆遺產牽涉其中，妨礙受害者接受醫療照護的人就可能被控殺人。

另一種情況是手術過程出錯，導致患者心臟病發身亡。儘管死亡原因是心臟病發作（自然事件），死亡方式卻有可能被視為意外，

進而引發醫療疏失的訴訟。又或者此人可能患有嚴重的心臟疾病，並且在街上受到襲擊。抵抗攻擊者的過程中，他可能心臟病發身亡。死亡原因再次是心臟病發，但死亡方式就會是凶殺。因為若不是受到襲擊，他可能不會心臟病發而死，至少不是在那個當下送命。

驗屍官的判斷

法醫務必盡力準確分類死亡方式，因為接下來的發展取決於他的判斷。面對一宗突發的不明死亡案件，法醫會採取一連串有系統、有邏輯的步驟加以評估，方法類似於治療患者的醫生。一位好醫生依循的步驟是完整的問診、檢查身體狀況、安排恰當的實驗室篩檢，以及做出診斷。在這之後才能開始治療。

　　面對一宗凶殺案時，法醫也依循類似的方法。他顯然不能向死者直接問診，但他可以從警方報告、醫療紀錄、目擊者證詞取得資訊，並對家屬、執法單位和醫療人員進行訪談。為了收集必要的資訊，他可能擁有傳喚的權利（在某些轄區），通常他也享有法院的通融。接下來，他就會進行「身體檢查」，也就是屍體解剖。他查看屍體的外觀及內部，並用顯微鏡加以檢視。根據「病歷和身體檢查」得到的發現，他再安排實驗室的檢測。這可能包括各種器官的顯微組織檢驗、毒物檢驗、彈道比對，或其他任何法醫指定而鑑識實驗室能夠提供的檢驗項目。在這一切完成後，他就做出「診斷」——他對死亡原因和死亡方式的說明。

　　倘若未見明顯的創傷，法醫首先會尋求自然死亡的死亡原因。他會檢視醫療紀錄，或許也會和死者的醫生討論死者的情況。如果他覺得有必要，便進行屍體解剖。這些調查可能讓他確信死者是死於心臟病發、發炎感染、肝臟或腎臟之類的器官衰竭、糖尿病，或任何一種疾病。在這種情況下，他就會視其為自然死亡。

　　若是沒有自然的死亡原因存在，法醫就會針對其他的死亡方式加以考量。接下來，他會尋找不那麼明顯的創傷、毒物或藥物，以及其他意外、自殺或凶殺死亡的跡象。

　　無法判定或歸類的死亡案件呢？怎麼會有這種事？且讓我們想想毒蟲死於嗑藥過量的例子。海洛因和其他幾種不法毒品，一旦吸食過量可導致昏迷、呼吸停止，以及窒息而死（見第八章）。如此一來，死亡原因是藥物過量，死亡機轉是窒息。但死亡方式呢？

　　要是受害者有藥物濫用的歷史，而且之前既曾意外吸食過量，也曾自殺未遂呢？如果他死於藥物過量（死亡原因），這是意外還是自殺（死亡方式）？對法醫而言，無論受害者的意圖為何，解剖和實驗室的發現都一樣。法醫可能會安排心理剖析，請法醫心理學家深入挖掘這個人的過去，以求找出自殺的潛在動機。即使在做過心理剖析之後，死者有無自殺動機可能仍舊不明朗，而死亡方式就有可能被列為無法判定或歸類。簡言之，無法確知此人是不小心，抑或故意用藥過量。

　　然情況甚至還會更混淆不清。萬一受害者是警方的線民，或他預定要出庭作證，指控地方上的某位毒販呢？要是毒販得知此事，賣給他一包純度百分之百的海洛因，而他平常吸食的純度只有百分之十五呢？他又不是藥劑師，怎會知道其中有詐？他只會屈服於毒品的誘惑，為自己注射一樣的劑量，疏不知他實際上施打了平常的六倍分量。如此一來，死亡方式就會是凶殺。如前所述，對法醫和法醫毒物學家而言，這種死亡方式呈現出來的結果和意外或自殺身亡是一樣的。

　　關鍵在於，死亡方式的判定取決於動手的人及動手的意圖。

驗屍官報告

　　一旦完成分析，驗屍官或法醫就會歸納一份報告，將案件的要點整理出來，並針對死亡原因、死亡機轉及死亡方式做出結論。死亡方

死亡原因、死亡機轉及死亡方式：受害者是怎麼死的？

CAUSE, MECHANISM, AND MANNER OF DEATH: HOW DID THE VICTIM DIE?

6

式是法醫評估所有導致及圍繞死亡的條件之後所提出的意見。法庭、執法單位、律師或受害者家屬可能接受也可能不接受他的意見。就算他的結論是當事人遭到殺害，檢察官也可能不同意，因而不提出刑事訴訟。家屬可能有許多訴請更改死亡方式的原因，尤其是在被判定為自殺身亡的情況下，將死亡方式改為意外就有可能讓他們接受喪親之痛，又或許影響保險的理賠。

　　法醫對死亡方式的判定沒有時間限制。舉例來說，在搶案中遭到槍擊而住院的受害者可能住院很久。治療過程中，他可能感染肺炎而死。死亡原因會是肺炎，但死亡方式會是凶殺。怎麼會這樣呢？肺炎難道不是自然的死亡原因嗎？畢竟，雖然凶手對他開槍，但致命的肺炎不是凶手造成的。嗯哼，事實上就是凶手造成的，只不過不是直接造成的。導致死亡的一連串過程是由槍傷而起，若不是槍傷，受害者不會住院，也就不會感染致命的肺炎。最初的事端和實際的死亡之間可能歷時數日、數月、數年或數十年，都不影響最終對於死亡方式的判定。

　　法醫的意見並非不可動搖的定論，如果有更多證據浮上檯面，法醫的意見就可能改變。屍體被挖掘出來，發現殘骸的砷含量很高，自然死亡被排除掉之後，接下來問題就變成這是自殺、凶殺或意外誤食的結果。驗屍官向執法單位通報，調查於焉展開。一旦發現進一步的線索，法醫或許就能將這起死亡事件歸納到某一特定的類別。若家屬發現遺書，結果就可能偏向自殺。如果丈夫突然繼承了一大筆保險金，並另結新歡，在他的衣櫥裡又發現含砷殺蟲劑，線索就可能指向凶殺。但如果家屬出面表示受害者誤信每天攝取一點砷有益改善關節炎呢？真相是否比較可能是意外身亡？

　　處理這些錯綜複雜的問題是法醫的家常便飯，成效如何就要看他的專業、技巧及經驗而定了。

7 | 身體傷害：傷口鑑定

BODILY HARM: IDENTIFYING WOUNDS

人體所受的傷害有許多形式：槍傷、穿刺傷、鈍器傷、燒燙傷和電擊傷，以及咬傷。強暴和虐待本身就是傷害事件，往往也涉及一種以上這些類型的創傷。本章將探討這每一種創傷。

槍械與彈藥

如果你發射過強力手槍、步槍或獵槍，你可能對初次扣下扳機仍有鮮明的記憶。瞬間的爆發力和猛烈的後座力可能比你預期的還震撼，甚至更震撼的是區區一顆子彈對人體所能造成的傷害。

　　槍傷（gunshot wound，簡稱GSW）是射擊意外、自殺、凶殺常見的死亡原因（見第六章），死亡機轉取決於中彈位置和受傷的嚴重度。槍傷要即刻致命必須是腦部、心臟或頸椎受到重創，否則就會死得比較慢，而且通常是失血過多或後續的傷口感染。死亡方式取決於擊發武器者的意圖。顯然，槍傷喪命不會是自然死亡。但開槍的人若無意傷害自己或他人，死亡方式在本質上就可能被視為意外。如果是別人開槍射中他，則可能是意外或凶殺。

　　如同我們在第三章探討屍體解剖時所見，射中人體的彈頭可能千變萬化捉摸不定。頭部中彈不一定會傷及大腦。彈頭可能停在顱骨而未穿透或進入腦部，也可能從顱骨反彈出去，完全離開人體，抑或深入頭皮底下，在離槍傷入口處有一點距離的地方被找到。如果是從九十度以內的角度進入，彈頭比較有可能深埋在頭皮底下。舉例來說，

彈頭可能射中受害者的額頭，穿透皮膚，沿著顱骨歪歪斜斜鑽過頭皮，最後停在後腦勺。

受害者胸部中彈也會發生一樣的情形。彈頭可能撞上胸骨或肋骨就停住，或者朝任何方向反彈。它或許會從人體反彈出去，或許會埋在皮膚底下，從未進入胸腔，或者偏移方向，往上來到頸部或往下進到腹部。總之，非常難以預料。

有鑑於此，無論受害者是在醫院急診室裡的活人，或躺在驗屍官的解剖台上，若一時無法確定彈頭的位置，就會進行胸部、腹部X光，有時還會照全身X光。由於鉛製的彈頭在X光照射下很容易現形，外科醫生或法醫透過這種方式便能找到它的位置。

在檢驗槍傷受害者時，驗屍官必須判定有多少傷口存在。他必須找出所有的入口和出口傷（若有），如有可能也要追蹤每顆彈頭穿過受害者身體的路徑。倘若是當中某一顆彈頭致命，唯有透過這些線索，他才能判定是哪一顆。對刑事訴訟而言，這一點可能至關重要。

責任的判定

假設有個人手腳中了數槍，胸部中了兩槍，頭部中了一槍。開槍的人宣稱受害者威脅他，他只是為了自保。然犯罪現場的分析顯示，受害者的四肢和胸部是在他站著時中彈，頭部則是他倒地後中彈。那麼一開始的槍傷確實可謂出於自保，頭部則不盡然，由於「攻擊者」已經倒地，開槍的人大可逃走或呼救。

但哪一槍才是致命的？假如擊中胸部的其中一槍使心臟嚴重受損而致命，接下來頭部中的槍就沒那麼重要，因為受害者無論如何都會死。在這種情況下，恐怕很難判開槍者一級謀殺罪。但如果胸部的槍傷不會立即致命，他可能就要面臨謀殺的指控。控方可能會主張開槍者不必開那致命的一槍，況且他是有計畫蓄意這麼做的。後續的控訴端看法醫如何評估傷口。

　　如果案情涉及兩名開槍的人，傷口的評估更甚重要。若其中一名攻擊者朝受害者的四肢和胸部開槍，另一名朝頭部開了一槍，法醫針對哪一槍致命的看法就是訴訟的關鍵。致命那一槍的開槍者可能要面臨更重的罪責。

入口傷

　　傷及某人的彈頭一定會留下進入人體的傷口。純粹因為彈頭若要造成傷害，勢必得命中受害者身上的某處，而且通常會進入體內。然而，若彈頭留在受害者體內，就不會形成離開人體的傷口。儘管不一定容易，但法醫務必設法辨別子彈的出入口，並判定哪顆彈頭沿著哪一條路徑穿過受害者。

　　槍傷的特徵取決於幾個因素，包括受害者和槍口之間的距離、子彈的口徑和速度、彈頭進入人體的角度，以及彈頭是留在體內或完全穿過人體。後者往往稱作「穿透性」槍傷。

　　槍枝擊射時，有煙火藥或無煙火藥爆炸，迫使子彈從彈匣沿著槍管發射出去。但子彈不是唯一離開槍管的東西，灼熱的氣體和燃燒及未燃燒的火藥也會一起從槍口噴出。

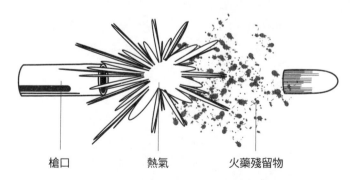

| 槍口 | 熱氣 | 火藥殘留物 |

圖 7-1 ｜子彈從槍口射出。擊發的槍枝將子彈、燃燒及未燃燒的火藥和熱氣一同射出。哪些成分會在入口傷留下痕跡，取決於槍口和受害者的距離。

這些氣體主要是一氧化碳、二氧化碳和氮氧化物。雷管的某些成分和這些氣體混合在一起，其中重金屬鉛、鉍和銻對射擊殘跡（gunshot residue，簡稱GSR）的檢驗很有用。微粒物質主要是燃燒及未燃燒的火藥和煙灰。

每一種發射出去的物質都會與槍口拉開不同的距離（見圖7-1），熱氣可能只向前衝幾吋，微粒物質則是一、兩呎，彈頭當然就遠得多。彈頭進入人體的傷口特徵受到這些成分與皮膚的實際接觸影響，法醫可藉以判定槍枝擊發當下槍口和射入口的距離。

入口傷的型態依槍口距離皮膚的遠近而有不同（見圖7-2）。造成的傷口又依武器種類而異，但一般來說，如果槍口離受害者兩呎以上，射入口會是一個小洞，比彈頭本身還小，這是由於皮膚的彈性。瘀青連同黑色的污漬會在入口周圍形成一圈青黑色的區塊，稱之為擦傷環（abrasion collar），這裡的皮膚實際上把子彈穿過槍管時沾上的火藥、塵垢和油漬給擦乾淨了。這些污漬往往只要用濕布就能輕鬆擦掉。

若槍口和射入口的距離介於六吋到兩呎之間，皮膚上可能也會有火藥刺青（tattooing 或 stippling）。這是由於燃燒或未燃燒的火藥從槍口噴出，細小的微粒嵌進皮膚，導致傷口

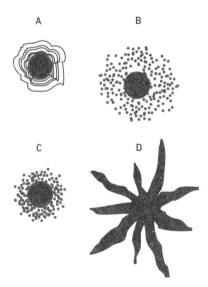

圖7-2｜槍傷入口。入口傷的型態取決於槍口和射入口之間的距離。如果距離很遠（A），傷口就會單純是個彈孔，帶有淡淡的擦傷環。如果距離較近（B），則可能產生火藥刺青，距離愈短，這些痕跡就愈密集（C）。若是接觸型傷口，皮膚則會因為熱氣而呈放射狀綻開（D）。

一帶形成小點狀出血。這些就擦不掉了，因為微粒實際上是嵌入（刺進）皮膚裡。火藥刺青分布或散布的範圍隨著槍口和射入口的距離拉遠而擴大（見圖 7-2B）。距離十或十二吋的槍傷造成的火藥刺青會很密集。若從十八至二十四吋的距離發射，火藥刺青則會顯得較為廣泛而分散。

要是槍口只有幾吋遠（見圖 7-2C），火藥刺青會很密集，而且有部分被熱氣的焦痕掩蓋掉。這是因為射入口周邊的皮膚被噴出的熱氣灼傷、燒焦。此外，氣體當中的一氧化碳和血紅素及肌紅素（兩者分別是存在於血液和肌肉組織中的含鐵化合物）結合，產生碳氧血紅蛋白和碳氧肌紅蛋白。這些化合物呈現鮮紅色，並將這種顏色擴散到周圍組織。所以，近距離射擊的槍傷會產生彈孔、密集的火藥刺青，以及環繞傷口的焦痕，並使受傷組織呈現鮮紅色調。

接觸型槍傷（見圖 7-2D）是擊發當下槍口緊貼皮膚。在這種情況下，熱氣和微粒物質直接進入皮膚，造成更大片的焦痕。此外，迅速擴散的氣體將皮膚爆開，呈現星狀或放射狀。由於氣體無法撐開金屬製的槍管，也無法擠進組織深處，所以只能沿著阻力最小的路徑，朝四面八方橫向擴散出去，使得皮膚裂成張牙舞爪的星狀。接觸型傷口若是位於骨頭尤其如此，例如緊貼在顱骨上的槍傷。所以，接觸型傷口使皮膚綻開，呈現經典的放射狀型態且嚴重燒焦皮膚，並產生如前述的鮮紅色組織。

槍傷入口不一定是圓形的。如果彈頭的進入角度不是九十度，傷口就可能偏向橢圓形。若彈頭先撞到其他物體，像是窗戶、牆壁或另一個人，接著反彈到受害者身上，它可能失去重心，開始翻滾或打轉。這叫做**偏轉**（yawing）。這種情況下造成的傷口，可能就很難跟通常較大而較不規則的出口傷區別開來。

那麼，為什麼這一切很重要？既然人都死了，擊發子彈的槍枝也找到了，誰管它距離有多遠？我們來看看一個簡單的例子，就知道距

離的判定為何至關重要了。

假設有名受害者被發現頭部中彈，槍就放在床上他的身旁，五斗櫃上有份攤開來的遺書。但萬一法醫檢查入口傷，傷口顯示槍口並未抵住受害者頭部，而是至少距離兩呎呢？試試看把你的手拉開，讓指尖距離頭部側邊兩呎。就算不是不可能，至少也很不自然，當事人不太可能用這種姿勢拿槍。

更有甚者，萬一子彈進入的角度顯示槍口不但有兩呎遠，而且瞄準受害者的後腦勺呢？受害者便不可能以這種姿勢拿槍。這代表持槍者另有其人。自殺現在成了凶殺。

出口傷

槍傷射出口通常比射入口大，是彈頭穿過（割裂或撕裂）組織衝破皮膚所造成。傷口的形狀與大小取決於子彈的尺寸、速度及形狀。軟鉛彈在進入及穿過人體時很容易變形，尤其如果途中撞到任何骨頭結構。若是如此，彈頭可能嚴重扭曲，造成更廣泛的組織損傷，從人體穿出去時往往導致裂開而不規則的傷口。同樣的，如果在進入人體前撞到堅硬的表面，例如磚牆或金屬欄杆，彈頭也可能嚴重變形。如此一來，不只會形成一個不規則的大出口傷，入口傷也會比較大。中空彈的彈頭有個下凹或中空的部分，導致彈頭變形得更厲害、更多的組織受損，出口傷也更大。

包殼彈則相反。這種子彈可能整顆或部分包在金屬、鐵弗龍或其他堅硬的材質裡，通常是穿透力非比尋常的高速子彈，往往直接射穿受害者，本身的結構不太會改變。在這種情況下，射出口可能很小，類似典型的射入口。法醫可能無法分辨出入口傷。這種包殼彈也能射穿具有保護作用的防彈背心，因而有「條子殺手」之稱。

支撐型（shored）出口傷是出口處的組織受到支撐，對於法醫分辨出入口傷也可能構成問題。由於彈頭衝破皮膚，多數出口傷的型態通

常都是參差不齊。但如果皮膚受到皮革或平織布等緊貼衣物的支撐，或者受害者靠著牆壁或其他支撐物，皮膚就較不會被撕裂，出口傷會較小、較為平整，而且顯得像是入口傷。

獵槍傷口型態

獵槍射出的不是單一子彈，而是一簇小圓珠狀的霰彈，所以會造成多處入口傷。如同其他槍枝，判定槍口和受害者之間的距離可能是區分凶殺、自殺或意外走火的關鍵，也可能支持或推翻犯罪嫌疑人或目擊者的證詞。

判定距離的重點不在於傷口的特徵，而在於霰彈擴散的型態。一般而言，每隔開三呎的距離就會擴散一吋。這一點大大取決於槍管所用的縮口（choke）。縮口是在槍管末端改變直徑的裝置，能使射擊的模式更集中。從窄到寬，縮口有四種等級：全縮口（full）、半縮口（modified）、微縮口（cylinder）和無縮口（cylinder-bore）。最後一種完全未將槍管窄化或縮小。槍管可能是削短型，大幅增加射擊的擴散度。

以獵槍的發射而言，沒有真正科學的方法可以判定槍口和受害者之間的距離。最好的方式就是使用同樣的彈藥，發射犯罪嫌疑人的武器，嘗試幾種不同的距離直到找到最接近犯罪現場射擊模式的距離為止。這就大概相當於凶器的射擊距離了。

就法醫對死亡方式的評估來說，受害者和槍口之間的估計距離往往相當重要。例如，實際拿造成受害者死亡的獵槍進行測試，若擴散型態顯示槍口距離受害者必定有約莫六呎，那麼便可排除掉自殺和意外走火。法醫可能因而表示該起槍擊事件為凶殺。

銳器傷

銳器傷也叫做穿刺傷，來自於任何尖銳或邊緣鋒利的武器。刀子、剪

刀、斧頭、劍、冰鑿、叉子、木樁，以及其他鋒利或尖銳的物品均在
此列。除了刺傷腦部或頸椎（這兩者都很罕見），只有刺傷心臟會立
刻致命。否則死得都很慢，而且通常是因為失血過多。在過了更久之
後，受害者則有可能因後續的傷口感染喪命。

　　如同我們在槍傷的例子中所見，面對致命的穿刺傷，法醫必須判
定死亡原因和死亡方式。為此，他檢查屍體、找出每一道傷口、判定
可能使用的武器類型，以及哪一道傷口有可能致命。如果只有心臟中
了一刀，事情就好辦了。但如果受害者身中多刀，法醫的工作就變得
較為棘手。

　　在這種情況下，法醫的目標是判斷傷口形成的順序，以及評估哪
一道或哪幾道傷口是致命傷。同樣的，在攻擊者不只一人的凶案中，
這一點尤其重要，因為造成致命傷的那個人必須面臨更嚴重的犯罪指
控。

　　一旦揪出實際的死亡原因，法醫就要研究死亡方式。刺傷、割傷、
砍傷本質上有可能是意外、自殺或凶殺。只要有可能，法醫就會依傷
口的特性、位置和數量來判別。

　　銳器傷可大致分成三種類型：刺傷、劃傷或割傷，以及砍傷。

刺傷

　　刺傷是尖銳的物品所致，最常見的是刀子。其他常用工具是冰
鑿、剪刀、劍，甚至還有螺絲起子。

　　刺傷致死很少是自殺，最常是凶殺，但也可能是意外。受害者若
滑倒跌在尖銳的物品上，造成致命的創傷，死亡方式就會是意外。法
醫必須確定受害者是意外跌倒，排除被人推倒或先被刺傷再跌倒的可
能性。後面兩種情況就會是凶殺。

　　刺傷之所以不太會是自殺，是因為要以足夠的力道將自己刺死極
為困難，更別提這麼做很痛了。基於這個原因，如果傷口是自殺造成

的，較深、較重的穿刺傷往往伴隨較小、較淺的猶豫性傷口（hesitation wounds）。這些傷口的尺寸和深淺各不相同，就彷彿當事人想鼓起勇氣刺下致命的一刀。當法醫發現有這些猶豫性傷口，就必須把自殺的可能性考慮進去。

刺傷主要的特徵在於深度比寬度大。對法醫而言，測量傷口的深度比評估寬度容易得多。只要用探針小心翼翼地探測傷口深度，注意不要改變傷口，他就能相當準確地測得深度。但他不會測量到刀刃確切的長度。只有一半的刀刃會刺進受害者體內，所以只能測得最小長度。有可能更長，但不會更短。

如果刀子整個刺到底，傷口周圍就可能留下符合護手型式的傷痕。護手是介於刀柄和刀身之間的金屬部分，用來避免使用者的手向下滑至刀身。假如這個部分以足夠的力道衝擊皮膚，便會留下與其形狀、尺寸相符的瘀青或傷痕。在這種情況下，法醫可以說他測得的傷口深度反映了刀刃的實際長度。他也能從中得知護手的形狀與尺寸，並藉以判定刀具的類型。

刀刃的寬度就比較麻煩了。人類皮膚天生的彈性往往使得傷口周圍的皮膚在凶器移除後收縮，而讓傷口顯得小很多。另一方面，有些人的皮膚彈性差，尤其是老年人，傷口實際上反而會綻開，而顯得比較大。刀刃拔出的角度也可能與刺入的角度不同，導致傷口扭曲變形。有時刀子在拔出時會扭轉或轉向，這就可能形成Ｙ型或Ｌ型的傷口。

其他影響傷口特徵的因素是刺入的角度、刀子在傷口內的動作，以及刀刃本身的特徵。還有，當然了，受害者可能移動而扭曲傷口。受害者可能轉身、扭動、閃躲、反擊，或者試圖逃跑。這當中每一個動作，都能改變他所受的任何創傷的特性。

這就要談到防禦性傷口的課題了。防禦性傷口是攻擊者對試圖抵禦的受害者造成的。受害者的雙手和手臂如有刺傷、割傷和劃傷，表

示他試圖擋開刀械。這些傷口通常位於在掌心和前臂尺側（小指那一側），可有效排除意外或自殺身亡的可能。

多數時候，要判斷造成傷口的刀刃特性是不可能的。但如果是乾淨俐落的刺傷，法醫或許能夠測量傷口的深度和寬度，偶爾也能判斷刀刃是直的、彎的，抑或邊緣有鋸齒。若為雙刃凶器，傷口兩端可能成尖銳狀；若為單刃凶器，那就會是一端尖銳、另一端平整。法醫看到的穿刺傷多數都是由單刃造成，因為很少人使用雙刃銳器。

有些穿刺工具會留下特色鮮明的傷口。冰鑿形成的傷口小而圓；烤肉叉會留下成對且距離一致的傷口；餐叉則會留下四段距離一致的戳刺孔。螺絲起子留下的傷口分為十字頭和一般標準的扁頭。剪刀留下的傷口則要看使用當下刀刃是否分開。

透過檢視這些傷口的特徵，法醫通常能判定所用的工具類型，並能輕易區別刀傷和冰鑿或螺絲起子造成的傷口。他或許也能評估刀刃確切的尺寸、形狀和款式，但要辨認確切是哪一件凶器就不可能了，因為刺傷留下的痕跡不會是某一件凶器獨具的型態。不過，有兩個顯著的例外。

如果刀尖斷裂留在傷口內，鑑識實驗室或許能拿碎片來和可疑的凶器相比對。這就會是很強的個別特徵，足以證明就是這件凶器造成這個傷口。或者，血液有可能提供兩者間的關聯。如果受害者的血液和凶器上發現的血跡DNA相符（見第十章），那也會是強而有力的鐵證。凶手往往會忽略刀身和刀柄上微乎其微的血跡，以及滲入刀身和護手間的溝槽的血液。擦拭或清洗凶器不一定能去除諸如此類的痕跡。

失血模式可能有助於判定傷口形成的順序，以及致命傷是哪一道。死後傷並不會出血，所以大量失血的傷口必然是受害者還活著時形成的。無論如何，這是一般通則。但如果當事人身中多刀、大量流血，有些傷口可能是在他失血過多並陷入昏迷之後形成的。這些傷口流的血可能很少或沒有。此外，低位區的主要血管破裂，可能導致死

後嚴重出血，這是由於重力的緣故。儘管如此，法醫會藉助失血模式盡其所能重建圍繞凶案的案發經過。

割傷

割傷或切傷是利器劃破皮膚所致。這種傷口不像刺傷，沒有寬度或深度的特徵，所以不太能顯示出凶器的特性。這些傷口通常不會致命，但如果致命，大多是自殺或凶殺。意外、自殺和凶殺的割傷通常位於人體的不同部位，並呈現出不同的切割型態。知道這些位置和型態有助法醫重建死亡現場及判定死亡方式。

手部的意外割傷通常不會致命。意外割傷若要致命必須是在頸部或主動脈。而造成如此嚴重的創傷多半是掉落或飛濺的玻璃碎片所致，儘管也有可能是跌倒撞到銳利的物品或邊緣，乃至於車禍受傷或使用電力工具（例如帶鋸機、圓鋸機或鏈鋸機）。

自殺的傷口通常會在死者的腕部發現。如同刺傷，自殺產生的割傷常伴隨猶豫的痕跡。右撇子通常割的是左手腕，左撇子則是右手腕。

凶殺割傷通常出現在頸部。如果攻擊者在受害者背後，傷口通常是從一側的高處，或許緊貼耳朵下緣後劃過喉嚨前側，接著於另一側才又略微上揚（見圖7-3A）。傷口結束的地方往往比開始的位置低。右撇子攻擊者劃過的路徑是由左往右，左撇子則相反。

如果攻擊者面對受害者，傷口通常比較短，並呈現水平或稍微傾

圖7-3A｜背面攻擊的頸部割傷。刀刃的路徑是從一側的高處切入，往下劃過喉嚨，接著再略為上揚。這名攻擊者為右撇子，因為傷口是從頸部左側的高處開始。若攻擊者為左撇子，情況則正好相反。
圖7-3B｜正面攻擊的頸部割傷。當攻擊者面向受害者，劃開的傷口通常會呈現水平或稍微歪斜。

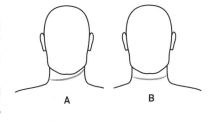

A　　　　B

斜（見圖7-3B）。手部和手臂的防禦性傷口在正面攻擊的情況中較為常見。

砍傷

斧頭、菜刀等沉重而鋒利的工具會造成砍傷。傷口往往很深且呈現楔型，常伴隨下方骨頭的骨折、刻痕及碎裂。致命的砍傷通常是意外或凶殺，很少是自殺。但在用斧頭砍柴時不小心傷到自己的例子並不少見。如果砍斷了腿上的主動脈，接下來就可能失血過多致死，除非立刻進行急救。

鈍器傷

鈍器傷是受到鈍器重擊產生的創傷，任何沒有尖銳或鋒利之處的工具都包括在內，像是拳頭、鞋子、棍棒、鍋子、地板、樓梯、浴缸、方向盤等。鈍器傷可能來自攻擊、跌倒、車禍或其他各種情況。

諸如此類的衝擊造成的創傷依位置、力道，以及撞擊的次數而定。力道愈強，傷得愈重；撞擊的表面範圍愈廣，傷得就愈輕。所以，如果施以同樣的力道，揮出木板或船槳造成的創傷會比球棒來得輕。木板的表面積較大，將衝擊力道分散出去而減輕受創程度。

法醫常受命判定是何種物品導致鈍器傷。由於截然不同的物品也可能形成類似的傷口，因此分辨上並不容易。鐵鎚和某些黃銅塑像形成的傷口可能非常相似，也可能根本不像。但準確判斷武器的類型相當重要，因為憑這條線索就可能揪出加害者是誰。舉例來說，如果法醫判定是圓頭鐵鎚造成受害者顱骨破裂，而頭號犯罪嫌疑人的所有物中就有一把，這可能就是有用的資訊。法醫也必須判定傷口已形成多久。假如受害者的割傷、瘀傷和擦傷已有兩天之久，那就不會是尚待調查的攻擊事件發生當下形成的，而會是在事發之前就已經存在。這

可能大大影響攻擊者所要面臨的指控。

　　如同我們在刀械攻擊的例子中所見，遭鈍器攻擊的受害者也可能試圖用他的手和手臂抵擋。比方說，倘若被球棒連續擊打，受害者舉起雙臂抱住頭部防止頭部受擊，那麼承受重擊的部位就是手掌和前臂尺側。擦傷、挫傷、裂傷，乃至於骨折，都是可能形成的防禦性傷口。

　　鈍器傷有四種類型：

- 擦傷
- 挫傷
- 裂傷
- 骨折

擦傷

　　擦傷（破皮）是表層皮膚的傷害。擦傷分為：

- 磨損傷
- 撞擊傷
- 印痕傷

　　這當中每一種都來自不同的機轉。**磨損傷**（scrape abrasions）是當物體摩擦或掃過皮膚，常見的例子是荊棘或指甲留下的刮痕，或是行人遭汽車撞擊、滑擦過地面所形成的傷口。繩索和各種用來勒住脖子的物品也會導致頸部的磨損傷。

　　撞擊傷（impact abrasions）是當鈍器撞擊皮膚，造成破壞，留下一塊皮開肉綻的區域。這些傷口往往小而不起眼。

　　印痕傷（patterned abrasions）是一種特殊類型的撞擊傷。有時物體會留下它的印痕，或是留下介於物體和皮膚之間的衣物的印痕。鐵鍊留下的擦傷痕跡可能會反映出環扣的樣式，或是肇逃案件的受害者身上可能會有汽車水箱罩的印痕。將人勒斃的繩索在頸部留下的擦傷痕跡可能顯而易見（見第八章）。也或許加害者戴了一枚款式特殊或刻

有字母的戒指，在他攻擊受害者時就留下了鮮明的印痕傷。受害者若穿著布料粗糙的衣物，撞擊的力道可能將布料的樣式印在受害者的皮膚上。法醫往往能用這些解剖結果指出導致創傷的物品類型。倘若發現可疑的武器或物品，他就能拿來和受害者身上的印痕傷相比對。

擦傷的復原

擦傷形成的時間很難追溯，辦法是根據這種傷口典型的復原模式來估算。不幸的是，復原過程不一定會依照一般的步驟。活人和死者的傷口，法醫都會用肉眼檢視，但以屍體而言，他也可以用顯微鏡檢視受創組織，這對判斷擦傷復原過程已經來到哪個階段更有幫助。

復原過程可分為五個階段：

- 結痂
- 細胞再生
- 細胞成長
- 組織重塑
- 恢復正常

結痂作用幾乎是立刻就開始了，儘管要約莫六小時後才看得見。結痂區域呈現暗紅色，在顯微鏡下可以看到大量特殊的白血球細胞，這種細胞叫做多形核白血球（polymorphonuclear，簡稱PMNs或polys）。接下來就出現細胞再生的證據，徵象是損失的上皮（〔epithelial〕皮膚）細胞重新出現。這個階段在受傷後一天半左右開始，但要到三天左右才會清楚可見。細胞從受傷區域邊緣倖存的毛囊開始再生，漸漸向內擴散。上皮細胞在接下來五到十天繼續生長，到了第十二天，皮膚就進行重塑。重塑時皮膚變薄，外觀略顯蒼白。接下來一、兩週，皮膚完成修復，剩下的傷口消失不見。擦傷很少留下永久疤痕。

法醫只能猜測擦傷大致已形成多久。他對創傷的分析是根據一般的復原階段，但這些階段因人而異，在同一個人身上也因傷口而異。

對支持或推翻犯罪嫌疑人與目擊者的證詞而言，這一點還是有幫助。

假設在前一晚的攻擊事件中，犯罪嫌疑人的臉部和手臂有來自指甲的磨損傷。他表示，那是他一星期前去打獵被荊棘刮傷所致。倘若法醫發現那傷口不可能超過二十四小時之久，犯罪嫌疑人的說詞就兜不攏。

挫傷

挫傷（瘀青）是在受到鈍器傷後，組織微血管破裂出血所致，使得患部呈現青黑色。如果血液在局部組織蓄積（瘀血），這種現象叫做血腫（hematoma）。顧名思義，血腫就是血液形成的腫塊或腫包。

有一點必須特別強調，那就是看不到挫傷不代表沒有挫傷。有時純粹是受創時未留下瘀青，又或者瘀青的地方很深，從表面上看不出來。反之亦然。看得到瘀青也不代表這個人就遭到蓄意傷害。原因是有些人比較容易產生瘀青，尤其年長者和孩童。本身凝血功能異常、肝硬化，或服用阿斯匹靈及其他抗凝血藥物的人亦是如此。

有些挫傷會反映出導致挫傷的物品。如同擦傷，鐵鍊、繩索或戒指可能留下揭露其連結模式的挫傷。木板可能留下邊緣筆直而平行的大塊瘀青。被車撞的行人身上可能看到汽車水箱罩的形狀。被打巴掌的傷者可能在臉上或身上浮現顯而易見的掌印。

以鈍器傷而言，內臟也像皮膚一樣會挫傷。肝臟、脾臟、肌肉及其他器官和組織，可能因跌倒、車禍和遭受攻擊而瘀青。肝臟和脾臟尤其容易受到諸如此類的創傷；這些在解剖時很容易辨認。

挫傷的復原

如同擦傷，瘀青時間的推定再怎麼樣也不準確，判斷方式是依據挫傷被人體重新吸收所歷經的顏色變化。瘀青會從青黑色、黃綠色、黃褐色到最後漸漸消失。為什麼會這樣呢？

血液一旦離開血管系統、滲透到組織當中，人體的酵素就會分解血液裡的血紅素。這種分解的產物導致顏色的變化。接下來，稱作巨噬細胞（macrophages）的清掃細胞和循環系統就會清除這些殘留物。一旦清除之後，瘀青就消掉了。這個過程或多或少依循固定的模式，大概花兩星期完成。

挫傷的顏色一開始是青黑色，在最初的四十八小時內有變深及擴散的傾向。這是由於從破裂血管滲出血液的過程會持續那麼久，因而使得瘀青擴大又加深。臉部和眼周的挫傷尤其如此，這些部位的組織較為鬆弛，而且布滿血管。在接下來的四、五天，挫傷稍微變淡，到了第七天則開始變色。典型的變色順序是從深藍色到淺藍色，再到黃綠色，最後是黃褐色，到了大概第十四天消失不見。

就受虐兒童及老人的診斷而言，對瘀青時間長短的推估可能是關鍵。施虐者往往一再重複虐待行為，所以受虐者往往會形成時間長短不一的多重挫傷。當一名孩童身上出現這種一連串的創傷，醫生一定要對受虐的可能有所警覺。同樣的，評估兒童意外死亡案件時，法醫也要勤加搜尋反覆受傷的跡象。如果找到這種跡象，他可能就會懷疑該起死亡事件並非意外，而是一連串虐待行為的最後一次傷害。

除了評估挫傷已經形成多久，法醫往往也會受命判定創傷發生的時間。受害者是死前或死後遭到擊打？

死前、瀕死或死後創傷？

「premortem」意指死前，「post-mortem」是死後，「perimortem」則是瀕死。在這些時間範圍形成的創傷導致的結果各有不同，法醫可將這些變化當成推定挫傷時間的參考標準。

由於瘀青要幾分鐘才會浮現，如果受害者在死前好幾分鐘或幾小時受到挫傷，產生的瘀青就會從受創區域暈開，形成較大一片。然而，若是在瀕死時遭到擊打，瘀青就會較小，而且輪廓較為鮮明。瀕死的

定義可能是死亡前後的幾秒鐘或幾分鐘。瀕死瘀青之所以比較小，是因為血液滲透到組織並擴散出去需要時間。若死亡中斷這個過程，瘀青就會較小，邊緣也會較為分明。

要對屍體造成瘀青是有可能的，只不過很困難。由於挫傷是血液從破裂的血管滲出所致，所以血液要能流動才會形成瘀青。人死後心臟停止，血液不再循環，凝血作用幾分鐘內就會發生。死後血管破裂不會導致瘀青，法醫可藉以判定某一處創傷是發生在死前或死後——至少多數時候都能判定。但如果以充分的力道重擊屍體，血管有可能破裂，淤積在內的血液可能滲透到遭受重擊的區域。同樣的，由於血液不會流動，這裡的瘀青會比死前形成的瘀青小。不幸的是，法醫不一定能夠判斷是死前或死後遭受重擊。

有時候，疑似遭受鈍器傷的屍體表面不會呈現瘀青的證據。如果瘀青位於組織及肌肉的深處，而受害者活得不夠久，沒能讓瘀青從表面浮現至肉眼可見的地步，就會發生這種情況。如此一來，法醫在解剖時就會切開肌肉、深及骨頭，沿著背部、手臂和腿部搜尋位於深處的瘀青。他也會檢查肝臟、脾臟、心臟和肺臟等內臟的挫傷。如果在這些區域找到挫傷或血腫，他就知道受害者確曾受過鈍器傷。

仔細檢查之後，法醫必須判定這些挫傷是在死前、瀕死或死後形成的，以及這當中是否有哪一個是潛在的致命傷。如同槍傷和刺傷，這些判斷和死亡原因及死亡時間有直接的關係，進而也能證實或否決犯罪嫌疑人對事發經過的說法。

裂傷

鈍器裂傷（撕裂或破裂）是當皮膚受到重擊之下裂開或綻開。基本上，皮膚是被衝擊的力道撕扯開來。這種情況在皮膚貼近骨頭的部位較常見，例如頭皮。裂傷不只發生在皮膚，也發生在內臟。**撕脫傷**（avulsion）是一種重度的裂傷，指的是一部分皮膚實際上脫離了底下

的組織或骨頭。當鈍器以斜角或切角撞擊皮膚時，最常發生這種狀況。

有時裂傷的特性及任何相關的挫傷是法醫判斷凶器類型的線索。比起較細的金屬桿或較粗的汽車保險桿，木板或球棒會留下較廣泛的瘀青及較大面積的裂傷。

骨折

骨折是骨頭發生斷裂。**閉合性骨折**（simple fracture）是骨頭有一處斷裂，**粉碎性骨折**（comminuted fracture）是骨頭斷成兩塊以上，**開放性骨折**（〔compound fracture〕又稱**複雜性骨折**）則是骨頭穿過皮膚。這些可能是直接創傷或間接創傷所致。

受力方向

圖 7-4｜直接骨折。直接骨折可能是單一一道橫向斷裂或壓迫性骨折。後者往往會形成一個壓縮的楔型，顯示出受力方向。

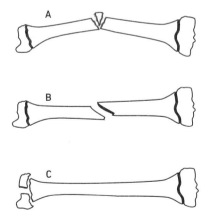

A

B

C

圖 7-5｜間接骨折。間接骨折可能導致成角骨折（A）、旋轉骨折（B）、壓迫骨折（C），或以上幾種綜合。

直接創傷造成的骨折

當物體直接撞擊骨頭，它可能導致單一一處的**橫向骨折**（transverse fracture）或**壓迫性骨折**（crush fracture），後者往往是粉碎性的（見圖7-4）。橫向骨折是指斷裂處與骨頭的長軸垂直，壓迫性骨折則是骨頭裂成一塊塊，就像把冰塊敲碎或砸碎。壓迫性骨折常會形成一個壓縮的楔型，顯示出遭受重擊的方向，楔型的尖端就指向受力的方向。知道楔型壓縮骨折的方向有助法醫重建事發

狀況，進而或許也能推斷多重創傷的順序。以汽車衝撞行人的事故而言，這種類型的骨折通常稱作「保險桿骨折」，由於它是汽車保險桿撞擊受害者腿部所致。

間接創傷造成的骨折

間接骨折並非肇因於直接重擊，而是有其他外力施加在骨頭上，力道足以導致斷裂。間接骨折可分為四種基本類型（見圖7-5）：

- 成角
- 旋轉
- 壓迫
- 以上幾種綜合

成角骨折（〔angulation fractures〕見圖7-5A）是當骨頭彎曲到折斷的程度，型態往往是簡單的橫向斷裂。

旋轉骨折（〔rotational fractures〕見圖7-5B）是當手臂或腿部遭到劇烈扭轉。型態往往是螺旋骨折（spiral fractures），順著骨頭的長軸旋轉而下斷裂。旋轉的路徑顯示出外力扭轉的方向。運動傷害乃至於受虐兒童身上常看到這種類型的骨折。

壓縮骨折（〔compression fractures〕見圖7-5C）是當壓力順著骨頭的長軸施加，將骨頭推至末端，導致T型或Y型的斷裂。這種狀況常見於車禍當中膝蓋撞到儀表板，或從高處墜下雙腳著地時。

有時一根骨頭受到許多類型的外力衝擊，產生的骨折就會是以上三種的任何組合形式。多重骨折的情況常見於車禍以及從高處摔落。

評估骨折已經形成多久比評估擦傷和挫傷容易。一開始會有血液流至骨折區，接著就會累積各種血球細胞。到了第一週結束，成骨細胞（〔osteoblasts〕形成骨頭的細胞）出現。到了第二或第三週，骨痂形成。骨痂是一種纖維結構，像膠囊一般將骨折區包圍起來。骨頭的形成以及骨痂裡面斷裂處的癒合需時四至六週，完全復原則需五個月。

復原過程因人而異，也因年齡而異。年輕人恢復得較快，老年人恢復得較慢。

對評估長期受到多重創傷的當事人而言，骨折形成的時間長短極為重要，好比在兒童或老人受虐的案件中。在這些情況下，X光可能顯示有些骨折已數年之久，有些則是數週，還有一些才剛形成，表示虐待的行為持續在進行。如同瘀青，每當醫生看到孩童或老人身上有時間長短不一的骨折，就必須把反覆受虐的可能性考慮進去。

內傷

法醫常常也要評估鈍器傷導致的內傷。這是一個龐大而複雜的主題，遠超出本書的範圍，這裡姑且點到為止。檢查內傷時，法醫會試圖判定導致創傷的原因與機轉、評估創傷形成的順序，以及判定死亡方式。在多重創傷的情況下，其中如有致命傷，則須評估哪一道是最接近的死亡原因。比方說，受害者是因導致脾臟破裂的那一擊而死，抑或傷及心臟和肺臟的那一擊喪命？相關的判斷可將某個犯罪嫌疑人牽扯進來或排除在外、證實或推翻犯罪嫌疑人或目擊者的證詞，並且在攻擊者有許多人的情況下，決定由誰負起致死的罪責。

鈍器傷及頭部受創

頭部受創一向都很危險。儘管頭部受到的撞擊多半不致命，但許多嚴重而致命的創傷卻會因此造成。事實上，頭部是最禁不起鈍器傷的部位了。頭部和腦部受創及顱骨骨折最常是意外，通常是跌倒、摔落或車禍所致，但也可能是受到攻擊，或是意圖自殺，例如當事人從高處跳下或故意去撞車。

面對頭部存在創傷的死亡案件時，法醫必須評估傷害是怎麼造成的。包括判定造成創傷的工具為何，以及死亡方式是意外、自殺或凶殺。

頭部鈍器傷導致的受創型態不一而足，從單純的頭部腫起（挫傷）到失去意識（腦震盪）乃至死亡。若要致命，最有可能是發生出血的情況。顱骨（頭骨）內任何地方出血稱之為**顱內出血**（intracranial bleeding），可能是動脈、靜脈或多條毛細血管斷裂所致，以上任何一種都會隨著受創而來。

顱內出血

有幾層不同的腦膜（薄膜組織）包覆腦部。最重要的是隔開腦部與顱骨的硬腦膜（dura mater）。硬腦膜和顱骨之間的空間叫做**硬腦膜上腔**（epidural space），硬腦膜和腦部之間的空間則是**硬腦膜下腔**（subdural space）。

顱內出血有三種基本類型（見圖7-6）：

▶ **腦內出血**：腦部組織本身出血

▶ **硬腦膜上腔出血**：硬腦膜和顱骨之間出血

▶ **硬腦膜下腔出血**：硬腦膜和腦部之間出血

顱內出血的典型原因是中風、動脈瘤破裂（容易破裂致死的動脈腫瘤），以及頭部鈍器傷或穿刺傷。硬腦膜上腔出血和硬腦膜下腔出血都是發生在腦部和顱骨之間的空間。硬腦膜上腔出血通常隨著顱骨骨折而來，顱骨骨折導致腦部表面的硬腦膜動脈受損。硬腦膜下腔出血可能伴隨動脈瘤破裂或創傷而來，出血的原因通常是硬腦膜靜脈

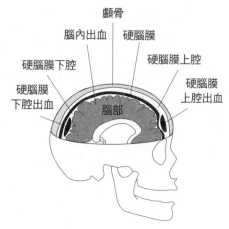

圖7-6 ｜ 顱內出血。顱骨內任何地方出血稱作顱內出血，次類別包括腦內出血（腦部之內）、硬腦膜下腔出血（腦部和硬腦膜之間）和硬腦膜上腔出血（硬腦膜和顱骨之間）。全都有致命的可能。

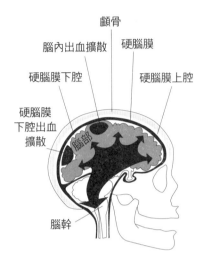

顱骨

腦內出血擴散　硬腦膜

硬腦膜下腔　　　硬腦膜上腔

硬腦膜
下腔出血
擴散

腦部

腦幹

圖 7-7 ｜ 腦疝脫。在堅硬的顱骨之內發生出血，可能導致腦壓升高，迫使腦部下降到枕骨大孔，這一連串致命的過程叫做腦疝脫。

破裂，在有無骨折的情況下都會發生。這些出血狀況全都有致命的可能。

顱骨是一個堅硬的外殼，生來就是要保護腦部。但在受到創傷的情況下，它的堅硬卻成了傳說中的雙面刃，因為當顱骨內或腦部本身發生出血，顱骨的組織無法延展。如此一來，顱骨內的腦壓就會迅速飆升，嚴重壓迫腦部。唯一的出口是顱骨底部脊柱所在的洞（稱作枕骨大孔〔foramen magnum〕，見圖7-7），它位於頸部後側與顱骨相連之處。飆升的壓力首先使得腦部功能停擺，最終將腦部組織壓到這個開口，並順著脊柱往下壓。我們稱之為腦疝脫（brain herniation）。結果不只是失去意識，就連腦幹當中控制呼吸的功能也會停擺，死亡隨之而來。這個過程可能要幾分鐘、幾小時或幾天。

解剖時，法醫很容易就能判定頭部受到重擊，並找出腦部出血的位置。接下來，他可能會總結死亡原因是腦部鈍器傷伴隨出血，死亡方式則要看此一重擊是意外或故意。

顱骨骨折

嚴重的腦傷可能在顱骨有骨折或沒有骨折的情況下發生。同樣的，顱骨骨折可能和腦傷有關，也可能無關。顱骨骨折可能是單純性線形、圓形、放射狀或凹陷性（見圖7-8）。

單純性線形骨折伴隨力道較輕的創傷產生，像是跌倒或頭部挨了

一拳。圓形骨折需要更強的力道，可能是水管、鐵鎚或類似的物品所致。依施力的角度和強弱而定，圓形骨折可能是完整或不完整的圓形。力道若是更強，骨折的型態可能呈放射狀或星狀。這是因為撞擊的力道使得顱骨向內彎曲，導致顱骨沿著多條壓力線裂開。

顱骨凹陷性骨折是當一部分的顱骨往內推向腦部。這需要相當大的撞擊力道，才足以讓顱骨整個裂到底。鐵鎚就能迫使一塊圓形的顱骨往內凹，而造成這種骨折。

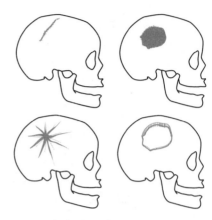

圖7-8 │ 顱骨骨折類型。顱骨骨折可能是單純性線形、圓形、放射狀或凹陷性。骨折類型顯示導致骨折的武器，或頭部受到創傷。

法醫判定骨折的特性，接著試圖評估導致骨折的可能工具。這有助於他確立死亡方式。假設有個人被發現四肢攤開死在樓梯底部，他太太說他摔下樓梯。解剖時，法醫發現凹陷性的顱骨骨折，顯示致命的一擊來自鐵鎚，而非樓梯或地板造成的。若在現場發現鐵鎚，他或許就能判定鎚頭形狀和尺寸恰好吻合顱骨凹陷的部分。他可能就會主張死亡方式是凶殺，而非意外。

腦部衝擊傷及對衝傷

衝擊傷及對衝傷是腦傷的特殊類型，發生在急劇加速或減速的情況下。意思是頭部撞上固定不動或慢速移動的物體，或者快速移動的物體撞上固定不動或慢速移動的頭部。想像有一輛車車尾被撞，之所以受損是因為兩輛車的移動速度不同。類似的情況在腦部和顱骨以不同速度移動時也會發生。腦部位於顱骨之內，被數層腦膜和液體（腦

脊髓液〔cerebrospinal fluid〕）包圍。就像蛋黃包在蛋殼裡，腦部某種程度是懸浮著的。

　　當某人頭部被襲擊，或者移動時頭部撞到某個物體，就可能發生兩種類型的損傷（創傷）。第一種叫做衝擊傷（coup lesion），位於撞擊處。第二種是對衝傷（contrecoup lesion），又稱作加速－減速傷（acceleration-deceleration injury），位於受到撞擊的對側。不論顱骨有無骨折，都可能產生對衝傷。這種情形發生的機轉很複雜，但基本上顱骨受到的撞擊將部分動能分散至腦部，以致腦部撞擊顱骨的對側，導致該區產生損傷。

　　當頭部的其中一側受到撞擊，腦部就有可能吸收掉一些撞擊的能量而受傷。此為衝擊傷。撞擊的力道也會導致腦部移動，腦部可能從顱骨的另一側彈回來。這種則是對衝傷，可能以腦震盪、撕裂傷或腦出血的形式呈現，往往比衝擊傷還嚴重。

　　移動時頭部撞到某件物體，例如在車禍當中，腦部同樣也會移動。受到撞擊之處可能產生衝擊傷，像是額頭撞到儀表板（見圖7-9），腦部隨之往後彈，撞到顱骨後側，導致對衝傷。

　　這種類型的創傷在嬰兒搖晃症候群當中也會看到。嬰兒頭部前後劇烈搖晃，腦部隨之反覆撞擊顱骨，可能導致嚴重的腦部損傷及死亡。

　　解剖時，法醫可能在受到撞擊的部位以及該區下方的腦部發現挫傷（衝擊傷）。他也可能在受到撞擊的對側發現挫傷、裂傷及腦出血。這些就會是對衝傷。

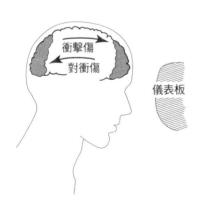

圖7-9｜衝擊傷和對衝傷。頭部撞擊儀表板，受到撞擊的部位因而受傷（衝擊傷）。腦部可能隨之往後彈，撞到顱骨後側（對衝傷）。

有時衝擊傷並不明顯，法醫只找到對衝傷的證據。在這些情況下，對衝傷可能被誤認為直接創傷，導致法醫對事發狀況做出錯誤的結論。他可能會說受害者是從背後受到攻擊，但實際上卻是正面遇襲。這可能擾亂犯罪現場的重建（見第二章）。

電擊傷

電流可分為低伏特或高伏特。**低伏特電流**用於家用電路系統中，強度低於六百至一千伏特。**高伏特電流**多半用於工業場所，強度介於一千至八千伏特之間。所有電擊身亡的案件基本上都是意外，因為很少人用電流來自殺或殺人。

多數人都知道不要碰通電的電線，也不要拿東西亂插電源插座孔，然而每年都有成千上萬的民眾因為這種舉動觸電，其中有些還足以致命。

電流進入人體後，會從進入點沿著最短路徑來到接地點。電流可經由幾種不同的機轉取人性命。某次的電擊是否致命，依電壓和觸電時間長短而定。低伏特的電流可能要幾分鐘才會造成傷害，高伏特的電流則可立即致命。

低伏特電擊

家用的交流電（alternating current，簡稱AC）屬於低伏特，短暫觸電下只會輕微灼傷。若觸電較久，則可能導致嚴重灼傷，以及肝臟和骨髓等內臟器官嚴重受損且無法恢復，進而致死。然而，但低伏特電流最大的危險在於對心臟的影響。

正常的心跳是心臟本身透過跳動以規律的節奏送出電流，電流井然有序地流過心臟肌肉。低伏特交流電可對這種有節奏的脈動造成干擾，導致心室性心博過速及心室顫動等致命的心律不整（心跳節奏改

變）問題。一旦有這種情形，猝死是典型的結果。

高伏特電擊

　　高伏特觸電身亡的案例發生在工業場所，此外也來自遍布全國將電流傳送至街坊鄰里的高壓纜線。郊區和市區的纜線通常帶有七千至八千伏特的高壓電，跨境纜線則帶有十萬伏特以上的電流。之所以會接觸到這些高壓電纜，通常是因為暴風雨或車禍事故致使纜線掉至路面。並不需要直接接觸這些高壓纜線，因為電流會從纜線通往或「跳上」站在附近的人身上。此外，任何高大的金屬物體也可將電流傳送到受害者身上，例如梯子、起重機吊臂、升降車或電視攝影機。

　　高伏特交流電通常會導致嚴重的內部及外部灼傷，即使只是非常短暫的觸電。但比較不會導致心律的改變。原因在於高壓電會「除顫」，而不會引起顫動。除顫（defibrillatory）的意思是電流會把異常的律動轉為正常的律動，而不是反過來。心跳停止時，醫生對患者施予的外部電擊為高壓電，目的是要讓致命的異常律動恢復正常。不過，高伏特電擊可能癱瘓腦部的呼吸中樞，導致窒息而死。

　　解剖時，法醫通常會找到幾處電擊傷的痕跡。在某些低壓電及所有高壓電觸電身亡的案例中，觸電點或接地點的皮膚會燒焦，也可能以上兩者皆有。比方說，如果受害者以右手抓住一條電纜，電流可能穿過他的身體，然後從左腳穿出傳至地面。如此一來，法醫可能會看到右手和左腳燒焦的痕跡。有時候，在低壓電擊身亡的案例中不會看到焦痕，而會在觸電點看到紅腫起泡。在高壓電弧的案例中，可能會有多處小範圍的灼傷，代表著與電弧接觸的觸電點。

　　觸電身亡有個有趣的現象，那就是會出現局部屍僵。人死後，肌肉當中的三磷酸腺苷含量下降，導致肌肉痙攣形成屍僵（見第五章：死亡時間，「屍僵」一節）。而在電擊下，電流導致的肌肉痙攣可能消耗掉三磷酸腺苷，使得受到影響的區域更快形成屍僵。在上述的例子當

中，受害者的右臂和左腿會比其他部位更早形成屍僵。

在把電流當成殺人工具的罕見案例中，凶手通常是趁受害者坐在水裡把電器丟進浴缸。在這種情況下，身體不會有灼傷。如果電器在屍體被發現之前就已移除，法醫可能無法推定死亡原因。這種情況現在比較少見，因為諸如此類的電器都受到規範，必須加裝接地故障斷路器（ground-fault circuit interrupter，簡稱GFCI）。電流一旦受阻，或斷路器偵測到電阻，電路就會中斷。

雷擊

俗話說，閃電從來不會擊中一個地方兩次[1]——因為對受害者來說，通常一次就夠了。當然，閃電是有可能擊中一個地方兩次的，像是擊中避雷針，而許多遭到雷擊的人確實存活下來了，有些人甚至曾遭到多次雷擊。無須贅言，所有遭到雷擊身亡的案例皆屬意外。

雷擊分四種類型：

▶ **直接雷擊**：閃電直接擊中受害者。這是最嚴重的一種，在受害者拿著高爾夫球桿或雨傘之類的金屬物體時較容易發生。

▶ **閃絡**：閃電在人體外部流竄。如果受害者滿身大汗或穿著濕衣服，較有可能發生閃絡。

▶ **旁側閃絡**：附近的建築、樹木或另一個人被擊中後放電過來，殃及受害者。

▶ **跨步電壓**：閃電擊中受害者附近的地面，受害者其中一腳比另一腳離雷擊位置近，使得兩腳之間的電位不同。在這種情況下，電流從一腳進入，通過人體，再從另一腳出來。

閃電是直流電（direct current，簡稱DC），電壓高達三百萬至兩億伏特。幸好這種電流相當短暫，僅介於一至一百毫秒之間（毫秒為千分

1　Lightning never strikes twice，英文諺語，用以比喻「沒有那麼倒楣的事」、「運氣不會那麼差」，作者取其字面含義，藉以闡述閃電確實是會打中同一個地方兩次。

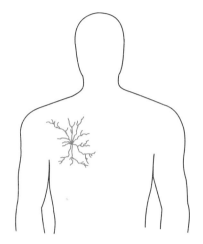

圖 7-10 ｜ 利希滕貝格圖。唯有遭到雷擊才會看到皮膚浮現這種樹枝狀的圖形。

之一秒）。這就是為什麼有些人遭到雷擊仍能存活。

雷擊所導致的創傷主要是由於人體將電能轉換成熱能。這種熱能會灼傷並燒焦皮膚、把衣服燒出洞來、把內臟器官燙壞，甚至把受害者口袋裡的金屬物體、襯衫上的扣子、皮帶的扣環、牙齒填充物都給燒到變形或融化。人體的所有器官和組織都很容易受創。倖存者的心臟、肝臟、腎臟、骨髓、腦部、脊柱和肌肉往往都會嚴重受損。

儘管罕見，但雷擊有一個有趣的特徵是出現在人體上的利希滕貝格圖（〔Lichtenberg Figures〕見圖 7-10）。利希滕貝格圖是樹枝狀的電流走向，德國物理學家格奧爾格‧克里斯托夫‧利希滕貝格（Georg Christoph Lichtenberg, 1742–1799）於一七七七年首度談及這種現象。這是一種無痛、貌似蕨類或樹枝的圖形，分布在背部、肩膀、臀部或腿部。它出現得很快，往往在接續的二十四至四十八小時內消退，不會留下疤痕或造成膚色異常。形成的原因不明，但只要看到這種圖形，那就是電擊獨有的特徵，有助法醫判定死亡原因。

咬傷

咬傷發生在謀殺、強暴、凌虐、攻擊，以及虐待兒童或家暴的案例中。受害者也可能為了自衛咬傷加害者。事實上，咬傷既是攻擊型，也是防禦型。

攻擊型咬傷是加害者加諸在受害者身上，往往輪廓鮮明。可能只有一處，也可能有多處。防禦性咬傷是受害者意圖抵擋攻擊而加諸在攻擊者身上，輪廓往往較為模糊，攻擊者可能被咬得皮開肉綻。

用咬痕來破案不是新鮮事，著名的葛登・海伊案（Gordon Hay Case）就是一例。

刑事檔案：葛登・海伊的怪牙

一九六七年八月七日，蘇格蘭比加鎮（Biggar）十五歲失蹤少女琳達・皮考克（Linda Peacock）的屍體在墓園被尋獲。她被毒打後遭到繩索勒斃。沒有性侵的證據，但靠近她右胸的瘀青證實為咬痕，咬痕顯示凶手的其中一顆牙齒異常不平整。

比加鎮只有兩千名居民，警方實際上盤問了每一個人，乃至於附近社區的成員。警方循線來到一間低度設防的少年觀護所，觀護所的二十九名收容人被要求提供齒痕，這些齒痕則拿來與少女身上發現的傷痕進行比對，犯罪嫌疑人名單因而縮小到只有一人——葛登・海伊。

海伊罹患一種名為牙釉質鈣化不全（hypocalcification）的罕見疾病，使得他的牙齒坑坑洞洞。海伊牙齒的缺陷與少女屍體上的瘀青相吻合，而獲判有罪。

咬痕證據首度獲准成為法醫證據，是在一九五四年的「道爾訴德州案」（Doyle v. Texas）。此後許多案件都圍繞留在受害者身上或食物上的咬痕模式。

有些連環殺手似乎有咬傷受害者的癖好，例如泰德・邦迪（Ted Bundy）。事實上，最終將他定罪的就是咬痕。

刑事檔案：泰德・邦迪

一九六九至一九七五年間，一連串殘暴的性侵凶殺案橫掃太平洋西北地區、猶他州和科羅拉多州。受害女性皆為黑髮中分。凶手利用各種手段騙受害者上鉤，他常裹上假石膏或假裝受傷，誘使受害者協助他做某件事。一旦不設防的女性踏進他那台小小的福斯金龜車，凶手就將她壓制住，帶到偏遠地區凌虐、強暴並殺害。

不同轄區的員警都參與此案偵辦，有個名字不斷冒出來──席鐸・邦迪（Theodore Bundy）。一九七四年十一月八日，十八歲的卡羅・達瑞曲（Carol DaRonch）落入圈套，坐進了邦迪的福斯汽車，但當他試圖為她戴上手銬時，她極力反抗並成功脫逃。將近一年之後，在一九七五年八月十六日，警方攔下一名形跡可疑的福斯汽車駕駛。他們在車上發現手銬和鐵撬，並確認駕駛的身分是泰德・邦迪。卡羅・達瑞曲出面指認他，他因綁架罪獲判十五年監禁。

一九七七年六月，邦迪被引渡到科羅拉多州接受謀殺審判，但他脫逃了，不過八天後又被抓了回來。十二月三十日，他再次脫逃，這次逃到了佛羅里達州。

一九七八年一月十五日晚上，邦迪進入塔拉赫西市（Tallahassee）佛羅里達州立大學（Florida State University）校園的 X Ω² 姊妹會會所，他襲擊並強暴了四名女學生，殺了麗莎・李維（Lisa Levy）和瑪格麗特・包曼（Margaret Bowman）。不到兩小時，又有另一名學生遭到攻擊。她倖存下來了。

一個月後，警方逮捕駕駛贓車的克里斯・哈根（Chris Hagen），並很快發現克里斯其實就是各州都在追捕的通緝犯泰德・邦迪。他要先在佛羅里達州接受塔拉赫西市謀殺案的審判。

2　X為希臘文第二十二個字母，Ω 則為第二十四個字母，美國大學裡的兄弟會、姊妹會常以希臘文命名。

對檢察官而言很不幸的是，邦迪在 X Ω 姊妹會會所留下的證據不多。沒有指紋、血液或精液，兩名倖存的受害者也無法指認他就是攻擊者。警方唯一握有的證據就是麗莎‧李維臀部的咬痕。邦迪拒絕提供他的齒痕，但法庭的命令很快就迫使他不得不遵從。邦迪的牙齒歪七扭八又有裂縫，而且完全吻合麗莎‧李維身上的咬痕瘀青。一九八○年七月二十三日，邦迪獲判有罪，最終於一九八九年一月二十四日坐上佛羅里達州的電椅。

邦迪這種人的存在令社會人心惶惶，我們竟然必須探討咬痕分析的藝術也很令人不安。但咬痕比對是重要的鑑識工具。它運用的不只是留在受害者身上的痕跡，還有留在食物上的啃咬模式。

倘若加害者咬了一口蘋果或乳酪，或者用牙齒撕下一截膠帶，他可能就在犯罪現場留下了有價值的線索。法醫或許能拿這些東西來和任何犯罪嫌疑人的齒型相比對。

人類身上的咬痕也是同樣的道理，只不過與蘋果不同，由於人體具有彈性，多多少少會回彈，細節因而較不清楚。儘管如此，皮膚上的刺孔和瘀青通常還是能拿來與犯罪嫌疑人的齒型做比對。就像泰德‧邦迪的案件，加害者的牙齒若有受損、裂縫或齒型異常，有時就能得到個人化的比對結果。

並非所有咬傷都是在傷害、控制或凌虐受害者時形成的。對某些連環殺手而言，啃咬屍體是他們的幻想、他們的簽名（見第十九章：犯罪心理學，「做案手法與簽名」一節）。如同鈍器挫傷，法醫往往能分辨死前、瀕死及死後所形成的咬痕。判斷的關鍵則在於瘀青的程度。

如前所述，挫傷（瘀青）是由於受損組織內出血，並且只會在活人身上發生。人類牙齒啃咬可能在皮膚上留下刺孔，或者純粹只是造成挫傷，但往往是以上兩種類型的創傷並存。無論受害者是否還活著都會形成穿刺傷，但瘀青就必須是在死前遭到咬傷。

死前幾分鐘的咬傷往往會留下暈散的瘀青。這是因為血液有充分的時間從實際受創的部位分散開來。瀕死咬痕的瘀青模式則較為清楚而輪廓鮮明，由於被咬不久便死亡，血液能夠散開的時間較短，導致形成較為集中的瘀青型態。死後咬傷不會有瘀青，顯現出來的可能是刺孔或凹痕，但由於沒有血液流動，所以不會形成瘀青。

一旦在受害者身上找到咬痕，就會用黑白和彩色底片仔細拍照記錄，並以拭子採集唾液樣本，以便檢驗澱粉酶（第九章）、ABO血型（第九章）以及DNA（第十章）。此外，也會將額外的樣本放進培養試管中，以培養口腔當中常見的厭氧菌。由於每個人口腔裡存在的細菌組合略有不同，將咬傷處發現的菌種和犯罪嫌疑人口腔裡的菌種相比對，或許能找出犯罪嫌疑人和受害者之間的關聯。這不是確鑿的鐵證，但對某些案件有幫助。

一旦指認出犯罪嫌疑人，即可進行印齒模的步驟，藉以製作模型。接下來這個模型就會用來和受害者身上的咬痕相比對，比對不合便能將其排除。若比對吻合，則可供作參考，但要確認該名犯罪嫌疑人就是加害者還需更確鑿的證據，如DNA比對結果，而咬傷留下的唾液往往就能用來檢驗。

性侵調查

性侵不太關乎性愛，而較與暴力、控制和羞辱有關。性侵一詞是法律用語，而非醫療診斷。醫生可判定是否可能發生體內性交、有無創傷存在，以及受害者體內或身上有沒有發現精液，但法庭必須裁決此一性交行為是否確實屬於性侵。換言之，法庭必須裁定當事人雙方的「心意」。為使性侵定罪，必須符合三項條件：侵犯性器官、暴力脅迫、未經當事人許可。

不一定要完整，只要稍微侵入性器官就符合性侵的定義。加害者

可能是透過暴力、恐嚇威脅或壓制來強迫受害者。性侵多數時候都伴隨凶殺，或許是過程中施暴所致，或許是事後為了防止受害者指認攻擊者。性侵往往是連環殺手殺人行為的一部分，尤其是性虐待型的凶手。在這種案例中，凶手幾乎總是透過性侵來滿足幻想，或滿足羞辱受害者的需求。

遇害倖存者

以存活下來的性侵受害者而言，事發之後盡快接受完整的性侵檢查至關重要。不幸的是，由於發生這種事對於受害者太過羞辱，就算不等上幾個月或幾年，她也往往會等上幾天才報案。有時候，受害者在去主管機關或醫院之前會先淋浴或洗澡。表面上看來，遭遇攻擊的受害者有這種行為似乎很奇怪，但性侵並不像臉上挨一拳。它牽涉到其他罪行所沒有的複雜情緒和社會包袱。受害者往往覺得很可恥，甚至很罪惡，並且想要避免社會污名帶來的自我觀感，這種自我觀感雖然不恰當，卻很真實。清教徒思想的遺毒以及往往讓受害者面臨受審情境的法庭系統，都左右著這些感受。

理想上，應由具有性侵檢查經驗的醫生為受害者做檢查。如有可能，現場應有執法人員陪同以維護證據鏈。要審視的項目則包括事發經過和完整的身體檢查，如有必要則加以拍照，以及蒐證。當然，為受害者治療嚴重或危及性命的傷害比蒐證更為優先。

包括性器官在內，醫生要檢查受害者的全身，找尋瘀青、擦傷或裂傷等受創的證據，逐一仔細記錄並拍照。請注意缺乏受創或暴力的痕跡並不代表性侵事件就不成立。任何咬痕都會拍照存證並採集唾液樣本，唾液樣本就可能產生DNA證據。同樣的道理，任何污漬也會進行採樣，因為有可能是唾液或精液。根據受害者提供的事發經過，負責檢查的醫生從陰道、肛門或口腔取得含有DNA物質的樣本，也會梳理受害者的陰毛，找尋外來的毛髮和纖維。最後再檢查受害者的

衣物是否有污漬，如果找到任何污漬就進行採樣，衣物則被包起來送至鑑識實驗室評估。所有採集到的證據都交由執法單位轉送給鑑識實驗室研究。

一旦完成檢查，受害者的創傷就會受到治療，並服用避孕藥及治療任何可能性病的藥物。治療的宗旨是要盡快處理，而不是等著看有無症狀出現。受害者會接受愛滋病篩檢，並在接下來幾個月複檢。通常立刻就有性侵輔導員參與，以協助受害者處理受到強暴的心理創傷。

鑑識實驗室則會在自陰道、口腔或肛門採集的樣本中找尋精子。以倖存的受害者來說，性交後十二小時內仍可看到有活動力的精子，在很罕見的情況下，二十四小時內仍可看到。沒有活動力的精子可能續存兩到三天。精子死去時，一開始尾巴會斷掉，只留下精子頭。這些在性交後七天內可以看到。所以，如果受害者表示上一次的自願性交是在三天前，發現沒有活動力的精子或精子頭就沒什麼幫助，但任何有活動力的精子都不會是那一次性交的結果，而必然和性侵有關。

即使沒發現精子，也不能排除性交的可能。攻擊者可能用了保險套、動過輸精管切除術、未能射精或患有無精症——一種無法製造精子的疾病。

致命攻擊

在姦殺案中，許多檢查的項目都相同，只不過通常無從得知事發經過，而且執行檢驗的不是醫生，而是法醫。如同任何凶殺案，法醫最好能到犯罪現場看看屍體，但實際上不一定有辦法這麼做（見第二章）。在犯罪現場，驗屍官的技術人員負責運送屍體及保全證據。受害者的雙手包上紙袋，屍體則裝進乾淨的屍袋內，或者以乾淨的塑膠布包裹運送。這麼做可避免微物跡證遺失，並降低屍體在運送時沾上任何微小物質的可能。

在實驗室，法醫一開始先連同衣物檢查受害者。他會找尋微物跡

證及污漬，並試圖比對衣物的破損處和受害者受創之處。之後才會移除衣物，送往鑑識實驗室進一步處理。接著，法醫的焦點就轉移到屍體上。

他要搜尋屍體上的外來毛髮、纖維或其他微物跡證。污漬也要檢查並採樣。保護屍體的包裝移除之後，法醫會仔細檢查雙手，收集剪下來的指甲並刮取指甲上的證據。受害者緊握的手中或指甲底下往往可以發現攻擊者的毛髮、血液或皮膚組織。包括性器官在內，所有的創傷都加以檢查並拍照。接下來就要仔細搜尋侵入的證據，並對陰道、肛門及口腔進行採樣。

即使性器官沒有發現明顯創傷，法醫仍可找尋發生性交的跡象。陰道分泌物當中是否有精液存在，會以化學方法及顯微鏡檢驗（見第九章：血清學之「其他體液」）。此外，也會檢測**酸性磷酸酶**（〔acid phosphatase〕大量存在於精液中的一種酵素）和P30抗原（前列腺特異性抗原，精液特有的一種醣蛋白）。性交後七十二小時內可看到酸性磷酸酶的存在。如果受害者在遭到強暴前兩到三天曾有自願性交，那就會有問題了，因為無法判定增加的酸性磷酸酶含量是自願性交或性侵事件的結果。

如同倖存的受害者，解剖時也會找尋陰道、肛門和口腔中的精子樣本。精子在屍體上比在活人身上存活得更久，因為活人女性的陰道會產生某些摧毀精子的化學物質，而在屍體上的精子只會經由腐化過程被摧毀。腐化的過程需時多日，有時在長達兩週的屍體上仍可發現精子。

8 | 窒息：剝奪人體所需的氧氣

ASPHYXIA:
DEPRIVING THE BODY OF OXYGEN

窒息的定義是體細胞嚴重缺氧。可能發生的情況很多。在正常情況下，空氣中含有足夠的氧氣。氧氣從肺泡進入血液裡，和紅血球裡的血紅素結合，輸送到身體各處，讓體細胞從血紅素得到氧氣。過程中任何階段的氧氣供應受到干擾，都可能造成窒息。

　　窒息的可能原因有：

- 悶死（suffocation）
- 勒殺（strangulation）
- 有毒氣體
- 溺斃

悶死

悶死是指進入血流的氧氣不足的情況。有可能是空氣中的含氧量低，或是由於某種阻斷或阻塞，使得氧氣無法進入肺部或血流。悶死可以分成五大類：

- 環境悶死（environmental suffocation）
- 搗死（smothering）
- 哽死（choking）
- 機械性窒息（mechanical asphyxia）
- 窒息性氣體（suffocating gases）

環境悶死

環境悶死發生在環境中的空氣含氧量極低的情況。肺部和循環系統或許完全正常，但如果空氣中氧氣含量不足，人體就無法使用。正常的空氣約有百分之二十一是氧氣。氧氣含量降到百分之十至十五的時候，就會影響判斷力和協調能力，降到百分之十以下會失去意識，如果降到約百分之八，則必死無疑。

由於氧氣含量過少而死亡的案例幾乎都是意外狀況，不過也可能是他殺。這類意外死亡的一個典型範例是兒童把自己關在舊冰箱裡。氧氣耗盡之後，兒童就窒息而死。這種情況過去很常見，但現今強制規定新型冰箱需設有某種機轉，讓人可以從內側用力推而打開門。只是兒童的力氣可能不夠，或是不知道門推得開。

另一類環境悶死發生在受害者進入含氧量低的密閉空間，例如地下室或礦坑。不知情的人進入這樣的環境，可能在來不及逃出前就喪命。建築物發生火災也是同樣情況，燃燒消耗氧氣，造成受害者窒息而死。

環境悶死的情況大部分不會有特別的驗屍發現，所以判定死亡原因和死亡方式時，主要是憑藉死亡地點周圍的環境分析。換句話說，如果發現受害者的所在環境氧氣含量差，或處於氣密空間、沒有外傷或接觸毒物的證據時，若再加上排除自然因素，法醫很可能會認為死亡原因是意外悶死。

搗死

搗死是以外力阻礙空氣進入口鼻。與哽死不同，哽死是口內或喉嚨有異物阻塞。搗死通常是自殺或他殺，也可能是意外，只是很罕見。

最早對悶死做病理學發現描述的人是安布羅斯・塔迪爾（Ambrose Tardieu, 1788-1841）。塔迪爾在受害者的肺部組織裡發現血斑，將之命名為「塔氏斑」（Tardieu spot），此俗名便沿用至今。雖然不是所有搗死

的案例都會出現塔氏斑，但出現塔氏斑時，有助於法醫判定死亡原因。

　　搗死自殺通常會利用塑膠袋，例如垃圾袋或乾洗店的套袋。自殺者把袋子套到頭上，並以膠帶或繩索固定。這樣的固定其實沒有必要，因為塑膠袋通常會黏在自殺者的臉上阻擋口鼻。有些受害者會綁住自己的雙手，尤其常見於「自殺協議」，也就是兩人或多人一起自殺的情況。

　　塑膠袋也可能造成意外搗死，特別容易發生在兒童身上。而酒醉者可能面部朝下靠著枕頭失去意識，口鼻被搗住而死，不過這種情況很罕見。

　　搗死發生在他殺的情況下，通常是以枕頭、寢具、塑膠袋或凶手以手輔助。當工具為枕頭或塑膠袋時，受害者身上通常不會留下痕跡，除非用力掙扎。若受害者試圖掙扎，受害者臉上或手臂常會留下擦傷或瘀傷，因為凶手企圖控制受害者。若未見外部瘀傷，肺部沒有微出血（〔microhemorrhage〕血斑），且屍體尋獲前枕頭或塑膠袋已被拿開，那麼法醫可能無從判定死亡原因，因為搗死本身極少留下任何物理證據。

　　有一種他殺的情況是攻擊者將塞口物或膠帶放進或貼住受害者的口鼻，阻礙空氣進入，使受害者窒息而死。塞口物有時會在屍體尋獲前移除，如果沒有瘀傷，可能難以判定真正的死亡原因。

　　如果受害者在遭搗死時掙扎，屍僵的情況可能較早出現。就跟運動時死亡一樣，掙扎會消耗肌肉中的三磷酸腺苷，使僵硬提早發生（見第五章：死亡時間，「屍僵」一節）。

哽死

　　搗死的阻扼發生在外部，哽死則是口腔或氣道發生阻塞。死亡原因可能是自然死、他殺或意外。

　　自然哽死可能是**暴發性急性會厭炎**（acute epiglottitis）或**白喉**

（diphtheria）所致。暴發性急性會厭炎是會厭的急性發炎，會厭為氣管（主要氣道）上端的蓋口，能防止吞嚥時吸到食物和水。會厭可能迅速腫大，阻擋氣道。此為真實的緊急醫療狀況，必須立即處置，一般會採取**氣管切開造口術**（tracheotomy，**簡稱氣切**）。氣管切開造口術是在氣管緊鄰喉頭（位在喉結）下方切開一個孔，用套管深入氣管，然後連接呼吸器。

白喉是白喉桿菌（學名：*Corynebacterium diphtheriae*）造成的呼吸道細菌感染，導致喉部形成厚厚一層如疥癬般緊黏的灰白色膜狀物，稱為**偽膜**（pseudomembrane）。它可能從喉部脫落阻塞氣道，使受害者窒息而死。多虧兒童免疫接種計畫，白喉在美國已相當罕見，不過一百年前白喉曾是致命的兒童疾病，每年奪去數以千計的生命。

哽死很少有他殺的情況。然而，如果攻擊者把襪子、布、球或其他物體塞進受害者口中，再放入塞口物，受害者就可能哽死。跟摀住口鼻而死一樣，造成哽死的工具若在尋獲屍體前移除，法醫可能無從判定實際的死亡原因。

大部分哽死的案例都是意外。兒童把汽球、玩具零件或食物碎塊之類的小型物件放進嘴巴而噎住。至於成年人，罪魁禍首幾乎都是食物。其實哽死的情況十分常見，因而也俗稱為「餐館冠心病」（café coronary）。一般而言，受害者會在進食的時候突然停止說話，他可能抓住喉嚨，然後倒下。乍看之下像是心臟病或是冠心病發作，其實受害者是因為氣道阻塞而無法呼吸，血中氧濃度急遽下降，於是死亡。心肺復甦術（CPR）在這種情況下沒有幫助，氣道阻塞時，口對口人功呼吸只是徒勞。**哈姆立克急救法**（Heimlich Maneuver）則是專為這種狀況所設計的急救術。

如果是自然或意外哽死，法醫在死亡原因判定上通常沒什麼困難。不過，在受害者的氣道裡找到食物，並不代表受害者一定是哽死。此時，目擊者若能詳述事發經過，對法醫而言是最有幫助的資訊。然

而，如果氣道是被一塊肉或其他固體食物完全阻塞，那麼法醫應當能判定確實是哽死。

機械性窒息

機械性窒息是外力施加在身體之上，導致胸腔無法擴張，因而無法呼吸。被困在重物如汽車、倒塌的牆壁或天花板下的受害者，可能基於這種原因死亡。在暴動中遭擠壓或被人群踩踏都屬類似情況，此時外部壓力過大，受害者確實無法呼吸。

蟒蛇便是以相同的方式狩獵。這種強壯的蛇類會以身體纏住獵物，每當獵物吐氣，牠就盤繞得更緊，使獵物的呼吸逐次變淺，直到困在僅能吐氣的姿勢，無法再多吸一口氣，迅速死亡。

不幸的是，父母在睡眠中壓到嬰兒身上，可能造成嬰兒機械性窒息。這類死亡常被認為是嬰兒猝死症候群（sudden infant death syndrome，簡稱SIDS），也可能是對此症候群缺乏認識所致。真正的嬰兒猝死症候群可能是腦部呼吸中樞有某種缺陷，跟父母翻身壓到嬰兒造成的機械性窒息不同。

有種古怪的機械性窒息稱作柏克式窒息法（burking），摀住受害者的口鼻把對方悶死，避免在身上留下痕跡。第一個案例是威廉・柏克（William Burke）和威廉・海爾（William Hare）在一八二〇年代的慘無人道之舉。

刑事檔案：柏克和海爾

威廉・柏克是十九世紀早期蘇格蘭愛丁堡的商人。他從事收購舊鞋整修後出售，以及舊衣物、動物毛皮和人類毛髮的非法買賣。一八二七年，他和威廉・海爾結識，海爾當時在西港（West Port）的製革巷（Tanners Close）經營一家廉價旅社。該年十二月，旅館一名叫做唐

納德（Donald）的房客死亡，於是柏克安排在外科醫生廣場（Surgeon Square）販售此人的遺體，最後賣給了需要屍體做解剖示範的勞勃‧諾克斯（Robert Knox）醫生。

他倆施展騙術，先是在唐納德的棺材裡塞滿樹皮，接著在眾人面前將它掩埋入土，隨後再把屍體交給諾克斯醫生，獲得七鎊十先令的報酬。就這樣，一門生意誕生了。柏克和海爾展開盜墓，偷取屍體供醫生使用，夏天每具售價八磅，冬季十磅。

貪婪害了他們。當地民眾不願意那麼快死，於是他們動手綁架並殺害不會有人惦記的百姓。動手時，柏克坐到受害者身上，摀住其口鼻，把對方給活活悶死，然後運送屍體並收取費用。往後一年間，至少有十六人死在這兩人的手上。

最終，旅社的一名房客在床鋪下發現最後一名受害者。顯然他們把屍體藏在那裡，伺機運往外科醫生廣場。於是，兩人就逮，隨後海爾坦承犯案並作證反咬柏克。柏克獲判有罪後，於一八二九年一月二十八日處以絞刑。

窒息性氣體

窒息性氣體可能因為意外、自殺或他殺等情況造成死亡，不過主要是意外。

窒息性氣體本身沒有毒性。也就是說，這些氣體不是毒氣。窒息性氣體的存在降低了氧氣在空氣中的比例。要明白這一點，就要來看看呼吸生理學。

我們呼吸時，把空氣和氧氣吸進肺裡。接著氧氣從肺泡擴散到血流中，和血紅素結合。血紅素是紅血球的分子，從肺部把氧氣攜帶到組織，並從體細胞攜帶二氧化碳回到肺部。氧氣在肺裡和血紅素結合，形成氧合血紅素，使血液呈現鮮紅色。在身體組織中，二氧化碳和血紅素結合產生**碳醯胺基血紅素**（carbaminohemoglobin），使血液呈

現深紫色。這是維持生命不可或缺的交換過程。因此動脈血（富含氧氣，經由動脈輸送到身體各處）呈現紅色，靜脈血（含氧量低，二氧化碳含量高，經由組織回到心臟）呈現深紫色。

如果呼吸的空氣中氧氣含量低，血液裡氧合血紅素的濃度就會迅速下降。低血氧含量的情況稱為缺氧（hypoxia）。而在空氣中添加任何氣體，必然會降低氧氣的比例。室內空氣約含有百分之二十一的氧，若加入等量的氣體如甲烷（methane），環境中氣體的比例就會下降百分之五十，氧氣比例則會降至百分之十點五。如此低的氧氣含量會造成嗜睡、混亂、定向力障礙（disorientation）、失去意識，最後昏迷與死亡。

二氧化碳和甲烷是常見的窒息性氣體。這兩種氣體都無味，因此曝露其中的人無法察覺。甲烷為天然氣的主要成分，家用天然氣的氣味其實是一種添加劑，讓人能察覺到外洩。

下水道和礦坑可能含有高濃度的甲烷和二氧化碳，受害者進入這些區域後，可能因為缺氧而導致精神混亂、失去意識，最後死亡。解剖時，因窒息性氣體而死的情況不會有特別的發現，但在甲烷造成的死亡案件中，鑑識實驗室可能在受害者血液裡發現高濃度的甲烷。二氧化碳的情況又不同了。由於二氧化碳在正常狀況也會出現在血液中，而且死亡時二氧化碳的濃度常會升高，所以罪魁禍首若是二氧化碳，就可能無法判定死亡原因。此時，死亡的環境或許是唯一能讓法

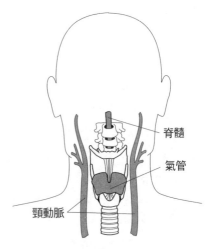

脊髓

氣管

頸動脈

圖8-1｜頸部的重要結構。頸部連接我們的大腦部和身體軀幹、口鼻和肺部，以及大腦與心臟和腦部。

醫正確判定死亡原因的資訊。

　　一九八六年，非洲喀麥隆的尼奧斯湖（Lake Nyos）發生了一起大規模的二氧化碳中毒悲劇。這起古怪的地質事件稱為湖泊噴發（limnic eruption），一大團充滿二氧化碳的雲霧突然從湖底升起，由於二氧化碳比空氣稍重，以致猶如一陣無色無味的霧一般籠罩廣大的地區，造成將近一千八百人及三千五百頭牲畜窒息而死。

勒殺

頸部是脆弱的維生管道，也是腦部和身體之間的關鍵連結（見圖8-1）。腦部和身體之間所有的神經傳達都要經由脊髓通過頸部；心臟供應腦部的所有血液則需流經頸動脈，主要是喉部左右側的兩條頸動脈。空氣必須通過頸部才能到達肺部，然而這條生命的公路卻十分外顯，容易因意外或蓄意傷害而受傷。如果頸動脈阻塞，就會阻礙充氧血送至腦部而造成窒息。這就是勒殺時的情況。

勒殺窒息的機轉

　　所有勒殺案件的死亡原因皆為大腦缺氧，亦即腦部氧氣含量不足。這是因為勒殺會阻斷氣道，致使受害者無法呼吸，加上阻塞頸動脈，導致血液無法至大腦。這兩者中，又以頸動脈阻塞為失去意識與死亡的主因。人可以幾分鐘不呼吸仍保持清醒與活力，但如果腦部的血液供應中斷或受到嚴重限制，就可能於幾秒內失去意識，並在一分鐘左右死亡。我們在這章的稍後會看到，頸動脈受到壓迫時失去意識的速度快得驚人，這是勒殺和自慰性窒息（autoerotic ritual）時，導致死亡或腦部受損的重要因素。

　　雖然並非通則，但所有形式的勒殺經常導致結膜（眼球周圍的粉紅色組織）與鞏膜（眼球的白色部分）出現**點狀出血**（〔petechial hemorrhage〕又稱瘀斑〔petechiae〕）。點狀出血是指血液滲進結膜與鞏膜所造成的小紅點或血絲。勒殺使頸部血管內壓突然急遽升高，此壓力傳至眼球的血管，因而造成滲血並發生點狀出血。

勒殺時，外部的力量壓迫頸部氣道和血管，這會阻礙血液流至大腦，同時使空氣無法進入肺部。勒殺有三種基本型式：

▶ **扼死**（manual strangulation）：徒手勒殺

▶ **索狀物勒殺**（ligature strangulation）：使用繩索、電線或其他彈性材料勒殺

▶ **上吊**：基本上是以體重致使索狀物（通常是繩子）縮緊的勒殺

扼死或索狀物勒殺原則上屬於他殺，而上吊主要是自殺（吊刑例外）。這些勒殺的型式都因為同樣的機轉導致死亡。

扼死

扼死是將手、前臂或其他肢體的壓力施加在受害者的頸部，壓迫氣道和頸動脈。我們幾乎不可能勒殺自己，所以扼死都是他殺。

受害者頸部的痕跡通常會合併挫傷和擦傷。攻擊者扼死受害者時，手指施加的壓力可能留下指狀瘀傷，常見與拇指指腹和其他指尖形狀相同的圓形瘀傷。這些瘀傷通常出現在受害者頸部側面，不過也有例外。若攻擊者正對受害者，就可能用拇指壓住頸動脈所在的凹處。此時主要的瘀傷可能在氣管兩側，受害者頸部兩側或後方則是較小的指狀瘀傷。

我們對這些解剖學上的發現的了解，可追溯至一二三五年宋慈的《洗冤錄》。書中描述區分勒殺和溺斃的方法，據信是最早把醫學知識用在犯罪調查的文字證據。扼死的過程中，時常出現這些勒殺痕跡以及舌骨骨折的情形；一八九七年，法國醫生保羅・布魯瓦戴（Paul Brouardel, 1837-1906）在他的著作《上吊、勒殺、悶死與溺死》（*La Pendaison, la strangulation, la suffocation, la submersion*）中，對此有更完整的

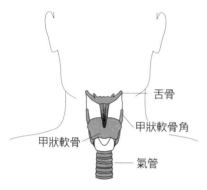

圖8-2 | 甲狀軟骨角和舌骨。這些脆弱的結構常在扼死時骨折，索狀物勒殺和上吊時則較少發生。

描述。除了瘀傷，攻擊者的指甲也可能留下擦傷。攻擊者用手指緊握受害者的頸部，指甲可能因此刮傷或深入受害者的皮肉。這些指甲造成的擦傷通常看似線形的抓傷，或在指甲壓住的地方出現半圓形的細線條。

在扼死的情況下，受害者的臉部常見充血，並可發現眼部點狀出血的情形。多數攻擊者都用了比必要更多的蠻力，所以也可能造成頸部肌肉受傷，法醫經常在解剖時發現這個部位的肌肉有出血情況。此外，喉頭處的甲狀軟骨（〔thyroid cartilage〕俗稱亞當蘋果）角骨折與舌骨骨折在扼殺攻擊中都是常態（見圖8-2）。

鎖定犯罪嫌疑人時，必須仔細檢查他是否有受傷跡象，這一點至關重要，因為受害者往往會奮力抵抗，而在攻擊者身上留下抓痕或瘀傷。這種傷通常會出現在攻擊者的手指、手部、前臂和臉上。若是強暴勒殺，抓痕可能出現在攻擊者的側腹或是背部。

另一種扼死的情況是**勒頸**（chokehold），有時執法者會用這種方式制服好鬥的對象。勒頸有兩種基本型式：鎖臂式和鎖喉式。目的都是壓迫頸動脈，使對方失去意識。使用鎖臂式時，員警用前臂橫過對方喉部前方，再用另一隻手抓住對方手腕並往後拉，透過前臂對頸部施壓。有時員警不用手臂，而是用警棍。鎖喉式則是用手肘彎曲處抵住對方脖子中央，再用另隻手抓住手腕向後拉。這會造成鉗子或剪刀效應，阻斷左右頸動脈。此類壓制技使人失去意識、造成腦部損傷或死亡的速度遠比一般認為的還快。

法醫時常遇到警方因使用這些壓制技而遭投訴暴力的情況。倘

若施力過當，可能造成甲狀軟骨和舌骨骨折，以及頸部束帶肌（strap muscles）出血。無論對象是活人或是死者，法醫都必須評估和判斷造成這些傷勢的原因。

索狀物勒殺

索狀物勒殺發生在束帶圍繞脖子縮緊的情況，縮緊的力道不像上吊是來自受害者的體重。大多索狀物勒殺都是他殺，但也有些是意外，甚至是自殺。

索狀物勒殺通常是使用繩索、鐵絲、電線，以及項鍊、皮帶、胸罩、長襪等衣物。倘若該物品的材質柔軟，如毛巾、床單或絲巾等，受害者頸部可能不會留下可見痕跡。若是犯案工具被帶離現場，法醫較難判定確切的死亡原因。

反觀若是細長的索狀物如電線，受害者的頸部則可能留下一道凹溝（溝槽）或凹痕（勒痕）。凹溝是深深的凹陷，寬度符合攻擊者使用的索具。如果使用的物品比較粗，凹痕就會寬而淺，有時會造成瘀傷和擦傷。有時，這些痕跡會透露出所用索狀物的紋路，例如繩索編織的型式或是鏈條環扣的樣式。

索狀物勒殺跟扼死的情況很類似，受害者的臉部通常會充血，連帶鞏膜和結膜點狀出血。不同的是，頸部肌肉出血和甲狀軟骨、舌骨骨折較不常見。這種差異大致是因為手指較粗，受壓面積比索狀物寬，壓力比較分散。

即使是遭到嚴重肢解的屍體，索狀物的痕跡仍有可能保存下來。凹溝裡的組織受到壓迫，使得下方血管塌陷。人死之後，造成屍體腐爛的細菌通常會透過血管散布至全身。凹溝處因血管塌陷使到達該區域的細菌減少，反而減緩了腐爛的速度。

相較於上吊，索狀物勒殺的凹溝通常和脖子呈現水平（見圖8-3A）。這是因為無論攻擊者是面對受害者或從背後攻擊，都會從兩

端橫向縮緊索狀物。

解剖時，也需要檢查受害者的雙手和指甲，因為受害者的手中可能緊緊抓著攻擊者的頭髮，指甲裡則可能有攻擊者的血液和組織。

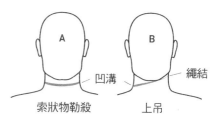

圖 8-3｜索狀物勒殺與上吊留下的痕跡。索狀物勒殺的凹溝通常呈水平（A），上吊的凹溝則斜過頸部，較高那端在靠近繩結的位置（B）。

用索狀物勒殺的方式自殺很罕見，不過仍然發生過。失去知覺的時間大約需要十五秒，因此受害者有時間固定好索狀物，可能是打個結或是把繩索纏繞幾圈。受害者失去意識後就無法解開索狀物，接著窒息而死。

索狀物勒殺的意外情況也很罕見，通常是圍巾、領帶或其他衣物被機器或移動中的車輛纏住，由滑雪纜車、電梯、機車和汽車所造成的。伊莎朵拉・鄧肯（Isadora Duncan）或許是索狀物勒殺意外最著名的受害者。

刑事檔案：伊莎朵拉・鄧肯

一八七八年五月二十七日生於加州奧克蘭的伊莎朵拉・鄧肯，是聞名世界的表演藝術家。鄧肯很早就開始實驗新型式的舞蹈，但直到她十多歲時舉家搬移到歐洲，她的舞蹈天分才逐漸受到重視。她大膽地開發出詮釋性舞蹈的新系統，而有「現代舞之母」的美譽。她的生活浮華，打扮入時迷人，喜愛披掛極長的圍巾隨風飄揚。這種時尚宣言卻讓她斷送了性命。一九二七年九月十四日，鄧肯和朋友在法國尼斯聚會後，她的圍巾被絞入一輛行駛中的汽車車輪裡，遭勒斃身亡。

上吊

　　不同於勒殺，上吊的窒息是身體重量縮緊套索或其他索狀物所致。這意謂著受害者必須完全或部分騰空。上吊幾乎都是自殺；他殺也有吊死的情況，卻相當罕見。很少有意外上吊，這類事件的受害者多半是兒童，他們被繩子或衣物纏住後，發現自己完全或部分騰空。

　　雖然氣道可能受到壓迫而造成呼吸中斷，但上吊真正的死亡原因大多是頸動脈受到壓迫。除非是司法上的絞刑（法律刑罰），否則頸椎（頸部脊椎骨）骨折的情況並不常見。

吊刑

　　頸椎共有七節，吊刑時通常會是第二頸椎（C-2，又名樞椎〔axis〕）骨折。第一頸椎（C-1，又名寰椎〔atlas〕）和顱骨基部融合，因此第二頸椎會承受墜落時的衝擊（見圖8-4）。事實上，無論第二頸椎骨折的原因為何，都稱為「上吊者骨折」（hangman's fracture）。通常會立即死亡，不過心臟可能要過十五分鐘左右才會停止跳動。要形成這樣的骨折需要從夠高的地方墜落，這在上吊自殺的情況並不常見。

　　要形成頸骨骨折，需要從多高的地方落下？有幾個決定性因素。肥胖者以及頸部肌肉較少或有頸椎關節炎的人，頸椎可能很容易就骨折。肌肉發達、脖子粗壯的人則恰恰相反。實行吊刑時，會將這些因素納入考量，以評估所需的落下高度。高度不足，死刑犯是被勒殺而死；高度

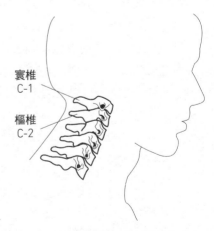

寰椎
C-1

樞椎
C-2

圖8-4｜上吊者骨折。第二頸椎（C-2）的骨折，發生於吊刑，又稱「上吊者骨折」。

太高，則有可能斷頭。

自殺與他殺的上吊

在上吊自殺的情況中，受害者通常用手邊可用之物做為套索。繩索、皮帶、床單、衣物和電線都很常見。監獄中常見的工具是床單和衣物。

如果受害者的雙手被綑綁，很明顯的或許有人助了一臂之力，而將其指向他殺，或至少是有人加工自殺。情況並非如此。有時受害者會綑綁自己的雙手來了防止改變心意，否則他可能試圖掙脫，而在靠近套索的肌肉留下擦傷或割傷。

假如死者的雙手被綑綁住，法醫應該仔細檢查這些束縛的繩結。如果繩結不可能是受害者自己打的呢？這就表示是他人所為，而提高他殺的可能性，或至少有人協助自殺。

法醫可能會尋求法醫結繩專家的意見。結繩專家具備索狀物與繩結的專門知識，也許能夠判定是否是受害者自己綁的結。專家也可能描述繩結的特徵，藉此縮小犯罪嫌疑人的範圍。

人們會依據個人的知識、技術和習慣來打結，而某些繩結可能暗示某種職業或嗜好。例如，航海用的繩結和農業或牧牛的繩結非常不同，也和一般人包裝時常用的「蝴蝶結」或「祖母結」（打錯而易鬆開的平結）有很大的差異。

此外，如果綁縛的索狀物製作得很特別，可能是個有用的線索。或者索狀物的末端曾被剪過，切口也能提供有價值的工具痕跡證據（見第十四章）。

上吊的屍檢結果───上吊後出現的頸部痕跡樣式，主要是依據使用的套索特性。像床單這類柔軟的套索留下的痕跡可能不多，或甚至沒有痕跡；如果受害者很快就被發現，割斷索狀物放下來，法醫

也許完全無法找到痕跡。上吊和索狀物勒殺類似，繩索或細繩可能在受害者頸部留下明顯深溝。屍體掛著愈久，凹溝愈深。用這類套索時，擦傷和挫傷也很常見。有時，凹溝和任何相關的瘀傷會透露出繩索編織的型式，或是鏈條環扣的樣式。而由於這些套索嚴重壓迫凹溝處的肌肉，幾乎「擠出」那裡所有的血液，因此凹溝可能呈現淡黃色。經過一段時間，顏色將會加深至帶褐色。

上吊的受害者身上的凹溝會呈倒Ｖ型，斜過頸部，最高點是打結的位置（見圖8-3B）。所以如果打結的位置在受害者的左側，右側的凹溝會比較深、位置比較低，並且往左耳處斜上。靠近結的地方，凹溝一般會變淺而消失，會出現這樣的勒痕是因為身體掛在套索末端。這和索狀物勒殺的情況不同；索狀物勒殺留下的痕跡通常是呈現水平。

如果上吊後幾個小時就被發現，受害者可能臉色蒼白，舌頭從嘴裡伸出，呈深紫色。鐵青的膚色只會出現在個別部位；這種狀況下應出現在腿部、前臂和雙手。

解剖時，法醫通常不會找到臉部充血或點狀出血的狀況；這在扼死和索狀物勒殺時很常見。法醫也不大可能發現頸部肌肉出血，或甲狀軟骨、舌骨骨折。如果是上吊自殺，但死者沒綁住自己的手，可能會在背頸部找到擦傷和抓痕。不過，屍體上應該不會有其他創傷；如果有其他創傷，或許得考慮凶殺的可能性。比方說，如果法醫發現瘀傷，推論出受害者在上吊前受到毆打或束縛，那麼凶殺就是最可能的狀況。不過並非沒有例外。受害者可能在自殺之前自殘，或是在上吊時揮打，撞到牆壁或家具而造成瘀傷。

另一個需要考慮的因素是受害者有可能因為藥物或酒精而減少反抗，然後才上吊。這可能是為了讓死亡看起來像凶殺的安排（見第二章：證據，「故布疑陣的犯罪現場」一節）。因此上吊的死者都應該做毒藥物分析。不過有一狀況可能模糊問題——受害者可能服用酒精或藥物，讓自己「有勇氣」了結生命。這時候，法醫或許能從受害者身上

藥物或酒精的濃度判斷是否足以「讓受害者失去知覺」，或只是妨礙判斷力。重點是，如果受害者體內的藥物濃度高到讓受害者失去知覺，就不可能上吊自殺（見十一章）。

法醫會檢查從受害者頸部移除的繩索或索狀物，索狀物性質和打結的種類會是寶貴的資訊，尤其是在有凶殺可能性的情況下。如同先前提過的，法醫結繩專家會參與案件辨別束縛用的索狀物。

自慰性窒息

自慰性窒息或性窒息是一種特別的窒息狀況。這種窒息牽涉的機轉通常是搗死或勒殺。通常死者都正在進行某種自慰儀式。有時，性窒息是性活動的一部分。

不完全窒息有時候會強化性快感。大腦缺氧的第一個症狀是暈眩；這種感覺被認為會強化性興奮。這個遊戲其實非常危險。

最常用的方式是上吊，不過非上吊式的索狀物用法，或塑膠袋也會被使用。死者安排可以用繩索或選擇好的索狀物「隨心所欲」壓迫頸部的狀況。有可能是精心安排，或純粹只是隨機行事。通常會有某種「自救裝置」，死者能透過適當的移動而解除壓迫，也可能有某種工具可以剪斷索狀物或割開袋子。

不幸的是，錯誤的判斷可能釀成悲劇。大腦缺氧會使判斷力變差，無法正確評估缺氧的程度，以致於突然失去意識。失去意識之後，死者就無法自救了。伴侶的性愛中，一人判斷錯誤可能使另一人送命。

有時性愛儀式過程中會吸進某些氣體，造成缺氧和其他生理紊亂。例如一氧化氮和亞硝酸戊酯（amyl nitrite）兩者都用於性愛遊戲，可能造成血壓暴跌導致意識喪失和死亡。在不完全窒息的情況下，吸入這些氣體可能特別危險。

最典型的場景是男性死者因為上吊的套索而部分懸空。死者可能穿著女裝或身邊都是色情雜誌、照片或情趣用品。有些死者的手被綁

著，令人懷疑可能是凶殺故布疑陣，裝成意外死亡。不過這樣的束縛也可能是儀式的一部分。就像其他的上吊死亡一樣，檢查束縛能確認受害者能否將自己綁起來。

有毒氣體

窒息性氣體只是取代吸進的空氣裡的氧氣，但毒氣則會和血液或身體組織產生交互作用，阻礙氧氣的運輸或利用。某些毒氣會干擾血液吸收氧氣，或是干擾體細胞利用氧氣。法醫最常遇到的化學窒息性氣體包括一氧化氮、氰化物和硫化氫。因為一氧化碳的死亡可能是自殺、意外或凶殺；因氰化物而死通常是自殺；和硫化氫有關的死亡通常是意外。我們將各別討論這些有毒物質。

一氧化碳

一氧化碳中毒造成的死亡通常是自殺或意外。凶殺不常用這種方式，不過也曾有過紀錄。

一氧化碳是穩定、危險、致命又常見的氣體。一家人被人發現死在家中，害死他們的是故障的暖氣機或壁爐；一名自殺的死者在車庫裡被人發現，而汽車引擎沒熄火；幾名露營者死在一頂帳篷裡，帳篷一角有一盞煤油燈在燃燒。這些都是一氧化碳中毒的後果。

一氧化碳是無嗅無味的無色氣體，人類完全無法察覺。含碳燃料（紙張、木材、汽油和其他許多可燃產品）燃燒不完全就會產生一氧化碳。這些燃料完全燃燒的時候，會產生二氧化碳。如果氧氣不足，或是火在悶燒，產生的熱能無法讓碳和氧完全反應，就會燃燒不完全，產生一氧化碳。

木材、木炭和瓦斯是常見的含碳燃料。故障的爐子、暖氣、壁爐和汽車引擎的排氣，都可能讓空中充滿一氧化碳。火災造成的死亡之

中，一氧化碳中毒是比遭火燃更常見的死亡原因。煤球特別危險，因為煤球的設計就是為了悶燒，而不是起火燃燒，是一氧化碳的絕佳來源。在車庫或帳篷這種密閉空間使用木炭烤肉爐，可能使一氧化碳快速累積。故障的可攜式丁烷（butane）與丙烷（propane）汽化爐與暖氣機也可能致命。

一氧化碳之所以危險，是因為和血紅素的親和性非常高。血紅素是我們紅血球裡攜帶氧氣的分子。吸氣入一氧化碳的時候，一氧化碳會和血紅素結合，產生碳氧血紅蛋白。一氧化碳和血紅素的結合力比氧強三百倍，所以會取代氧。結果是離開肺部送往身體的血液富含一氧化碳（一氧化碳血紅素），但含氧量低。

一氧化碳和血紅素的親合性很強，所以即使吸進的空氣中只含有少量的一氧化碳，也可能出現血液中一氧化碳濃度很高的情況。例如吸進一氧化碳濃度只有百分之〇‧二的空氣，僅僅三、四十分鐘之後，也可能使血液的一氧化碳飽和度增過百分之六十。故障的暖氣機或悶燒的火雖然只產生少量的一氧化碳，隨著一分一秒過去，仍然會變得愈來愈致命。

一氧化碳對血紅素有強大的吸引力，所以有些人在開放的空間仍然會一氧化碳中毒。大部分的人相信一氧化碳只在密閉的空間有毒，但事實並非如此。

曾經發生過一些在開放空間（例如車道）修理汽車而死亡的案例。受害者被發現時，一般是倒在車子的排氣管附近。游泳者和划水者因為待在引擎空轉的汽艇後方跳水平臺附近而導致一氧化碳中毒，也是類似的情況。

一氧化碳裡的暴露程度，是依一氧化碳血紅素的比例而定。一氧化碳中毒的徵兆和症狀和曝露程度有關。一般的程度是一到三級，但吸菸者可能高達七至十級。一氧化碳濃度在百分之十至二十的時候，症狀是頭痛，無法專注於手邊複雜的任務。百分之三十到四十的時

候，會出現劇烈頭痛、抽痛，還有噁心、嘔吐、頭暈、嗜睡等症狀。脈搏和呼吸速率明顯上升。百分之四十到六十的時候，受害者會精神混亂、定向力障礙、虛弱，協調能力極差。超過百分之六十，很可能昏迷、死亡。這是一般的標準；一氧化碳濃度升高時的實際狀況因人而異。

高齡人士和罹患心肺部疾病的患者只要百分之二十的濃度就可能致命。利用汽車排氣自殺，或因密閉空間燃燒而死的人，接觸一氧化碳的濃度可能高達百分之九十。

在密閉車庫中讓汽車引擎運轉是常見的自殺方式，不過也可以用於謀殺。如果凶手用暴力或下毒制伏受害者，就能把受害者放在車裡，然後透過一氧化碳實際殺死受害者。法醫判斷死亡原因時，會尋找受害者身上的傷痕，並且進行毒物篩檢。創傷（例如頭部受到重擊的痕跡）的發現可能使死亡推測從自殺改成凶殺，不過發現藥物則可能不會。有些人使用多重的自殺方式以確保自殺成功，用藥過量結合吸入一氧化碳的方式並不罕見。

在一間屋子或一輛車上發現死亡人數超過一人，而且沒有創傷跡象時，會考慮一氧化碳中毒的可能性。兩人以上同時在同個地點自然死亡的機率微乎其微。

一氧化碳血紅素呈鮮紅色，會讓血液呈現此色調。法醫驗屍發現血液呈鮮櫻桃紅色時，應該懷疑死亡原因是一氧化碳中毒。這並非絕對正確，因為吸入或攝入氰化物也可能使血液和組織呈現櫻桃紅。此外，凍死或屍體曝露在極低的溫度中也會使血液呈鮮紅色。這些情況的屍斑也可能是紅色或粉紅色，而不是一般的藍灰色（見第五章：死亡時間，「屍斑」一節）。

解剖時，一氧化碳中毒的受害者內臟也會是鮮紅色。說來有趣，防腐或法醫取下樣本用甲醛固定，準備製作顯微玻片時，這種顏色並不會消失。有時死亡六個月過後一氧化碳仍存在血液當中。

一氧化碳中毒的倖存者可能會有嚴重的長期健康問題。腦部特別危險，因為腦部極度容易受缺氧影響。腦傷的症狀和跡象有可能立即顯現，或是延遲幾天、幾星期才出現。最常見的後遺症包括慢性頭痛、記憶喪失、失明、混亂、喪失定向能力、協調力差，以及幻覺。如果懷疑是犯罪行為使受害者曝露於一氧化碳，或牽涉到官司，可能要求法醫評估這種情形下存活的受害者。

氰化氫

氰化物在書上和電影裡常用於謀殺。現實生活中很少發生這種事。氰化物比較可能用於自殺，尤其是集體自殺。單人或集體意外中毒可能會發生在工業場合，氰化鹽可用在金屬電鍍、珠寶製造、X光片回收工業。塑膠製造業使用亞硝酸鹽（nitrile）當作溶劑，其中也含有氰化物。燃燒時，這些亞硝酸鹽會釋出氰化氫氣體。

刑事檔案：吉姆‧瓊斯和人民聖殿教派

一九六〇年代，基督教牧師吉姆‧瓊斯（Jim Jones）在印第安納州的印第安納波利斯（Indianapolis）建立了他的人民聖殿教派（The Peoples Temple），怪異地宣稱他能治療癌症、心臟病和其他疾病，因此遭到批評。瓊斯於是在一九七〇年代帶他的會眾搬到北加州、舊金山和洛杉磯；他警告派眾，世界末日即將來臨。瓊斯有許多財務關係受到質疑，加州一份雜誌揭發之後，瓊斯將他的跟隨者從美國移到了蓋亞納（Guyana）的瓊斯鎮。

後來有侵犯人權的謠言傳出，引起一些國會成員的注意。一九七八年，美國國會議員里歐‧雷恩（Leo Ryan）和新聞界人士拜訪了瓊斯鎮，和許多人民聖殿教派的成員談過之後，幾名成員要求和議員一起回去美國。他們在凱圖馬港機場（Port Kaituma Airport）等待飛機時，

遭到幾名人民聖殿教派的保全人員埋伏。議員雷恩和其他五人被殺，十一人受傷。瓊斯和人民聖殿教派的其他領袖擔心報復，因此策畫集體自殺。

瓊斯讓他的會眾喝下摻有氰化物、鎮靜劑煩寧（Valium）和水合氯醛（chloral hydrate）的果汁。死亡人數超過九百人，其中兒童超過二百五十人。

氰化氫氣體是最致命的氰化物。最常見的氰化鹽是氰化鈉（sodium cyanide）和氰化鉀（potassium cyanide），都是白色粉末。服用之後，這些粉末會和胃酸作用產生氰化氫氣體。這也是毒氣室處決用的氣體。

氰化物是代謝毒物，會毒害人體的細胞。氰化物和細胞色素氧化酶（cytochrome oxidase）裡的鐵發生反應，細胞需要這種酵素才能利用氧。這樣的反應會阻礙體細胞利用氧，導致體細胞迅速死亡。就像體內所有的氧突然消失一樣——其實它還在，但細胞無法使用。

細胞不再能除掉血液裡的氧，血液會有充分充氧（富含氧合血紅素）的情況，因此呈現鮮紅色。櫻桃紅色的另一個因素是氰化物和血中的血紅素作用產生氰化血紅蛋白，這是鮮紅色的物質。接觸氰化物的情況和一氧化碳類似，受害者的血液會呈鮮紅色。

解剖時，如果法醫看到血液呈鮮紅色，內臟微紅，鐵青色帶著粉紅，就會懷疑可能有氰化物或一氧化碳，會檢測兩者的存在。此外，也可能聞到氰化氫的苦杏仁味，前提是法醫可以聞到。有趣的是，聞到這種氣味的能力由基因決定，約有百分之五十的人無法聞到這種氣味。

下水道氣體

硫化氫是發酵作用的副產物，常出現在下水道和化糞池。硫化

氫和一氧化碳這兩種有毒氣體，加上窒息性氣體甲烷，合稱下水道氣體。吸入或攝入硫化氫之後，會把氧合血紅素（富含氧的血紅素）轉化為高鐵血紅素（methemoglobin）。高鐵血紅素不會把氧釋放給身體組織，因此會有效地使體細胞窒息。高鐵血紅素會讓血液呈現深紫色，解剖時可以看到這種現象。此外，法醫也很可能在因下水道氣體死亡的受害者血液中發現高濃度的硫。這些死亡幾乎都是意外，發生在受害者進入下水道氣體濃度高的地區時。

溺水

溺水受害者是因缺氧而死，屬於窒息的一種。肺部的支氣管和肺泡充滿水的時候，即失去讓血液與氧結合的能力。一開始，受害者掙扎著呼吸會把水吸進鼻竇。咳嗽激發吸入反射，把更多的水吸進肺裡。空氣失去供應，加上掙扎求生消耗的能量導致血液裡的氧含量迅速下足，一到兩分鐘就會失去意識。不久心跳就會停止。

溺水幾乎都是意外，不過也有可能是自殺或凶殺。法醫時常難以判斷死亡方式。不論受害者是落水、跳進水中，還是被推入水中，溺水就是溺水。表面上完全相同。

就連判斷受害者是否真的是溺死也很困難，幾乎必須用排除法診斷。死亡的環境通常比任何驗屍發現來得重要。若沒有創傷或自然疾病的跡象能解釋死亡，而且受害者在水中被發現，法醫可能判斷死亡原因是溺水。這種混淆是因為可以明確透過驗屍判斷出死者是溺死的病理檢查結果很少，甚至完全闕如。

你可能會覺得如果肺裡充滿水受害者一定是溺死的。這倒未必。任何屍體只要在水裡泡上幾個小時，肺和氣道都會被動地充滿水。所以法醫有可能無法判斷受害者入水時是死是活，無法確定受害者是否為溺死。

讓情況更加混淆的是，有幾種醫學狀況（包括心臟病發和某些藥物過量）會造成肺水腫。因此，假如受害者心臟病發作，發生繼發性肺水腫之後才落水，或是因為某種藥物過量死亡後被丟進水裡，驗屍的結果可能和溺水的結果差不多。因此所有懷疑是溺水死亡的受害者，都應該進行完整的毒藥物分析。

另一個令人混淆的狀況是，高達百分之十五的溺水死者都是乾性溺水（dry drowning）。在這種情況下，水進入喉嚨使得喉頭痙攣，喉部對水會做出收縮或閉鎖的反應。於是空氣進入肺的通道關閉，導致受害者窒息而死。氣道封閉也阻止水進入肺部，所以解剖時肺是乾的。這種情況在鹹水溺水時會比淡水溺水常見。

法醫有一些分辨溺死者的要訣。如果受害者入水時有意識，掙扎呼吸對鼻竇和肺會造成很大的壓力。法醫會發現鼻竇和氣道有出血的情形，以及試圖呼吸時吸進鼻竇和肺部的水中殘渣。這些發現顯示受害者入水時還活著。若受害者手中抓著水體底部的植物或石頭，也是重要的發現。這能間接證明受害者掙扎求生的時候抓住了這些東西。

檢查骨髓也可能發現一些顯示受害者在溺水前有意識的線索。乍聽之下很奇怪，不過關鍵在於骨髓裡的細小生物——**矽藻**（diatom）。矽藻是細小的單細胞生物，出沒在鹹水和淡水中。矽藻的細胞壁有矽質，非常不容易分解。如果受害者入水時心臟還在跳動，吸入體內的水中的矽藻就會從肺部進入血流，接著輸送到身體各處，而矽藻通常會集中在骨髓。如果顯微分析骨髓發現了矽藻，表示受害者在水進入體內的時候一定還活著。遭到嚴重肢解的遺體或骸骨沒有肺或鼻竇組織可以檢驗，這種技術就可以派上用場。不幸的是，矽藻的檢測其實沒那麼簡單，而且有爭議。有些專家覺得藉由矽藻判斷是否溺水時是不精確的工具，有些水體中不含矽藻。此外，矽藻也存在於空氣和土壤中，甚至檢驗者的衣物上也可能有。所以有污染檢測的樣本可能。

蓋特勒氯化物檢測（Gettler chloride test）是另一個對法醫來說可

行但有爭議的檢測方式。有些病理學家認為，取兩側心臟的血液中的氯化物來檢測可以分辨出是淡水溺水或是鹹水溺水。如果右半心臟的氯化物含量較高，溺水就是發生在淡水；左半心臟較高，溺水就是發生在鹹水。這種情況的病理解釋很複雜，而且並沒有普遍受到接納。

當受害者掙扎求生，把水吸進鼻竇和肺部時，也吸進其他東西──塵土、砂礫、植物組織、砂和微植物、微動物。法醫可以請來法醫化學家、植物學家或地質學家幫忙辨識、判斷這些東西的來源。例如在肺裡發現松樹花粉和松針碎屑，表示受害者溺水的地方是附近有松樹遮蔽的池塘，而不是後院的游泳池；或是在受害者肺中取出含有大量氯化物的水，表示結果恰恰相反。

分析受害者嘴裡的砂，也許可以查到某一片特定的沙灘。有可能是砂子本身的化學性質，或任何相關的昆蟲或葉子碎片、動物毛髮，或鳥類羽毛確認了溺水發生的地點。在屍體遭到移動的情況下，這些知識可能極度重要。

最重要的是，判斷受害者是否溺水，通常是最佳猜測的狀態。比起驗屍或實驗室的發現，法醫可能更依賴死亡的環境來判斷是否為溺水。

9 血清學：血液和其他體液

SEROLOGY: BLOOD AND OTHER BODY FLUIDS

血清學是檢驗、識別、分析血液與其他體液（例如精液、唾液和淚液）的科學。血清學和其他許多科學領域都有交集，包括生物學、分子生物學、醫學、細胞解剖學和生理學，並且是鑑識調查的一個關鍵部分。血清學是龐大而複雜的領域，不過我會盡量寫得簡單，只討論和法醫領域有關的議題。

　　血液是犯罪現場最常見的生物流體，從攻擊之類的犯罪行為到自殺都會看見血。它也是最有用的液體，提供鑑識團隊許多調查的途徑。有些途徑是依據血液的物理性質（液體狀態），有些則是依據化學和生物學上的特性。

　　等到第十三章介紹血跡型態的時候，再來介紹血液的物理性質。血跡分析師的任務是重建犯罪現場，判斷相關事件發生的順序，並追蹤加害者、受害者和目擊者的行動。這樣的分析可以進一步串起犯罪嫌疑人和犯罪現場的關聯，用以支持或反駁犯罪嫌疑人和目擊者的供詞。

　　血跡評估完成後，血清學家就會用現場得到的所有血液樣本進行化學和生物測試。血清學家是分析血液和體液的科學家，以個別處理每道血跡為考量，試圖辨別每道血跡的特徵。也就是說，他試圖分辨血跡屬於誰，希望建立起犯罪嫌疑人和現場的緊密關聯。案發當時，犯罪嫌疑人是如他所說的不在場，或者他襪子上的痕跡其實是受害者的血？受害者指甲下的血是犯罪嫌疑人的，還是另有其人？法醫會用血清學的知識確認真相。

不過在DNA檢驗出現後，血液和其他體液的血清學評估在鑑定的用處就式微了。這是因為DNA檢驗提供更具個別化的結果，在本章和下一章中可以看到。不過，血清學仍是法醫科學家一項有用的工具。

要了解這個主題，首先來看看血液是什麼。

血液的特性

血液是一種複雜的物質。全血的液體部分稱為**血漿**（plasma），其中含有蛋白質、酵素、凝血因子和電解質，以及三種基本類型的細胞：**白血球**（〔leukocyte〕又稱white blood cell，WBC）、**紅血球**（〔erythrocyte〕又稱red blood cell，RBC）和**血小板**（〔platelet〕參與凝血的細小細胞）。血液一旦凝結，除去凝塊後剩下的淡黃色清液則是**血清**（serum）。血清含有血漿裡大部分的蛋白質和酵素，但不含細胞或凝血因子；細胞和凝血因子已用於產生血凝塊。

過去，醫生曾試圖將一個人身上的血輸給另一個人，但每次都失敗。血液會在受血者的血管中凝結，他們幾乎立即死亡。一九○一年，卡爾‧蘭德施泰訥揭露了歷史上最重要的一個醫學發現。他先前就觀察到，混合兩人身上的血液之後，並非所有的反應都相同。有時候會發生反應，有時候沒有。為了解釋他的觀察結果，他著手進行一系列大規模研究，最後發現人類的血液可以分成四種類型：A型、B型、AB型和O型，並將此一分類系統稱為ABO血型系統。

他發現，如果從供血者身上得到血型相同的血，發生凝血反應的機率就小很多；如果是血型不同的血，基本上產生的反應完全一致。

在蘭德施泰訥的重大發現經過數十年後，我們對這個迄今仍在使用的ABO血型系統的認識已遠超過從前。它不只是輸血的依據，也是鑑識實驗室比對血液樣本的基礎。

ABO血型系統

以鑑識的角度來看，血液最重要的兩個組成是**紅血球**和**血清**。利用這兩個成分，我們可以判定血液樣本和大部分血跡的ABO血型。

紅血球的細胞裡含有血紅素，也就是把氧氣從肺部運送到組織的分子。它的表面有另外一種非常重要的分子——**抗原**（antigen）。這些抗原決定了血型。

抗原只有兩種：A抗原和B抗原。A型的人，紅血球上有A抗原；B型的人有B抗原；AB型有A、B兩種抗原；O型則兩種抗原都沒有。

蘭德施泰訥也在血液中發現另一種抗原，D抗原。由於蘭德施泰訥是以恆河猴做實驗，所以這種抗原稱作Rh因子。紅血球上有這種因子的人，擁有Rh陽性血，如果沒有這種因子，就是Rh陰性血。因此A型陽性的人，紅血球上有A抗原和Rh（D）抗原。而O型陰性的紅血球上既沒有A抗原和B抗原，也沒有Rh抗原。

此外，血清裡含有的特化蛋白稱為抗體（antibody）。要了解血型，就要知道所有抗原都有對應的抗體。抗體非常專一，只會辨識特定的抗原，並和該抗原產生反應，而不和其他抗原產生反應。當抗體遇到相配的抗原時，就會結合在一起，形成**抗原－抗體複合物**（antigen-antibody complex）。這就是造成輸血反應（transfusion reactions）的緣由，也是血液檢查程序的基礎。

血液比對和檢查

前面提過，紅血球的表面可能有A抗原、B抗原、AB兩種抗原，或是兩種都沒有。血清中的抗體依據辨識的抗原，分別稱為抗A抗體或抗B抗體。也就是說，如果抗A抗體遇到A抗原，就會發生反應。抗A抗體對A抗原的專一性很高，因此不會和B抗原反應。

這些抗A和抗B抗體存在於血清中，不過擁有哪種抗體，取決於

一個人的血型。按理說，A型的人不可能有抗A抗體，否則會造成致命的抗原抗體反應。所以，每個人身上的抗體都是針對和自己紅血球上抗原不同的血液抗原。

因此如果紅血球上有A抗原（A型血），血清中就有抗B抗體（見圖9-1）；如果有B抗原（B型血），血清中就有抗A抗體。同樣的，擁有A抗原和B抗原的人（AB型血），就沒有抗A抗體和抗B抗體。A抗原和B抗原都沒有的人（O型血）同時擁有抗A抗體和抗B抗體。

血型	紅血球上的抗原	血清裡的抗體
A	A抗原	抗B抗體
B	B抗原	抗A抗體
AB	A抗原與B抗原	無
O	無	抗A抗體與抗B抗體

不過O型血被視為「全能供血者」（universal donor）。這表示如果時間不允許交叉試驗，就會給予O型血。即使O型血有抗A和抗B抗體，也不會和A型、B型和AB型的血發生反應。因為供血者的紅血球抗原不會和受血者的血清抗體作用，產生輸血反應。O型血沒有紅血球抗原，所以不會發生反應。（編註：現在O型血已不被視為萬能的了，由於血液中含有抗A和抗B抗體，因此會和其他血型中的A抗原或B抗原結合，造成危險的溶血反應）

受血者的血清抗體和供血者血液裡的抗原發生作用，會造成輸血反應。例如，A型的人接受B型的血液，就可能發生嚴重的反應；A型的血清中有抗B抗體，如果得到B型血，這些抗B抗體就會立即對供血者血液裡紅血球上的B抗原產生反應。這就是輸血反應，會造成凝集（agglutination），可能導致過敏、腎臟受損和死亡。

凝集是因為血清抗體為二價（bivalent），也就是這些抗體有兩個

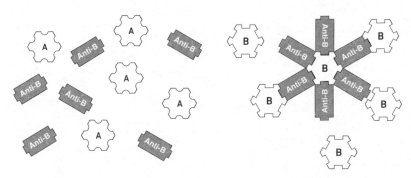

圖9-1｜血型的抗原和抗體。A型的人，紅血球上布滿A抗原，血清裡則含有抗B抗體。不會和A抗體發生反應，但會和B型或AB型血中的B抗原反應。

圖9-2｜抗原抗體凝集反應。如果B型血輸給A型血的人，受血者血清中的抗B抗體就會對輸血血液中紅血球上的B抗原發生反應，使細胞凝集在一起。

反應端。如果抗體的兩端都和一個紅血球上的抗原反應，就會形成兩個紅血球和一個抗體的複合物。有點類似啞鈴，紅血球是啞鈴的兩端，抗體則是握把。隨著反應繼續進行，紅血球會結合成網格狀，凝集在一起（見圖9-2）。

　　判斷血型利用的就是這種反應。含有抗體的血清稱為**抗血清**（antiserum）。如果血清含有抗A抗體，稱為抗A血清；含有抗B抗體，則稱為抗B血清。實驗室就是用這兩種抗血清來判斷血型。

　　比方說，假設有個血液樣本接觸到抗A血清時有凝集的現象，接觸到抗B血清卻沒有反應，就表示細胞只有A抗原，所以是A型血。同樣的道理，如果樣本只和抗B血清反應，而不和抗A血清反應，樣本就是B型血。如果和兩種抗血清都有反應，就是AB型血；這表示紅血球含有A和B兩種抗原。最後，若是和兩種抗血清都沒有產生反應，表示紅血球兩種抗原都沒有，樣本是O型血。

和抗血清的反應	血型
只和抗A血清有反應	A
只和抗B血清有反應	B
抗A、抗B血清都有反應	AB
抗A、抗B血清皆無反應	O

記住兩大重點：

一、抗血清含有抗體，可以「檢測」紅血球上的抗原，並和抗原發生反應。

二、血型是根據紅血球上的抗原種類來判定。

因此，血液樣本和哪種抗血清反應，就表示其中含有哪種抗原，由此得知樣本的血型。

血清學家會逐一檢驗自犯罪現場採集的樣本，判定每個樣本的血型。在不只一人流血的情況下，這樣的資訊或許有助於重建犯罪現場。在傑佛瑞・麥唐諾（Jeffrey MacDonald）案中，血型正是犯罪現場重建的關鍵。

刑事檔案：傑佛瑞・麥唐諾案

一九七○年二月十七日凌晨三點四十分，美國陸軍上尉傑佛瑞・麥唐諾醫生把憲兵叫到他位在卡羅來納州布拉格堡（Fort Bragg）的家中。他們到的時候，發現麥唐諾躺在臥房的地板上，就在他妻子柯蕾特（Colette）的身旁。他只穿了一件藍色睡褲，相配的睡衣披在柯蕾特的胸前。她被殘忍地連刺數刀致死。上方的床頭板上有用血寫成的「豬」字。走道底端，麥唐諾家兩個孩子的屍體倒臥在血泊中，分別

是五歲的金柏莉（Kimberly）和兩歲的克莉絲汀（Kristen）。只有麥唐諾一人活著，他的胸前有處刀傷。

麥唐諾表示他在客廳沙發上睡著時，聽見柯蕾特的尖叫聲。隨後他就遭到三名男子和一個名女子攻擊，他描述那些人像是嬉皮，用刀子砍他時口中喊著「LSD萬歲，這些豬去死吧」。他們撕破了他的睡衣，他便以此抵擋刀子的刺擊。最後他被擊昏了過去，醒來時發現家人已被殺害。他試圖對他兩個女兒施以口對口人工呼吸。接著他發現柯蕾特的胸前插著一把刀，他拔下刀，用睡衣蓋住她，然後打電話給憲兵。

憲兵立刻起了疑心。為什麼麥唐諾只受到輕傷，而他的家人卻被殘忍殺害？柯蕾特被刺了三十刀；克莉絲汀和金柏莉遭到毆打，身中數刀。憲兵的另一個疑問是，既然供稱有四人在客廳裡攻擊麥唐諾，那麼客廳為什麼那麼整齊？唯一亂掉的，只有一張四腳朝天的咖啡桌和一個打翻的花盆。而且麥唐諾需要眼鏡輔助視力，他只在黑暗中看見那四名攻擊者，為什麼能提供如此詳細的描述？還有臥室染血的床上為何有只指尖處破裂的醫療用乳膠手套？有趣的是，憲兵在客廳發現一本《君子雜誌》（Esquire），裡頭有篇文章提到不久前的曼森（Manson）家謀殺案。謀殺案現場也有用血寫下的「豬」等字樣。

不幸的是，調查進行得並不順利，證據遺失，因此對麥唐諾的指控沒有成立。故事原本或許會在這裡結束，但麥唐諾上了迪克凱威特秀（The Dick Cavett Show），他在節目中斥責軍方，譴責他們無能至極。這件事重新燃起對他的關注。

聯邦調查局參與調查，找出大量的資訊。首先，出於幾乎不可能的巧合，每個家庭成員的血型都不一樣。調查人員因而得以追蹤所有人的行動，尤其是麥唐諾。只有三個地方發現他少量的血跡——客廳的眼鏡上、存放一盒醫療用手套的櫃子上，以及浴室的洗手檯。調查人員相信他在洗手檯製造出自己的小傷。他用來求救的電話上完全沒有血跡，甚至沒有指紋。另外，麥唐諾聲稱他從妻子胸前拔

下刀子，但刀上也沒有指紋，後門附近找到的刀和冰鑿上也沒有。指紋被擦掉了嗎？

此外，到處都是麥唐諾睡衣褲上的藍色纖維。這些纖維出現在兩個女孩各自的房間，以及柯蕾特全身上下、周圍，甚至遺體下方。麥唐諾聲稱他在客廳裡遭到攻擊，睡衣被撕破，但客廳卻完全找不到藍色纖維。

不過最確鑿的證據來自聯邦調查局的鑑識實驗室。分析結果顯示，如果把藍色睡衣上蓋在柯蕾特身上，睡衣上的洞和她的傷口完全吻合。更重要的是，睡衣上所有的洞都又圓又平滑，顯示被刺中時衣物沒有移動。如果麥唐諾用睡衣來防身，睡衣就會移動，而出現破爛、不規則的洞。

最後，睡衣的兩半都沾有柯蕾特的血。把睡衣的兩半像拼圖一樣放在一起，會發現血跡型態吻合，這表示血跡是在睡衣被撕破之前沾上的。這和麥唐諾的證詞相互矛盾；他說睡衣撕破之後，他才把它蓋在妻子身上。

一九七九年七月，謀殺案發生將近十年過後，麥唐諾終於受到三重謀殺案的審判，被判處三個無期徒刑。

血液和血清學家

鮮血通常呈現紅色。那血跡是什麼樣子呢？是紅色、紫色還是褐色？有可能和油脂、顏料或巧克力混淆嗎？事實上，血的顏色取決於時間長短和曝露的環境。有時候血看起來像巧克力，而巧克力看起來像血。即使在專家眼中，血跡也可能像其他許多物質留下的污漬。血清學家分析可能是血的液體樣本或污漬時，必須回答三個問題：

- 是否是血？
- 是否為人血？

- 是誰的血？

他的第一個任務是判斷樣本是血，還是其他鏽褐色的污漬，好比油、顏料或番茄醬。如果污漬不是血，就不用進一步測試，不過一旦確認其中有血，就要判斷是否為人血。畢竟樣本若要有鑑識價值，就必須找到可能的來源。

對血清學家來說，血液要有用處必須有足夠的量而且狀態夠好，才能用於測試。許多現代科技只需要極少量的血，但如果血液劣化得很嚴重，即使有大量的血可能也無法使用。有許多化學物質會破壞血液，嚴重時甚至無法進行血型和DNA鑑定。再者，細菌生長造成的腐敗也可能使樣本劣化至無法挽救的程度。溫暖和潮溼都會促進細菌生長，因此溫暖潮溼的環境血液腐敗的速度會快上許多。相對涼爽乾燥的地區，血液較不容易腐敗，乾掉的血跡可能得以保存幾十年，甚至幾百年。

血清學家得到可用的樣本之後，可以利用許多分析工具判斷樣本是否真的是血。

那是血嗎？

測試液體或污漬以判斷是否是血並不是新鮮事。幾世紀以來都是使用顯微鏡，因為辨識出血球就能證明該物質是血液。當然了，血液必須是液態，凝固或乾燥的血並沒有可供辨識的血球。十九世紀末，出現了其他幾種測試方法，包括塔迪爾的嗅覺檢測法（Ambrose Tardieu's olfactory test）。他試圖證明血液可以靠獨特的氣味辨識，不過他失敗了，畢竟這方面的嗅覺太不穩定也不可靠。

一八五三年，波蘭科學家路德維克・泰奇曼（Ludwig Teichmann, 1823-1895）發明了血黑質試驗（hematin test），和顯微鏡檢視一樣需要液態的血。這種試驗是把疑似血液的樣本和醋酸（acetic acid）與鹽結晶混合加熱後，在顯微鏡下觀察是否有典型的斜方結晶。它和今日的

泰奇曼及高山試驗類似，稍後將進一步介紹。

　　一八六二年，荷蘭科學家艾薩克・狄恩（Izaak van Deen, 1804-1869）發明了癒創木試驗（guaiacum test）。癒創木是西印度的一種灌木，它的樹脂可用於當時最理想的測試。這也是今日酚酞試驗（phenolphthalein test）的前身。癒創木試驗是將受試樣本和過氧化氫以及癒創木樹脂混合，若為血液，就會出現藍色。事實上，一八八七年出版的福爾摩斯系列第一集《血字的研究》中，福爾摩斯就用了類似的試驗判定某個污漬是血跡。

　　一八六三年，德國科學家克里斯提安・尚班（Christian Friedrich Schönbein, 1799-1868）發現過氧化氫會使血液氧化，在反應過程中產生泡沫，於是發明了另一種簡易的液態血液篩選法。

　　這些檢測法對於測試液態的血液都有用，不過犯罪現場採集到的血液樣本大部分都是乾的。乾掉的血液有個好處，就是遠比液態的血不容易腐敗。然而調查人員卻會遇到一個大問題，要如何判斷乾掉的污漬是血液？乾掉的血液裡看不到完整的細胞，所以顯微鏡派不上用場。上述所有檢測都需要液態血，所以沒有幫助。顯然需要其他技術，也確實發展出許多技術，有些至今已使用超過一百年以上。

　　要判斷特定的樣本是否是血，血清學家要進行兩種主要的試驗：推定（presumptive）和驗證（confirmatory）。推定試驗通常較為快速便宜，當結果呈陰性時，就表示樣本不是血，無須進一步檢測。當結果呈現陽性，表示樣本中很可能有血；不過別認定這是絕對的事實，還需要驗證試驗。

推定試驗

　　血液的推定試驗有兩大類：產生顏色反應的試驗，以及產生螢光反應的試驗。產生顏色改變的有聯苯胺（benzidine）、鄰甲苯胺（o-toluidine）、酚酞（phenolphthalein）、四甲基聯苯胺（tetramethylbenzidine，

簡稱TMB）和孔雀綠（leucomalachite green，簡稱LMG）。產生螢光反應的有螢光素（fluorescein）和流明諾（〔luminol〕又稱發光胺）。

造成顏色變化的試驗──聯苯胺和鄰甲苯胺（3,3'－二甲基聯苯胺〔3.3'Dimethylbenzidine〕）目前已不使用，不過曾經很受歡迎。聯苯胺是昔日**阿德勒試驗**（Adler test）使用的化學物質，一九〇四年由奧斯卡和魯道夫·阿德勒（Oskar and Rudolf Adler）所發明。加到血跡上，會變成藍色，然後慢慢轉成褐色。鄰甲苯胺是Hemastix試紙最初使用的化學物質，由邁爾斯藥廠（Miles Laboratories）生產。這些試紙從前是用來檢驗尿液樣本中有無潛血反應。鄰甲苯胺遇到血也會變成藍色，然而在一九七〇年代中期，聯苯胺和鄰甲苯胺被發現可能致癌之後，便逐漸絕跡。

酚酞是常見的**卡斯特－梅爾呈色試驗**（Kastle-Meyer color test）所使用的活性物質。它是利用血液中的血紅素具有類似過氧化酶（peroxidase）的特性進行檢測。過氧化酶這種酵素會促進特定的化合物被過氧化氫氧化，而酚酞正是這樣的化合物。當血、酚酞、過氧化氫遇在一起的時候，血液裡的血紅素會使過氧化氫與酚酞反應，變成深粉紅色。卡斯特－梅爾試驗的主要優點是反應非常快速，一、兩分鐘內就能看到顏色變化。主要的缺點是某些蔬菜產品（如馬鈴薯和辣根）也可能產生這種反應。當然了，濺血的場合通常不會出現馬鈴薯和辣根。

四甲基聯苯胺是在發現聯苯胺致癌後衍生的產物，也取代了Hemastix試紙中的鄰甲苯胺。犯罪現場中若有疑似血跡的污漬，可用溼棉花棒取樣，塗到Hemastix試紙上。如果試紙立刻變成藍綠色，就表示可能有血。

孔雀綠從二十世紀初就開始使用。和血液接觸時，會呈現綠色。

佛倫斯試驗（fluoresce test）———螢光素也是自二十世紀初期開始使用。螢光素和紅血球裡的血紅素（含鐵分子）反應後，會在紫外光下發光。犯罪現場會將螢光素噴在可能有血的地方，然後讓現場變暗，用紫外光照射那個區域。血跡會在黑暗中發光。如此不但能確認血跡的存在，分布的範圍也能清楚界定。噴射、噴濺、拖痕，以及足印和手印都一目了然。

螢光素相較於流明諾有兩個優點。流明諾會和家用漂白水反應，但螢光素不會，因此比較適合清洗過的血跡。加害者常誤以為看不到血，就找不到血，於是試圖把牆壁和地板刷洗乾淨。好在事實並非如此。螢光素的另一個優點是比流明諾濃稠，不易滴落，所以較容易留在牆上、門上和其他垂直的表面。

流明諾（3-胺鄰苯二甲醯胺〔3-aminophthalhydrazide〕）也會和血液裡的血紅素反應，在紫外光下散發螢光。噴灑之後，讓現場變暗並以紫外光檢視。流明諾和螢光素同樣能呈現血跡型態。

它的主要優點是敏感度極高，可讓極小量的血液現形，0.1ppm或更少都行。只要現場未使用氯系漂白水或含氯的清潔劑，就算是徹底清潔過的區域，甚至重新粉刷的牆壁，流明諾也能讓血跡現蹤。雖然它可能會干擾部分血清測試程序，但不致影響之後的血型鑑定或DNA分析。

使用流明諾時，要讓區域變暗，必須關閉室內燈光或拉上窗簾。若是室外或無法減少光源的室內，可能要等到夜晚再進行。變暗之後，檢驗人員戴上護目鏡在待檢驗的範圍噴灑流明諾，然後尋找發光處。螢光會立即顯現。由於螢光很快就會消失，需要照相或錄影記錄血跡型態。

使用流明諾時，通常能追蹤加害者沾血的足跡。看似乾淨但沾有微量血液的鞋子不會留下看得見的印痕，但印痕卻會發出明亮的螢光。

驗證試驗

假如推定試驗顯示很可能有血液存在，接著就會使用驗證試驗加以確認或否定。

最常用的驗證試驗是**泰奇曼試驗**（Teichmann test）和**高山試驗**（Takayama test）。這兩種試驗都是藉由化學物質和紅血球內的血紅素作用形成結晶，需要以顯微鏡觀察。主要優點是即使血跡非常久遠，也能有很好的表現。

泰奇曼試驗是將疑似血液的樣本和醋酸以及氯化物一同加熱，使氯化物和血紅素發生反應，產生血紅素與氯的結晶化合物。若該物質確實是血，在顯微鏡下會看到褐色的斜方晶體。過程中必須小心不過度加熱配製物，否則可能不會發生形成結晶的反應。

進行這個試驗時，先將樣本放在載玻片上，再加上醋酸和氯化物的溶液。接著小心加熱載玻片。若有血液存在，就會迅速形成結晶，可以在顯微鏡下觀察到。

高山試驗（又名吡啶試驗〔pyridine test〕）是由高山正雄（Masaeo Takayama）於一九一二年發明，程序和前者類似，只不過受試樣本是和吡啶與葡萄糖一同加熱。若發生反應，會形成吡啶高鐵原紫質（pyridine ferriprotoporphyrin）或血色原（hemochromogen）結晶，可以在顯微鏡下觀察到。

一旦證實樣本是血之後，下一步就是判斷那是人血或其他動物的血液。

是人血嗎？

人類不是唯一會在犯罪現場流血的生物，所以必須交由血清學家判斷血液屬於人類或是貓狗等動物。確認是否為人血之後，才能進一步檢驗是誰的血。

區辨人血和其他動物血液的技術可以追溯至一九〇一年，當時德

國教授保羅‧烏倫胡特（Paul Uhlenhuth, 1870-1957）發表一篇論文介紹他的沉澱試驗（precipitin method）。這項試驗類似於血型鑑定，是透過抗原抗體反應來判斷物種，其差別在於要找到和人類獨有的抗原發生反應，而不是和A或B紅血球抗原反應的抗血清。也就是說，必須找到特定人類抗原的特定抗體，從產生的反應（或不產生反應）來判斷是否為人血。當年烏倫胡特就受邀在一起雙重謀殺案中運用他的新檢測法。

刑事檔案：路德維希‧泰斯諾和狼人謀殺案

一九〇一年，德國北部的呂根島（Rugen）發現兩具破碎的小男孩屍體。受害者被分屍，肢體散落四處。一名男孩少了心臟，而兩人的頭顱皆已碎裂。凶器似乎是一顆石頭，上頭布滿血痕。路德維希‧泰斯諾（Ludwig Tessnow）稍早被人目擊和男孩們在一起，於是遭到逮捕，搜索住處發現他的衣物上有可疑的深色污漬。泰斯諾聲稱那是木材染料造成的。事實上，三年前他涉嫌歐納斯布魯克（Osnabruck）兩名小女孩的分屍案時，他對衣物上的污漬也是做同樣解釋。更詭異的是，當地一名農夫説，他曾經看過一名貌似泰斯諾的男子扯下他牧場幾隻羊的肢體之後，匆匆逃離。這種殘殺人類和動物的事件常被認為是狼人的傑作，有時稱為狼人謀殺；不過不確定這名詞是否適用於泰斯諾。

調查兩名小男孩死亡案件的員警知道烏倫胡特教授的新檢驗法，於是請他協助。他在泰斯諾的衣物上的確找到了木材染料，不過也有人血和羊血。最後，泰斯諾被處以死刑。

製造和使用抗血清

為了判斷可疑的血液是否為人血，必須製作出只會和人類獨有的

抗原反應的抗人類血清。方法是將人類抗原（人血）注射到兔子或其他動物身上，產生對抗抗原的足量抗體。此時動物的血液中富含抗人類抗體，取出之後，分離出抗血清。這種抗血清即可用於檢測血液樣本，判斷是否為人血。

實驗室中，含有抗血清的溶液接觸到含有該抗原的溶液時，就會發生反應。這種反應會產生一種抗原抗體複合物，在溶液中沉澱析出，並沿著兩種溶液接觸面出現一道肉眼可見的沉澱物。比方說，用兔子製作的抗人類血清接觸到含有人血的溶液時就會發生反應，產生肉眼可辨的沉澱物。反之，不是人血就不會有反應，看不到沉澱物。

兩種溶液的接觸方式可能是簡單擴散（simple diffusion）或電泳（electrophoresis）。簡單擴散法是讓兩種液體接觸或幾乎接觸，讓兩者利用擴散原理流向對方，沉澱反應會沿著接觸面發生。電泳法是針對檢測材料施加電流，加快兩種溶液成分的活動以加速沉澱反應。不管哪一種，對人血的檢測都極為明確。

最常用來檢測人血的方法是環狀沉澱試驗（ring precipitin test）、歐氏雙向擴散法（Ouchterlony double diffusion test）、交叉電泳法（crossover electrophoresis）和抗人類血紅素法（anti-human hemoglobin）。前三種是對人類血液蛋白的抗血清，最後一種則是對人類血紅素的抗血清。

▶ 環狀沉澱試驗：這種試驗是先將抗人類抗血清置於試管中，再把溶於溶液的血液樣本小心地倒入試管。血液樣本會浮在濃度較高的抗血清上方，類似許多沙拉調味料中的醋浮在油上的情形。如果樣本是人血，就會發生反應，在兩種液面之間形成薄薄一層白色固體沉澱物。如果不是人血，就不會出現環狀沉澱。

▶ 歐氏雙向擴散法：這是利用上面有果凍狀凝膠的瓊脂膠片（gel agar plate）進行測試。凝膠上有孔，中央的孔周圍圍繞著其他孔洞。將抗血清置於中央孔洞，要檢驗的樣本則置於周圍的孔。各種溶液會緩緩向四面八方擴散，於是中央的溶液和周圍溶液產生幾條接觸帶。

含有人血的樣本溶液會沿著接觸帶產生一道模糊的沉澱，不含人血則不會有這種反應。

▶ 交叉電泳法：這項測試同樣使用膠片，不過是在膠片上挖出兩排孔洞。抗血清注入其中一排所有的膠孔，待測樣本則注入另一排，接通電流後，會使兩種液體向彼此移動。和其他試驗一樣，陽性的結果是沿著接觸帶產生一道沉澱。

▶ 抗人類血紅素法：此種試驗使用只和人類血紅素反應的抗血清。可惜，這種抗血清只能針對靈長類，無法針對人類。它可以分辨人類和貓狗的血，但無法區辨人類和大猩猩的血。主要的優點是可用於遠久、劣化的樣本。不過，除非採集血液的地點已知有飼養大猩猩或其他靈長類，否則陽性的結果就代表血液是人血。

現代鑑識實驗室都備有常見動物血液的抗血清，例如狗、貓、鹿、牛和羊。血清學家可以利用這些抗血清判斷流血的物種。這對案件會是重要的證據。

是誰的血？

當血清學家確認血液是人血之後，就要試圖找出是誰的血。首先是判斷血型。這個步驟和本章前面提過的血型鑑定程序類似，最大不同之處在於，標準血型鑑定用的是液態血，紅血球凝集表示呈陽性反應。也就是說，唯有血是液態、紅血球完整無缺，才可能發生凝集。

然而前面也說過，犯罪現場的血通常是已經凝結或乾燥的血跡。血液凝結時紅血球會破裂；只要紅血球破損就無法凝集，表示任何抗原抗血清反應都無法確定。但即使血跡上的血凝結乾燥，紅血球分解，其表面的抗原仍然存在。只要萃取出來，就能測試。

血清學家巧妙利用**吸附沖出技術**（absorption-elution technique）配合上述情況。這種技術轉個彎，間接判斷血跡究竟含有何種抗原，並藉此判斷血型。

吸附沖出試驗有四個步驟。

▶ **步驟一**：用抗血清處理血跡，使抗血清中的抗體和抗原結合。

▶ **步驟二**：沖洗血跡，除去多餘的抗血清，留下血液抗原和針對該抗原的特定抗體。

▶ **步驟三**：接著進行沖出。過程中，將樣本加熱到攝氏五十六度，打破抗原抗體之間的連結，使抗原和抗體彼此脫離。

▶ **步驟四**：把沖出後的抗體拿來和已知的血液抗原測試，並且觀察反應。由於抗體和抗原的專一性非常強，與抗體產生反應的抗原一定和原本未知樣本中的抗原相同。

血清學家拿到一件染血的襯衫，判斷為人血後進行上述步驟。假設血跡來自A型的人。第一個步驟中會加入抗A和抗B血清，然而血跡裡只有A抗原，只會和抗A血清裡的抗A抗體產生反應，而不會和抗B血清裡的抗B抗體反應。沖洗過後，留下血跡裡A抗原和抗A抗體的複合物。沖出會分離出A抗原和抗A抗體，再用已知血型的血液樣本來測試這些抗體，而只有A型血會發生反應。這表示原始樣本必定也是A型血。

運用結果

只要識別出犯罪現場血跡的血型種類，便可縮小犯罪嫌疑人名單，並完全排除一些犯罪嫌疑人。例如，ABO四種血型的人口比例如下：

O	43%	B	12%
A	42%	AB	3%

如果血是AB型，就能把目標縮小到總數的百分之三，並排除血型是A、B或O型的犯罪嫌疑人。當然，血型是AB型的人仍然有嫌疑。

　　血清學家再加入Rh因子，就能更進一步縮減清單。ABO和Rh組合的人口比例大致如下：

O型陽性	33%	B型陽性	10%
O型陰性	8%	B型陰性	3%
A型陽性	33%	AB型陽性	5%
A型陰性	7%	AB型陰性	1%

　　這表示犯罪現場發現的血跡如果是AB型陰性，就能排除掉百分之九十九的人。不過還沒結束，血清學家還有其他幾種工具可以進一步將樣本個別化。目前發現紅血球含有A抗原和B抗原之外的其他蛋白質、酵素以及抗原。其中包括名字像Duffy、Kell和Kidd這般好記的抗原，以及細胞內酵素，例如腺苷酸激酶（adenylate kinase）、紅血球酸性磷酸酶（erythrocyte acid phosphatase）和極有用處的葡萄糖磷酸變位酶（phosphoglucomutase，簡稱PGM）。這些酵素在人口中也有已知的分布。接著來進一步介紹PGM。

　　許多酵素具有多型性（polymorphic），也就是擁有多種型態。這些多型性的樣式稱為同功異構酶（isoenzyme）。PGM有許多不同的同功異構酶，其中至少有十種相當普遍。這些酵素和ABO抗原一樣獨立遺傳，也就是無論ABO血型為何，都可能擁有任何不同組合的PGM同功異構酶。血清學家可以藉此再縮小留下特別血跡的犯罪嫌疑人名單。

　　比方說，假設有道血跡為ABO血型的AB型陰性，PGM是第二型。AB型陰性只占人口的百分之一，而只有百分之六的人擁有第二型PGM。既然這兩個因素是獨立遺傳，一個人是AB型陰性且PGM是第二型的機率是萬分之六，也就是說，一千六百六十七人中只有一位。

計算過程：6% = 0.06 而 1% = 0.01

0.06 × 0.01 = .0006 或 0.06%

如果警方發現一名犯罪嫌疑人具有AB型和第二型PGM，那麼他不是加害者的可能性為萬分之六。不算完美，不過已經好過只用ABO血型了。血液中還有其他幾種酵素和蛋白質，可以透過類似的方式縮減犯罪嫌疑人名單。下一章討論的DNA鑑定，可以進一步將樣本個別化。

親子鑑定

所有人的血型都遺傳自父母，所以許多情況下，血清學家可以利用ABO血型來判斷血緣關係。要了解這是怎麼進行的，就要先看看遺傳學的基礎概略。

基礎遺傳學

基本上，我們所有的細胞都含有遺傳物質，稱之為DNA。DNA組成**基因**的單元，也就是遺傳的基本單元。基因排列成線狀的結構，亦即**染色體**。人類有四十六條染色體，可以配對成二十三對。每條染色體上的基因都有自己固定的位置，稱作**基因座**（locus）。染色體配對時，這些基因座也會配對。因此我們的基因會依等位基因（allelic pair）配對。

每個等位基因的基因通常都不一樣，而且往往擁有不同的「強度」。也就是說，其中一個基因對性狀的控制會有較大的影響。我們稱兩者之中較強的為**顯性**（dominant），較弱的為**隱性**（recessive）。因此，任何基因組裡，都可能有一個基因是顯性，另一個是隱性。有些基因的強度相同，稱為**共顯性**（co-dominant），表示兩者的表現力一樣強，都不會「居於次位」。

血型遺傳

還有兩個重要的名詞需要了解。**表現型**（phenotype）是我們實際的外表，或是一個基因表現的方式；**基因型**（genotype）則是我們基因的模樣。血型檢驗時，表現型就是血型，可能是A、B、AB或O型。然而，血型並不會告訴我們基因型為何，或是擁有什麼等位基因。

ABO血型（或稱表現型）只有四種：A、B、AB和O型。不過其中有些有兩種基因配對（基因型）的可能。要注意，在這個系統中，A和B是共顯性，而O是隱性。所以分別從雙親得到一個A基因和一個O基因的人，因為A基因是顯性，所以血型不是O型而是A型。

在胚胎時，我們分別從雙親得到一個ABO基因，而基因的等位基因（基因型）決定了我們血型（表現型）。

表現型	可能的基因型
A	AA或AO
B	BB或BO
AB	AB
O	OO

由此可知，O型的人基因型一定是OO。O型者不可能有A或B基因，否則這兩種基因會壓過O基因，使血型分別成為A型或B型。所以，O型的人是從父母雙方各得到一個O基因。

A型的人是從父母雙方各得到一個A基因（基因型為AA），或從一方得到A基因，從另一方得到O基因（基因型為AO）。別忘了，A是顯性的等位基因，所以和隱性的O基因配對時，表現的是A基因的性狀。表面上AA和AO的個體一模一樣，驗血時血型都是A型。但遺傳上卻有差異。一人的等位基因是AA，另一人是AO。

由此可以看出，AA的父母只會把一個A基因傳給後代，因為他

們所有的卵子或精子都只有A基因。不過，血型A型、基因型是AO的父母，則可能傳給後代A或O的基因，因為他們的卵子或精子有一半是A，另一半是O。如果雙親都是A型，子女的基因型就有幾種不同可能，因此表現型也會不同。如下表所示：

雙親都是AA	子女一定是AA
雙親一方AA，另一方AO	子女是 AA 或 AO
雙親都是AO	子女可能是AA、AO或OO

如果雙親都是B型，也是同樣情況。只要把表中的A換成B即可。

如果雙親都是O型（按定義，基因型是OO），兩人無法給下一代A基因或B基因，所以只可能生下O型的子女（基因型OO）。

親源判斷

血型可能排除血緣關係，但無法完全證實血源關係存在。例如，AB型的男性不可能生下O型的子女。如果有爭議的子女是O型血（基因型OO），AB型的男性（基因型AB）就不可能是父親，因此會被排除。A型的男性（基因型AA或AO）可能是父親，前提是他的基因型是AO。如果基因型是AA，那麼也會被排除。然而，即使他是AO，仍然可能不是父親，只是無法排除是父親的可能性。

另一種可以用在親子鑑定的遺傳標記是人類白血球抗原（human leukocyte antigen，簡稱HLA）。HLA這種抗原在器官捐贈者和接受者配對時扮演了重要的角色。如果父親和子女有相同的HLA標記，就有百分之九十的機率有親子關係。如果鑑定結合了HLA、ABO血型鑑定和另一個遺傳標記血紅素結合蛋白（haptoglobin），準確率就能接近百分之九十五。

然而，DNA比對在操作無誤時，正確性可達百分之九十九，因

此是評估血源關係的最高標準。

其他體液

血液雖然是犯罪現場最常見的生物液體，但有時也會發現精液和唾液，陰道分泌物則比較罕見。性侵害的過程中，攻擊者的精液和唾液通常會轉移到受害者的身體、衣物或周圍的物體上。唾液或許可以從恐嚇信或敲詐、勒贖信的郵票和信封上取得。犯罪現場找到的菸蒂和食物上也可能會有唾液，可從中提取DNA。甚至淚痕都含有微量可用的DNA。

　　然而這些證據送到實驗室分析之前，必須先被找出來。有時污痕顯而易見，有時肉眼看不到。確認這些體液位置最簡單的方法，是使用**多波域光源**（alternative light source，簡稱ALS）檢查犯罪現場。多波域光源是指標準的環境陽光或室內燈光以外的任何光源。在雷射光或紫外光等不同的光源下，這些液體往往會發出螢光。一旦找到，就必須仔細收集和保存。如果樣本是潮溼的，必須先風乾才能裝袋，潮溼的生物材料很容易因為細菌滋長而腐敗。待樣本乾燥後，就能直接裝袋。例如，假設在疑似性侵的現場發現女性襯褲。如果上頭的污漬是乾燥的，即可裝袋送交分析；如果仍然潮溼，可以掛著等到乾燥後，再裝進紙證物袋中。並不使用塑膠袋，因為塑膠袋容易悶住殘餘的溼氣，致使樣本腐化，紙袋則多少可以「呼吸」。

　　我們來看看常見的幾種生物液體該如何定位、辨識與分析。

精液

　　精液是男性獨有的體液，由射精產生。精液中含有儲精囊和攝護腺產生的液體以及精子。不過，患有**少精症**（oligospermia）或**無精症**（azoospermia）的男性可能只有少量的精子，或沒有精子。結紮成功

的男性亦然。在性侵害現場（見第七章：身體傷害，「性侵調查」一節）尋找精液的地方包括屍體（若是凶殺）、內衣褲、保險套、床墊、地毯和地板。檢查屍體時，身上的所有孔口都要檢查精液殘留。收集受害者的衣物，必要時先做乾燥處理，再放進乾淨的紙袋運送。犯罪嫌疑人（如果辨認出來）的衣物也做同樣處理，乃至於床單或案發處的表面（盡可能）。沙發、檯面、地毯、汽車座椅和其他強暴可能發生位置可能不大容易運送，有時候必須把整張沙發或汽車座椅都搬去實驗室，或者取走部分的地毯或檯面。

我們在第七章討論過，倖存者務必由醫生進行強暴驗傷。案發之後愈早驗傷愈好，因為生物證據很容易隨著時間劣化或消失。負責驗傷的醫生會尋找任何創傷或孔口遭侵入的跡象。所有的樣本則由一名警官負責記錄和管理，以維持證據鏈的完整。

至於其他檢驗，測試精子時可能採用推定試驗或驗證試驗。推定試驗是檢測精液中含量極高的酸性磷酸酶（acid phosphatase，簡稱AP）；驗證試驗則是證實精子或攝護腺特異抗原（prostate-specific antigen，簡稱PSA〔亦稱p30〕）的存在。

推定試驗：固藍試驗

酸性磷酸酶是一種常見於自然界，許多動物和植物身上都有的蛋白質。精液中的儲精囊會產生高濃度的酸性磷酸酶。這種酸性磷酸酶稱為**精液酸性磷酸酶**（seminal AP，**簡稱SAP**），由庫卻（W. Kutscher）和沃爾伯格斯（H. Wolbergs）發現於一九三五年。液體樣本或污漬中發現精液酸性磷酸酶時，就能得到現場確實有精液的推定證據。不幸的是，某些水果和蔬菜汁（如西瓜和白花椰）、某些真菌、避孕膏，甚至陰道分泌物本身，都可能在酸性磷酸酶檢測中測得偽陽性的結果。

這些年來發展出許多鑑定精液的方法，不過固藍試驗（Brentamine Fast Blue test）是目前主要使用的推定試驗。一般是用沾溼的棉花棒或

濾紙收集樣本，再以 α-磷酸萘酯（alpha-naphthyl phosphate）和固藍試劑混合處理。如果兩分鐘內出現亮紫色，即為陽性。前面提到可能造成偽陽性結果的物質通常反應緩慢，精液酸性磷酸酶則反應迅速。如果顏色改變很明顯，而且在三十秒內發生，幾乎能肯定是精液。

其他較少使用的推定試驗尋找的是精液裡的另外兩種成分——精胺（spermine）和膽鹼（choline）。兩種測試的樣本接觸到特定的化學物質後，若形成結晶，就表示結果為陽性。**佛倫斯試驗**是用三碘化鉀（potassium triiodide）檢測膽鹼；**巴伯里歐試驗**（Barberio test）則是用苦味酸（picric acid）檢測精胺。只要其中一種試驗的結果呈現陽性，很可能就有精液。

驗證試驗

如果推定試驗的結果顯示有精液存在，就必須進行一到數個驗證試驗。最常用的兩種是顯微鏡檢查和攝護腺特異抗原。

顯微鏡檢查——精子只存在於精液之中，所以找到精子，就是精液存在的絕對證據。一六七九年，安東尼・雷文霍克（Antony Van Leeuwenhoek, 1632-1723）首度發現精子的存在。一九八〇年代中期，則是發現找到活動的精子是精液檢測的方法。至今不變。

將樣本置於載玻片上，選擇一種染劑加入，再放到顯微鏡下。常用的染劑結合了**核固紅**（nuclear fast red）溶液和苦靛紅染劑（picroindigocarmine，簡稱PIC），會將精子染紅，使其清晰可見。檢驗人員會看到完好和斷裂的精子；只要找到一隻精子或精子的頭部，就表示樣本是精液。

精子不需要會活動，只要存在就行了。受害者倖存的情況下，精子通常在射出後四到六小時內就會失去活力。

攝護腺特異抗原———倘若未發現精子，檢驗人員必須檢驗攝護腺特異抗原，它在精液中的濃度極高。最早由喬治‧森薩堡（George Sensabaugh）於一九七八年發現它是有效的精液檢測法。

測試方式和抗原抗體反應有關，過程簡單迅速。只要發現攝護腺特異抗原，就能證實精液的存在。雖然前面提過少症和結紮術可能大幅減少精液裡的精子，或使精液中完全不含精子，但並不影響攝護腺特異抗原的濃度。這是因為攝護腺特異抗原是由攝護腺製造，位於結紮處的「下游」。

這種檢測對精液的專一性極高，而且十分靈敏，因此久遠的精液污漬也能進行分析。在許多情況下，即使衣物或床單都清洗過，還是能檢驗出攝護腺特異抗原。

證實精液存在後，血清學家會嘗試透過ABO血型鑑定和DNA分析，比對特定對象的精液。可用的DNA取決於樣本是否損壞或劣化，而ABO血型鑑定則是加害者必須為分泌型。

分泌型狀態

分泌型的人會在體液中分泌ABO蛋白質，非分泌型的人則否。大約有百分之八十到八十五的人屬於分泌型（secretor），他們的體液（包括精液、唾液和淚液等）都含有會反應相對血型的蛋白質；而非分泌型（non-secretor）的人體液中沒有這種蛋白質。性侵案中，受害者陰道檢體的物質混合了受害者和攻擊者的體液，在這種液體中找到的ABO型雖然可用於血型鑑定排除犯罪嫌疑人，但無法精準識別出攻擊者。

A型分泌型的人，其唾液、精液、陰道分泌物和其他體液中含有A抗原；B型分泌型含有B抗原；AB型分泌型含有A抗原和B抗原；O型分泌型則不含有這類抗原。同樣的，非分泌者也不會分泌這類抗原，所以在這方面和O型的人類似。非分泌者可能是任何一種血型，

由於不會分泌ABO抗原到體液中，所以只有血液樣本才能判斷他們的血型。

要注意，分泌型狀態對於能否進行DNA鑑定並沒有影響。分泌型和非分泌型的精液都可以取得DNA。

假設性侵案的受害者是B型的分泌型，而頭號犯罪嫌疑人是A型的分泌型。再假設受害者的陰道檢體中找到了精液，測試後只發現B抗原。這些B抗原可能來自於受害者或加害者，也可能同時來自兩者。不過頭號犯罪嫌疑人並不是攻擊者，因為他是A型分泌型，只可能留下A抗原，於是排除了他的嫌疑。此時警方必須尋找B型、O型或非分泌型的犯罪嫌疑人。也就是說，犯罪嫌疑人若不是留下B抗原（B型），就是完全不留下抗原（O型或非分泌型）。如果是後者，發現的B抗原可能來自受害者。

同樣的情況，如果受害者屬於A型分泌型，而陰道檢體顯示為A型和B型，表示加害者不是B型，就是AB型。加害者不可能是O型或非分泌型，因為B抗原不可能來自於受害者，一定來自攻擊者。

如果受害者是O型，而陰道檢體裡沒找到抗原，表示加害者不是O型，就是非分泌者。因為加害者若是A、B或AB型的分泌者，就一定會留下抗原。

如果陰道檢體和犯罪嫌疑人的血型相符，他就無法擺脫嫌疑，但也無法因此證明他有罪。比方說，如果受害者是A型，陰道檢體中只顯示A型，而犯罪嫌疑人是A型分泌型，他就無法從犯罪嫌疑人名單上排除。他可能是加害者，但其他任何A型、O型或非分泌型的人也都有可能。陰道檢體中的A抗原可能來自他或受害者。如果犯罪嫌疑人是O型分泌型或非分泌型的人，則所有的A抗原應該都來自於受害者。

分泌型的抗原配對和血型鑑定類似，可用來排除犯罪嫌疑人，但無法完全確認犯罪嫌疑人就是攻擊者。這樣的檢測過於粗糙，必須採

用DNA鑑定才能做出確實的配對（見第十章）。

性交後時間

性交或強暴的時間對於鑑識和法庭程序而言經常是關鍵，準確判斷時間可以使犯罪嫌疑人被連結或得以脫罪。不過，有辦法準確評估性交後經過多久時間嗎？簡單來說，不常成功。

受害者倖存的案件中，精子的活力可以維持四到六小時。如果陰道檢體發現有活動力的精子，表示性行為很可能發生在不到六個小時之前。六小時之後，精子就會死亡，開始分解、破碎，而時間的判斷就成了猜謎遊戲。精子首先會失去尾巴，剩下頭部，接著頭、尾都破碎損毀。精子頭部和殘留物在人體的各個孔口存活的時間非常不一定，以致無法建立準確的時間表。一般而言，殘留物最多可能留存在陰道內六或七天，直腸二至三天，口腔不到二十四小時。性侵殺人案中，精子在屍體的陰道中最多可能留存兩個星期。

陰道中酸性磷酸酶濃度提高的情形最多持續七十二小時。精液是非常頑強的物質，沾染精液的衣物即使經過洗滌或乾洗，也可能無法清除所有精液酸性磷酸酶和攝護腺特異抗原的痕跡。而洗滌過的衣物用顯微鏡檢視時，有時會發現微量的精子。乾燥的精液污漬如果不受極端溫度、強烈化學物質或其他不良的環境狀況影響，多年後依然得以檢測並用於DNA分析。

那麼，為什麼性交的時間那麼重要？假設一名女性指控和她約會的男性強暴她。她向警方宣稱他到她家，強迫她發生性行為，而這不過是兩小時前的事。她被帶去驗傷，男子則遭到扣押接受訊問。他供稱他們上次發生關係是在兩天前，而且是兩廂情願的狀況。女子證實了那次的事。如果發現活動的精子，她的說法就成立。如果只找到精子的頭部和片段，她的說法就有疑點，而他的說法成立。

基本上是如此。但如果他強暴了她卻沒有射精，或是用了保險

套呢？那麼就不會有新鮮的精子，而只有兩天前的精子。是否為性侵呢？不幸的是，法醫科學無法解答這個問題。只有法官和陪審團可以。

陰道分泌物

陰道分泌物不容易找到，但在無射精性侵和異物插入的情況下可能很重要，至於檢體可於犯罪嫌疑人的生殖器或任何可疑的異物上採集。鑑定是依據含有肝醣的上皮細胞。上皮細胞覆蓋在陰道內部，而肝醣是細胞所儲藏的一種澱粉。

過碘酸希夫（periodic acid-Schiff，簡稱PAS）試劑會讓肝醣（glycogen）呈現紫紅色。如果上皮細胞富含肝糖，遇到過碘酸希夫試劑，細胞質（細胞的液體部分）就會染色。異物性侵的案件會在使用的異物上採取檢體，並把得到的所有物質抹在載玻片上，接著用該試劑染色，置於顯微鏡下觀察。如果看到染成紫紅色的細胞，取得的物質很可能是陰道分泌物。這個檢驗的問題是，即使有陰道分泌物存在，檢驗的結果仍可能是偽陰性。因為並不是所有的陰道上皮細胞都含有肝醣。月經來潮之前的女孩，陰道上皮細胞不含肝醣，更年期後的婦女也很少有。此外，這些細胞的肝醣含量會隨著女性月經週期而變動。這表示若呈陽性結果很有幫助，但呈現陰性未必表示沒有陰道分泌物。

唾液

對鑑識人員而言，唾液是一種重要的體液。或許可以從郵票、食物，乃至於咬痕等任何物體上取得。唾液中可能含有ABO抗原，可藉此得知分泌型的血型，也可能得到足夠的DNA供鑑定之用。

唾液是一種消化液，會在咀嚼食物的時候逐漸將碳水化合物分解成比較簡單的醣類。這項任務靠的是澱粉酶（amylase）這種酵素。就跟酸性磷酸酶一樣，澱粉酶也常見於許多動物和植物之中。

唾液檢測是測試 α － 澱粉酶（alpha-amylase），這是唾液中主要的

澱粉酶。唾液沒有驗證試驗，只有推定試驗。兩種最常用的測試法分別是碘和法迪貝斯（Phadebas）試劑。

澱粉－碘試驗

澱粉－碘試驗（starch-iodide test）已使用超過一百年，但今日很少使用。檢測方式簡單明瞭，依據的是兩個現象：碘會讓澱粉變藍，而α－澱粉酶會分解澱粉。

檢測用的是含有澱粉的瓊脂膠片。凝膠上挖幾個孔，把碘溶液倒在膠片上。碘會和凝膠裡的澱粉反應，使澱粉變藍。接著把待檢樣本放進其中一個孔裡。如果樣本裡有澱粉酶，澱粉酶會在凝膠裡擴散的同時逐漸分解澱粉，使小孔周圍的藍色呈圈狀褪色。可惜這種試驗的敏感度不高也不專一，無法檢驗出低濃度的澱粉酶，而且其他體液中也含有澱粉酶，所以陽性反應無法絕對證實唾液的存在。

法迪貝斯試劑

法迪貝斯試劑是由澱粉和染劑分子結合而成的不可溶複合物，所以加入液體時不會溶解，也不會讓液體染色。不過澱粉酶會分解此複合物釋出染劑，而染劑本身可溶，並且會讓液體染色。當樣本裡的澱粉酶愈多，試劑釋放出的染劑也愈多，於是液體介質的顏色愈深。測量顏色改變的程度是以分光光度計（spectrophotometer）測量，這種儀器可以準確測出液體的顏色變化。顏色變化愈大，樣本裡澱粉酶的濃度愈高，表示愈有可能是唾液。

10 ┃ DNA：你的個人編碼
DNA: YOUR PERSONAL CODE

DNA（去氧核醣核酸〔deoxyribonucleic acid〕）是法醫科學領域中相對較新的知識，也是極為有用的鑑識工具。事實上，只有DNA和指紋（見第十二章：指紋）是絕對個別化的特徵，從來沒有兩個人擁有相同的DNA或指紋。不過同卵雙胞胎是例外：他們有相同的DNA，但指紋不同。沒有人知道為什麼他們指紋會不一樣，總之就是如此。

我們在醫學和法醫科學上對於DNA及其用途的認識正迅速地發展。DNA就和前一章討論的血液化學一樣極其複雜，不易理解。本章我會盡可能地簡化，讓你稍微了解這個珍貴而令人興奮的領域是如何影響鑑識界。

DNA是什麼？

你的身體是由大約六十兆個細胞所組成。除了血液中的紅血球，每個細胞裡都有細胞核，而DNA就位於細胞核之中。

人體細胞有許多類型，包括心肌細胞、腦細胞、血球細胞和肝細胞等。每種類型的細胞都有其獨特的功能，並且協力合作，構成可以運作的人體。不過，這些細胞怎麼知道它們該做什麼呢？有個操作指南會告訴細胞，它們屬於何種類型以及確切要做的事。這個操作指南是以DNA分子的型式呈現。

我們一部分的DNA集結成稱為**基因**（gene）的單元。基因是遺傳的基本單元，本身沿著長形的結構排列，而這種結構稱為**染色體**

（chromosome）。人類有四十六條染色體，可以配成二十三對。這些成對的染色體編號從一到二十二，最後兩條染色體是性染色體，稱為X和Y。

DNA分子是較小的分子**嘌呤鹼基**（purine base）所形成的聚合物（一長串的重複組成）。雖然存在許多不同的嘌呤鹼基，但只有四種和DNA的構成有關：**鳥糞嘌呤**（guanine）、**胞嘧啶**（cytosine）、**胸腺嘧啶**（thymine）和**腺嘌呤**（adenine）。科學家通常以它們的第一個字母為代表，分別簡稱G、C、T、A。所有的生命皆源自這四種分子。

DNA鏈上串連的鹼基數量可達數百萬到數十億，這些鹼基能以任何順序連接。鹼基連接的方式決定了DNA負載的訊息，模式非常多變，因此DNA很適用於鑑定。

DNA為**雙股**（double-stranded），由鹼基組成長鏈狀並纏繞成雙螺旋結構，看起來就像是扭轉的梯子（見圖10-1）。這些鹼基配對產生雙股，而每一股都是另一股的鏡像。這是因為**鹼基配對**（base pairing）的規則是C只和G鍵結，而A只和T鍵結。這和鹼基的大小與形狀有關，不過深入探討對於了解鑑識界如何運用DNA並沒有幫助。

依據這些規則，雙股DNA的一段可能長得像這樣：

A-T-C-C-G-C-T-T-A
T-A-G-G-C-G-A-A-T

基因組（genome）是指一個細胞裡的所有DNA。每個人的DNA大約有三十億個鹼基對——總共六十億個鹼基。這些鹼基可以任意順序排列，因此任何DNA股上可能的鹼基序列其實就像天文數字。這是每個人都不一樣的理由，也是鑑識實驗室的DNA分型（〔DNA typing〕即DNA指紋分析）如此準確的原因。

不過，我們所有的基因組都派得上用場嗎？答案既是肯定，也是否定。每個DNA股由兩種不同類型的DNA組成——**基因佔我們**

DNA的百分之五，決定我們的遺傳特性和傳承；此外，還有所謂的**非編碼**DNA（non-encoded DNA），佔百分之九十五。這種非編碼DNA也被稱作**垃圾**DNA（junk DNA）。

　　垃圾DNA支援並且影響某些基因功能，而法醫科學家最關心的就是這種DNA。

DNA的獨特性

　　遺傳特性在受精時便已確立，此時後代從雙親各得到一半的染色體組成DNA。母親從她二十三對染色體中各分一個染色體給卵子。而每對染色體提供哪條染色體，和其他對染色體所提供的各自獨立。假如我們把二十三對染色體中的每對染色體標示為A或B，母親就有染色體1A和1B、染色體2A和2B，以此類推。一個卵子可能擁有全部的A，另一個擁有全部的B，另外一個一半A、一半B，或是任何A和B的組合。

　　比方說，一個卵子可能是ABBAABBA……另一個是BBAABBAAA……因為每條染色體都有兩種選擇（A或B）且各自獨立，所以有二的二十三次方種可能，也就是2×2=4；4×2=8；8×2=16，以此類推。像這樣乘上二十三次，就會發母親可以產生8,388,608種不同類型的卵子。

　　當然了，父親也可以產生相同數量不同類型的精子。八百萬

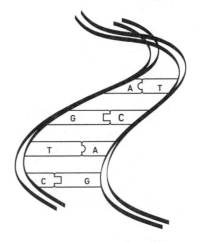

圖10-1 ┃ DNA雙股螺旋。鹼基配對的規則是胞嘧啶（C）必須和鳥糞嘌呤（G）配對，而腺嘌呤（A）必須和胸腺嘧啶（T）配對。這樣的配對將「螺旋梯」固定在一起。

種不同的精子和八百萬種不同卵子之中的任何一個結合產生受精卵，其可能性變得很驚人。事實上會有超過八兆種以上可能的組合。難怪你長得不像你的姊姊。

　　法醫科學家就是藉由這種多樣性，才能如此準確地識別出加害者，或是排除犯罪嫌疑人。這種識別力最初是在著名的柯林·皮區佛克（Colin Pitchfork）案中呈現在世人面前。

刑事檔案：柯林·皮區佛克案

　　一九八三年，十五歲的琳達·曼恩（Lynda Mann）在英國鄉間小鎮納伯勒（Narborough）慘遭性侵殺害。一九八六年，同樣十五歲的唐·艾希渥斯（Dawn Ashworth）也遭遇類似的命運，讓小鎮陷入恐慌之中。就在偵查遇到瓶頸時，當局決定嘗試甫由萊斯特大學（University of Leicester）亞歷克·傑佛瑞斯（Alec Jeffreys）博士所開發出來的DNA分析技術。警方認為凶手在那個地區生活和工作，因此要求當地所有男性提交血液樣本進行檢測。在過濾數千個樣本之後，並未發現吻合。此時，有名男子告訴警方，他的同事說服他替他交出血液樣本。那個人叫做柯林·皮區佛克。一九八七年，警方從皮區佛克身上採集樣本進行比對，他才坦承犯案。一九八八年，他被判處無期徒刑。這是首次利用大量DNA篩檢來解決案件。

DNA和法醫科學

法醫科學家一直以來都在尋找一種能藉由遺留在犯罪現場的物質來準確識別身分的方法。指紋是最早發現可以提供確鑿的證據，然而不是每個犯罪現場都能找到指紋。有些犯罪者會戴手套，或是擦拭他們碰觸過的地方。

　　不過，加害者時常在不經意中留下含有DNA的物質。由於身體幾乎所有細胞都含有DNA，所以任何來自犯罪者的生物材料都可以揭露他的身分。血液、精液、唾液、頭髮、皮膚、汗液和淚液都含有DNA證據。

　　我們來看看DNA是怎麼變成如此強大的鑑識工具。

DNA的里程碑

　　一八六八年，瑞士科學家弗雷德里希・米歇爾（Friedrich Miescher, 1844-1895）率先發現DNA，但是直到多年後，我們才真正了解DNA為何以及它的功能。一九四三年，奧斯瓦德・艾弗瑞（Oswald Avery, 1877-1955）、科林・麥克勞德（Colin MacLeod, 1909-1972）和麥克林恩・麥卡迪（Maclyn McCarty, 1911-2005）研究細菌時，發現DNA中帶有遺傳訊息。一九五三年，詹姆斯・華生（James Watson，1928- ）、法蘭西斯・克里克（Francis Crick, 1916-2004）和莫里斯・威金斯（Maurice Wilkins, 1916-2004）則是闡明DNA分子的雙螺旋結構。

　　科學家繼續分析這種分子，發現所有人類（其實是所有靈長類）都有大量共同的基因組。這表示你有許多DNA和別人完全相同，也和動物園裡的黑猩猩一樣。那樣的話，DNA要如何區分兩個人呢？重點是，我們有「大量」相同的基因組，但不是全部。

　　一九八四年，萊斯特大學的亞歷克・傑佛瑞斯發現每個人的DNA其實獨一無二。他們利用特殊的限制酶（稍後會進一步說明）把DNA切成小段，發現DNA長型分子上特定的區域具有**多型性**（〔polymorphism〕許多不同型態）。原來這些多變的區域是每個人獨有，分析這些區域才能區別不同個體。傑佛瑞斯發現這種多型性現象後不久，就發展出分離和分析人類DNA的方法，他稱之為DNA**指紋分析**（〔DNA fingerprinting〕又名DNA分型）。

　　DNA證據於一九八五年首次進入美國法庭；全球第一起以DNA

證據定罪的案件則是在一九八七年（見「刑事檔案：柯林·皮區佛克案」）。

DNA 多型性

DNA多型性的表現可見於非編碼的垃圾DNA。這些區域的長度和鹼基序列非常多變，是DNA司法鑑定的重點。因為科學家發現非編碼DNA片段中某些鹼基序列經常重複。這些重複的序列稱作**衛星**（satellite），或依據大小分成**迷你衛星**（minisatellite）或**微衛星**（microsatellite）。這些衛星序列在DNA股上一個特定的位置（基因座）重複，其長度和在DNA股上重複的次數都不同，因此稱為**不定數目重複序列**（variable number tandem repeat，簡稱VNTR）。

在我們了解如何使用這些重複的衛星序列之前，我想介紹一種不同的衛星序列——**短串聯重複序列**（short tandem repeat，簡稱STR），這種序列進一步增加了DNA的識別能力。

短串聯重複序列的串聯重複和不定數目重複序列類似，不過長度較短，而且在DNA鏈上經常重複。此外，已知的短串聯重複序列數量遠多於不定數目重複序列，法醫科學家因而可以反覆地分析。

不定數目重複序列的長度可能長達數百個鹼基對，不過短串聯重複序列的重複片段只有三到七個鹼基長。短串聯重複序列在最多四百個鹼基長度的DNA片段上重複，所以使用短串聯重複序列時，即使是劣化或受損的DNA樣本也可以用來鑑定（本章稍後會探討）。

DNA指紋分析程序

DNA指紋分析或分型很複雜，要理解並不容易。它可以使用的技術很多，而且這個領域的研究持續進展，未來會有更多的選擇。我們來看看一些常見的技術的原理——一個舊的，兩個現今使用的，以及相

對較新的。

目前仍在使用的舊有技術稱為**限制片段長度多型性**（restriction fragment length polymorphism，**簡稱**RFLP）。限制片段長度多型性的主要問題是需要大量且品質良好的DNA樣本。因此，許多實驗室結合**聚合酶連鎖反應**（polymerase chain reaction，**簡稱**PCR）和短片段串聯重複來分析DNA。我們之後會看到這種程序在更尖端的實驗室裡，是經由**多重標的**（multiplexing）分析程序自動進行。此時會萃取出數個短串聯重複序列，同時增殖。如此一來，實驗室可以在非常短的時間內定義一些不同的DNA標記。

較新的DNA鑑定可以利用**單核苷酸多型性**（single nucleotide polymorphism，**簡稱**SNP）讓單一的鹼基產生不同程度的分化。這種技術可以自動執行，是非常有效率的方式。

接著詳細介紹這些方法。

限制片段長度多型性

這種舊型的DNA分析方法昂貴、費時且不甚準確，不過目前仍在使用。它的基本步驟如下：

- DNA萃取
- DNA片段化與增殖
- 分離片段
- 轉移片段
- 片段標記與視覺化
- 圖譜比對

▶ DNA萃取：實驗室分析DNA之前，必須先將DNA和含有DNA的物質分離。由於DNA存在於細胞核中，必須在不造成損傷的情況下從細胞中萃取出來。方法有很多，但沒有一種特別突出，因此使用

上取決於待檢組織以及負責分析的實驗室。

這些程序通常會使用破壞蛋白質的酵素——**蛋白酶**（protease）。這些酵素會分解蛋白質的細胞壁和其他細胞結構，但不會損壞DNA，因為DNA不是蛋白質。把試樣與鹽、界面活性劑和蛋白酶的溶液混合，酵素會分解細胞的蛋白質，在溶液中釋出DNA。加入**氯仿**（chloroform）或**酚**（phenol）之類的有機溶劑。DNA可溶於水溶液，而蛋白質片段可溶於有機溶劑。這兩種溶劑會和水分離（就像沙拉醬裡的醋和油），含有DNA的水溶液會浮在密度較大的有機溶劑上層。接著把醇類加入DNA水溶液中，以沉澱過濾出DNA。此時就可以使用了。

▶ **DNA 片段化與增殖**：DNA長鏈用一種限制酶（restriction enzyme）在特定的位置切割，分成較小的片段。選擇的位置不包含不定數目重複序列的重複模式，因為必須保有這種模式才能判斷重複的次數。原先的DNA分子長度可能有一百萬個鹼基，此時切割成一百到一萬個鹼基的片段。

▶ **分離片段**：片段以電泳的方式（見附錄），依據DNA大小分離。片段愈短，在凝膠中移動的速度就愈快。這是因為較長的片段通過凝膠時，所受到的阻力大於較短的片段。於是片段可被分群，依長度形成條帶。

▶ **轉移片段**：DNA片段分離成條帶之後，就能和其他的DNA樣本比對，此時還必須轉移到可以處理這些DNA片段的介質上。凝膠不大管用。你撿過果凍嗎？果凍並不結實，要撿起來可不容易。那麼我們該怎麼儲藏、保存和比對兩個凝膠樣本呢？此時英國生物學家愛德華・沙頓（Edward Southern）發明的技術就登場了。這項技術以他為名，稱為南方墨點法（Southern blot）。

這個方法類似用紙巾擦拭灑出的東西，把一層堅固的尼龍膜置於凝膠上。凝膠上的DNA條帶會轉移到尼龍膜，而且彼此的相對位置

不變，因此條帶最重要的圖譜可以保持原狀。

▶ 片段標記與視覺化：DNA轉移到牢固的環境之後，必須讓條帶現形。方法是使用放射性同位素進行探針檢測，其實只是DNA片段用磷32（P-32）等的放射性同位素標記。探針附著之後，將尼龍膜置於兩張X光片之間，進行**自動放射顯影**（autoradiograph）。

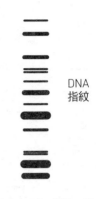

DNA
指紋

圖10-2 | DNA指紋。電泳依據DNA片段大小而分離片段，產生條帶，可以和其他樣本比對。

自動放射顯影是利用標準的X光底片。不過這和你去醫院照的X光不同，不需要外部X光。標記探針的放射性同位素會持續釋出輻射，像X光一樣打在底片上。曝露於輻射中的底片會顯示DNA樣本的條帶圖譜，就能產生我們熟悉的DNA指紋圖譜（見圖10-2）。看起來像是一個人的專屬條碼。

自動放射顯影可以讓我們了解特定基因座的DNA片段圖譜。雖然不足以得到結論性的比對結果，因為有些人的基因座會有類似的圖譜，不過倒是能排除犯罪嫌疑人。比對已知和未知的DNA樣本時，如果限制片段長度多型性與自動放射顯影的條帶不吻合，那麼檢驗的兩個樣本就不是來自同一人。比對時必須檢查多對基因座。我們會進一步探討為什麼需要多對基因座。

圖譜比對

鑑識實驗室必須比對一或多個樣本時，凝膠會劃分成幾道平行的欄，稱為軌跡（lane）。DNA樣本放在每條軌跡的起始處。開始電泳之後，軌跡裡的片段就會移動，彼此分離。每個樣本會依據所含各種片段的大小分離成一系列的條帶。如果已知和未知欄吻合，就是比對成功。可以視覺比對，也可以使用電腦輔助。

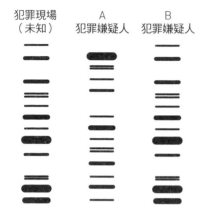

犯罪現場 　　A　　　　B
（未知）　犯罪嫌疑人　犯罪嫌疑人

圖10-3｜ DNA比對。這個DNA指紋比對的是犯罪現場的「未知」樣本，和採集自A、B兩名犯罪嫌疑人的「已知」樣本。明顯可以看出犯罪現場的DNA不是來自A犯罪嫌疑人，不過可能是來自B犯罪嫌疑人。

放在每一欄的樣本都不同。有些可能是對照物質，例如細菌、病毒或實驗室合成的DNA。這些DNA樣本的片段大小已知，可用來判斷任何未知樣本的片段大小。更重要的是，其中一欄是犯罪現場採集的樣本，其他欄則是從犯罪嫌疑人身上取得的樣本。

例如，假設一名加害者在犯罪現場流了血，調查人員發現並採集了樣本。此為「未知」樣本，因為來源不明。如果犯罪嫌疑人名單上有兩個人，實驗室會分別從兩人身上採樣。這些樣本的來源已知，所以是「已知」樣本。接著用DNA指紋分析，比對犯罪嫌疑人的DNA和犯罪現場的「未知」DNA（見圖10-3）。

藉由比對這個基因座，A犯罪嫌疑人就能排除嫌疑。這不是他的DNA。任何不吻合的基因座都可以排除。但是B犯罪嫌疑人呢？那個基因座的圖譜和他的DNA圖譜吻合，在犯罪現場採集的樣本可能是他的。比對其他基因座可以證實或推翻這個可能性。

然而限制片段長度多型性即將過時，因為DNA鑑定已經被聚合酶連鎖反應（PCR）和短串聯重複序列（STR）的組合取代。

聚合酶連鎖反應

聚合酶連鎖反應（PCR）於一九九二年登上鑑識的舞台。這種技術可重複複製一個樣本裡的DNA，藉此得到大量相同的DNA。這個

過程稱之為**增殖**（amplification），只需要十億分之一克的DNA物質。

聚合酶連鎖反應是利用雙股DNA本身會自我複製的特性。假設犯罪現場的DNA樣本是一個毛囊。我們把毛囊細胞裡取得的DNA表示為：

A-T-C-C-G-C-T-T-A
T-A-G-G-C-G-A-A-T

實際的DNA鏈當然遠遠更長，不過我們就用較短的這個片段，這樣更加一目了然。聚合酶連鎖反應包括幾個步驟：變性（denaturing）、黏合（annealing）、延長（extending）和重複（repeating）。

變性是把雙股DNA分離成獨立的兩股。一股DNA複製之前，必須和搭配的另一股分開。方法是把樣本加熱到攝氏九十四至九十六度。結果看起來會像這樣：

A-T-C-C-G-C-T-T-A + 熱 = A-T-C-C-G-C-T-T-A
T-A-G-G-C-G-A-A-T
T-A-G-G-C-G-A-A-T

黏合是「引發」（priming）複製程序的過程。基本上是在助動。把短的引子（primer）DNA序列加入DNA樣本裡，加熱到攝氏五十五到七十二度，引發複製反應。引子片段附著之後，DNA鏈可能看起來像這樣：

A-T-C-C-G-C-T-T-A　　（原始DNA股）
T-A-G-G　　　　　　　（引子序列）
A-T-C-C　　　　　　　（引子序列）
T-A-G-G-C-G-A-A-T　　（原始DNA股）

　　延長是完成複製過程，利用DNA聚合酶（DNA polymerase）誘導每一股製造互補的另一股。這和體內自然產生的酵素是同一類。每個DNA鏈就像在身體裡一樣，成為製造互補股的範本，最後產生兩個相同的雙股DNA分子。

　　A-T-C-C-G-C-T-T-A　　（原始DNA股）
　　T-A-G-G-C-G-A-A-T　　（互補股）

　　A-T-C-C-G-C-T-T-A　　（互補股）
　　T-A-G-G-C-G-A-A-T　　（原始DNA股）

　　我們可以看到原始的單一雙股DNA分子現在成了兩個。

　　一再**重複**上述的三個步驟，就能讓用於鑑定的股數迅速倍增——二變成四，四變成八，然後是十六、三十二、六十四……

　　原始的DNA樣本很快就增加成較能利用的數量。如此一來，極小的樣本也能用於DNA鑑定。許多現代實驗室中是自動化處理這個過程而相對快速。

短串聯重複序列

　　這項技術始於一九九四年。短串聯重複序列重複的是微衛星DNA，而且這些微衛星DNA的長度雖然可能是三到七個鹼基對，但通常只有四個鹼基對的長度。微衛星的序列短，具有多型性且經常重複，因此判別度高，在DNA樣本部分劣化或片段化時很有用處。

　　結合聚合酶連鎖反應（PCR）和短串聯重複序列（STR），已經是許多實驗室的標準程序。這種方式的優點很多，需要的樣本數遠少於限制片段長度多型性，速度快也比較可靠，而且容易自動執行，所以可以在極短的時間內完成許多樣本。使用PCR和STR分析，能在幾天之內完成樣本分析，使用限制片段長度多型性（RFLP）則至少需要一

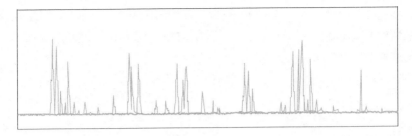

圖10-4 │ 結合聚合酶連鎖反應和短串聯重複序列得到的短串聯重複序列圖譜。

個月。

PCR-STR的程序有許多步驟和我們在限制片段長度多型性看到的相同。DNA萃取、片段化之後，在**溫度循環器**（thermal cycler）裡增殖，這種設備可以在重複循環之中調整溫度。DNA片段接著利用膠體或毛細管電泳（capillary electrophoresis）分離。電泳裝置與電腦連接分析結果，印出DNA圖譜。

雖然這種方式也能做出像之前條碼狀的圖譜，不過較自動化的STR分析系統輸出的資料，其實看起來有點不同。此時，電腦會顯示STR的峰值。比對的過程類似，如果兩個DNA樣本分析得到的圖譜中所有的峰值都相同，就表示兩者有共同的來源（見圖10-4）。

這個程序現在幾乎已完全自動化。核酸自動定序儀（Applied Biosystems' 3730 DNA Analyzer）最多可以處理三百八十四個樣本，實現一次分析大量樣本的需求。

單核苷酸多型性

單核苷酸多型性（SNP）這項技術未來很可能更廣泛地被利用。目前最大的問題是代價昂貴。

前面提過，限制片段長度多型性（RELP）的片段非常長，缺點是不適用於樣本劣化或受損的情況（稍後會討論）。發現短串聯重複序

列之後，則避免掉這個問題。然而，若是能用一個核苷酸鹼基做為比對標準呢？如此一來，會進一步提升DNA的判別力。這就是單核苷酸多型性的用處。

假設有兩個DNA股的序列看起來像這樣：

CGATTACAGGATTA　和　CGATTACAAGATTA

倘若我們要找的是「ATTA」短串聯重複序列的重複情形，然而這兩股都有ATTA的重複，所以無法區分。但是單核苷酸分析會發現兩股的一個鹼基有差異：

第一個序列的第九個鹼基是鳥糞嘌呤（G），而第二個序列則是腺嘌呤（A）。

單核苷酸多型性可以和限制片段長度多型性技術中的限制酶一起使用，也可以搭配聚合酶連鎖反應（PCR）自動化進行。理論上，這項技術讓我們可以用單一核苷酸的差異分辨兩個DNA樣本。

DNA的判別力：數字遊戲

那麼短串聯重複序列（STR）和不定數目重複序列（VNTR）如何進行？下面將以STR為例，因為使用的序列短、判別力較強，而且大部分的DNA實驗室已用來取代VNTR。

現在我們知道每個人身上都有分別來自雙親的獨特DNA。別忘了我們的染色體是成對的，這表示染色體的DNA也是成對的。每個DNA股都有STR，所以我們也從雙親得到STR。前面提過，子女會有超過八兆種可能的染色體組合，STR的模式亦然。

這表示我們每個人DNA特定的基因座上，都有數目不同的STR。由於特定基因座上STR的數目可以判定，而且每個人在該基因座上STR的數目都不同，便能依此判定DNA樣本的來源是否相同，

也就是兩個樣本是否屬於同一人。

　　此外，如果我們知道一般人某個基因座特定數量的STR出現的頻率，就能利用這項資訊計算兩個DNA樣本來自同一人的機率。就像我們在ABO血型鑑定（見第九章）中看到的，AB型可以排除百分之九十七的人。STR在單一基因座的分析也可以得到這種結果。

　　然而，單一基因座比對的確定性有多強？不是很強，但如果針對幾個基因座重複這個測試，就會大幅提升。大部分的實驗室會分析十三個相異的基因座。

　　假設我們處理的是一個四鹼基的STR，例如CCTA。如果檢測「你的」DNA特定基因座發現，你從雙親之一（雙股DNA的一股）得到STR的六個重複，從另一方（雙股DNA的另一股）得到十一個重複；而檢測「我的」DNA的同個基因座，我分別從雙親得到STR的五個和二十一個重複，那麼我們的DNA會有很大的差異。

　　不過，我們的DNA真的和地球上其他所有人都不同嗎？只看一個基因座無法判斷，可能還有很多人也得到六和十一，或五和二十一個重複。但如果我們檢測一打基因座呢？從雙親得到這些基因座的重複數量完全相同的機率有多少？在幾百兆的受精次數中或許只會發生一次，意即不會有兩個人擁有相同的STR的重複模式。因此沒有人擁有跟你一模一樣的DNA。

　　來看看另一個例子。假設我們分析犯罪現場某一樣本的五個不同基因座的STR，發現這些基因座的重複數如下：

基因座一　　14與3

基因座二　　7與11

基因座三　　2與16

基因座四　　15與8

基因座五　　1與13

如果這些基因座的STR的重複數一般來說發生的頻次分別是百分之一、百分之三、百分之二、百分之一、百分之二，這表示一百人之中有一人在基因座一有同樣的重複模式；一百人之中有三人在基因座二有同樣的重複模式，以此類推。如果犯罪嫌疑人的DNA和犯罪現場採集的DNA在這五個基因座的重複模式都相同，那麼犯罪現場的基因來自犯罪嫌疑人之外的機率是多少？因為STR在各個基因座的模式遺傳彼此獨立，所以要把百分比相乘：

$1\% \times 3\% \times 2\% \times 1\% \times 2\% = 12/10,000,000,000$
或一百億分之十二

這代表犯罪現場發現的基因來自犯罪嫌疑人之外的機率，只有一百億分之十二，約莫十億分之一。這是只用五個基因座的檢測結果，稍後我們會看到聯邦調查局使用十三個基因座的例子。想像一下，如果犯罪嫌疑人的DNA和犯罪現場採集的樣本在十三個基因座都吻合。機率會是兆分之一。

換言之，如果某個犯罪現場樣本的十三個基因座的STR和犯罪嫌疑人樣本的十三個基因座都吻合，那麼犯罪現場樣本來自犯罪嫌疑人以外的人的機率應該是天文數字。

所以，DNA是數字遊戲。參考的基因座愈多，兩個樣本是相同來源的機率就愈大。

DNA劣化

我在前面曾提過DNA劣化。這是指DNA受到熱、化學物質、腐敗或其他作用破壞而毀損。樣本愈是劣化，片段化的情形就愈嚴重。DNA指紋鑑定是依據DNA股上特定基因座的序列重複數目，倘若DNA碎裂，就不可能計算數目，也無法把兩股拼回去再計算。而且

嚴重劣化的DNA已經破碎成小片段，通常沒什麼用處。但如果只是部分劣化，而保存下來的片段還很長呢？

許多類似的情況仍可利用短串聯重複序列（STR）分析。STR的長度遠小於不定數目重複序列（VNTR），定位和計數所需的DNA序列沒那麼長，因此使用STR時，模式被打斷的機率小很多。STR分析成為DNA指紋鑑定的基準，而單核苷酸多型性（SNP）分析可能不久就成為標準。

不過如果樣本嚴重劣化，而實驗室只有一堆非常短的片段或單一的鹼基可以利用，就無法做任何DNA分型，即使STR也不行。那就像嘗試讀一本書，而書中的句子都被切成片段和字母。可能無法區分出《戰地鐘聲》和《魔法靈貓》。然而，如果書只是一章一章撕開，要分辨兩者就沒什麼困難。部分劣化的DNA樣本就像一章一章撕開的書，而嚴重劣化的樣本則是連句子都破碎的狀況。

只要DNA樣本的品質良好，DNA分型的準確度就很高，加上分析操作恰當，判別力就無庸置疑。結果只有吻合或不吻合，而不會導往錯誤的方向。

尋找DNA

DNA用於鑑識的第一步是尋找DNA。鑑識實驗室若無可用的樣本，就沒有材料，因此必須在犯罪現場、受害者或犯罪嫌疑人身上仔細搜索。

人體幾乎所有組織和體液中都含有DNA，有許多會遺留在犯罪現場。血是最常見的生物材料，不過也常在現場發現精液、唾液、淚液、尿液、骨骼、牙齒、毛髮和皮膚，這些都可能含有足以用現代技術鑑定的DNA。我們來看看這些常見的來源。

▶ 組織：皮膚或其他組織細胞的細胞核中含有DNA。

▶ **血液**：血液中的紅血球沒有細胞核，所以沒有DNA，但白血球含有細胞核和DNA。實驗室從血液中萃取DNA時，是分離白血球做鑑定。

▶ **精液**：精液裡的精子含有DNA。不過，如果當事人患有無精症或做過輸精管切除術（vasectomy），那就沒有精子也沒有DNA。尿道表面的上皮細胞含有DNA。尿道是連接腎臟和外界的管道，射出的精液在尿道中移動時，會混入尿道的一些細胞，而這些細胞中的DNA常能用於製作DNA指紋。

▶ **唾液**：唾液本身不含細胞，但唾液通過唾腺進入口腔的過程中，會混入含有DNA的唾液腺管上皮細胞。

▶ **淚液**：淚液和唾液一樣不含細胞，不過淚管也有上皮細胞。這些細胞會隨著淚水排出，可成為DNA的來源。

▶ **毛髮**：毛髮本身不含DNA，不過毛囊有。剪下或自然脫落的毛髮通常沒有連著毛囊物質，因此不含有核DNA。但拔下的毛髮通常附著毛囊物質，可做為核DNA的來源。不過掉落的毛髮含有一種有用的特別DNA，稱為粒線體DNA，我們稍後再來討論。

▶ **骨骼**：骨骼內的骨細胞含有DNA，可從中萃取DNA，有時甚至數幾千年前的骨骼也萃取的到。

▶ **牙齒**：牙齒極為耐久，是身體最後分解的部分。琺瑯質的質地堅硬，不含細胞，但牙髓中有。這些牙髓細胞在很糟的環境下也能存活很久，即使是古老的骨骼殘骸，有時鑽進牙齒裡也能得到有用的DNA。

DNA存在於生物材料之中，終究會受到毀壞所有身體組織的腐敗過程所影響。在溫暖潮溼的環境下，細菌生長和腐敗進程較快，所以足夠乾燥或存放在保護容器中的DNA樣本最為理想。如果乾燥不可行，就將潮濕的檢體冷凍等待分析。如果採集之後保存不良，DNA可能劣化而無法使用。

　　那麼需要多少DNA呢？答案是愈多愈好。然而，由於可以運用聚合酶連鎖反應（PCR），因此微量的樣本也能產生足夠分型和比對的DNA。可用的DNA可能來自舊梳子上附著毛囊的一根頭髮、一滴眼淚或一滴血、咬痕或牙刷上的唾液、加害者口罩貼著臉的那一側，甚或千年木乃伊的一顆牙齒。二〇〇四年《鑑識科學學報》（*Journal of Forensic Science*）的一篇文章指出，即使死亡後經過四個月的時間，也能從腐敗屍體裡的蛆蟲萃取到人類DNA。

　　著名的綠河殺人魔（Green River Killer）案就顯示極為少量、久遠的DNA樣本也能派上用場。

刑事檔案：綠河殺人魔

　　綠河殺人魔是史上最惡名昭彰與駭人的連環殺手之一。凶手沿著華盛頓州西雅圖的綠河（Green River）棄屍，而有此稱號。綠河殺人魔於一九八二至一九九一年間犯下將近五十起謀殺案，當時負責偵辦案件的特別小組列出的犯罪嫌疑人名單幾乎和死亡人數一樣長。

　　一九八七年四月，警方針對其中一名犯罪嫌疑人蓋瑞·利奇威（Gary Ridgway）的住家進行搜索，從中起出多項物證。調查人員要求利奇威測謊，但遭到拒絕，不過他同意提供唾液樣本，咬在一小塊藥用紗布上。不幸的是，從諸多受害者身上採集到的精液樣本太少，以當時的鑑定程序無法進行檢測，因此樣本和利奇威的唾液被保存了下來。一九九〇年代中期，出現短串聯重複序列（STR）和聚合酶連鎖反應（PCR）分析。

　　二〇〇一年，實驗室重新檢測利奇威一九八七年的唾液樣本，以及歐帕兒·米爾斯（Opal Mills）、瑪西亞·查普曼（Marcia Chapman）、辛西亞·海因茲（Cynthia Hinds）和卡蘿·克莉斯汀森（Carol Christensen）身上的精液樣本，她們是一九八二或一九八三年的受害

者。檢驗人員利用 PCR 和 STR 的新技術,將樣本增殖並比對。比對結果吻合,利奇威遭到逮捕,被控犯下四起謀殺案。然而,二〇〇三年十一月五日,案件出現戲劇性且充滿爭議的轉折。利奇威坦承犯下四十八起謀殺案,條件是終身監禁不得假釋,因而免於死刑。

從這個案件可以看出,只要 DNA 樣本採集與保存得當,經過數十年依然可用。

狡猾的犯罪者和狡猾的疾病

雖然有了這種可靠的個別特徵,有些聰明的犯罪者仍會試圖否認事實,希望能得到無罪宣告或推翻判決。密爾瓦基(Milwaukee)的安東尼・透納(Anthony Harold Turner)便是一例。

刑事檔案:假強暴

一九九九年,安東尼・透納被判強制性交罪,他的 DNA 和採集自三名受害者的 DNA 樣本吻合,這個機率只有三兆分之一。透納算是個無師自通的 DNA 專家,他否認 DNA 是他的。他聲稱應該是來自 DNA 跟他完全相同的人。由於透納沒有雙胞胎兄弟,他還是被宣告有罪。不過等待判決的時候,一名女性出面說自己遭到性侵,而從她身上採集到的 DNA 也和透納的 DNA 吻合。想像一下檢察官有多麼驚訝,怎麼會有這種事?

原來透納的某個家人給了這名女性五十美元,要她聲稱自己遭到性侵。那麼用來佯裝的精液是打哪來的?原來是透納設法把精液裝在番茄醬包裡,讓人偷渡出監獄。

　　且讓我們把情況變得再複雜一點。有些人的血液裡其實帶有其他人的DNA。安克拉治（Anchorage）阿拉斯加科學犯罪偵查實驗室（Alaska State Scientific Crime Detection Laboratory）的阿比拉米・齊丹巴蘭（Abirami Chidambaram）偵辦的一個案件指出了這個問題：從一名性侵受害者身上採集到的精液，和案發當時正在獄中服刑的一名男子吻合。進一步調查後發現，這名男子幾年前接受過手足的**骨髓移殖**。這表示他和他的兄弟雖然不是同卵雙胞胎，血液中卻有同樣的DNA。這也意謂著性侵嫌疑轉而指向他的兄弟。非同卵雙胞胎的血液細胞裡怎麼可能有相同的DNA呢？

　　骨髓移植通常發生在罹患白血病或其他血液疾病的情況。由於給予患者的化療藥劑會殺光他原有的骨髓細胞，所以期後必須進行移植，把匹配捐贈者的骨髓液透過靜脈注入到體內。而骨髓植入患者體內後，會建立新的免疫系統，並且開始產生血球，這表示患者血液細胞裡的DNA會是捐贈者的DNA。因此骨髓捐贈者和受贈者的血液DNA測試會是相符的。在自然狀態下，只有同卵雙胞胎才會有這種情況。

　　檢驗人員該如何克服這個問題呢？可以檢查患者的其他細胞。像是口腔細胞或身體其他組織，都會披露原有的DNA，而與他血液中的DNA模式不符。骨髓移植不會改變受贈者所有的細胞，只會改變骨髓和血液的細胞。

　　骨髓移植也用於本身骨髓在移植前並未完全被化療破壞怠盡的患者。這表示他們的骨髓結合了自己和捐贈者的骨髓，而他們的血液DNA會反應這種組合，保有本身與捐贈者的DNA。

　　另一個令人混淆的情況來自一種罕見的遺傳狀況，稱作**嵌合現象**（chimerism）。在希臘神話中，奇美拉（Chimera）是由各種動物不同的部位組成。這種生物有各種不同的描述，其中之一是獅頭、山羊身和蛇尾。至於人類的嵌合體（chimera）是由兩個或多個受精（有時是未

受精）卵子不正常融合。我們來看點基礎的遺傳學。

異卵雙胞胎（fraternal twins）是兩個獨立的卵子和精子細胞的產物，彼此之間的差異就像相隔多年出生的手足一樣。之所以成為雙胞胎，只是因為他們在同一時間共用子宮。同卵雙胞胎（identical twins）則來自同一個卵子與精子。卵子受精後開始分裂，產生更多相同的細胞。第一次分裂之後，如果兩個子細胞分離，個別發展出一個胚胎，這兩個胚胎就會有完全相同的DNA，即同卵雙胞胎。

嵌合體發生在兩個受精卵（如異卵雙胞胎，受精卵不同且各自由不同的精細胞授精）結合在一起，產生單一個胚胎。胚胎變成兩個卵子與兩個精細胞的產物，因此後代會有兩套不同的DNA。就像異卵雙胞胎被混合成一個人，實際情況也差不多如此。你或許猜到了，人類嵌合體會有兩種不同的DNA圖譜。這種狀況可能嚴重混淆DNA鑑定。

親子鑑定

ABO血型鑑定可用來排除親子關係，但無法完全確認受試男性是否真的是孩子的父親。為了證實親子關係，必須利用DNA。

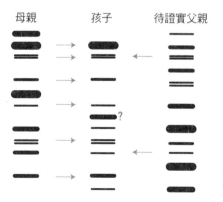

圖10-5｜DNA親子鑑定。孩子的DNA指紋圖譜中所有的條帶一定會和雙親之一吻合。如果孩子的條帶不屬於母親或待證實父親，待證實父親就不可能是孩子的父親，因而得以排除親子關係。在這個例子中，孩子的條帶在母親和待證實父親的條帶中都找不到，因此他並不是孩子的生父。

　　第一步是建立母親與孩子的DNA指紋圖譜。接著這些圖譜和待證實父親的圖譜相比對。我們所有的DNA都來自於雙親，並無其他DNA來源，所以孩子的DNA圖譜應該是雙親的結合。這不表示孩子會擁有父母所有的指紋條帶，但確實指出孩子不可能會有雙親都沒有的條帶。它會是從哪裡來的呢？

　　親子鑑定時，如果孩子擁有一個既不屬於母親，也不屬於待證實父親的DNA片段，那麼該名男性就不會是孩子的父親。這個片段一定來自於別人（親生父親），而排除了待證實父親的親子關係（見圖10-5）。

刑事檔案：伊恩‧希姆斯案

　　這起不尋常的案件以親子鑑定取得刑事判決。一九八八年二月九日，英國西北部比林吉（Billinge）小鎮的二十二歲保險員海倫‧麥考特（Helen McCourt）失蹤了。她曾經在當地的喬治與龍（George and Dragon）酒吧停留。酒吧老闆是伊恩‧希姆斯（Ian Simms），兩人可能有過感情關係。目擊者表示聽到酒吧傳來尖叫，而警方訊問希姆斯時，發現他臉上有幾處抓傷。

　　警方還找到不少證據，像是在希姆斯車上找到海倫的頭髮和她染血的耳環，而且在該郡的幾個地區發現海倫染血的外套和衣物，這些衣物上也有希姆斯飼養的寵物狗毛、他公寓地毯的纖維和一段電線，電線上沾有海倫的頭髮。不過並未尋獲海倫的屍體。

　　警方偵辦的難處在於證明希姆斯公寓裡的血跡是海倫的。調查人員苦無屍體可採集血液樣本，於是找上海倫的父母，利用從他們身上取得的樣本和希姆斯家中找到的血跡比對。審判時，傑佛瑞斯博士（DNA指紋圖譜之父）證實，在希姆斯公寓找到的血跡不屬於海倫雙親而另有其人的機率是一萬四千五百分之一。一九八九年，希姆斯被判有罪，終身監禁。

粒線體DNA

目前為止，我們討論了核DNA（存在於我們細胞核的DNA）的運用，不過人體細胞中其他無細胞核的DNA在鑑識上極有用處。其中兩種是**粒線體**DNA（mitochondrial DNA，簡稱mtDNA）和**Y染色體**DNA（Y-chromosomal DNA）。

粒線體DNA的發現成為鑑識調查的一項利器。它可以用於識別加害者、人類殘骸，以及親源判斷。粒線體DNA首次做為法庭證物，是在一九九六年的田納西州訴偉德案（Tennessee v. Wade）。

非核DNA位於**粒線體**。粒線體為小型的胞器，存在於細胞的細胞質中，是細胞的能量產生中心。粒線體中有少量的DNA，不過每個細胞裡都有許多粒線體。

粒線體DNA因為有幾個特質顯得獨特。它是由母系代代相傳，很少突變，位在核DNA不存在的地方，且格外耐久。

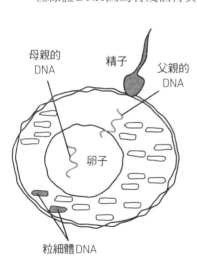

你的粒線體DNA完全繼承你的母親，而且只從你母親而來。她也是繼承自她母親，她母親又繼承自母親，以此類推。為什麼會有這種情形？卵子受精時會提供整個細胞和一半的DNA，而精子只提供一半的DNA（見圖10-6）。精細胞把遺傳物質導入卵細胞的細胞核之後，便分解消失。所以發育中的受精卵本身，和所有細胞物質（包括粒線體）都是來自母親。隨著細

圖10-6｜受精過程。受精時，細胞以及受精卵中所有的細胞結構都是由卵子提供，精子只提供一半的DNA。

胞分裂、複製，這些粒線體複製、一代代傳下去。因此所有的體細胞（somatic cell）都含有相同的粒線體DNA。

這種DNA經由母系傳遞下來，而且世代保持不變，說不定可以延續六千五百年之久。你的粒線體DNA基本上和你母親、曾曾外祖母以及一千年前母系的祖先沒有兩樣。任何人的母系均可準確追溯許多代，可以用來證實兩個人的關係。這在著名的波士頓絞殺手（Boston Strangler）案中至關重要。

刑事檔案：波士頓絞殺手

艾伯特・德薩弗（Albert DeSalvo）被視為波士頓絞殺手定罪。他承認犯下其中多起謀殺，但時常說錯細節，令人懷疑或許這些案件並非一人所為。鑑識科學試圖解開這個謎。

絞殺手的最後一名受害者是瑪麗・蘇利文（Mary Sullivan）。二〇〇〇年十月，蘇利文死後三十六年，警方於麻薩諸塞州海恩尼斯（Hyannis）挖出她的遺體。調查人員在她身上找到一處精液痕跡。然而樣本劣化，無法檢查精子的存在或測試攝護腺特異抗原，不過發現了粒線體DNA。

德薩弗已於一九七三年死亡，因此調查人員從他的手足理查（Richard）身上採集血液樣本。兄弟兩人應該擁有相同的粒線體DNA。如果精液痕跡的粒線體DNA和理查相符，就能證明艾伯特確實是凶手。結果並不吻合。所以，雖然德薩弗承認殺死蘇利文，但其實凶手另有其人。他也承認了其他與他無關的謀殺案嗎？我們也許永遠無法確定真正的波士頓絞殺手是誰，不過至少蘇利文這一案，他是清白的。

這起案件也突顯出粒線體DNA的另外兩個優點。首先，粒線體DNA非常耐久，經常能從較舊的組織和骨骼，以及年代久遠的骨骸

牙齒中萃取。另一點是，有些核DNA不復存在的組織中仍有粒線體DNA。

前面提過，毛髮主要是由死亡細胞的碎片堆積而成，毛髮上唯一有生命的是毛囊。毛囊細胞含有核DNA，可用於DNA鑑定。死亡細胞沒有細胞核，也就沒有DNA。所以遭扯下或是脫落時連著毛囊球的毛髮可以提供核DNA，剪下或沒連著毛囊球的毛髮則無。不過並非完全無望。

毛髮生長過程中，毛囊球的細胞經過複製和改變，與生長中的毛髮結合。這個變化包含每個細胞失去細胞核的過程，因此毛髮沒有核DNA。不過和毛桿結合的死亡細胞碎片可能含有粒線體DNA。如果含有粒線體DNA，就能萃取出來識別掉落毛髮的人。

Y染色體DNA

男性之所以為男性，是因為擁有Y染色體。Y染色體只存在於男性；父親會將Y染色體傳給他的男性後代。所以Y染色體DNA隨著父系血統而傳承。檢測Y染色體上的短串聯重複序列（Y短串聯重複序列），就能顯示兩名或多名男性擁有相同的父系血統。這就像粒線體DNA一樣，可以用於系譜學以及確認屍體身分和犯罪嫌疑人。這項技術已證實能藉由長達三十代的父系祖譜，串起兩名男性的關係。

CODIS系統

CODIS代表DNA聯合索引系統（Combined DNA Index System），儲存包括重刑犯以及自攻擊、謀殺和性侵等犯罪現場採集的生物檢體的資料。該系統源自一九九〇年的一項先導計畫，接著一九九四年制定《DNA鑑別法》（DNA Identification Act）授權聯邦調查局設立國家DNA

索引系統（National DNA Index System，簡稱NDIS），並於一九九八年開始運作。參與CODIS資料庫建置的實驗室因而可比對全國的DNA樣本。

舉例來說，取自犯罪現場或犯罪嫌疑人的樣本DNA指紋，可連至CODIS資料庫和系統內所有的圖譜做比對。倘若與特定對象吻合，就會重新採樣於鑑識實驗室重複測試，藉以確認或推翻假定。或者DNA樣本可能和另一個犯罪現場採集的樣本DNA吻合，便將兩起案件連結起來。這麼一來，兩個或更多的現場就會一起納入考量。光是如此，就可能識別出加害者的身分。

一九九七年，聯邦調查局為普及DNA鑑定系統，選出十三個STR基因座做為CODIS資料庫的核心。使用該系統的實驗室檢查這十三個基因座做為DNA分析之一，統一比對樣本的程序。

CODIS大獲成功。截至二〇〇三年九月，這個系統已記錄近九千筆吻合的案件。其中之一是諾曼・吉莫曼（Norman Jimmerman）案。

刑事檔案：諾曼・吉莫曼案

一九八九年三月，維吉尼亞州威廉斯堡（Williamsburg）的黛比・史密斯（Debbie Smith）遭人從住處強壓至附近的樹林性侵。攻擊者警告她，如果她把事情洩漏出去，就會回來殺了她。史密斯報了警。警方比對頭號犯罪嫌疑人的血液和受害者強暴驗傷取得的精液DNA，結果並不吻合。一九九四年，史密斯的社區發生連續性侵害案件。另一名犯罪嫌疑人引起警方的注意，再次分析DNA，結果依然不吻合。

於此同時，維吉尼亞州開始發展被定罪的重刑犯的DNA圖譜資料庫。當局的鑑識部（Department of Forensic Services）會定期將新鍵入的資料和懸案做比對，而其中一筆資料顯示諾曼・吉莫曼是攻擊史密斯的人。他目前正在為犯下的強盜和綁架案服刑，刑期是一百六十一年。

兩起特別的DNA案件

刑事檔案：貓咪雪球

一九九四年，愛德華王子島（Prince Edward Island）的雪莉·杜葛（Shirley Duguay）失蹤了。幾天後，她的屍體被人發現埋在一個淺墳裡，身上的皮夾克浸染了血，上頭沾了幾根白色貓毛。她分居的丈夫道格拉斯·畢米希（Douglas Beamish）養了一隻貓，名叫雪球。從雪球身上採集血液分析DNA顯示，和埋葬處發現的貓毛吻合，證實這些毛來自於雪球，而不是別隻貓。畢米希被判有罪。這是利用動物DNA使人定罪的首例。

刑事檔案：理查·施密特HIV案

一九九四年，理查·施密特（Richard Schmidt）醫生在女友身上注射了他從一名感染愛滋病的患者身上取得的血液。六個月後，她驗出HIV病毒，於是報警處理。調查人員過濾施密特的紀錄發現，他為愛滋病患者抽血和幫受害者注射是在同一天晚上。這點很重要，因為病毒只能在體外存活幾個小時。鑑識實驗室遇到的問題是，HIV經常突變，可能無法藉由比對感染源不明的患者身上的病毒和受害者體內的病毒來確認。雙方的病毒都可能突變至無法決定性配對。為了解決這個問題，他們從當地另外三十二名HIV陽性的人身上採集樣本。測試結果顯示，該名患者的感染源和受害者的檢體樣本幾乎完全吻合，其他人則不然。施密特被控二級謀殺罪，判處有期徒刑五十年。這起案件是以病毒DNA分析定罪重刑犯的首例。

11

毒理學：藥物、毒物和毒素

TOXICOLOGY: DRUGS, POISONS, AND TOXINS

毒理學是藥物、毒物和毒素的科學，毒理學家（toxicologist）則是處理這些物質的科學家。

毒理學家和毒理學實驗室是每個鑑識實驗室的重要組成。事實上，如果少了這門重要的科學，就無法充分執行法醫科學調查。意外、自殺、他殺死亡時常和藥物與毒物有關，甚至可能是自然死亡的因素之一。

法醫毒理學涉及許多不同領域的藥物和毒素檢測。設備完善的毒理學實驗室會運用大量複雜的技術來分析未知的物質，評估異常行為受藥物影響的程度以及藥物是否導致意外，確認藥物或毒物在死亡原因和死亡方式中所扮演的角色，或是測試非法藥物。

毒物是什麼？

毒物（poison）、毒素（toxin）、藥物（drug）這些名詞只是對同一種東西的不同描述。你可能覺得毒物會殺人，毒素會造成傷害，而藥物具有治療效果，但這些名詞幾乎可以替換。因為能夠治療也可能造成傷害，而會造成傷害的就有可能致命。

所有一切都有可能是毒物。毒物的基本定義是若攝取足量會造成有害或致命反應的任何物質。關鍵是「足量」。

任何物質的毒性取決於進入人體的量，以及攝取的時間有多長。比方說，你也許知道砷是毒物，但你知道你體內現在很可能有砷嗎？

如果你吸菸，你體內的砷還不只一點，汞和氰化物也一樣。這些物質存在於環境中──防不勝防，但是分量可能極少，所以不會真正造成傷害。然而，攝取的量夠多就會變得致命。

　　醫生為你治療健康問題所開立的藥物也一樣。以心臟藥物毛地黃為例，這種藥取自毛地黃屬（foxglove）植物，一百多年來都被用來治療心臟衰竭和各種心律不整。不過，它同時也是致命毒物。服用過量，可能會導致噁心、嘔吐，以及致命性的心律不整。諷刺的是，它可以用來治療心律不整，同時也能造成其他更加致命的心律反應。劑量正確就是藥物，劑量錯誤就是毒物。

尋找毒物

毒理學結合了化學和生理學，它處理的是化學物質（化學），以及這些物質如何改變或傷害生物（生理學），尤其是人類。

　　法醫毒理學家處理的是毒理學的法律層面，他的任務是找到並且分析取自活人和死者身上的生物試樣中的有毒物質，並判定這些物質對當事人生理、心理與行為的影響。例如，法醫毒理學家可能需要評估車禍事故受害者的酒醉狀況，或是判定某人是否死於毒物，或者是否因某種藥物導致受害者死亡。這通常比聽起來更加困難。

　　毒理學家調查中毒死亡的可能性時，他必須回答三個基本問題：

- 是毒物造成死亡嗎？
- 毒物是如何使用的？
- 毒物的攝取是意外、自殺或他殺？

　　負責評估死亡方式的是法醫，而不是法醫毒理學家，但法醫所做的判定必須仰賴毒理學家的發現和意見。

　　沒有找到藥物可能也一樣重要。倘若毒理學家在表現古怪或行為異常的人身上未發現藥物，可能需要進行精神評估與診斷；或者在肇

事駕駛血液中發現低濃度的抗癲癇藥物，表示有可能是疾病發作所導致的意外。

歷史觀點

毒理學是相對較新的科學，以解剖學、生理學、化學和醫學這些科學先趨為基礎，而這些科學知識必須完整到一定程度，毒理學才能成形。毒理學經過兩百多年的測試緩緩演進，一開始是砷的檢測。

　　砷是沿用了好幾世紀的常見毒物，卻始終無法證明它是可疑命案的罪魁禍首。科學家必須分離而後辨識人體中的**三氧化二砷**（〔arsenic trioxide〕砷常見的有毒型式，俗稱砒霜），才能證實死亡原因。從砷檢驗的進程可以看到毒理學的多方進展。

▶ 一七七五年：瑞典化學家卡爾・席勒（Carl Wilhelm Scheele, 1742-1786）證明用氯水可以把砷轉化為亞砷酸（arsenic acid）。接著他將金屬鋅加入並加熱混合物，便釋出砷化氫氣體（arsine gas）。當這種氣體接觸到低溫容器時，砷便凝集在容器的表面。

▶ 一七八七年：約翰・梅茨格（Johann Metzger, 1739-1805）發現砷以木炭加熱，木炭表面會生成一層帶有光澤、黑色的「砷鏡」（arsenic mirror）。

▶ 一八〇六年：瓦倫丁・羅斯（Valentine Rose）發現從人體內找到砷的方法。他以碳酸鉀（potassium carbonate）、氧化鈣（calcium oxide，俗稱石灰）和硝酸（nitric acid）來處理砷中毒者的胃內容物，就會產生三氧化二砷。接著就能用梅茨格測試來檢測。

▶ 一八一三年：法國科學家馬修・奧菲拉（Mathieu Joseph Bonaventure Orfila, 1787-1853）發展出一種從狗的組織中分離砷的方法。他也發表了第一本毒理學專著《毒物論》（*Traité des poisons*），促使毒理學成為一門獨立的學科。

▶ 一八二一年：塞維亞斯（Sevillas）利用類似的技術檢驗出中毒者的胃和尿液中含有砷毒，法醫毒理學領域也就此誕生。

▶ 一八三六年：阿爾弗列德・泰勒（Alfred Swaine Taylor, 1806-1880）醫生發展出第一種從人體組織驗出砷的檢驗技術。他在英國葛雷醫學院（Grey's Medical School）教授化學，法醫毒理學領域成為醫學專業應歸功於他。

▶ 一八三六年：詹姆斯・馬什（James Marsh, 1794-1846）改良梅茨格的原始檢測方式，發展出一種更為簡易且靈敏的砷檢驗法，使用玻璃板或瓷板收集「砷鏡」。馬什檢測成了測試標準，其原理成為更加現代的芮恩施試驗的基礎，本章稍後會加以介紹。

如你所見，發展出有用的砷測試程序端賴先前的發現。科學就是這樣演進的，研究者利用前人的發現循序漸進發掘出更多。

現代毒理學

現代法醫毒理學家在分析時，有時會尋找毒物本身，有時則尋找毒物分解的產物。這是生物轉化（biotransformation）的概念，也就是身體將一種化學物質轉變或轉化成另一種化學物質。我們也稱之為代謝（metabolism），產生的新產物則為代謝物（metabolite）。這個過程其實是身體在破壞或分解化學物質，將之排除體外。藥物治療是設計來解決健康問題，而且確實有其功效，不過對身體來說藥物也是外來毒素，必須加以代謝排除。因此每日服藥是為了讓血中藥物濃度維持在具療效的水準。

藥物或毒素經過代謝後通常會讓化學物質失去作用，並經由腎臟從體內排除。有許多化學物質不溶於水，表示它們也不溶於尿液，人體就會代謝化學物質將其轉變為可溶於水的代謝物，並藉由腎臟過濾進入尿液，然後排出體外。

　　大部分的代謝物都不具生物活性，對人體而言為惰性。少數具有活性的代謝物，其生物特性可能比原本的化學物質更弱或更強。這些代謝物的表現甚至可能和原型化合物頗為不同。例如，古柯鹼會代謝成三種代謝物：具活性特質的去甲古柯鹼（nor-cocaine）、惰性的苯甲醯艾克寧（benzoylecgonine）以及甲基艾克寧（methylecgonine）。

　　另一個例子，是嗎啡製成的海洛因。海洛因注射到體內時，會立刻轉變回嗎啡──這種化學物質會讓使用者變「嗨」。

　　古柯鹼和海洛因都迅速代謝成新的物質，因此檢驗古柯鹼和海洛因沒有用。毒理學家是透過尋找代謝物檢驗兩者的蹤跡，找到代謝物就能證實原型藥物的存在。

　　長久以來，投毒一直是廣受歡迎的謀殺方式，因為毒物不會使人體產生可見的變化，無論在活人或屍體身上都一樣。在毒理學實驗室出現之前，投毒者通常得以「逃過法網」。畢竟如果沒有明顯的死亡原因，就一定是自然死亡。既然無法判定真正的死亡原因，就無法要任何人負責。

　　當然了，有些毒素的確會留下可見的線索，有許多長年來已為人所知。像是攝入酸液或鹼液等腐蝕性毒物，會使口腔、食道和胃部受到嚴重損傷。毒菇和氯化烴（〔chlorinated hydrocarbon〕如四氯化碳〔carbon tetrachloride〕，過去曾用於地毯清潔劑）可能導致肝臟脂肪變性。氰化物和一氧化碳會使血液和組織呈現櫻桃紅，產生帶粉紅的青灰色。金屬毒物如砷、水銀和鉛會使腸胃道和肝臟發生特殊改變。

　　不過這並非常態。大部分的毒物在人體細胞造成的損害不會留下可見蹤跡，法醫在解剖或以組織製備作載玻片中往往看不到可見的毒素證據。因此，法醫會收集體液和身體組織，交由毒理學家分析是否有毒素存在。

樣本採集

毒素很少留下可見的線索，法醫和毒理學家必須進行特殊的檢驗來揭露毒素的存在。這些檢驗需要各種體液和組織，種類則根據待檢藥物和檢驗當時的狀況而定。檢驗是為了確認特定藥物是否為死亡原因，或是死亡的輔助因素，或者完全無關。

採集檢驗用樣本最佳的部位就是化學物質進入體內之處、在體內累積的位置，以及排出的路徑。所以，血液、胃內容物和注射部位周圍的組織都可能含有高濃度的藥物。檢測肝臟、腦部及其他組織，可能發現藥物或代謝物累積之處。尿液檢驗則可能顯示藥物和代謝物濃縮。

法醫解剖時，會採集血液、尿液、胃內容物、膽汁、眼球玻璃體，以及肝臟、腎臟、肌肉和腦部的組織樣本。如果懷疑是吸入性毒素，也會採集肺部組織；若懷疑是慢性重金屬中毒，則會採集頭髮樣本（本章稍後會討論原因）。

樣本必須在進行防腐前採集完成，因為防腐程序可能會干擾後續的檢驗，若為氰化物中毒，則會完全破壞毒素。另外，防腐液體中可能含有甲醛和其他酒精，防腐程序之後，準確的酒精檢測即使不是不可能，也會變得很困難。

法醫或毒理學家最常採集的液體和組織如下：

▶ 血液：血液對毒理學家來說顯然是最有用的物質，因為大部分的藥物和主要代謝物都可以利用現代毒理學技術在血液中找到。

簡單的靜脈穿刺（通常是用針從手臂的靜脈抽血）就能從活人身上取得血液樣本。解剖時，血液通常從幾個部位取得：主動脈（從心臟把血液帶到身體各處的主要動脈）、左右半邊的心臟，以及股動脈（位在鼠蹊部）。接著把樣本放進玻璃試管內，送至實驗室檢驗。

如果要檢驗血液中的揮發性物質，就要選用內襯為鐵氟龍的螺蓋

試管，並且應避免使用橡皮塞，因為橡皮可能和氣體發生反應或造成氣體散溢。

毒理學家不僅要判定毒素是否存在，還要評估毒物在體內的濃度。濃度之所以重要，是因為低濃度可能不會有影響，高濃度則可能有毒性反應，進而影響當事人的行為，或在死亡中扮演某種角色。血液通常是最適合這類評估的物質。

血液中的藥品或藥物濃度和中毒程度，以及可能致命的濃度非常相關。**生體可利用率**（bioavailability）是指能保有生物活性的藥量。由於藥物作用是在細胞層次，生體可利用率即代表能達到人體細胞的藥物濃度。多數化學物質在血液中的濃度和細胞中的濃度呈現相關。

例如，血中酒精濃度和當事人的酒醉程度相關性極高，而我們很清楚血液中酒精的致命濃度。有了這項資訊，法醫就能利血中酒精濃度正確估算交通事故時當事人的酒醉程度，或者兄弟會的男孩是因豪飲而死，還是另有其因。

假設有人服用一大把鎮靜劑（安眠藥）企圖自殺，這些藥丸要「發揮作用」就得先經過消化，吸收到血液中，然後送到腦細胞，腦細胞中的藥物濃度決定了「中毒」的程度。由於血中藥物濃度可以準確反映腦細胞所含藥量，因此檢驗血液就如同檢驗細胞。

但若是胃部未吸收藥物，當事人就不會受到藥物影響。胃中藥量多寡並不重要，因為腦細胞用不到這些藥物。所以，如果在受害者胃中發現未消化的藥物，且血中藥物濃度非常低，就表示不是藥物過量致死，而是有其他原因。

▶ 尿液：尿液檢驗用一個紙杯，去一趟廁所就能簡單取樣，是工作場所主要使用的檢測。解剖時也會進行尿液檢驗，以針插入膀胱採集。腎臟是人體排除藥物和毒素的主要途徑，因此腎臟中的毒素濃度經常高於血液。然而有個問題是，尿液中的藥物濃度和藥物在體內發揮的效果，兩者的關聯性通常很差。法醫至多只能知道藥物曾進入血

液之中，無法得知在採集當下藥物對當事人有任何影響；如果是驗屍，則無法藉此得知死亡時間。

此外，要從尿液中的藥物濃度估算血液中的藥物濃度是不可能的。前者取決於尿液產生的量。如果某人攝取了大量的水，那麼相較於另一人很「乾」的情況，尿液本身和其中所含的任何化學物質都會較為稀釋。其他像是酒精和利尿劑也會增加尿量，降低藥物或代謝物在尿液中的濃度。許多運動員會用利尿劑來掩蓋或釋稀能改善表現的藥物。

▶ 胃內容物：胃內容物的採樣方式，是利用胃管從服用藥物的倖存者身上取出，一般是由鼻子插入進到胃中，然後將胃內容物吸出，檢驗其中是否有藥毒物存在。

解剖時，也會用類似的方式檢驗胃內容物。只要受害者疑似服用毒物或藥物，就必須採集胃內容物。然而，如同前述，胃中的藥物濃度和血中藥物濃度無關，也和藥物對此人的影響無關，不過可以顯示藥物是經由攝入，以及攝入劑量。

▶ 肝臟：肝臟是大部分的藥物和毒素的代謝中心。檢驗肝臟組織和膽汁時，通常能找到藥物或其代謝物。許多藥物（尤其是鴉片製劑）容易聚集在肝臟和膽汁裡，當血液中找不到痕跡時，一般能在這些組織中找到。肝臟可能反映死前某種藥物的濃度，膽汁則能顯示過去三至四天體內有哪些藥物，但兩者都不是很準確。

▶ 玻璃體：玻璃體（又稱玻璃狀液）是眼球內部的液體，由於不易腐敗，在嚴重分解的屍體中可能是唯一殘存的液體。檢驗玻璃體可能找到某些藥物。玻璃體為水狀（如水般的）液體，表示水溶性的化學物質會溶於其中。此外，玻璃體和血液維持平衡，所以血液裡的水溶性化學物質也會出現在玻璃體中。重要的是，玻璃體的反應大約比血液遲滯一到兩小時左右，這表示檢驗玻璃體可推估彼時血液中的毒素濃度。

▶ **毛髮**：毛髮會吸收如砷與鉛等某些重金屬毒素，以及其他藥物。此外，毛髮具有獨特的用處，可用來判斷上述許多物質的中毒時間。本章稍後會進一步探討。

▶ **昆蟲**：死屍會引來許多昆蟲，法醫可以利用以腐肉為食的蠅蛆做藥物檢驗。有些昆蟲自身容易累積藥物，因此至少能提供受害者體內是否有某種藥物的資訊。

毒理學與死亡原因、死亡方式

在久遠的過去，要判定一個人是怎麼死的非常困難，而且幾乎不可能確認是否和某種毒物有關。雖然現代毒理學技術大大改變了這種情況，然而判定死亡原因是否為中毒仍是法醫毒理學家最困難的工作。

判定死亡原因和死亡方式的責任，最終落在法醫或驗屍官身上。為了完成任務，他們必須仰賴死亡型式、犯罪現場重建、解剖上的發現，以及實驗室的檢驗結果，包括毒理學的發現。

倘若案件有涉及致命毒物的可能，毒理學家就必須找出毒素，並判斷受害者體內的毒物濃度以及是否致命。為了完成這項任務，有些因素是他們必須納入考量。

藥物的致命濃度因人而異，取決於受害者的年齡、性別、體型和體重、服用藥物、整體健康狀況，以及是否有疾病影響他對某些藥物的耐受性。

例如經常大量飲酒的人，對酒精的耐受性遠高於平日滴酒不沾的人。長期酗酒的人即使喝下一般人容易醉倒的量，仍然可能完全清醒。

同樣的，海洛因重度成癮者由於經常注射，他們血液中的藥物濃度能在幾分鐘內殺死一般人。

此外，有些藥物對於有特殊健康問題的人尤其危險。像是患有心臟病或高血壓的人使用安非他命，其所冒的風險就遠勝於健康的人。

在這種情況下，對一般人尚且無礙的安非他命濃度，在這些人身上就會致命。

所以事情沒那麼簡單。藥物或毒素存在，而法醫試圖判斷死亡原因時，必須考量到所有因素。如果沒有其他可能的死亡原因，而且可能有害的藥物濃度不低，法醫可能會判定藥物是造成死亡的近因，至少是輔助因素。

別忘了，死亡方式有自然死、意外死、自殺、凶殺，以及無法判定或歸類這個額外的類別。藥物和毒物有可能是其中任何死亡方式的直接原因，或至少是輔助因素。

▶ 自然死：即使牽涉到藥物，也可能是自然死亡。若是患有嚴重冠狀動脈心臟病（coronary artery disease，簡稱CAD）的人吸食安非他命，或是吸進了幾道古柯鹼粉末呢？冠狀動脈心臟病是很常見的疾病，提供心臟血流的冠狀動脈因血栓造成阻塞。

安非他命和古柯鹼這兩種藥物都會使心跳和血壓上升，以致提高辛苦工作的心肌對血液的需求量。

此外，這些藥物可能造成冠狀動脈痙攣（緊縮），大幅減少供應心肌的血流。基本上，這是在血液需求提高時減少血流的供應，使得供需不平衡，受害者可能會心臟病發（部分心肌由於血液供應不足而死亡）或出現心律不整（心跳節奏改變），兩者都可能導致死亡。死亡原因可能是心臟病發或心律不整，若受害者原本就患有冠狀動脈心臟病時更是如此。安非他命或古柯鹼則為輔助因素，這種情況很常見。

法醫和毒理學家遇到這種狀況時，必須評估受害者心臟疾病的嚴重程度、體內的藥量，以及是否真的心臟病發。倘若受害者體內藥量低而冠狀動脈嚴重阻塞，法醫很可能將死亡歸咎於自然情況，藥物只是次要因素。另一方面，若是受害者的冠狀動脈心臟病輕微，但體內的藥物濃度高，則可能判定是藥物造成的意外死亡。

那麼，若是受害者故意服用大量的古柯鹼，或是被迫吸食安非

他命呢？死亡方式就分別是自殺和凶殺。重點是，在這兩種情況下，解剖與實驗室的檢驗結果會彼此相符。法醫必須藉由目擊者的證詞和警方的調查結果釐清真相。即使有了這項資訊，可能依然無法釐清情況，因此法醫可能將死亡方式歸為無法判定或歸類。

▶ **意外死**：大部分的意外中毒事件發生在居家，時常與兒童有關。兒童天生好奇，幾乎所有東西都會拿來放進口中，無論是處方藥物、殺蟲劑、家用清潔劑、油漆稀釋劑、除草劑或是蝸牛餌劑等，應有盡有。至於成人最常見的中毒原因是某項產品標示錯誤，通常是換裝容器所致，可能是藥物放進另一個瓶子裡，某種有毒液體裝進空酒瓶中，或是氰化物或砷化物的白色粉末裝進容易和糖或鹽混淆的容器中。

有些時候，死亡原因可能是劑量計算錯誤，像是海洛因或安非他命成癮者時常算錯他們吸食的劑量。街頭毒品的品管極差，使得這個問題不增反減。一個毒品成癮者剛拿到手的那個袋子裡，海洛因的純度究竟有多少高？可能比昨天買的那袋純度低，或是高上許多倍。若是後者，而他注射的劑量和昨天相同的話，就很容易死於用藥過量。

同樣的，有些人會認為如果服用一份藥物對他有益，那麼兩份的效果會更好更棒。這樣的假設很危險。毛地黃是常見的心臟藥物，有時患者會自行決定把藥量加倍。幾週之內都沒事，不過這種藥物會在體內累積，導致產生其生症狀，最後死亡。

藥物意外致死的另一個因素是藥物混用。用酒搭配鎮靜劑服用，是惡名昭彰的死亡原因。毒品成癮者常混用古柯鹼和安非他命，或以海洛因混和鎮靜劑，或是其他任何想像得到的組合，而造成不可挽回的悲劇。

▶ **自殺**：用藥物自殺相當常見。常用的手段包括使用鎮靜劑或安眠藥、麻醉劑、酒精，以及一氧化碳（見第八章：窒息，「毒氣」一節）。受害者往往同時服用多種藥物，基本上藥櫃裡有什麼就吃什麼。這對毒理學家來說是個難題。毒理學家必須檢驗胃內容物、血液、尿液和組

織,藉此推斷每種藥物的濃度以及造成受害者死亡的效應為何。他可能發現大量特定的有毒藥物,而這種有毒藥物是死亡原因;也可能發現死亡原因是特定的藥物組合。

　　法醫會利用這些發現,並綜合解剖和調查人員得到的資訊,來判定死亡方式。在體內發現多種藥物,並不代表是受害者刻意服下的。有可能是為了紓解生理或心理上的痛苦,而意外藥物過量;或是有人偷偷把藥物加進受害者的食物或飲料中,這就是他殺了。

　▶ 凶殺:從古代一直到二十世紀常見投毒謀殺,但今日卻很少見。

　　他殺中毒就像意外和自殺中毒一樣,多半發生在家中。因此凶手必須熟知受害者平日的習慣,並且能夠接觸到受害者的食物、飲料和用藥。這項資訊對他殺下毒是個關鍵。毒理學家推斷受害者是遭到下毒後,警方就會鎖定所有能接觸受害者的人。

毒理檢驗程序

毒理學家所面臨的最大問題是因攝入、注射或吸入而對人體造成危害、成癮,甚或致命的藥物有數千種。有些藥物還能直接經由皮膚吸收。藥毒物檢驗既費時又昂貴,實驗室的經費都很有限,無法讓每個案子都進行這樣的化驗。因此,檢驗的範圍能縮至愈小愈好。

　　了解死亡現場的環境很重要,因為現場的線索時常指向特定的藥物。比方說,假設一名年輕女孩被人發現倒臥在床,而她的身旁有個空藥瓶,就會導向某種檢驗途徑;若對象是巷子裡身上有注射針痕的毒癮者,則會採取另一種檢驗途徑。

　　從死亡型式推測出的可能毒素的線索愈多,就愈能縮減毒理學家必須考量的可能範圍。

雙層系統

檢驗藥物或毒物時，毒理學家一般採用一種二階層的方式。初始的檢驗稱為**推定試驗**（presumptive test），這種試驗的目的是篩檢，執行起來通常比較簡單、便宜。倘若結果呈現陰性，表示某種或某類藥物不存在，無須進一步檢驗。若呈現陽性，表示特定的物質有可能存在。藉著這些篩檢試驗，可大幅縮減可能藥物的數量，毒理學家就能進入第二階段，使用縮小範圍的**驗證試驗**（confirmatory test）。這些試驗較為昂貴而費時，不過它是設計來精確辨別存在的藥物種類。這種雙層系統有助於省下大量的時間與金錢。

無論是分析血液、尿液或從一個人（或死或活）身上採集的其他物質，或檢驗一批認為是非法藥物而扣留的物品，毒理學家都會採用這種方式。

假設在某條巷子裡發現一具屍體，而該處以買賣甲基安非他命出名，毒理學家會用驗屍取得的血液樣本進行安非他命的推定試驗。如果呈現陽性，就必須進一步進行驗證試驗，辨別確切的安非他命種類；如果呈現陰性，就不需要進一步檢驗，毒理學家會尋找其他種類的藥物。

為了得到更確定的結果，毒理學家會希望在至少兩個不同的部位找到藥物或毒物。在血液和肝臟組織裡找到毒素，比只在其中一個找到時更能肯定。

或是假如毒理學家檢驗某個遭扣押的物品，發現古柯鹼的推定試驗呈現陽性，就需要進行驗證試驗。若篩檢試驗呈陰性，可能要分析是否為其他藥物，但至少排除了古柯鹼。

大部分的實驗室有百分之七十五的時間和資源都用於檢驗管制藥品及非法藥物。這類檢驗最常檢查的項目是血液和尿液。一旦推定檢測顯示特定的某種或某類藥物很可能存在，就會進行驗證試驗，結合**氣相層析質譜儀**（gas chromatograph/mass spectrometry，簡稱GC/MS）

或紅外線光譜（infrared spectroscopy，簡稱IR），判斷其中有哪種物質。
程序詳見附錄。

推定試驗

推定試驗有許多種類。一般的藥毒物檢驗是呈色試驗（color test）、免疫分析法（immunoassay test）、薄層層析法（thin layer chromatography，簡稱TLC）和紫外光譜法（ultraviolet spectroscopy）。

呈色試驗──這種試驗是把試劑（任何有活性的化學溶液）加入血液、尿液或組織檢體中，其中若含有欲檢驗的特定化學物質，就會產生顏色變化──這是因為藥物和試劑作用而產生新的物質，使混合物帶有特定的顏色。這些試驗便宜、簡單且快速，可以判定某種或某類化學物質是否存在於檢驗的物質之中。倘若結果是毒素並不存在，就不需要進一步檢驗。

有各式各樣的呈色試驗可以找出許多種類的藥物是否存在，常見的包括：

▶ **特林德試驗**（Trinder's test）：此種試劑含有硝酸鐵（ferric nitrate）和氯化汞（mercuric chloride），遇到水楊酸鹽類（〔salicylates〕例如阿斯匹靈和類似物質）會呈現紫羅藍色。

▶ **馬爾基氏試驗**（Marquis test）：此種試劑含有甲醛和硫酸，遇到嗎啡、海洛因和大部分的鴉片劑會呈現紫色；如果和安非他命或甲基安非他命混合，會變成橙褐色。

▶ **馮厄克試驗**（Van Urk test）：這是用來檢驗麥角二乙醯胺（LSD）和其他迷幻藥。試劑混合了二甲氨基苯甲醛（dimethylaminobenzaldehyde）、鹽酸和乙酸。如果呈現紫色，表示是陽性反應。

▶ **戴里－科帕尼試驗**（Dillie-Koppanyi test）：這種試驗的樣本先用溶於甲醇的醋酸鈷（cobalt acetate）處理，接著用溶於甲醇的異丙胺

（isopropylamine）檢驗。如果其中含有巴比妥類藥物，就會呈現藍紫色。

▶ **杜凱諾瓦－勒凡試驗**（Duquenois-Levine test）：這種三步驟的試驗可判定大麻或其他大麻素（cannabinoid）是否存在。樣本用溶在乙醇的香草醛（vanillin）和乙醛（acetaldehyde）處理，然後使用鹽酸，最後加上氯仿檢驗。若呈現深紫色，顯示為陽性反應。

▶ **史考特試驗**（Scott test）：同樣是三步驟的試驗，先使用硫氰酸鈷（cobalt thiocyanate）和甘油（glycerine）的混合物，然後是鹽酸，最後加入氯仿。加入硫氰酸鹽之後，古柯鹼會呈現藍色，接著遇到鹽酸會變成粉紅色，一旦摻有氯仿，就會再變成藍。

其他篩檢試驗———

▶ **免疫分析法**：免疫分析是測量液體中的某種藥物的濃度，簡單且靈敏度高，可快速過濾尿液樣本，檢驗某些藥物。然而，人造抗體也可能和極類似目標藥物的物質反應。由於缺乏特異性，這種檢測只是推定試驗，而非驗證試驗。

▶ **薄層層析法**：薄層層析（見附錄）不僅能概略鑑別許多化合物，也能用於分離樣本的成分。一旦大致鑑別出某一種物質，就用質譜儀來確認物質的身分。

▶ **氣相層析儀**：氣相層析（見附錄）和薄層層析同樣用於推定鑑別，區分多種物質。若結果呈現陽性，就使用質譜儀做進一步確認。

▶ **紫外光譜法**：此種試驗利用不同化合物對紫外線吸收量不同的特性，將樣本區分成不同種類（見附錄）。由於無法判斷確切物質，所以只用於篩檢試驗。

典型的篩檢流程———每間實驗室都有個別的藥物篩檢流程，要採用何種試驗、順序怎麼進行，主要依據現有的人員與設備、經費限制及負責的毒理學家的偏好。不過，大部分的實驗室都有甫拿到未

知樣本時，採用的某種標準篩檢。這些基本的篩檢可能包括：

▶ **酒精篩檢**：使用氣相層析來分離、鑑別各種酒精以及相關的化合物，例如丙酮（acetone）。

▶ **酸性物質篩檢**：尿液樣本的免疫分析可用於檢驗酸性化合物，例如巴比妥類藥物和阿斯匹靈。

▶ **鹼性物質篩檢**：氣相層析可篩檢溶於鹼性溶液中的物質。包括許多鎮靜劑、合成麻醉劑和抗憂鬱劑。

▶ **麻醉藥篩檢**：尿液的免疫分析可鑑別鴉片製劑、古柯鹼和美沙酮（methadone）。

毒理學家可以利用這些一般性的篩檢程序，迅速排除許多常見藥物，把尋找範圍縮小到存在的藥物。然後根據這些結果進一步篩檢，以驗證試驗鑑別出最終的未知物質。

驗證試驗

理想的驗證試驗必須兼具**敏感性**和**特異性**，必須能辨識出待確認的化學物質（敏感性），並且鑑別這種化學物質，而將其他的排除（特異性）。也就是說，一旦某種化學物質經過篩檢試驗，得到推定的物質身分，驗證試驗就會精確地判定未知物質的真實身分。

對毒理學家而言，最重要的驗證試驗方式是質譜儀。質譜儀用電子衝擊樣本，讓化學物質分裂成離子態。這種離子碎片模式稱為質譜。由於每種元素和化合物都不同，取得受測物質的化學指紋後，幾乎可以辨識任何化合物。和已知的參考標準相比對，就能知道未知樣本是什麼物質。美國國家標準與技術研究院（National Institute of Standards and Technology，簡稱 NIST）就保有一個已知化學物質的質譜資料庫。

在法醫毒理學實驗室中，質譜儀通常會和氣相層析合併使用，這個組合稱為氣相層析質譜儀。一般是用氣相層析儀把試樣分離成各種

成分，再以質譜儀鑑別各個成分。這是目前最簡易的技術。

　　雖然紅外線光譜不如質譜儀常用，但也能用於判別檢測物的化學指紋（見附錄）。試樣在此不是受到電子衝擊，而是曝露於紅外光下，當光撞擊一個物體或物質時，可能傳導（穿透）、吸收或是反射。每種化合物曝露在紅外光下都會有獨特的傳導、吸收紅外光的模式，藉由這些獨特的模式可以判斷有哪些化合物，並辨識出檢驗的化學物質。這個試驗也和氣相層析搭配使用，稱為氣相層析紅外線光譜（GC/IR）。

金屬檢測

　　重金屬和其他金屬元素，例如鐵、汞、鉛、銅、砷、銻和硒都有致命的可能，多年來造成意外死亡、自殺以及凶殺案件。檢驗體內重金屬最有效的試驗是比色檢定、原子吸收光譜法、中子活化分析法和毛髮分析。

　　▶ 比色檢定（colorimetric assay）：這類試驗是依據不同的金屬元素用特定試劑處理時，所產生的特定顏色來鑑別。把試劑加入試樣後，以光度計檢驗，這種儀器能準確測量光和顏色。主要缺點是試驗時需要大量的樣本。

　　▶ 芮恩施試驗（Reinsch test）：這種重金屬篩檢試驗相當普遍，把待測樣本溶於鹽酸中，再放入銅片。若銅片附著了一層深色或銀色的外衣，就代表樣本中可能含有某種重金屬。

　　▶ 原子吸收光譜法（atomic absorption spectrophotometry，簡稱AAS）：這或許是最為普遍的金屬檢測（見附錄）。牽涉到的物理學很複雜，不過每種金屬都會和一個特定波長的光發生反應。其特殊的感應器會檢驗樣本送入光路前後的光，判定樣本的身分。

　　▶ 中子活化分析法（neutron activation analysis，簡稱NAA）：中子活化分析法需要昂貴而龐大的設備，不過準確度極高（見附錄）。將試樣曝露在低能量的中子之中，使樣本發生放射性轉化，釋出X射線和γ射

線。接著就可以藉由這些射線來判定金屬的種類與濃度。

▶ **感應耦合電漿質譜分析儀**（inductively coupled plasma mass spectrometry，簡稱ICP-MS）：這或許是金屬樣本量極少時最理想的檢測，不過所費不貲。這項檢測利用氬電漿把樣本加熱到攝氏六千度以上，產生該物質的離子化氣體。氣體通過質量分析器後，以質量和帶電量來鑑別是哪種化學物質。

▶ **毛髮分析**：可用於檢測有毒重金屬和某些毒素，也可能提供接觸的時間軸（本章稍後會討論）。

判讀結果

經由檢測發現某種化學物質的存在及其濃度後，困難的部分就來了。此時，毒理學家必須針對結果進行判讀。他會評估樣本中所含的每一種藥物，並且把重點放在藥物施用的途徑，以及濃度是否影響當事人的行為或導致死亡。

進入途徑

毒素進入的途徑非常重要，或許能透過這項線索了解受害者是否自行施用藥物，或是他人所為。比方說，受害者體內的藥物是經由注射進入，但他其實無法自行注射，或者位置不大可能是自己注射的，就更要考慮他殺的可能性。

另一個重點是，通常用藥部位所含的毒素濃度最高。攝入的毒素多半會出現在腸胃道或是肝臟，吸入性氣體則集中在肺部。若是經由注射進入體內，注射部位周圍的組織應該能驗出藥物。至於靜脈注射的藥物會跳過胃部和肝臟直接進入血流，迅速傳到身體各處。在這種情況下，毒理學家有可能在血液和身體多處組織中找到高濃度的藥物，不過不像攝入，胃部和肝臟中的藥物很少，甚至沒有。這點有助於毒理學家判斷進入途徑。

藥物血中濃度

我們先前討論過生體可利用率的概念，以及藥物血中濃度如何與藥物的作用和毒性相關。因此在受害者的胃裡發現大量的毒素，不代表該藥物就是死亡原因。要知道，胃裡的藥物不會害死人。藥物必須先吸收到血液中，才能分送到身體各處。

舉例來說，假設毒理學家在受害者胃裡找到大量的鎮靜劑，尤其是大部分的藥片都完好無缺，還沒被消化，此外還發現藥物的血中濃度很低，他很可能推斷藥片是在死前不久服用，對受害者的死影響很小，甚至沒有影響。

但也有例外。攝入腐蝕性的酸和鹼（鹼水或苛性鈉〔caustic soda〕）的情況中，血液中的濃度並不重要，因為這些化學物質不需要進到體內就會造成直接的接觸傷害（本章稍後會討論）。

不過在大多情況下，血中濃度都至關重要，因為它和待確認化學物質影響的相關性比較高。毒理學家判定特定化學物質的血中濃度時，可能會分為四大類：

▶ **正常濃度**：此為正常情況下的濃度，例如低濃度的氰化物。雖然氰化物是致命毒物，卻也出現在環境中，因此大多人的血液中都有正常低濃度的氰化物。吸菸者體內的氰化物濃度較高，但仍視為正常。

▶ **治療濃度**：這是醫生希望維持的濃度。醫生開立抗生素或高血壓藥物時，希望藥物能達到一定的血中濃度，使其產生療效。有某些心臟問題的患者可能拿到毛地黃的處方，醫生會定期驗血，確認藥物維持在治療濃度。濃度太低會使效果降低，太高則可能造成嚴重問題，因為毛地黃是可能致命的毒物。

▶ **毒性濃度**：毒性濃度是可能造成傷害甚至死亡的濃度。當處方藥超過治療濃度到達毒性濃度時，就會從藥物變成毒物。以毛地黃為例，毒性濃度可能導致噁心、嘔吐或產生黃色視覺，也可能造成致命的心律變化。這些都是毒性效應。

▶ 致命濃度：藥物在這個濃度一概會造成死亡。毒理學是以**半致死量**（LD50）來表示化學物質的致命能力。半致死量是指藥物達到特定血中濃度時，有百分之五十的人會死亡。

看了這些分類，你或許會認為毒理學家只要判斷某種毒素的血中濃度，就知道該濃度是有毒或致命。這看似合理，但事實並非如此。

每個人對化學物質和毒素的反應不盡相同，多半和年齡、性別、體型和體重、遺傳，以及營養和健康狀況有關。以同一種藥物來說，年輕體壯者對藥物的耐受性往往高過年老體弱者。這是一般的狀況。前面提過，一個人的習慣也會影響對藥物的反應。毒理學家評估藥物的某個濃度有毒或致命，或者是否影響當事人的行為或造成死亡時，都必須考慮這些因素。

急性與慢性中毒

有時毒理學家必須判斷中毒狀況是急性或慢性。砷是很好的例子，一次給予高劑量的砷，或是幾週或幾個月內重複給予少劑量的砷都能殺人。在這兩種情況下，血中濃度都可能提高。不過判斷中毒是急性或慢性可能極為重要。倘若是急性，犯罪嫌疑人名單可能有一長串；若為慢性，名單上只會有長期與受害者有接觸的人，好比家庭成員、照顧者或是家廚。

那麼毒理學家該如何判斷呢？

急性砷中毒時，法醫應該會在胃部和血液裡找到高濃度的砷，而且腸胃道會有腐蝕和出血的現象，這些症狀很常見。如果胃裡的砷含量極少，甚至沒有，且腸胃道找不到急性傷害的現象，但血液和組織裡的砷濃度卻很高，毒理學家就會懷疑可能是慢性中毒。此時就必須分析受害者的毛髮。

砷（和其他幾種毒素）的毛髮分析可以證實受害者接觸過砷，並且提供接觸的時間表。這是因為沉積在毛囊細胞裡的砷，會和該細胞

產生時砷的血中濃度成比例。

　　毛髮生長時，原有的毛囊細胞失去細胞核，和生長中的毛桿結合，並由新生的毛囊細胞取而代之，這個循環在一生中不斷重演。

　　在砷的血中濃度高時產生的毛囊細胞也會含有這種毒物，隨著毛囊和毛桿結合，砷毒也進入毛桿中。而砷濃度低時產生的毛囊細胞，其砷含量較低，甚至不含砷。

　　一般來說，我們的毛髮每個月約生長半吋左右。所以毒理學家可以把頭髮剪成小段，測量每段的砷濃度，得到受害者接觸砷的時間表。

　　假設負責做飯的妻子打算慢慢地用砷毒害丈夫，從二月開始就在他的食物中加入少量的砷，直到七月丈夫死亡。五月時，她的丈夫曾因腸胃不適就醫，症狀有噁心、嘔吐、體重減輕（這些都是砷中毒的症狀）等，不過未得到任何診斷，住院十天後狀況改善就出院了。這種情況並不少見，因為這類腸胃症狀很普遍，而砷中毒很罕見，醫生很少想到要進行檢驗。回家之後，倒楣的丈夫再度生病，最後死去。

　　毒理學家可能會檢驗受害者毛髮中是否含有毒素，此為驗屍程序的一部分。進行檢驗的話，就會發現砷。接著毒理學家把毛髮切段檢驗，基本上是依月份來判斷砷濃度。如果受害者的頭髮有三吋長，靠近頭皮的那半吋就表示七月，接下來半吋是六月，再來是五月，以此類推從最後半吋得出他從二月開始接觸砷，那是他開始被下毒的時間。砷濃度以ppm（百萬分之一）表示。分析的結果會得到如圖11-1的模式。

圖11-1｜接觸砷的時間表。受害者從二月開始接觸砷毒，持續到五月住院治療。這段期間，砷的濃度下降，病情改善。不過返家之後再度接觸，砷濃度再次上升，直到七月受害者死亡。

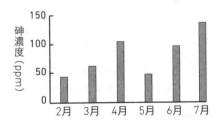

　　毒理學家藉由這個接觸的時間表，很可能推測出事件發生在受害者家中。接著警方會詢問受害者的妻子幾個問題，可能會申請搜索票尋找毒物。

常見的藥物、毒物和毒素

在過去，大部分的投毒者偏好用毒芹、夾竹桃、顛茄、毛地黃、嚏根草、附子、鴉片以及其他許多植物做為謀殺工具，這些材料取得容易且無法追蹤。近年來，則是有許多化學物質加入這一長串毒物名單之中，使得毒理學家的工作愈加困難。

　　前面提過，法醫毒理學家會利用藥毒物檢測、解剖、警方報告和目擊者證詞等，來判定受害者的死亡原因或異常行為是否和毒物有關。為了有效運用這些資訊，毒理學家必須熟悉藥毒物的各種面向——好比藥物的化學組成和生理作用，以及分解後的產物；藥物在體內的代謝途徑和代謝物可能的毒性；化學物質如何影響正常人和患有各種疾病與成癮症的人；還有化學物質造成的症狀和徵象。此外，也必須對街頭藥物和娛樂藥物有足夠的知識，因為這些藥物時常與傷害和死亡有關。

　　討論所有已知的化學物質、藥物和毒物顯然超出本書的範圍。不過，接著將介紹許多真實案件和小說中出現過的化學物質。

　　我們將檢視法醫和毒理學家在評估這些物質導致死亡和傷害的程度，或者是否違法時所會考慮的事物。例如，有些藥物會引發嚴重的憂鬱或成癮症狀，可能導致使用者結束自己的生命；有些藥物會扭曲知覺，讓使用者因為某些愚蠢行為意外自我傷害。試圖從建築物飛走就符合以上的描述。另外，有些藥物會導致憤怒、攻擊性或精神病發作，使用者受到這種化學物質影響，可能產生攻擊行為或殺人。有些藥物非常容易上癮，引誘使用者為了獲取金錢購買藥物不惜違法（如

搶劫、攻擊或謀殺）。有的物質則會直接致命。

在這些情況下，法醫和毒理學家都必須判斷藥物是否與使用者的死亡或行為有關，以及扮演什麼角色。在我們討論常見的藥毒物之前，先來看看幾個詞彙的定義。

成癮或藥物依賴有兩種基本變化：心理的和生理的。許多種類的藥物都有心理依賴（psychological dependence）的情形，可以定義為對藥效的渴望，而不是真的有生理需求，即使停用也不會造成實際傷害。根據成癮的藥物性質，使用者可能感到焦慮、憂鬱、疲倦或興奮，不過這些症狀都會隨時間而消逝。另一方面，生理依賴（physical dependence）表示身體的化學狀態受到改變，所以戒除藥物可能導致重病或死亡。生理的成癮較常見於麻醉劑和抗憂鬱劑，較少見於興奮劑（刺激性藥物），古柯鹼和尼古丁則是例外。

在希臘文中，narkotikos 意指「昏睡或想睡的狀態」。麻醉劑（narcotic）這類藥物的名稱即源自於此，會讓使用者睏倦、嗜睡、沒有活力。大多是自罌粟花提煉而成。其他有些是由罌粟花半合成而得，有些則是純人工合成。不幸的是，麻醉劑這個詞現在用來通指許多作用強烈、非法且受到濫用的藥物，例如海洛因和嗎啡是麻醉劑，卻與安非他命、古柯鹼這些非麻醉劑的毒品被視為同類。在本書中，麻醉劑一詞不會用來指稱後者，只用於真正的麻醉劑上。

在此無法囊括所有的酒精和藥物，但會簡單說明一些較為常見的麻醉劑如何影響身體，以及毒理學家是怎麼檢驗出這些物質的。

醇類

醇類（alcohols）來自醣類發酵，有各式各樣的種類，其中以乙醇（〔ethanol〕又稱食用酒精）、甲醇（〔methanol〕又稱木精或變性酒精），以及異丙醇（〔isopropanol〕又稱外用酒精）最為常見。所有醇類都是中樞神經系統的抑制劑，基本上中樞神經系統指的就是大腦。這些酒

精會造成睏倦、協調能力變差、動作和反應緩慢，知覺扭曲。簡單來說，就是在酒醉者身上可以看到的所有症狀。大量攝取可能導致昏迷、呼吸停止，並且窒息而死。

乙醇

乙醇可說是到目前為止最被濫用的藥物。不只是毒性可能致死，攝入後會使人失去協調能力、判斷力變差，也可能導致疏忽或暴力的行為。酒精也可能造成生理成癮，戒斷的過程痛苦又危險。若缺少適當的醫療，酒精戒斷症狀如震顫性譫妄（delirium tremen，簡稱DT）的死亡率可能達到百分之二十，甚至更高。

酒精進入體內的途徑非常單純。攝入之後，酒精被吸收到血流中，輸送到身體各處，而百分之九十五會被肝臟代謝（分解）成水及二氧化碳。剩下的百分之五則是透過腎臟和肺部排出，此現象對清醒測試極為重要。

酒精代謝

身體排除大部分毒素的方式為**劑量依存性**（dose-dependent），也就是攝取的劑量愈高，毒素代謝的速度就愈快。攝取少量只會活化一部分負責分解毒素的酵素，而攝取大量則會活化更多酵素，處理增加的毒素所造成的負擔。

酒精以**線性**（linear）的方式代謝，表示攝取的酒精量無論多寡，都會活化所有酵素系統加以分解。所以從第一杯酒開始，系統就幾乎以最大的效率運作，而且很少或完全無法增加效率。人體內分解乙醇的平均速度大約是每小時一杯酒。

為什麼這點很重要？因為快速攝入酒精時（例如常見於大學生的豪飲），系統已用最高速運作，身體無法加速將之排除。過量攝取超過身體處理能力的酒精的結果是，血液中的酒精濃度迅速提高，造成

昏迷和死亡。

清醒測試

血中酒精含量（blood alcohol content，簡稱BAC）和酒醉有很高的相關性。血中酒精含量用公克百分比表示，代表每一百毫升的血液中有多少公克的酒精。隨著濃度升高，酒精的毒性效應變得更顯著。〇·〇八是美國大部分司法轄區的法定上限。雖然遠比這個低的濃度就可能導致控制力變差，但達到〇·〇八就會遭到逮捕。血中酒精含量和酒醉徵象與症狀之間的關係已經建立完備。這些濃度適用於一般人。較少飲酒的人，對酒精的耐受性通常很差，而長期大量飲酒的人在酒精濃度提高時，酒醉的跡象通常較少。

- BAC 0.03：大部分的人會發暈，但活動幾乎不受影響。對大多人而言，大概是一罐啤酒或一杯高球調酒。
- BAC 0.03至0.08：協調能力、反應時間和判斷力都變差。
- BAC 0.12以上：可能會有噁心、嘔吐的情況。
- BAC 0.25：可能陷入昏迷。
- BAC 0.30：通常導致深度昏迷。
- BAC 0.40或更高：可能導致死亡。

假如員警懷疑一名駕駛酒駕（driving under the influence，簡稱DUI），會透過幾個步驟來判斷此人是否酒醉。首先是現場清醒測試，員警會要求他閉眼單腳站立保持平衡，兩手交替用食指指尖觸碰鼻子，接著腳跟對腳尖腳走直線，或是上述的一些組合。酒精主要影響大腦的協調和平衡中樞，使得這些動作變得笨拙或無法完成。現場清醒測試無法作弊。酒精對生理機能產生影響，當事人會絆倒、搖搖晃晃，或是戳到自己的眼睛。

員警也可以要求此人進行呼吸酒測（見附錄）。記住，酒精通過肺部時不會改變，它會直接通過血流進入肺泡，隨著每次呼吸吐出。重

要的是，從血流進入肺部的酒精會直接反映血液裡的酒精含量；血中酒精濃度愈高，呼出的酒精濃度也愈高。這意謂著呼吸酒測極為準確，就像現場清醒測試一樣無法造假。

倘若此人未通過任何一項測試，就需要抽血確認血中酒精濃度。執勤員警可能將他帶往當地醫院急診室抽血，尤其是涉及意外或造成財物毀損、人員傷亡的情況。大部分的醫院和鑑識實驗室都能準確快速地確認血中酒精含量，一般會使用氣相層析法（見附錄）進行檢驗。

死亡案件疑似與酒精有關時，法醫會檢測屍體的血中酒精含量，以確認酒醉程度是否足以導致或促使死亡。不過這種判定有些問題，因為有些屍體在腐敗過程中會生成酒精，使得血中酒精含量上升。

為了克服這一點，法醫會從眼球抽取玻璃體。由於玻璃體所含酒精濃度的變化往往比血中含量遲滯一到兩小時左右，法醫可藉此了解受害者死前兩小時的狀況，並估算意外發生時可能的濃度。比方說，假設他發現玻璃體的酒精含量是〇‧二一（法定上限的兩倍以上），這表示受害者在死前兩個小時非常的醉，因此意外發生之際濃度超標。

屍體防腐後，要確認死亡時的酒精濃度即使不是不可能，卻也非常困難。由於防腐劑會取代身體大部分的血液，通常留下的不足以進行檢測。防腐劑中亦含有醇類，不過是甲醇而非乙醇。在這種情況下，可用玻璃體檢測乙醇，若有乙醇存在，就足以證明受害者的血液中含有乙醇。

甲醇

所有醇類都有潛在的毒性，尤其是甲醇。甲醇就是高中化學實驗課中用於本生燈的變性酒精。不同於乙醇，肝臟會把甲醇轉化成**甲酸**（formic acid）和**甲醛**（formaldehyde），也就是驗屍官用來保存屍體組織的那種東西。

攝入甲醇會造成噁心、嘔吐、胰臟和其他器官損傷、心智混亂、

協調功能喪失及腦部受損，乃至於失明、痙攣、昏迷，最後窒息而死。

異丙醇

異丙醇亦是一種麻醉劑和中樞神經抑制劑，通常在攝入後十到三十分鐘發生作用，取決於消耗量以及是否同時攝取食物或其他飲品。攝入的異丙醇有百分之十五到二十會轉換成丙酮（acetone），而引發酸中毒（〔acidosis〕體內過多酸性物質）。這讓事情變得複雜多了。受害者會出現睏倦、失去平衡、步伐踉蹌、口齒不清與協調能力下降等症狀，接著可能噁心、嘔吐（有時帶血）、腹痛、出汗、恍惚、昏迷，最後呼吸抑制而死。也可能發生支氣管（呼吸道或氣道）和胸腔出血的狀況。

異丙酮也會經由肺部和皮膚吸收。雖然不常發生，不過有時嬰兒會因為用於治療兒童發燒的酒精擦浴導致異丙酮中毒。

其他中樞神經抑制劑

鴉片製劑、巴比妥類藥物和其他鎮靜劑都屬於中樞神經抑制劑，可使人睏倦、嗜睡，而有鎮靜劑（downer）之稱。

鴉片

鴉片這種化學物質屬於生物鹼，自罌粟汁液提煉而成，依來源與製法可分成天然、半合成和合成。鴉片為麻醉鎮靜劑（安眠效果）和止痛劑（紓緩疼痛），會造成欣快、嗜睡，劑量較大時會導致昏迷、呼吸抑制，最後窒息而死（見第八章）。常見鴉片和酒精混用（酒精也是大腦抑制劑）。大部分的鴉片製劑是透過口服或注射，濫用和生理成癮的可能性極大。

天然鴉片劑和嗎啡直接由罌粟製成，這強烈的麻醉劑類似於海洛因，可待因（codeine）則是最基本的一種。許多止咳藥中含有可待因，

濫用的可能性不大，除非與酒精混用，否則很少致死。嗎啡和醋酸酐（acetic anhydride）或乙醯氯（acetyl chloride）混合會產生海洛因（二乙醯嗎啡〔diacetylmorphine〕），是目前常見濫用的鴉片製劑。

為檢測鴉片製劑，毒理學家會利用馬爾基氏試驗進行篩選。倘若顯示有鴉片製劑存在，他會嘗試判定種類為何。檢測嗎啡和可待因相當簡單，海洛因則有點棘手。事實上，毒理學家不會直接測試海洛因。海洛因注射至體內時，會迅速轉化成單乙醯嗎啡（monoacetylmorphine），然後再轉化成嗎啡。這表示無法確定當事人使用的是海洛因或是嗎啡，因為無論如何都只會找到嗎啡。

如果死亡原因與海洛因有關，其結果會依時間點而有所不同。受害者若是注射海洛因不久後死亡，轉化過程可能被打斷，毒理學家或許會發現單乙醯嗎啡和嗎啡。

即使血液中的海洛因完全轉化成嗎啡，藉由檢測眼球玻璃體也可能找到單乙醯嗎啡，它會在玻璃體中保存較久的時間。這證明受害者的確使用過海洛因。

海洛因過量的驗屍結果相當一致。法醫通常會（但有時不會）找到肺水腫（肺部積水）的證據。受害者肺部時常有滑石結晶和棉花纖維，這兩種東西分別用來切割及過濾海洛因。靜脈注射時，這些結晶和纖維會被帶到右側心臟，從血液中過濾出來並卡在肺部。

半合成鴉片製劑是改變嗎啡和可待因的分子型式，許多醫療止痛藥都屬於此類，例如氫可酮（hydrocodone）、氧嗎啡酮（oxymorphone）和氧可酮（〔oxycodone〕商品名：奧施康定〔OxyContin〕）等。

合成鴉片於實驗室製造，並非由嗎啡或可待因轉製而成。其中以美沙酮最為人所知，用於治療海洛因成癮。這類藥物包括德美羅（Demerol）及吩坦尼（Fentanyl）。

巴比妥類藥物

巴比妥類藥物是**巴比妥酸**（barbituric acid）的衍生物。它同時也是安眠藥，包括戊巴比妥（pentobarbital）、異戊巴比妥（amobarbital）、西可巴比妥（secobarbital）、仲丁比妥（butabarbital）和苯巴比妥（phenobarbital）。其中只有苯巴比妥在今日廣泛使用（是出色的抗癲癇藥物）。巴比妥酸類藥物和酒精混用時，會迅速導致昏迷、窒息而死。

可用戴里－科帕尼試驗篩檢生物組織中的巴比妥類藥物。

中樞神經興奮劑

興奮劑或稱作「uppers」，是一種常見的濫用藥物，會加速神經系統活動、使血壓升高以及心跳加快。最常使用的是安非他命和古柯鹼，這些藥物會讓人提高警覺、減輕疲勞並抑制食欲。然而持續使用，會使人易怒、焦慮、出現攻擊行為、妄想症、疲倦、抑鬱，甚至死亡。

慢性使用者通常會出現**作用漸減**（tachyphylaxis）現象，也就是身體「習慣了」用藥，使藥物的效應減輕。由於身體產生更多酵素代謝這些藥物，使其更快被破壞、排除，因此使用者必須不斷提高劑量才能得到同樣的「快感」。

安非他命

安非他命屬於**苯乙胺**（phenethylamine）類化學物質，也就是所謂的**擬交感神經作用劑**（sympathomimetic），因為這些物質會模仿或類似於自律神經系統中的交感神經系統。此為打或逃反應，安非他命會讓身體加速運轉，準備緊急行動。效果是提高血壓、心跳速度與呼吸，產生欣快、精力充沛的感覺。

紫外光譜法可以判定一種物質是否屬於苯乙胺類，但無法區分是哪一種。這類物質包括安非他命、甲基安非他命、麻黃素（ephedrine）、假麻黃鹼（pseudoephedrine）以及苯丙醇胺（〔phenylpropanolamine〕又稱

去甲基麻黃素或去甲麻黃鹼）。只有安非他命和甲基安非他命受到管制，其他則存在於多種合法藥物中。這意謂著在血液中發現苯乙胺類成員並不代表違法，但是有安非他命或甲基安非他命存在，對檢方來說是有用的資訊。如果紫外光譜法顯示樣本裡有這類物質存在，接著就會進行驗證試驗。

古柯鹼

古柯鹼（〔cocaine〕又名可卡因）是一種中樞神經興奮劑，會增加警覺性、提高血壓和心跳速度，並使體溫上升。過量使用可能導致癲癇發作、中風、心臟病發，以及死亡。

施用者一般採用鼻吸粉末或煙吸，以這種方式進入人體時，會迅速透過鼻腔內膜吸收進入血流，幾分鐘就能感覺到效果。和安非他命一樣，古柯鹼有作用漸減的問題，「嗨」的感覺會因為反覆施用而減弱。因此，濫用者找到一些讓他們更快達到「嗨」的方法。

古柯鹼混合小蘇打和水加熱至所有液體蒸發後，殘留的固體稱之為快克古柯鹼（crack cocaine）。這種型態的古柯鹼沸點低，容易鼻吸加熱後的煙霧。吸入後，氣體會迅速經由肺部吸收進入血流，並轉化為甲基艾克寧和苯甲醯艾克寧。尿液檢測以後者為主，在最後一次施用的三天內還能在尿液中找到。免疫分析法和史考特試驗皆用作古柯鹼篩檢試驗。

迷幻藥

迷幻藥（致幻劑）會改變認知和情緒，導致妄想並產生幻覺。

妄想（delusion）是指幾乎沒有或毫無現實根據的想法。當事人可能認為自己被人監視或監控，或是相信他的鄰居、老闆或配偶正試圖傷害他。

幻覺（hallucination）是不真實的感覺經驗。也就是說，這些感覺

並不是某種刺激產生的異常感受，而全然是當事人腦中所創造出來的感覺經驗。有可能是任何、甚或所有感覺，例如視覺、聽覺、嗅覺、味覺或觸覺。有時候這些感覺太過真實，以致當事人無法和現實區分，更糟的是幻覺可能變得真實。

幻覺是嚴重精神分裂症和其他精神疾病的症狀之一，可能發生在中風或老年失智症患者身上，亦常見於酒精和其他藥物的使用及戒斷徵候。至於迷幻藥是專門設計用來產生幻覺。

最常見的迷幻藥來自植物界（大麻、烏羽玉、蕈菇）或是化學實驗室（麥角二乙醯胺、二甲氧基甲苯異丙胺和苯環利定），需要物理與化物分析才能鑑別。

大麻素

目前最普遍使用，也是最溫和的迷幻藥是**大麻**（marijuana）。大麻有許多街頭名稱，包括 Mary Jane、weed 和 pot。它是一種大麻素（cannabinoid），表示是從大麻（學名：*Cannabis sativa*）這種植物提煉而來。大麻中含有濃度百分之二到六的活性成分**四氫大麻酚**（tetrahydrocannabinol，簡稱THC）。**大麻樹脂**（hashish）則是大麻植株的萃取油，含有大約百分之十二的四氫大麻酚。

雖然大麻可以加進食物中食用，不過最常透過抽菸的方式吸食。煙霧會經由肺部迅速吸收，十五到二十分鐘內就會達到最高血中濃度，並且維持兩個小時左右。使用後會產生欣快、鎮靜、記憶喪失、協調能力變差的感受，同時刺激食欲。

人體會把四氫大麻酚分解成一系列的化合物，其中最重要的是9-羧基－四氫大麻酚（9-carboxy-THC），主要由尿液代謝。尿液藥物檢驗可以尋找這種化合物，最後一次施用後十個月內都還找到。只不過，即使被動接觸也會使尿檢結果呈現陽性。比方說，假如有個人置身於吸食大麻的場所，他的尿液中可能也會有低濃度的9-羧基-四氫大麻酚。

　　毒理學家時常要判定一棵植株或植物組織是否為大麻。鑑別大麻需要辨認這種植物的型態特徵，確認提交的材料中含有活性的大麻樹脂。大麻的葉子呈掌狀，葉緣有鋸齒。在顯微鏡下，正面的葉表有爪狀的絨毛，背面則有較細的絨毛。花苞是圓筒狀，緊密包覆，外層纏繞著線一般的紅色組織。受過訓練的觀察者辨識大麻通常沒什麼困難，大麻植株或植物碎片的化學分析會找到四氫大麻酚的存在。

　　如果有使用大麻的嫌疑，推定化學試驗通常是採用杜凱諾瓦－勒凡試驗，遇到大麻素會變成紫色。不只是四氫大麻酚，所有大麻素都會呈現陽性反應，所以無法確切判定出四氫大麻酚。不過由於美國大多數的州別都禁止持有任何大麻樹脂，而不只是四氫大麻酚，因此基本上這種檢測已經足夠。其他推定試驗包括薄層層析和氣相層析。氣相層析的好處是可做為樣本中含有四氫大麻酚含量的指標；四氫大麻酚的驗證試驗則是使用質譜儀。

仙人掌和蕈菇

　　烏羽玉（Peyote）是一種小型墨西哥仙人掌，幾個世紀來被許多原住民部落用於祭典。這種植物裡的活性物質為**南美仙人掌毒鹼**（mescaline），也就是具有迷幻效果的生物鹼。薄層層析或氣相層析皆可確認這種生物鹼的存在，無須進一步識別，因為持有這種植物就已經違法。

　　蕈菇（mushroom）則有不同的問題。光是持有大麻和烏羽玉的植株便已違法，而持有蕈菇則不然。這表示毒理學實驗室必須辨別蕈菇的精神作用成分（亦即脫磷酸裸蓋菇素〔psilocin〕和裸蓋菇鹼〔psilocybin〕），才能確認為違法。

　　使用馮厄克試劑或固藍試驗的推定試驗，可篩檢是否含有脫磷酸裸蓋菇素和裸蓋菇鹼，這兩種物質會讓前者變紫，後者變紅。通常是用薄層層析分離化合物，接著噴上馮厄克溶液。或是在紫外光下檢視

薄層層析產生的條帶，紫外光會使脫磷酸裸蓋菇素和裸蓋菇鹼的條帶發光。驗證試驗則包括氣相層析質譜儀和紅外線光譜分析。

LSD和其他迷幻化學物質

　　化學製成的迷幻藥有各式各樣，最常見的是**麥角二乙醯胺**（lysergic acid diethylamide，簡稱LSD）和**苯環利定**（〔phencyclidine，PCP〕又名天使塵〔angel dust〕）。

　　LSD的效力很強，僅二十五毫克就能讓人持續十二小時的「迷幻之旅」。雖然不會直接致命，產生的幻覺卻栩栩如生，有許多案例是使用者因為認知錯亂而自我傷害。LSD的主要篩檢試驗是馮厄克呈色試驗。

　　PCP是一種極為強力的藥物且作用無法預測。型式可能是粉末、膠囊或是錠劑；使用方法可吞服或煙吸。PCP可能導致憂鬱、易怒、孤獨感，因為容易引發精神病、妄想症和暴力行為而惡名昭彰。急性精神分裂症可能在使用數天後突然發生。劑量夠大時，會造成抽搐和死亡。

　　PCP是以尿液的免疫分析法篩選，最後一次使用的一週內仍可能呈陽性。驗證試驗則採用氣相層析質譜儀。

　　其他化學迷幻藥包括二甲氧基甲苯異丙胺（dimethoxymethylamphetamine，簡稱STP）、二甲基色胺（dimethyltryptamine，DMT），以及亞甲二氧甲基苯丙胺（methylenedioxymethamphetamine，MDMA）——也是搖頭丸（〔ecstasy〕又名快樂丸）的主要成分。

約會強暴藥

　　約會強暴藥是幾種類型化學物質的統稱，共同作用是讓使用者產生放鬆、定向力障礙和順從的狀態。有些由製藥師製成，有些則是某

些人靠著少許經驗和參考化學書籍製作。這類藥物主要有羅眠樂（〔Ro-hypnol〕學名：氟硝西泮〔*flunitrazepam*〕），搖頭丸、GHB（學名：γ－羥基丁酸〔*gamma-hydroxybutyrate*〕）和K他命（ketamine hydrochloride）。

　　羅眠樂、GHB和K他命常被用於約會強暴或熟人強暴，因而有約會強暴藥之稱。這些藥物會使人鎮靜、某種程度的順從、判斷力下降，以及記憶力缺失。

　　少量的GHB或羅眠樂可能順勢被加入受害者的飲料或一瓶看似無害的水中。她可能看似正常，或許顯得心情愉快、興奮、鎮靜或有點微醺。受害者或她的朋友都不知道她實際的狀況。她可能和即將傷害她的人離開，因為她的判斷力減弱，而欣快感受到強化。事後她才會意識到發生了什麼事，但她對事件的記憶零碎，甚至毫無記憶。安德魯‧勒斯特（Andrew Luster）的受害者正是這種狀況。

刑事檔案：安德魯‧勒斯特

　　「我就是想要我房間裡有這樣的東西──一個昏迷不醒的女孩。」勒斯特是化妝品傳奇蜜絲‧佛陀（Max Factor）的曾孫，他和他「放倒」的受害者發生性行為之前，對著家用錄影機說了這些話。他顯然用GHB迷昏了那名女性，而且這並不是第一次。警方徹底調查後找出幾卷錄影帶，畫面中和勒斯特發生性行為的女性顯然失去了意識，於是勒斯特被捕，被控多項罪名，包括持有非法藥物、下毒和強暴。一些受害者證詞揭露了GHB的威力，她們都不記得曾和勒斯特發生性關係，也對於他把過程錄下來的事渾然不知。他逃到墨西哥之後，這件轟動社會的審判有了亦乎尋常的轉折。審判在他未出庭的情況下繼續進行，他被宣判有罪，處以一百二十四年的有期徒刑。勒斯特最後被賞金獵人杜安‧「獵犬」‧查普曼（Duane "Dog" Chapman）逮到，送回美國服刑。

藥物造成的反應難以預測，而且因人而異。

羅眠樂（俗稱：Roofies、Roaches、Rope、墨西哥煩寧〔Mexican Valium〕）和煩寧屬同屬苯二氮平類（benzodiazepine）鎮靜劑，主要用來治療失眠。這種藥不在美國生產，也不能合法使用，但可在墨西哥及許多國家可以取得。羅眠樂為一或兩毫克白色錠劑，可磨碎溶於任何液體。攝入後二十至三十分鐘左右會發揮效力，兩小時內藥效達到高峰，作用可持續八到十二個小時。

羅眠樂通常會造成鎮靜效果、意識模糊、欣快、喪失自我、暈眩、視線模糊、行動與反射遲鈍，以及記憶缺失。受害者通常判斷力變差，對於發生的事沒有記憶或印象模糊。

搖頭丸（俗名：E、X、XTC、MDMA、Love、Adam）最早於一九一四年由德國默克藥廠專利合成，做為食欲抑制劑之用，但從未上市。消聲匿跡多年後，一九六〇年代才重新被發現，成為一種濫用藥物。搖頭丸目前多由地下室實驗室生產，以藥丸或膠囊型式分銷。它具有安非他命的迷幻效果。使用者的感知和移情作用強化、精力提升，偶爾會出現深層的精神體驗或不合理的恐懼反應。可能導致血壓上升、磨牙、盜汗、噁心、焦慮或恐慌症等症狀。

GHB為白色粉末，易溶於水、酒類和其他液體。通常做成「神仙水」（Liquid E）以小瓶裝分銷，液體無色無味。藥效在服用後五到二十分鐘顯現，一般可持續二至三小時，會造成抑制喪失、欣快、睏倦等症狀，和其他藥物結合會增強藥效。使用者也可能失憶、感知增強以及產生幻覺。

K他命是藥效快速的麻醉劑，多以靜脈或肌肉注射，會導致鎮靜和失憶。K他命呈液體，加熱揮發後會留下白色粉末殘留。這種粉末可以加在瓶裝水等液體中，或壓制成藥錠，甚至以鼻吸食。無論口服或鼻吸，藥效幾乎即刻發揮，持續時間較短，約四十五分鐘至兩小時。

K他命的許多效果類似於搖頭丸。它還具有解離效果，會讓使用

者「脫離」現實，出現幻覺、喪失時間感、喪失自我等現象。常見的形式為自我感消失症（depersonalization disorder），從事某活動彷彿移身至一旁或從上方俯瞰整體，包括自己的行動。這種反應也常出現於吸食PCP。使用者將這種效果稱作「掉進K洞」。

K他命是鎮靜劑也是全身麻醉劑，因而有嚴重且致命的影響。若服用過量，可能會失去意識、呼吸停止、腦死或死亡。

鼻吸蒸氣

鼻吸揮發性化學物質，是一種奇特但不算罕見的藥物濫用方式。這種做法又稱作吸入。一開始是吸膠和汽油，後來擴大至萘（〔apthalene〕用於樟腦丸）、甲苯（〔toluene〕溶劑，用於去光水和油漆）、三氯乙烯（〔trichloroethylene〕用於油漆稀釋劑、修正液）、噴霧推進劑、一些膠合劑以及硝酸鹽（硝酸戊酯〔amyl nitrite〕、硝酸丁酯〔butyl nitrite〕和一氧化二氮〔nitrous oxide〕）。

吸入這些揮發性化學物質的氣體，可能造成眼花、欣快感、暈眩、口齒不清、頭痛、噁心、嘔吐等反應。持續接觸可能導致腦部、肝臟、心臟和腎臟的永久損傷，以及失去意識、昏迷和死亡。

各式各樣的毒素

氰化物（cyanide）是已知最致命一的種化學物質，可以藉由吸入、攝入或直接透過皮膚進入體內。常見的型態是白色粉末的氰化鈉（sodium cyanide）和氰化鉀（otassium cyanide），以及氣態的氰化氫（hydrogen cyanide）。大部分的中毒為意外，不過確實有使用氰化物自殺和凶殺的案例。過去氰化氫也用於毒氣室執行死刑之用。氰化物為代謝毒物，意指它會損害細胞的內部運作（見第八章：窒息，「氰化氫」一節）。

番木鱉鹼（strychnine）是一種神經肌肉毒素，會造成肌肉劇烈抽搐，使身體會呈現角弓反張的姿勢（背部拱起，只有後腦和腳跟著

地）。由於肌肉劇烈收縮導致無法呼吸，受害者會窒息而死。死亡後，屍體通常很快變得僵硬，此為肌肉在持續收縮時耗盡三磷酸腺苷（見第五章：死亡時間，「屍僵」一節）所致。番木鱉鹼的味道極苦，很難隱藏在食物之中，很少用於謀殺。偶爾會被用於自殺，但傳言死時會非常痛苦，因此也很少見。

蕈菇在前面提過（見「迷幻藥」）。不過那些含有裸蓋菇鹼的蕈菇遠不如鵝膏菌科（Amanita）邪惡，例如**毒鵝膏**（〔death cap〕或稱死帽蕈）和**毀滅天使**（destroying angel）。這些毒菇曾造成意外死亡，也用於自殺和凶殺。

毒鵝膏的毒性極強，一朵毒鵝膏就能致人於死。主要的兩種毒素是**鵝膏蕈鹼**（amanitin）和**鬼筆環肽**（phalloidin）。鵝膏蕈鹼會造成低血糖症，鬼筆環肽則會損傷腎臟、肝臟和心臟。這些菇類的真正危險之處是這些症狀（如噁心、嘔吐、腹瀉和腹痛）都發生得很慢，通常在攝入之後六到十五小時才開始，但也可能延至四十八小時。一般而言，症狀發生得愈慢存活的機率愈小。這是因為毒素幾乎立即對肝臟和其他器官發生作用，但由於症狀延後幾個小時，受害者知道要就醫時已經太遲了。解剖時，法醫會發現肝臟嚴重受損，而毒理學家則可能發現血糖低落，並在血液中找到鵝膏蕈鹼和鬼筆環肽毒素。

乙二醇（ethylene glycol）是許多防凍劑的主要成分，它在人體內會分解成數種化合物，其中最重要的一種是**草酸**（〔oxalic acid〕乙二酸）。草酸吸收到血流中時，會和血液裡的鈣發生反應，形成草酸鈣（calcium oxalate）。這個反應會消耗血液裡的鈣，而鈣濃度過低會使心跳停止死亡。草酸鈣透過腎臟過濾時，會阻塞細小的腎小管，使腎臟嚴重受損。解剖時，法醫會在腎小管找到草酸鹽結晶。草酸也存在於大黃中，若未經正確煮熟食用，有可能導致中毒意外。即使有人用於自殺或謀殺，也極為少見。攝入這種植物會刺激腸胃道，並造成口腔、喉嚨和食道疼痛，甚或出血。倘若因此致命，驗屍會發現口腔、

食道和胃部發炎、低血鈣，以及腎臟中有草酸鈣沉積。

重金屬是危險的金屬元素，例如砷、汞、鉛、鉍、銻和鉈。砷是數百年來主要用於謀殺的毒物，但現在已不常使用。原因之一是它的作用緩慢。即使劑量夠大，也要幾個小時才能致人於死。由於死亡過程非常痛苦，受害者往往會在死前尋求醫療協助，而得以存活。偶爾被用作慢性毒物。

他殺中毒最常用的砷化物是砒霜。砒霜是白色粉末，兩、三百毫克就足以致命。攝入後三十分鐘左右會開始出現症狀，包括噁心、嘔吐、腹痛、血性腹瀉、口中有金屬味，以及呼吸帶有輕微的大蒜味。砷會造成腸胃黏膜嚴重損害，法醫在解剖時很容易發現這一點。他也會看到肝臟、腎臟和心臟有脂肪沉積。

鉛中毒並不常見，通常發生在工業環境。偶爾會有兒童將牆面含鉛的油漆剝下吃掉，雖然這幾十年來，鉛已經不是室內油漆的成分，但許多老舊建築仍有多層含鉛塗料。鉛中毒會造成貧血、噁心、嘔吐、腹痛、虛弱、麻痺，以及癲癇發作。毒理學家檢驗這些金屬毒素時，會利用芮恩施試驗或是某種比色試驗來篩檢，並用原子吸收光譜法或中子活化分析法進行驗證（見附錄）。

胰島素（insulin）是生命不可或缺的天然激素，也可以經由人工合成，是許多糖尿病患者的救命用藥。偶爾會有糖尿病患者意外死於胰島素使用過量，不過胰島素也用於自殺和謀殺。事實上，胰島素多年來一直被視為近乎完美的殺人武器，注射大量胰島素會使血糖驟降，腦部在缺乏養分持續供給的情況下，會迅速致死。人體中本來就有胰島素，怎麼會引起懷疑呢？現在，胰島素濃度可透過放射免疫分析法測量，倘若解剖時胰島素的濃度非常高，法醫會在胰臟尋找一種會分泌胰島素的罕見腫瘤。若是沒有腫瘤，就能合理懷疑胰島素是別人施打的，法醫會在屍體上尋找隱密的注射部位。

琥珀膽鹼（succinyl choline）是注射用藥，會麻痺身體所有肌肉、

阻礙行動，甚至使人無法呼吸，最後窒息而死。它也被視為近乎完美的殺人武器。

注射後，琥珀膽鹼很快就被人體代謝，很少留下證據。然而，一九八〇年代氣相層析和質譜儀結合之後，遂得以檢測這種藥物的代謝物。如果法醫懷疑有此種藥物的存在，他會採集血液樣本，乃至於所有疑似注射部位周圍的組織，並交由毒理學家進行檢驗。使用氣相層析質譜儀的毒理試驗旨在尋找這種藥物的代謝物，倘若發現代謝物，就能證明受害者體內有過這種藥物。這項複雜的試驗來自卡爾・考伯利諾（Carl Coppolino）案的結果。

刑事檔案：卡爾・考伯利諾案

考伯利諾和他的妻子卡蜜拉都是內科醫生，兩人從紐澤西搬到佛羅里達的長船礁（Longboat Key）。一九六五年八月二十八日的夜晚，考伯利諾打電話給他的朋友茱莉葉・卡羅（Julliette Karow）醫生，說他發現他的妻子似乎因為心臟病發作沒了生命跡象。卡羅來到考伯利諾的住處，同意了他的看法，最後簽下卡蜜拉的死亡證明書，死因是冠狀動脈血栓。薩拉索塔郡（Sarasota County）的法醫也同意，所以並未進行驗屍。

一個多月後，卡爾和富有的名流瑪麗・吉普森（Mary Gibson）結婚。這件事激怒了鄰居瑪喬麗・法柏（Marjorie Farber），她跟蹤卡爾到佛羅里達州，遂讓兩人的關係浮上檯面。瑪喬麗拜訪卡羅醫生，表示卡爾曾在紐澤西幫她殺害她的丈夫威廉。她說卡爾是麻醉師，給了她一個裝滿液體的針筒，並教她如何注射。她勉強把少量的藥物注射到丈夫身上，因為過於慌張，便讓卡爾到她家勒殺威廉。然後瑪喬麗打電話到卡爾家，說她丈夫顯然是心臟病發而死。諷刺的是，當時是卡蜜拉到瑪喬麗家，以醫生身分宣告威廉・法柏死亡，並簽署他的死亡證

明，死因是冠狀動脈血栓。

　　瑪喬麗自白之後，這兩起死亡事件重啟調查，並由紐約首席法醫米爾頓・赫爾朋（Milton Helpern）為兩名受害者驗屍。卡爾在紐澤西的威廉・法柏死亡案中無罪開釋，但赫爾朋很清楚卡爾是麻醉師，猜想他或許能取得許多麻醉藥品，包括會使肌肉麻痺的藥物琥珀膽鹼，基本上當時無法在屍體上查出來。赫爾朋請毒理學家查爾斯・昂伯格（Charles J. Umberger）加入調查。經過幾個月的研究，昂伯格最終設法分離出一些琥珀膽鹼的代謝物，其中之一是琥珀酸（〔succinic acid〕即丁二酸）。接著他在卡蜜拉的腦部組織裡發現大量這種物質。於是，卡爾在佛羅里達獲判二級謀殺罪。

　　腐蝕性化學物質（corrosive chemical）一般是指強鹼（鹼水）或強酸（鹽酸、硫酸）。攝入時，這些化學物質會嚴重腐蝕或「灼傷」口腔、食道及胃部組織，可能造成嚴重出血、休克和死亡。這些腐蝕性物質很少用於謀殺，大部分都是和兒童有關的意外。驗屍時，法醫很容易判斷死亡原因和死亡機轉；口腔、食道和胃部的損傷嚴重，且一目了然。受害者附近通常會有開啟的容器，可得知使用的腐蝕性物質為何，如果沒有，就會從口腔和胃部採集樣本，並交由毒理學家分析。

PART III

THE CRIME SCENE AND THE CRIME LAB

犯罪現場與鑑識實驗室

12 指紋：方便的鑑定工具

FINGERPRINTS: A HANDY IDENTIFICATION TOOL

指紋是犯罪調查相當強大的工具，經常是警方識別犯罪者與破案的唯一方法，有些還是數十年前的指紋。雖然現在它已被廣為接受，不過警方、科學家和法庭並非一夕之間就認識指紋的獨特性。

仔細看看你的指腹（用來碰觸、抓物的多肉表面），你會發現非常細小的線彎曲、繞成圓形或形成弓形。這些線條由狹窄的凹凸紋組成，凹紋稱為**紋溝**（groove），凸紋稱為**脊紋**（friction ridge）。沾了墨水的指紋其實是脊紋的圖形。

這些脊線有實際的功能，它能讓你的手指產生阻力，讓你拾起玻璃、筆、紙張或一小截線頭。幾個世紀以來，我們發現這些脊線也能做為每個人獨特的「簽名」。隨著人口的增加，這也變得更加重要。

世界上人口稀少的時候，人們組成三十到五十人的小型遊牧群落生活，所有人都認識彼此。然而隨著人口成長，形成不斷擴張的城市，並發展出政府體系，此時要識別他人就變得困難重重。這促使人們尋找一種能夠識別個人的可靠辦法。因為大部分的人沒有能力閱讀、書寫或簽名，遇到法律問題時難以證明身分。

識別身分的方法最重要的是必須絕對獨特，而且一生都不會改變。此外，還要能夠輕易取得、容易留在犯罪現場以利調查。指紋完全符合這些要求。然而仍須經過數個世紀許多科學家和鑑識人員的敏銳觀察，這項工具才成為廣為接受的標準。

指紋的歷史

指紋做為辨明身分的絕對工具，是經過近三千年漫長的演進而來。我們來看看發展過程中的一些里程碑。

▶ **史前**：早期的製壺師會在他們的作品上捺上拇指指紋或其他手指指紋，證明那是他們的創作。

▶ **西元前一千年**：中國人用指紋在法律文件、甚或犯罪供詞上「簽名」。不確定這是儀式性做法，或真的是識別身分的方式。

▶ **西元一千年**：羅馬帝國著名的辯護律師昆提利安（M. Fabius Quintilian, 35-100）證明一名被控殺母的盲人無罪。他展示犯罪現場一枚染血的掌印，是他人為了嫁禍給這個無辜者所留下的。

▶ **一六八五年**：波隆納大學解剖學教授馬切洛・馬爾皮吉（Marcello Malpighi, 1628-1694）率先發現指紋紋型。他記錄下在人類指紋上發現的「不同脊線和紋型」，並且最早使用箕形紋（loop）和斗形紋（whorl）這兩個詞彙來描述。

▶ **一八二三年**：布列斯勞大學（University of Breslau）約翰尼斯・普金耶（Johannes Purkinje, 1787-1869）發展出第一個指紋分類系統。他列出九種基本紋型，為個別的紋型分類訂出規則。這些規則和紋型是今日指紋分類系統的基礎。

▶ **一八五八年**：為防止合約和退休金發放舞弊，駐印度孟加拉的英國公務員威廉・赫歇爾爵士（Sir William Herschel, 1833-1917）要求當地人用手印簽署合約。他或許是第一個體認到此種印記獨特性的歐洲人。他也記錄自己的手印，結果顯示在五十年間毫無變化，這對於指紋發展為鑑識工具是個無比重要發現。

▶ **一八八〇年**：亨利・福爾茲（Henry Faulds, 1843-1930）是東京築地醫院的一位內科與外科醫生。他寫道，指紋可以用於識別個人，也能用來辨別犯罪者。他也確認了潛伏紋可以粉末使之顯形，並用這個方

法證明一名被控竊盜的男子的清白。他比對此人和竊賊留在窗戶上的指紋，發現兩者並不吻合。幾天後抓到真正的竊賊，指紋相符，竊賊也坦承犯案。

▶ 一八八三年：馬克‧吐溫知道指紋的識別力量，並在《密西西比河上的生活》、《傻瓜威爾遜的悲劇》兩本著作中讓這項技術派上用場。

▶ 一八九二年：法蘭西斯‧高爾頓爵士（Sir Francis Galton, 1822-1911）發表他的研究《指紋》（*Finger Prints*），也是第一本以指紋為題的專書。他描述指紋的三種紋型，分別是箕形、弧形和斗形。更重要的是，他提出令人信服的證據證實沒有相同的指紋存在。

▶ 一八九二年：阿根廷是最早利用指紋破案的國家。拉普拉塔市（La Plata）的警官胡安‧布塞蒂奇（Juan Vucetich, 1858-1925）深信指紋可以用來辨識犯罪者，並投入分類系統設計，迄今南美大半地區仍沿用這套系統。一八九二年六月，法蘭西斯卡‧羅哈（Francisca Rojas）的一雙子女遭人殺害，她指稱凶手是一名叫做佩卓‧維拉斯奎茲（Pedro Ramón Velázquez）的男子。然而受過布塞蒂奇培訓的警調人員阿爾瓦雷茨（Alvarez）以現場找到的一枚與羅哈右手大拇指相符的指紋讓她俯首認罪。

▶ 一八九七年：德國解剖學家赫曼‧維克爾（Herman Welcker, 1822-1899）比對自己於四十一年前捺下的指紋，並確認指紋並未改變，從而支持威廉‧赫歇爾爵士的發現。

▶ 一八九九年：愛德華‧亨利爵士（Sir Edward Richard Henry, 1850-1931）根據指紋的五種類型設計出一套分類系統，也成為今日英美所使用的指紋系統的基礎。亨利於一九○一年被任命為蘇格蘭場警察總長，他以指紋識別系統取代人體測量學。

▶ 一九○二年：竊賊哈利‧傑克森（Harry Jackson）在犯罪現場留下拇指指紋，成為英國第一個以指紋證據被定罪的人。

▶ 一九○三年：紐約州立監獄系統率先使用指紋識別罪犯。

▶ 一九一〇年：湯瑪斯・詹寧斯（Thomas Jennings）成為第一個以指紋定罪的美國公民。詹寧斯在芝加哥被控企圖謀殺而獲判有罪，上訴後仍維持原判，使他的案件成為法庭使用指紋證據的一個里程碑。

　　在十九世紀末，指紋並不是唯一研究用來識別的方法。事實上，人體測量學和指紋競相成為識別的標準，兩者還曾歷經奇妙且具有里程碑意義的對抗。

人體測量學和貝迪永法

人體測量學（〔anthropometry〕anthrop意指「人類」，metry則是「測量」）的定義是，將人體測量的研究用於人類學的分類和比較。簡單來說，就是藉由測量人體比較個體的差異。

　　法國警官阿方斯・貝迪永（Alphonse Bertillon, 1853-1914）利用人體測量學於一八八二年開發出第一個能識別個人、真正有組織的系統。他認為人的骨骼大小約莫從二十歲開始直到死亡都不會改變，而且每個人的測量值都是獨一無二的，於是創造出名為**貝迪永法**（bertillon-age）的身體測量系統。根據貝迪永的理論，兩個人擁有相同測量值的機率是二億八千六百萬分之一。

　　此一信念促使他認定所有人都可藉由關鍵的測量值區別彼此，例如身高、坐姿身高、頭部的長度與寬度、右耳長度、左小指長度，以及臉頰寬度等等。貝迪永最大的勝利是在一八八三年二月，他測量一名叫做杜朋的小偷，並將資料和他手中已知的罪犯檔案做比對，結果發現杜朋的測量值和一個名叫馬丁的男人相符。最後杜朋承認自己其實就是馬丁。

　　這個系統多年來為不少審判所接受，然而在二十世紀初開始出現缺陷。其測量值其實不甚精確，而且會隨測量者的不同有所變動。體型和體重相似的兩個人其測量值差距不過一公分，因此容易出現瑕

疵，該系統不久後就被廢止。著名的威爾‧威斯特（Will West）案為人體測量系統敲下一記喪鐘。

刑事檔案：威爾‧威斯特案

雖然這個案件是重要的里程碑，卻也是古怪滑稽的巧合。一九〇三年五月一日，威爾‧威斯特被送到堪薩斯州的萊文沃斯監獄（Leavenworth Penitentiary）。記錄員顯然覺得此人很眼熟，但他否認自己曾經進過這間監獄。入監檢查的程序包括人類測量學的步驟，官員驚訝地發現威爾的測量值和另一名囚犯威廉‧威斯特（William West）吻合。兩人相似得詭異，幾乎像雙胞胎一樣。

他們被帶到同一個房間，但兩人都聲稱他們不是兄弟，只好採用指紋辨識。後來，萊文沃斯監獄立即棄用人類測量學，改以指紋為主的系統識別囚犯。一個月後，紐約的辛辛監獄（Sing Sing prison）跟著實施。

但威爾和威廉‧威斯特的相似性只是古怪的巧合嗎？不盡然。一九八〇年《警察學與管理期刊》（Journal of Police Science and Administration）上一份的報告指出，兩人其實是同卵雙胞胎。他們的指紋有許多相似之處，有幾近相同的耳朵結構（除了同卵雙胞胎之外很罕見），兩人都寫信給同一名兄弟、同樣的五名姊妹和同一個喬治叔叔。所以，雖然這對兄弟否認，但是看來他們的確有血源關係。

貝迪永不情願地同意把指紋加進他的貝迪永圖譜裡。然而，他只加進右手的指紋，後來證實他犯了大錯。

刑事檔案：偷蒙娜麗莎的賊

一九一一年八月二十一日，巴黎羅浮宮（Louvre Museum）的《蒙娜麗莎》遭竊。竊賊在保護達文西傑作的玻璃上留下了一枚清晰指紋。貝迪永為了協助調查人員，於是把他的圖譜加入調查。不幸的是，他沒有分類系統能讓搜尋數千筆資料卡時更有效率，因此他和他的助手花了幾個月在檔案中挖掘。他們沒找到吻合的資料。兩年後，警方逮捕了文欽佐・佩魯加（Vincenzo Peruggia），他的指紋和犯罪現場找到的相符。

結果佩魯加的指紋一直都在貝迪永的資料中。為什麼沒有吻合？因為現場找到的是佩魯加左手大拇指指紋，而貝迪永的檔案只有右手大拇指指紋。這揭露了貝迪永人體測量學系統的另一個瑕疵，最終永久廢止了這個系統。

脊紋紋型

指紋更精確的名稱是脊紋印，因為押印和比對的基礎其實是脊線的紋型。脊線用於識別身分是依據三個原則：

▶ **獨特性**：指紋獨一無二，沒有兩個人擁有相同的指紋，同卵雙胞胎也不例外。雙胞胎擁有相同的DNA（見第十章：DNA），但指紋不同。

▶ **穩定性**：一個人的指紋一生都不會改變，赫歇爾和維克爾的研究證實了這一點。指紋是在子宮內形成的，從出生到死亡保持不變。除非損傷是在組織深處，例如指腹燒傷或被割下，指紋才會消失一段時間，但隨著皮膚自我修復、傷口復原，指紋就會再度出現。

若是嚴重傷及皮膚深層，永久性疤痕可能導致指紋無法恢復。然而，要完全抹去指紋很困難，試圖抹去時所產生的任何疤痕，都會為檢驗者留下可用於比對的新的獨特特徵。

▶ 一般模式：指紋具有普遍的生成模式可系統性分類，有助於減少必須搜尋的筆數。

一旦證實指紋獨一無二且保持不變，有效地運用這種知識系統就成了當務之急。隨著人口不斷成長，以人工逐一比對使其效益受到極大的限制。於是，便誕生一些有助於縮小搜尋範圍的系統。

刑事檔案：約翰·迪林傑

約翰·迪林傑（John Dillinger）是美國最惡名昭彰的罪犯之一，有頭號公敵之稱，他為了逃避警方追緝曾動過整容手術，並試圖用酸性物質抹去指紋。著名的「紅衣女郎」出賣迪林傑，以致他在芝加哥的傳奇劇院（Biograph Theater）門口被射殺身亡。停屍間採集的指紋證明死者確實是迪林傑。酸只損壞了他指腹的一部分，而留下足夠的脊線細節，可與他在警方檔案中的指紋相比對。

指紋分類系統

分類系統旨在找出項目之間的共通特徵，在混亂中產生秩序。指紋檔案亦然，必須可以大量儲存、迅速搜尋才有用處。聯邦調查局擁有超過兩億筆指紋檔案，在分門別類之下，使得比對未知指紋容易得多。

基本指紋類型

斗形、箕形和弧形仍是指紋識別和比對的基礎，雖然人人都有這些特徵，但數量和分布型態卻是獨一無二。不只紋型因人而異，每個人的每隻指頭也不同，我們都有十個獨特的指紋。接著將介紹這些基本的紋型。

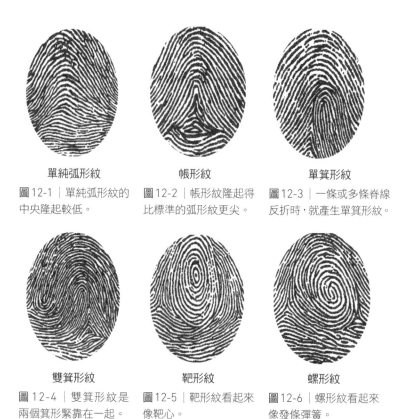

單純弧形紋
圖12-1｜單純弧形紋的中央隆起較低。

帳形紋
圖12-2｜帳形紋隆起得比標準的弧形紋更尖。

單箕形紋
圖12-3｜一條或多條脊線反折時，就產生單箕形紋。

雙箕形紋
圖12-4｜雙箕形紋是兩個箕形緊靠在一起。

靶形紋
圖12-5｜靶形紋看起來像靶心。

螺形紋
圖12-6｜螺形紋看起來像發條彈簧。

弧形紋

弧形紋（arch）是中央隆起的脊線形成波浪狀的紋型，其中又分為**單純弧形**（tented）（見圖12-1）和**帳形**（plain）（見圖12-2）。帳形紋的中央隆起比單純弧形紋更尖。紋型中只有百分之五是弧形紋。

箕形紋

箕形紋（loop）是由一條或多條脊線反折，產生箕形的紋型。所有紋型中，箕形佔了百分之六十。箕形紋有許多變化，有些是**單箕形**

（single）（見圖12-3），有些是**雙箕形**（double）（見圖12-4）。單箕形紋再依據脊線流向和前臂橈骨與尺骨的相對關係可分為正、反兩種：反箕形紋（radial loop）的流向向下、朝向橈骨側或大拇指側；正箕形紋（ulnar loop）則流向尺骨側或小指側。

斗形紋

斗形紋（whorl）看起來像脊線構成的小漩渦，佔所有紋型百分之三十五。又可分為幾個子群：單純斗形紋（plain whorl），可能是像標靶（target）的同心圓（見圖12-5），或是彈簧的螺形（spiral）（見圖12-6）；囊形紋（central pocket loop whorl）看起來像末端有個斗形的箕形紋；雙箕形紋（double loop whorl）則由兩個箕形紋組成，彼此相觸，產生S型的紋型；而雜形紋（accidental loop whorl）則像是囊形紋，但有些微的差異。

亨利指紋分類系統

愛德華・亨利爵士曾任英國駐印度孟加拉省的警政署長，他研究指紋分類系統多年，在一八九九年完成建置。亨利指紋系統經過些微調整後，於美國和英國沿用至今。

這個系統有點複雜，我就不詳談了，不過還是值得簡單做個介紹。其核心是以十根手指是否有斗形紋來判斷。也就是根據哪隻手指有斗形紋評分，有些手指的分數比較高。

首先，亨利把手指配對成分子和分母的組合，如下所示：

右食指	右無名指	左大拇指	左中指	左小指
右大拇指	右中指	右小指	左食指	左無名指

如果第一對有一個斗形紋（右手食指和右手大拇指），就得十六

分；第二對（右手無名指和右手中指）則是八分；第三對四分；第四對兩分；第五對零分。任何有弧形紋或箕形紋的手指都得到零分。最後，分子和分母都各加一分。

假設右手食指和大拇指都出現斗形紋。根據組合，這樣各得十六分，表示為序列第一個位置的分子和分母各得十六分。如果兩指都沒有斗形紋，分子和分母各得一個零分。再來，如果右手大拇指有斗形紋，但右手食指沒有，那麼分子得到零，分母則得到一個十六。在這些情況下，表上第一個位置的得分各是：

$$\frac{16}{16} \quad \frac{0}{0} \quad 和 \quad \frac{0}{16}$$

因此，一組只有右手食指和小指、左手中指和無名指有斗形紋的指紋，得分會是：

$$\frac{16+0+0+2+0+1}{0+0+4+0+0+1} = \frac{19}{5}$$

亨利的評分系統把檔案分成一千零二十四組。只要檢視總分和未知指紋相同的那些指紋，就能讓搜尋範圍大幅縮小。不過實際是以人工比對，這只是減少探員需要辛苦過濾的檔案數量。

亨利指紋系統主要的缺點是需要一組完整的十指指紋，否則無法計算總分。然而犯罪者很少在現場留下完整指紋，在電腦和自動化指紋識別系統（automated fingerprint identification system，簡稱AFIS）發展出來之前，對執法單位造成了重重阻礙。

自動化指紋識別系統

一九七七年，自動化指紋識別系統在聯邦調查局和美國國家標準局（〔National Bureau of Standards〕即今日的國家標準與技術研究院〔National Institute of Standards and Technologies，簡稱NIST 〕）的合作下建立。聯邦調查局資料庫中的指紋組不斷增加，勢必需要某種儲存、檢索和比對的方法。想像一下，數百名探員坐在桌前過濾數以千計的指紋卡，找尋符合連環殺手留下的局部指紋比對。正義之輪確實轉動得很慢。

自動化指紋識別系統利用電腦掃描指紋，進行數位編碼，把資訊儲存在大型資料庫中，日後就得以每秒搜尋數千個檔案，比對未知的指紋組，甚至是單一指紋。

電腦得到比對結果之後，便由受過指紋評估訓練的探員進行人工檢查，確認是否確實吻合。即使進入電腦時代，仍須以人眼做最後比對。

這種快速搜尋的效率，在著名的加州惡夜狂魔（Night Stalker）案中可見一斑。

刑事檔案：惡夜狂魔

一九八四年六月到一九八五年八月，南加州和舊金山灣區（Bay Area）發生了一連串殘忍的強暴謀殺案，使得整個加州風聲鶴唳。凶手被稱為惡夜狂魔，他會在夜裡撬開門鎖潛入受害者家中，事前經常先切斷電話線。他會槍殺在場的任何成年男性，然後性侵女性，往往是在女性配偶死去或垂死的那張床上。凶手有時會在完事後殺死受害者，有時不會。倖存者描述凶手是個拉丁美洲裔的瘦子，氣味難聞，一口壞牙。

最後的受害者是加州米申維耶霍市（Mission Viejo）的一名女性，凶手朝她的男友頭部開槍後，在床上強暴了她。兩人皆倖存了下來。女性受害者看見攻擊者駕駛橘色豐田掀背車離去後，打電話報警。

稍早，有個青少年在自家車庫修理摩托車時，看見那輛掀背車進入社區及駛離。他記下車牌號碼，隔天早上致電警方。兩天後發現這台

遭竊的車輛，車內留下了局部的潛伏紋。

指紋被送往加州首府沙加緬度（Sacramento）鍵入新建置的自動化指紋識別系統，只花了幾個小時就比對完成。據估計，光是洛杉磯就有一百七十萬張指紋卡，由一名探員進行人工比對需時六十七年。

指紋顯示惡夜狂魔是來自德州艾爾帕索（El Paso）的二十五歲流浪漢李查・拉米雷茲（Richard Ramirez）。他的樣貌透過媒體傳布出去後，東洛杉磯的居民認出了他，在他再度試圖偷車時將他制伏。警方即時趕到，從憤怒的群眾手中救出拉米雷茲。一九八九年十一月七日，拉米雷茲被判處死刑。

如你所見，指紋鑑定有了很大的進展，和DNA並列為具有絕對獨特性的證據。不過要利用指紋，得先找到指紋才行。

尋找和採集指紋

指紋有時清晰可見，有時則需要仔細尋找。一枚沾了油脂、油漆或血液而留在牆上的指紋，會遠比未受任何可見物質污染而留在垃圾袋上的指紋容易發現。然而，這些指紋都可能是破案的關鍵。

指紋有基本三種基本類型：

▶ **明顯紋**（patent print）是肉眼可辨的指紋。加害者手指沾染血液、墨汁、油漆、塵土或油脂等物質，所留下的可見指紋。

▶ **成型紋**（plastic print）具有三維的特性，來自加害者的手指按進柔軟的物質中，例如蠟、油灰、填隙、肥皂、未乾的油漆，甚至冷掉的奶油。

▶ **潛伏紋**（latent print）肉眼不可辨，除非使用特殊光線或經過特別處理，否則無法看見。

潛伏紋是怎麼來的呢？我們的手指、手掌和腳底的脊紋都有小

孔，也就是汗腺開口。這些汗腺會分泌油分較低的汗水，身體其他部位的汗水則是油脂豐富。當手指碰觸這些部位或毛髮時，就會沾染油脂、鹽分及污垢。其他物質來自於所碰觸到的環境表面。指腹接觸到另一個表面時，就會留下這種殘留物。

所以，潛伏紋是「髒」手指所留下的。和髒污的手比起來，剛清洗過的手留下的潛伏紋較淡。犯罪現場技術人員和警方的任務是尋找、揭露並採集這些隱藏的指紋。

尋找潛伏紋最理想的表面是凶器、犯罪者留下的任何工具或物品，打開的抽屜或移位的家具以及出入口。簡言之，就是加害者可能觸碰過的任何地方。

明顯紋和成型紋都是肉眼可見，容易拍照取證，而照片可以用於比對。通常會使用斜射的光線強化對比，不過除此之外，這些指紋不大需要別的處理就能記錄。潛伏紋則需要特殊處理，法醫科學家有一籮筐讓潛伏紋顯形以及採集的方法。

基本檢視

要讓潛伏紋現形，簡單的方法往往就是最好的方法。不管有無放大鏡輔助，手電筒斜照的光線就可能使其現形。再者，潛伏紋的油脂在某些雷射光和紫外光下會發出螢光，這些光源也許能迅速讓潛伏紋現形。一旦顯現就可以拍照了。

指紋粉

指紋粉會附著在潛伏紋殘留物的溼質和油脂上，顯現脊紋的紋型。粉末有各式各樣的顏色和類型，選擇的顏色應該和背景表面形成最大的對比。最常使用的是黑色（炭黑或木炭製成）和灰色（鋁或鈦粉末），不過當背景是深色時，會使用白色或其他淡色。

也可以使用磁性指紋粉。這種粉末同樣有各種顏色，會搭配特製

的「磁刷」使用。磁刷其實不是刷子，它沒有鬃毛，不會和指紋接觸，所以不會損壞或抹除痕跡。用法是把粉末撒在指紋上，就像使用標準粉末一樣，指紋會倏然現身。磁性粉末較適合光滑的表面，如雜誌封面、有塗布的紙板、塑膠袋或塑膠容器等。一般粉末在光滑表面的效果較差。

另一種是螢光指紋粉，可使指紋在雷射光下散發螢光。粉末附著後，便能拍照，然後「採集」。也就是把透明膠帶的黏膠面輕輕放到指紋上。指紋的紋型會黏到膠帶上，撕下後貼於收集卡，提供後續檢查和比對。

潛伏紋若是在較多孔隙的表面，就需要先用化學物質處理。化學物質會和指紋殘留物中的某些成分反應，產生另一種更能明顯識別的化合物，顯現出指紋的紋型。用於明顯紋的常見化學物質包括氰基丙烯酸酯（cyanoacrylate）、碘（iodine）、寧海德林（ninhydrin）和硝酸銀（silver nitrate）。

氰基丙烯酸酯蒸氣

氰基丙烯酸酯是強力膠的成分。強力膠有百分之九十八是氰基丙烯酸酯，因而成為極為有用的鑑識工具。使用時必須先讓強力膠汽化，不過由於強力膠的沸點低，很快就能加熱完成。釋放出的蒸氣會和指紋殘留物中的胺基酸作用，使潛伏紋呈現白色。

待處理的物品通常會放在**煙燻箱**中，防止氣態的強力膠溢散。把幾滴強力膠加進鍋裡，放在加熱元件上，幾分鐘後蒸氣就會充滿箱子並開始和指紋發生反應。

煙燻過的指紋相當堅固而穩定，「強力膠」並沒有讓你失望。這個過程其實是把指紋固定在物體表面，方便日後於法庭展示發現時的狀態。比方說，倘若攻擊用的鐵撬上留有一枚指紋，以氰基丙烯酸酯煙燻、染色後，就可以把它帶到法庭。陪審團不僅會看到指紋，也會

看到指紋在武器上的位置。

指紋以氰基丙烯酸酯煙燻顯現後，就可以直接或以斜射光拍照。或者，也可以像其他指紋一樣用粉末處理，有時可以用螢光染劑染色，染劑和指紋結合之後會在紫外光下發光。這麼處理也可以拍照。

警方現在已經不會在犯罪現場設置煙燻箱，而是使用手持式煙燻槍。這種小型裝置可以加熱強力膠和螢光染劑混合的藥管，然後釋出蒸氣。如此一來，氰基丙烯酸酯就能同時把指紋「固定」，並且螢光染色。

碘燻法

用煙燻箱加熱時，固體的碘結晶會釋放出碘蒸氣，和潛伏紋裡的油脂結合形成褐色指紋。指紋很快就會褪色，所以必須立刻拍照留存。此外，也可以撒上溶於水的澱粉加以固定。這種溶液可使指紋保存幾個星期到幾個月。

寧海德林

寧海德林（茚三酮〔triketohydrindene hydrate〕）是執法單位多年來的重要用品，使用方式十分簡單，將有潛伏紋的物品浸泡或噴灑寧海德林溶液即可。寧海德林和指紋的油脂反應會產生紫藍色的指紋。缺點是作用緩慢，指紋可能要幾個小時才會顯現。把物品加熱至華氏八十到一百度（約攝氏二十六·七到三十七·八度）可加速反應。

硝酸銀

硝酸銀是照相底片的重要成分。潛伏紋接觸到硝酸銀時，指紋殘留物中鹽（氯化鈉）分子的氯會和銀反應，形成氯化銀。這種無色的化合物曝露在紫外光下會「顯影」，呈現黑色或紅褐色的指紋。

血指紋

沾滿鮮血的手指所留下的不可見的或微弱的指紋會帶來特殊問題。這些指紋往往淡到無法拍照記錄，而使用粉末的效果也不大好。有時雷射光可以讓指紋發光到足以拍照的程度，有時無法。倘若不可行或無效，流明諾或胺黑法或許幫得上忙。

流明諾

第九章詳細討論過流明諾。雖然流明諾比較適合鞋印之類的大壓痕，但偶爾也能協助增顯指紋。它會和血液中的血紅素作用，使其在黑暗中發出螢光。只是維持不久，指紋顯現時必須立即拍照。

流明諾能和微量的血跡反應，少到幾ppm也行。它可以在看似沒有血跡的地方找到血跡。好幾年前的現場，或清潔過、刷過油漆的現場仍會殘留微量血跡，而流明諾能讓它們現形。由於流明諾對血液十分敏銳，不僅能找出極為稀釋的血液，也能追尋血腥的蹤跡，幫助重建犯罪現場。

胺黑法

胺黑法（amido black）又稱萘藍黑法（naphthalene blue-black），它是藉由和血紅蛋白反應使血指紋變成藍黑色。指紋顯現後，就能拍照供後續比對。

數位強化

倘若有枚指紋或局部指紋不清晰，微小的細節模糊或難以辨明，數位技術可以幫忙解決這個問題。指紋掃描進電腦後，用可以強化和整理照片的程式來處理。像是改變亮度、對比、清晰度或背景圖案，就可能使先前模糊的指紋躍入眼簾，讓比對程序進行得更快也更準確。

手套印

有些犯罪者會戴手套以避免留下指紋。外科手術用的乳膠手套有時過薄，如果手套被血液、油脂、油漆或類似的物質污染，有可能把紋型留在平滑的表面。此外，有犯罪者在事後把手套丟棄，而他的指紋就留在手套內部的指尖處。

但即使穿戴皮革或布製手套，也無法保證就能掩飾身分。

因為即使沒留下指紋，也可能留下手套指尖或手掌處的紋路。如果手套有瑕疵，好比布手套有破洞，或是皮手套表面有皺痕和傷痕，都會在現場留下獨特的紋路痕跡。如果找到疑似的手套，就能拿來和犯罪現場的手套印痕比對是否吻合，若結果相符，就是有力的證據。鞋印和胎痕也是類似的證據（見第十四章）。

13 血跡：型態會說話
BLOODSTAINS: PATTERNS TELL THE STORY

　　暴力犯罪、自殺和意外發生時常見血，所產生的血跡可能是判斷究竟發生了什麼事，以及案發順序的關鍵。在犯罪事件中，這些血跡往往是破案的核心。血跡型態分析關乎科學，不過整體來說是一門藝術。科學家會告訴我們血液的特性，然而要了解血跡型態所隱藏的訊息，則需要知識、經驗以及直覺判斷。

　　從鑑識的角度來看，血液為法醫和鑑識實驗室提供了豐富的資訊。血液分析可分成生物和物理兩種類型。我們在第九章把血液視為生物流體來討論，本章則會探討血液的物理性質——和其他液體共通的性質。犯罪現場的血跡型態可以用來判斷死亡原因和死亡方式，並且重建犯罪現場。

血跡型態

　　無法確定血跡型態是從何時開始用於犯罪調查，不過早在一五一四年，英國的一個法庭審判程序中就曾經提及血跡型態。一八九五年，第一部關於血跡型態辨識的專書誕生，作者是波蘭科學家愛德華・彼奧特羅夫斯基（Eduard Piotrowski）博士，書中記載他詳細研究血跡的結果。一九三九年，法國索邦大學（Sorbonne University）法醫科學家維克多・巴爾塔札（Victor Balthazard, 1872-1950）發表他對血液型態的重要研究。著名的俄亥俄州訴山繆・薛帕德案（Samuel Sheppard），則是美國法庭使用血跡證據的重要推手。

刑事檔案：山繆·薛帕德案

著名的山繆·薛帕德案後來被改編成熱門的電視影集和電影《絕命追殺令》（*The Fugitive*）。案件發生在一九五四年七月四日，薛帕德醫生的妻子瑪麗蓮（Marilyn）在家中遭人殘忍殺害。薛帕德醫生表示，入侵者襲擊他的妻子致死，他在試圖保護她時被擊昏。他醒來時檢查了妻子的生命跡象，包括她頸部的脈搏，然後打電話求救。

室內遭人翻遍，看起來像是入室搶劫。但警方發現犯罪現場的血跡並不連貫。

薛帕德的雙手、身體或衣服上都沒有沾血。如果是他打死妻子，身上應該會有血跡；沒了血跡，似乎能證明他無罪。但薛帕德身上和衣服上完全沒有血這點卻引來諸多疑問。因為攻擊方式十分殘暴，凶手理應渾身是血，而薛帕德和凶手扭打時，應該會有血液轉移到他身上。此外，薛帕德的雙手也沒有血，如果他探察過妻子鮮血淋漓的頸部脈搏，手上應該有血才對。

薛帕德說他的手表、皮夾、戒指和鑰匙不見了。他認為一定是凶手拿走的，而警方在離房屋不遠處找到一個綠色袋子，裡頭裝有遺失的物品。此外，袋子和皮夾上都沒有血，如果凶手用沾血的手處理這些東西，上面應該會有血跡。更何況凶手拿走薛帕德的皮夾、鑰匙、手表和戒指時，血難道不會轉移到薛帕德的褲子、手腕和手上嗎？沒有找到血跡，表示拿走這些東西的人是用乾淨的手把它們放進袋子裡的。

不過，在薛帕德的手表上倒是找到一些細小的噴濺血跡。這些噴濺是飛濺的血液微滴所造成的，表示受害者被攻擊時手表就在附近。若是薛帕德摸脈搏時沾到血，血跡會是轉移的塗抹痕跡，而非噴濺的微滴。

警方研判，最有可能的情況是薛帕德打死妻子，清理雙手和身上的血跡，然後破壞屋內布置成發生入室搶劫的樣子，他把手表和其他物

品放進綠色袋子裡丟到後來被警方找到的地方，沒注意到手表上的噴濺。薛帕德因為血跡（也可以說缺乏血跡）以及其他證據而被判謀殺罪。案子尚未結束，數十年間，薛帕德的家屬一再回到法庭希望洗清這位醫生的罪名，許多人認為判決有誤。而直到薛帕德死後才被宣告無罪，但他的故事至今仍有不少爭議。

發生暴力肢體傷害的犯罪現場往往會有血液。分析這些血跡的型態，可能使法醫得以判斷：
- 血跡來源
- 使用的武器類型
- 物體擊中受害者的方向
- 受害者和一名或多名攻擊者的相對位置
- 受害者和攻擊者在攻擊過程中的位置和動作
- 受害者被毆打或槍擊的次數
- 任何犯罪嫌疑人和目擊者說詞的真實性

血的特性

血是一種複雜的物質，由液體（血漿）和固體（細胞）所組成。做為液體，它和其他液體有許多共同的物理性質，好比移動和流動時會受到重力支配，容易積在低窪處。血液會擴散並覆蓋物體表面，也會依照容器改變形狀。血液帶有黏性，有點濃稠，也有表面張力。表面張力是類似彈性的性質，來自液體的分子引力。這是讓液體聚合的力量，因此落下的液滴會被拉成球狀。

不過，和水及其他大部分液體不同的地方是，血液具有生物特性。血液比水黏稠，而且會凝固。血液中液態的血漿，和紅血球、白血球、血小板及各種蛋白質等的細胞成分多半都會參與凝血過程。當

血液凝固時，會分離成暗紅色的固體和淡黃色清液——血清。

血漿和血清這兩個詞時常通用，不過肉眼看起來雖然類似，其實兩者有很大的差異。**血漿**是未凝血血液中的液體部分。血漿中含有會參與凝血過程的蛋白質以及其他蛋白質成分。它可以用離心機分離，離心機會快速旋轉試管，使細胞沉降在底部，血漿留在上層。**血清**是血液凝結、縮成血塊後剩餘的液體。由於凝血蛋白已在凝血的過程中耗盡，所以血清裡不會有凝血蛋白。

血液只要在人體的血管系統內移動，就能維持液體狀態。人死後，心跳停止，血液停滯然後凝固。此外，血液一旦離開身體，不出幾分鐘就會凝固。

流血

血從身體流出有幾種方式：滴落、滲出、流出、湧流或線性噴濺，每一種都會留下獨特的血跡型態。倘若不止血，任何持續性失血都可能導致**驅血**（〔exsanguination〕失血而死）。

血從身體流出後，便開始聚集、凝結。凝血時間一般是三到十五分鐘，因人而異，可能會受到某些疾病影響，如血友病和某些類型的白血病，乃至於肝素（heparin）和可邁丁（Coumadin）等多種藥物。血液開始凝固時，會先形成深色、帶光澤的凝膠狀物質。隨著時間過去，凝血開始收縮，和淡黃色的血清分離。調查人員可依此做為血液自受害者體內流出後經過多少時間的概略指標。如果仍是液體，表示是幾分鐘之前流的血；如果形成帶光澤、凝膠狀的灘狀，表示超過十五分鐘；若分離成凝血和血清，大概已經過了幾個小時。

屍體不會流血。死亡時心跳停止，血液不再循環，出血也會停止。幾分鐘內，血液就會開始在血管和人體組織內凝結，所以噴射或噴濺造成的血跡必定是死前產生的。打擊噴濺（impact spatter）和潑濺

（splash）可能在死後產生，不過一定是攻擊者的行為造成的，例如攻擊者繼續擊打受害者，或踩進血灘之中。

　　血液離開身體的機轉可以分成兩類：被動（passive）和噴流（projected）。被動機轉完全依賴重力，包括滲出和滴落。噴流血是重力之外某種力量作用的結果，例如動脈噴射、拋甩式血點（cast-off blood）和打擊噴濺。這些類型的失血各自會產生獨特的痕跡，稱之為**血跡型態**（bloodstain pattern）或**血跡噴濺**（blood spatter）。

被動血跡

　　被動血跡是重力作用的結果。血並非以噴射或因其他外力強行排出體外，而是在重力影響下被動地移動。自身體滲出和滴落的血液會「往下流」，通常會聚積在傷口或死者周圍最低的地方，好比地板排水口或房間較低的一角。樓梯、坡道或任何傾斜度大的區域，都可能讓血流了好一段距離才凝固。湧流或快速流動的血會大量聚積，流到比滲出的血更遠的距離。緩慢滲出的血來不及流到離身體太遠的地方就會凝固。

　　血液可能自傷者的傷口、鮮血淋漓的武器、攻擊者的手、桌面或任何高起而覆蓋了血的物體滴落。如果一個人肩膀中彈或被刺中，血可能會沿著手臂往下，從指尖滴落。攻擊者手上染血的刀或棍棒可能會在移動時一路滴血。床上或桌面的血可能流淌過邊緣，滴落到地板上。

　　一般來說，少量的血脫離較大的血液來源時，會產生血滴。血滴因為具有表面張力而呈球狀，並且會維持直到撞擊到某個表面，或被另一個物體碰撞。血滴不會從空中落下就分裂成更小的血滴。如果血滴擊中桌邊或被揮舞的手臂或武器擊中，才會分裂，不然就會呈球狀落下，直到落到地板或其他表面。

　　一滴墜落的血碰撞到平坦的表面時，會往四面八方飛濺，在撞擊

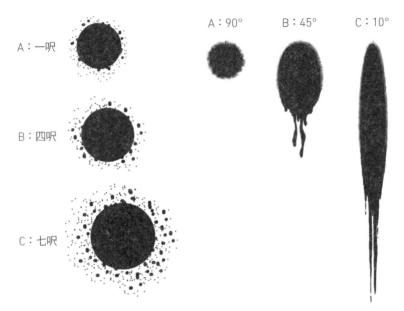

圖 13-1｜垂直滴落。一滴血垂直滴落到平滑表面所產生的血跡直徑，會隨著落下的距離而增加。圖中分別是自一呎（A），四呎（B）和七呎（C）滴落的結果。

圖 13-2｜非垂直滴落。血跡的型態取決於碰撞角度。圓形為接近九十度角（A），由碰撞角四十五度（B）和十度（C）的痕跡可以看出，隨著角度變小，形狀逐漸拉長。

點周圍產生一圈噴濺；直徑和噴濺型態取決於血滴的大小和速度、碰撞的角度，以及撞擊的表面的性質。

　　血滴落下時會逐漸加速，直到達到終端速度（terminal velocity），也就是血滴最大的自由落體速度。終端速度大約是每秒二十五呎，此時血滴已落下二十到二十五呎的高度。

　　血滴掉落的距離從一吋增加到七呎時，血滴噴濺型態的大小會跟著增加，從七呎高落下時產生的圓形直徑將近一吋，超過這個高度的噴濺直徑則不再有顯著增加。依據掉落的高度和大小，單一滴血的直徑範圍約在十三公釐到二十二公釐之間（見圖13-1）。

　　如果血滴是垂直（九十度角）接近物體表面，噴濺型態會呈現圍著撞擊點的同心圓。若是以較小的角度碰撞，噴濺會是拉長的橢圓形，尖端或狹窄的那處朝向血滴前進的方向（見圖13-2）。

　　可利用三角函數測量血跡的長寬，並計算撞擊角度（angle of impact）（見圖13-3）。這是在暴力犯罪現場要判斷一連串事件的發生順序時，不可或缺的測定。公式以血跡的寬度（W）和長度（L）表示：

撞擊角度 = arc sin W/L

　　次級血點（secondary spatter）或**衛星血點**（satellite spatter）會形成令人混淆的區域。如果一大滴血掉到堅硬的平面上，原先的圓形血跡周圍可能會有小小的次級血點。由於有方向性，血跡會拉長。之所以產生混淆，是因為這些衛星血點拉長的「尾巴」通常指向血滴來的方向，而不是移動的去向。

　　撞擊表面的性質會明顯改變噴濺的大小和性質（見圖13-4）。堅硬平滑的表面，如玻璃、上釉的地磚或打蠟的大理石所產生的噴濺，遠

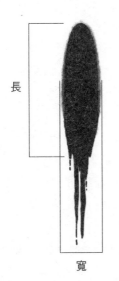

長

寬

左│圖13-3│計算撞擊角度。測量血跡的長度和寬度，可計算出撞擊角度。

下│圖13-4│撞擊表面和噴濺型態。撞擊表面的性質會改變血滴的噴濺型態。平滑表面產生小而圓的噴濺（A），粗糙表面則產生極不規則的噴濺（B）。

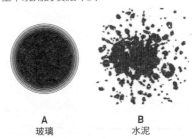

A
玻璃

B
水泥

遠小於粗糙不規則的表面，像是不平整的木頭或水泥。

　　前面提過死人不會流血。幾乎所有情況都是如此，但在某些情況下，人體在死後仍然可能繼續流血……至少幾分鐘內是如此。這稱為瀕死期（perimortem period）——就在死亡發生的前後。

　　以割喉致死為例，受害者死得非常迅速，心臟很快停止。不過在這種情況下，頸部的主動脈和靜脈是被切開的，這些血管中有大量的血液，重力可能使之通過傷口流出體外。側躺或俯臥的受害者可能持續流血直到血液流盡，或是凝固。這個過程可能需要幾分鐘，所以即使受害者已經死亡，血液仍可能積聚在頸部附近。

噴流血跡型態

　　噴流血跡型態發生在重力之外的作用。這樣的影響可能來自自然發生的內部力量（例如受害者的心跳或呼吸），也可能是外部力量（例如槍擊或鈍器創傷）。散布的血跡通常大小和形狀不一，由幾種不同的機轉造成，包括戳刺、毆打、槍擊、動脈出血、呼吸噴濺（氣道的血液被呼出鼻子或口腔）、拋甩血液和噴濺。單一血跡並非噴濺，噴濺分析需要的是一連串血跡構成的血跡型態。

　　被一顆子彈擊中，可能產生一個噴濺血跡型態，但是被鈍器（球棒、木板或類似的物品）擊打一下通常不是如此。子彈進入和穿出人體會損壞組織，造成立即出血，並且帶著血液和組織穿出傷口。因此出口點「下風」處的任何物體都可能看到典型的噴濺型態。

　　至於頭部反覆遭擊打的受害者，第一擊只會打中皮膚和毛髮，因此不會有血跡噴濺，不過仍會造成損傷和出血，染血的頭皮遂成為血液來源。血液來源是指任何有血液積聚之處，在這個例子是頭皮上和頭皮內。隨後擊打同一區域，會使這些積聚的血液噴濺出來。所以，最先的擊打產生血液來源，之後的擊打產生噴濺。

　　噴濺型態有助於法醫判斷血液來源和它在犯罪現場的位置，以及

噴濺的產生機轉。這很重要，可以顯示攻擊者和受害者在攻擊發生時的位置。方法是找出噴濺血點的**收斂點**（point of convergence）以及**發生點**（point of origin）。尋找收斂點（血液來源的位置）時，需要使用簡單的平面幾何；找出發生點（血液來源的三度空間位置）則需要使用三度空間立體幾何。其實很簡單，我們來看看如何找出這些點。

就像血滴一樣，組成噴濺的每個微滴碰撞附近的表面時，有各自的撞擊角度和方向性。撞擊角度是相對於衝擊表面的接近角度，方向性則是微滴的來向。

每道血跡的方向性可用於找出收斂點（見圖13-5）。在平面上藉由兩個或多個噴濺長軸畫出的假想線產生交會點來判斷。

左｜圖13-5｜收斂點。線條畫過每道血跡的縱軸，於收斂點交錯，指出血液來源的位置。

下｜圖13-6｜發生點。利用每道血跡的方向性和撞擊角度，就能找出血跡的發生點。

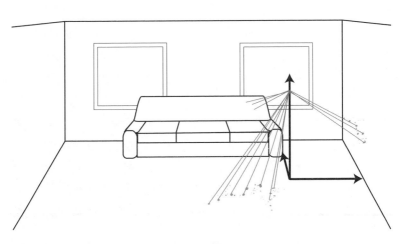

在犯罪現場，會沿著每道血跡的長軸拉線，而線會在收斂點交會。如果把各個血跡的撞擊角度加入這個測量，則會顯現發生點（見圖13-6）。方法是用量角器測量每條假想線或拉線的角度，計算每道血跡的撞擊角度。現在有時不用拉線，而是用雷射光，也有電腦程式能幫忙計算。

犯罪現場分析師的報告裡，通常會提出血液來源的可能範圍。比方說，分析完一個暴力攻擊現場的地板、牆面和沙發上的噴濺型態之後，分析師可能會說發生點離牆四到六呎，離沙發二到四呎，離地板的高度是四到六呎。這表示傷口流血的受害者當時站在牆壁和沙發附近。如果分析師發現和牆與沙發的距離如圖13-6所示，但是和地板的距離只有一到二呎，那麼受害者受到攻擊時很可能是躺在地上。

空白型態（void pattern）也有助於重建犯罪現場。空白型態是指檢驗者預期會有血跡噴濺的區域卻未見血跡噴濺，這或許能顯示攻擊者所站的位置。例如，假設某人遭到痛毆，於牆面、地板和家具上都可見血跡噴濺，唯獨受害者的一側例外，那麼攻擊者當時很可能就站在那個位置，擋掉了噴濺的血液。也就是說，血液微滴會在攻擊者身上，而非地板或其他物體上。

同樣的，如果在犯罪嫌疑人的身體和衣物上找到噴濺型態，就表示他案發當時在場。血跡噴濺只會發生在產生這些噴濺的撞擊過程中，所以如果犯罪嫌疑人的衣物、手臂或臉上有噴濺的血跡，在攻擊當下他一定離受害者很近。案發後很久才到場，衣物意外沾到血的人不會有噴濺型態，而是有污漬或塗抹的痕跡。這些血跡稱為轉移型態。

這項資訊可以協助調查人員確認或推翻犯罪嫌疑人的供詞，判斷案發時他是否在現場。比方說，假設一名丈夫表示他返家時發現妻子倒臥在地，遭人毆打流血，於是試圖做心肺復甦術，所以他的雙手和衣服才會沾到血。在這種情況下，他的衣服和身上確實會留下塗抹血跡和污漬。但是，如果他的手臂或褲管上也有噴濺血跡呢？除非當時

他就在受害者附近，否則不會有噴濺血跡。那樣的話，他就有得解釋了。

所以分析血液的噴濺型態可以得知犯罪現場的血液來源和來源的位置，也能提供產生噴濺機轉的線索。

噴濺分類

將噴濺型態分門別類，有助於判斷噴濺形成的原因。血是因為槍擊、頭部受擊，或是割開動脈所產生的？噴流的血跡噴濺的分類方法有二———一種是利用產生噴濺的機轉，另一種是利用血液流出的速度。法醫或血跡噴濺專家可藉此判斷噴濺如何產生，重建犯罪事件，並測試犯罪嫌疑人和目擊者供詞的真實性。

機轉：撞擊、噴流和組合噴濺

這個分類依據血跡產生的機轉分成三大類：撞擊、噴流和組合噴濺。

撞擊噴濺通常發生在毆傷、戳刺、槍擊或其他任何受害者被異物「碰撞」的情況。動脈出血、拋甩血液和呼吸噴濺造成噴流噴濺。動脈出血發生在動脈被撕裂、割開或刺傷，跳動的心臟把血液泵送出傷口。

拋甩血跡則是揮動沾滿血的物體（例如球棒或水管）。擺動的動作會「拋甩」血液微滴，地板、牆壁、天花板或附近任何物體上都有可能找到。

呼吸噴濺則是受害者的肺部或氣道中有血，加上受害者持續呼吸的結果。每次吐氣，血液就會從受害者的口鼻噴出。

犯罪現場發現的噴濺時常是這些情況的組合。例如胸部或頸部遭刺的受害者，可能會留下重擊造成的撞擊噴濺和刀子留下的弧形拋甩

血跡。若是主動脈受損則會有動脈噴流噴濺，以及受傷出血的肺部或氣道導致的呼吸噴濺。

噴濺速度：低速、中速和高速

另一種噴濺分類法是依據物體擊打造成血液離開血液來源的速度，分成低速、中速和高速噴濺。

低速噴濺來自移動速度每秒五呎以下的物體，會帶來較大的噴濺血跡，直徑通常是四公釐以上。有幾種機轉會造成這類噴濺。受重力影響落下的血滴，像是從傷口或沾滿血的武器滴落的血都是常見的例子。

如果滴落的來源靜止不動，血滴就會垂直落下，產生圓形的血跡。但若是來源在移動，好比受害者負傷逃跑，或攻擊者手持染血的武器逃逸，血滴就會以一個角度碰撞地面，形成突出端朝移動的方向延伸的拉長血跡。刑事專家分析犯罪現場時，這樣的訊息格外重要。

假設攻擊者站在受害者屍體附近，他手上的血滴落地板上，每滴都會留下圓形的血跡型態。當他開始在屋子裡移動，滴下的血就不再以垂直的九十度角碰撞地面，因為他移動時手上滴落的血也會向前移動。其所產生的血跡會是卵形，拉長的尾巴指向行進的方向。這類血跡可能類似圖13-2所示的非垂直碰撞。刑事專家可利用這項資訊判斷攻擊者在犯罪現場的行動，以及他的逃脫路徑。追蹤攻擊者的蹤跡，或許能找到被丟棄的凶器或其他證據。

動脈血也被視為低速噴濺。攻擊、企圖自殺或意外發生時若是傷及動脈，依動脈大小、受損程度和有無衣物或其他物體覆蓋傷口等不同狀況，血液可能以湧出或噴出的方式流失。動脈無受阻地噴出會造成線形且自然淌流而下的噴濺型態（見圖13-7），至於噴濺距離、血跡長度和血量則會隨著受害者的失血量增加，以及血容和血壓的下降而逐漸減少。

圖13-7 | 動脈血噴濺。規律噴出的動脈血。如果血液撞擊垂直的表面，會產生長條的線形或因重力的影響往下「流淌」的弧形血跡。

圖13-8 | 拋甩血跡噴濺。移動中的凶器拋甩出的血通常會形成線形的血跡型態。

　　另一個低速的血液來源是拋甩血液。拋甩血液是染血物體因離心力而拋甩或甩出血液。拋甩型態是武器用作一連串弧形攻擊時造成的，因此常見於牆壁和天花板上。噴濺型態是極為一致的微滴曳痕，反映出物體移動的弧線（見圖13-8）。可藉由判斷這些拋甩血跡的收斂點和撞擊角度得知攻擊者揮舞武器的位置，有時還能估算加害者的身高，甚至是慣用手（至少知道用哪一隻手攻擊）。

　　此外，拋甩型態的數量會顯示受害者受到的最小攻擊次數，因為未必每次揮動武器都會產生拋甩血跡。攻擊次數可能更多，但不可能更少。

　　中速噴濺是移動速度每秒五呎到一百呎的物體造成的。這些噴濺通常比低速微滴的血跡小，大小介於一到四公釐之間。中速噴濺來自鈍器或利器的攻擊和呼吸噴濺。

　　鈍器衝擊造成的噴濺會以放射狀四向散開。跟低速噴濺一樣，分析血跡的方向性和撞擊角度有助於找到發生點的位置。先前提過，全

向噴濺的空白型態也可以顯示攻擊者的位置。

如果傷口在臉部、喉嚨或肺部，血液會混在呼出的空氣中產生細小的噴灑，形成霧狀噴濺型態。這種霧狀型態可能出現在受害者的身上及周圍，乃至於攻擊者身上。這些噴濺顯示受害者在致命攻擊後，還活了一段時間。

高速噴濺發生在物體碰撞速度高於每秒一百呎的情況，造成的噴濺非常小，直徑通常小於一公釐，看起來像是霧狀的血跡。槍擊和高速機械傷害往往會產生這種型態的血跡。

子彈移動的速度非常快，當然會造成高速噴濺型態。這些型態可能出現在靠近穿入傷或出口傷的地方，兩者產生的機轉不同。出現在穿入傷附近時，稱為**反向噴濺**（blowback 或 back spatter）。此時微滴移動的方向和子彈行進方向相反。這類噴濺可能出現在開槍者身上或武器上，若是近距離開槍，甚至可能出現在槍管內側。如果霧狀痕跡在出口傷附近，則稱為**順向噴濺**（forward spatter），因為微滴的方向和子彈方向一致。這些噴濺很可能出現在牆壁和家具上，或靠近出口傷的任何物體。

轉移型態

另一種血跡型態是**轉移型態**（transfer pattern），發生在覆滿血的物體和乾淨物體接觸之際。常見於血指紋和血腳印。如果加害者拂過或跪在血跡上，或用上衣抹過武器、沾血的手，就會把受害者的血轉移到自己的衣物上。比對轉移血跡的血液和受害者的血液，可以證明犯罪嫌疑人和受害者在案發當下或事後曾經接觸過。

就像指紋和鞋印一樣，濡濕血的織物會留下可辨識的型態。假設有名加害者跪在受害者身旁的地板上，在沒注意的情況下讓血轉移到褲子的膝蓋處。他逃走後，靠在他的車門上轉移了血跡，也留下褲子的編織紋路。這道血跡結合受害者的DNA鑑識結果，可以串起犯罪

嫌疑人和犯罪現場以及受害者的關係。

血跡噴濺和犯罪現場重建

法醫利用血跡的被動、噴濺、轉移和空白型態來重建犯罪現場，判斷
導致受害者受傷或死亡的事件發生順序，由此或可揭露犯罪嫌疑人或
目擊者對案情的描述是否屬實。

血跡和噴濺型態的建檔不可或缺，必須即時、合乎邏輯地進行。
警方、火災和救護人員，乃至於親友及其他不相干人等，都有可能改
變或破壞血液證據。因此必須立即且持續地控制現場（見第二章：證據，
「犯罪現場」一節）。室內現場除非是繁忙的公共場所，否則通常可以保
存到取得所有必要資訊；室外現場則容易受到環境影響，公共場所的
採證又更為迫切。

血跡會依照既定的程序拍攝。攝影師會先拍攝現場的全景，然後
逐步拍攝個別血跡。後者需要靠近拍攝以捕捉所有細節，而且量尺或
其他測量設備要做為比例尺入鏡。

凶殺案件中，首先要注意的是屍體及相關的血跡或噴濺。屍體移
走後，才處理其他噴濺。

血跡分析也可能顯示屍體被移動過，或者有人試圖清理現場。長
形的塗抹痕跡可能暗示屍體拖過的路徑，剛清潔過的地板上微弱的塗
抹痕跡和條紋都可能表示有人試圖清理現場。

有些血跡是潛伏的。流明諾（見第九章：血清學）常被用來讓這些
隱藏的血跡現形。即使現場經過徹底刷洗，流明諾也能讓沾血的足跡
和拖痕現蹤，揭露加害者的行動或逃脫路徑，或屍體是否曾遭人移
動。另外，也能顯現試圖清理現場留下的抹布和擦拭痕跡。

拍攝充足的照片之後，犯罪現場分析師開始檢驗血跡的方向性和
撞擊角度；刑事專家拉出線網或利用雷射光判斷收斂點和發生點。分

析結果會指出受害者和攻擊者在每個攻擊階段的位置，造成的傷害數量和類型，以及事件發生的確切順序。我們來看看兩個案例。

犯罪現場重建技術

首先，再看一次丈夫回家後發現妻子被棍棒連擊致死的案例。丈夫表示，他檢查發現妻子沒了氣息，便走到廚房打電話報警，然後在門廊等候警方到來。事件順序合理可信。但是，如果受害者躺在地板上，而屍體周圍的血量以攻擊的暴力程度而言太少了呢？如果屍體附近的地板、牆壁或家具上找不到噴濺型態呢？這樣的證據顯示受害者不是在躺著的位置遭受攻擊。如果檢查廚房，發現地板剛清潔過呢？如果丈夫一腳的褲管上有非常細小的噴濺，並且在廚房和屍體位置之間的地毯上找到幾滴細小的血滴呢？

證據多方駁斥丈夫的說詞，使他成為頭號犯罪嫌疑人。噴濺分析會讓完全不同的劇本顯形，受害者很可能在廚房遭到殺害，然後被移動到客廳；這可能是為了把調查人員的注意力從真正的犯罪現場移開。丈夫接著清理廚房，但沒發現移動屍體時滴落地毯的血跡。流明諾可能顯現屍體移動時的拖曳血跡、清潔廚房的抹布擦痕，以及清理廚櫃或桌子的擦拭痕跡。對丈夫來說更糟糕的消息是，他褲管上的噴濺型態顯示他案發時在場。

接著是第二個案例。

某天約翰提早兩小時下班，回家後他發現他家後門被人撬開了。進門時，他聽見有人在樓上移動，便到書房取出鎖在抽屜裡的手槍。約翰拿著武器爬上樓梯進入臥室，驚動了站在五斗櫃旁、正在翻找他妻子珠寶盒的竊賊。竊賊衝向約翰，而約翰設法開槍並擊中了入侵者的上臂。然而竊賊用金屬管朝約翰的頭部擊打兩次。槍掉到地上，約翰退回走廊，而攻擊者緊追在後。約翰朝浴室走去，想把自己反鎖在裡頭，但還來不及逃到浴室就被擊倒在地，他翻過身試圖擋住攻擊。

他的頭部受到幾次重擊，最後失去知覺。攻擊者又打了約翰三下，將他殺害，接著回到臥室拿走珠寶盒，匆忙下樓從後門離開。

警方以自動指紋識別系統（見第十二章：指紋，「自動化指紋識別系統」一節）迅速確認了加害者的身分，並將他逮捕。他承認搶劫，但表示自己是自衛殺人。現場的血跡型態是否揭露了他的謊言？

▶ **臥室**：打中竊賊手臂的那一槍會在地毯、五斗櫃，或許還有床和附近任何家具上留下高速噴濺痕跡。約翰的頭部遭到重擊，應該會在地板和門口留下中速噴濺痕跡。DNA分析能輕易識別出哪裡有誰的血，而槍彈鑑識（見第十六章：武器鑑識）會顯示那把槍是擊中竊賊手臂的武器。此外，利用射擊殘跡鑑定，或許再加上指紋鑑定，會顯示約翰確實扣下了扳機。到目前為止，加害者的說詞沒有問題。

▶ **走廊上**：走廊的硬木地板上會發現兩人的血跡，血滴的形狀則顯示兩人都往走廊底的浴室移動。此外，染血的鞋印也支持這項推測。靠近浴室的地方，血跡噴濺分析指出此時手無寸鐵的約翰挨了幾次擊打，他的雙手和手臂上的防禦傷顯示他在自衛。致命的攻擊會讓血飛濺到地板、牆壁和浴室的門上。而這些噴濺的發生點表明致命攻擊時，約翰已經倒臥在地。

根據血跡證據，刑事專家就能重建現場，確認事件的確切順序。事實上，約翰是手無寸鐵倒臥在地，並且採取防禦姿態，推翻凶手聲稱出於自衛而殺死約翰的說法。加害者不僅面臨強盜罪，還可能被控謀殺。約翰受傷倒下時，他能輕易逃跑，但他卻選擇繼續攻擊，直到將對方殺死。

14 印記：鞋印、胎痕、工具和織物
IMPRESSIONS:
SHOES, TIRES, TOOLS, AND FABRICS

法醫科學家經常要面對各類的型態性跡證（pattern evidence），予以辨識和比較。前幾章中我們已經見識到指紋、掌紋和腳印、DNA、血跡噴濺型態，甚至繩結的打法對於犯罪調查的助益。不過，在犯罪現場尋獲並提交給鑑識實驗室的，並非只有這類型態性跡證。

鞋子、輪胎和工具，經常會留下印記與痕跡。在多數案例中，只能辨認印記的種類，但若檢視磨痕、裂痕和壞損的部分，法醫科學家或許就能進一步鎖定特定人物。

舉例來說，鞋底紋路可以確認尺寸，甚至辨識產品製造商。如此一來，就能窄縮調查範圍，聚焦在某特定鞋款的賣方和買主。不過，即使找到穿著相同尺寸和品牌鞋子的犯罪嫌疑人，並不代表犯罪現場的鞋印就是他留下的。只是有這個可能而已。他或其他穿著同樣鞋款的人，都不會從嫌疑名單中排除。然而，若是犯罪嫌疑人鞋子磨損的痕跡或獨特的缺損區塊和犯罪現場的痕跡完全吻合，那麼這項證據就具有個別特徵，得以直接指認鞋主。

鞋印證據

鞋商會生產樣式、形狀和尺寸各異的多種鞋款。有些平底皮鞋幾乎沒有與眾不同的特徵，但有些鞋款，特別是運動鞋，因為有複雜的紋路而易於辨識。

在一整天的行走中，鞋子會接觸到各式各樣的地面。硬木或磁磚

地板、地毯、軟土、吸飽雨水的人行道、爛泥、草地及雪，這些都很常見。而鞋底往往吸附了泥土、油污、油脂、濕氣和碎片後，會把這些物質帶到其他地方，並留下一連串的鞋印。

犯罪現場的鞋印跟指紋一樣，可能是明顯的（肉眼可見）、潛伏的（不可見），或是成型的（具三維特性）。

這些散落的紋路和印記對現場調查員多所助益。它們能讓犯罪現場和某個犯罪嫌疑人產生連結、幫助現場重建、連結數個現場，以及辨識出最少有幾個人參與犯罪。

現場和犯罪嫌疑人的連結

鞋印最重要的功能是將某個特定人物和犯罪現場連結在一起，通常這就足以讓某個人充滿嫌疑。舉例來說，若在謀殺、搶劫或性侵現場找到一個鞋印，而該鞋印屬於一個沒有正當理由出現在那裡的人，單這個鞋印就是對此人強而有力的不利證據。否則他的鞋印有什麼理由出現在現場？

然而，即使此人能說出貌似可信的理由，解釋他的鞋印為什麼會出現在犯罪現場，該鞋印在確認或揭穿他的託辭或故事時依然有用。如果在凶案現場發現某人沾血的鞋印，便意謂著他參與其中，或至少在事發當時或稍後曾到過現場。他可能會表示自己從未到過現場，但他沾有受害者血液的鞋印則說明並不是這麼回事。

鞋印也能辨識出製造商、尺寸和鞋款。聯邦調查局擁有內建上千種鞋類樣式的資料庫，很容易比對出鞋印，用以新增或者排除可能的犯罪嫌疑人。倘若犯罪嫌疑人擁有或能證明他曾有過尺寸和樣式完全相同的鞋子，那麼他就不會從嫌疑名單中排除。在妮可‧布朗‧辛普森（Nicole Brown Simpson）和羅納‧高曼（Ronald Goldman）的謀殺案中，犯罪現場找到一個少見且昂貴的義大利名牌Bruno Magli的鞋印，而辛普森在某些照片中正是穿著相同尺寸的鞋款，這點在民事判決上成

了對他不利的關鍵。

相反的，若有證據顯示犯罪嫌疑人沒有也未曾擁有過這樣的鞋子，就可能排除他的嫌疑。

犯罪現場重建

鞋印也有助於犯罪現場重建。在犯罪現場找到其鞋印的犯罪嫌疑人有可能表示自己只是誤闖現場，與犯罪無關。但若在他宣稱並未涉足的地方發現他的鞋印，就會成為反駁其說詞的關鍵。舉例來說，一名鄰居說自己到隔壁借糖粉，卻看到裡頭的女屋主倒臥在廚房，看似已被棍棒打死。他表示因為門未上鎖，所以他進去檢查了她的脈搏，打給一一九，並留待警方到來。他留待原地哪也沒去。如果警方稍後在女子臥室內、靠近她空珠寶盒附近發現他的鞋印，那麼他的說詞馬上不攻自破。

鞋印也會顯示進出點。調查員知道這些區域通常能找到鞋印，也能協助重建案發經過的先後順序。在撬開的窗戶下方的花園軟土上找到立體鞋印，若泥土與屋內地板上鞋印的髒污吻合，就表示此處為進入點。或在進入點的窗戶玻璃碎片上，找到與他鞋子相符的部分鞋痕，也可以做為決定性的證據。留在磁磚、木地板、階梯、流理台面、窗台、梯子和座椅上的印記，會揭露犯罪者在犯罪現場的行動。如果在遭竊的屋子的幾個房間發現印記，就能將搜查集中在那些區域。

如果在敞開的前門附近找到鞋印，可能代表這裡是犯人離開的路線，就需要沿著這條路徑尋找更多證據。循著犯罪現場的鞋印一路追查，有助於調查員尋找證據。循著離開路線可能會找到犯罪者丟棄的武器或衣物，像是面具、手套等。最有力的證據通常都留在犯罪者曾經到過的地方。

現場的連結

　　鞋印可以將數個犯罪現場連結在一起。假如在幾個不同的犯罪現場找到同一枚鞋印，就表示這些案件有同一名犯罪者涉入其中。這樣的連結非常關鍵。除了鞋印，每個現場各有其他證據，單獨檢視可能沒什麼用，但放在一起考慮便意義重大。舉例來說，假設在幾個命案現場都發現某特定品牌、十號男性運動鞋的鞋印。其中一個現場找到一根金色頭髮，另一現場找到屬於豐田汽車（Toyota）的灰色踏墊纖維，再另一現場找到紅色羊毛衣纖維，然後另一處的血跡噴濺型態則暗示凶手是約莫六呎高的左撇子。調查員若單獨檢視這些證據，收穫有限，但一旦鞋印將這些犯罪現場連結在一起，便浮現出清晰圖像。警方應鎖定一名六呎高、慣用左手的男性，他駕駛一輛有灰色踏墊的豐田汽車，穿著紅色的羊毛衫或外套。這當然並不是確鑿的指認，但確實更清楚描繪出犯罪者的形象，有助於調查員重點調查及縮小犯罪嫌疑人名單。

最低限度的參與者

　　複數的鞋印意謂著涉案者不只一人。如果調查員找到三種完全不同類型的鞋印，就說明至少有三人涉案。人數可能更多，因為有些犯罪者未留下鞋印，但不會少於三人。

類型和個別鞋印證據

　　鞋印大多屬於用來識別製造商和尺寸的類型證據，但偶爾也會獨特到足以成為個人化的證據。（見第二章：證據，「類型特徵與個別特徵」一節）

　　每個人鞋底磨損的狀況都略有不同。某些區塊的磨損會比其他區塊明顯，因為有些人走路時重心在腳的外緣，有些是腳跟，也有人拖著腳球走路。腳如何接觸地面決定了鞋底磨損的方式。

　　人們經常行走的地方影響也很大。坐辦公室的人鞋底的磨損方式

圖14-1 | 鞋底紋路最小量的磨損。
此紋路顯示鞋底最小量的磨損。

圖14-2 | 鞋底紋路大範圍的磨損。
此鞋底顯示出廣泛的磨損範圍。

和建築工或挖礦工肯定截然不同。經常踩在地毯和木頭地板等滑順表面的鞋子，受損的程度肯定不若經常在砂礫或粗糙水泥地跋涉的鞋子嚴重。

　　挑選一雙你穿得很久的鞋子來檢查鞋底，你會看到鞋底原本的紋路在某些區塊磨損得比其他區塊嚴重。然後你再拿一雙別人的鞋子檢查鞋底，則會發現跟你的磨損型式不同。一雙可能會顯示出極小量的磨損（見圖14-1），而另一雙則可能顯示出大範圍的磨損。（見圖14-2）。

　　這代表每個人留下的鞋印各異。一個鞋印只能和一隻鞋子相吻合，磨損型式讓鞋印不僅具備類別特徵，還能成為個別證據。這種的獨特型式讓法醫科學家得以成功比對犯罪嫌疑人的鞋子與犯罪現場的鞋印。當然，必須馬上找到在現場留下鞋印的鞋子，並徹底檢查，否則後續的磨損會讓這項個別證據無法成立。

其他的損傷與外來物質也能讓印記具有獨特特徵。切痕、裂口、抓痕，以及鞋底有鑿痕或嵌在凹痕中的小石頭，都可能創造出獨一無二的鞋印。如果犯罪現場的鞋印顯示有鑿痕或嵌有小石頭，就能肯定犯罪嫌疑人的鞋子也會有同樣的鑿痕或石頭痕跡。如同磨損型式，若是經過數週或數個月才尋獲鞋子，某些鑿痕或切痕可能已經消失不見，原本嵌住的小石頭也可能鬆脫遺落。在這種狀況下，個別特徵不復存在或已然改變，就不可能完全吻合。

步伐印記

鞋印也會顯示出一個人的步伐或走路的方式。他是大跨步或小碎步？站立時兩腳間距是寬的或窄的？內八還是外八？儘管一般而言，這不能算是可靠的證據，不過步伐長度與兩腳的間距可能會顯示出身高，或者此人是否瘸腳，甚至暴露出犯罪者不尋常的特徵。兩腳間距寬、步伐短的鞋印不太可能屬於高瘦的犯罪嫌疑人。

收集鞋印證據

保護犯罪現場包括保護鞋印在內的所有證據。調查員必須留意犯罪者可能行經之處，採取一切手段避開該區域，直到找到鞋印為止。此外，必須取得所有到過現場的執法人員的鞋印，在鑑識實驗室檢查鞋印時，便能將屬於調查員的鞋印排除。調查員通常會在自己鞋子外面再穿上外科手術用的套鞋避免混淆。

我先前提過，鞋印可能是明顯的、潛伏的或成型的。在犯罪現場處理這些鞋印得採用不同的技術。

平面印記

平面印記可能是肉眼可見的，也可能是潛藏的。大部分可用的印記都是留在堅硬、平順的表面，例如木頭、磁磚、油布地毯、玻璃、

塑膠或紙張，但偶爾它們也會出現在地毯、混凝土及其他較不平坦的表面上。

明顯紋通常是泥土、油脂、塗料、血跡或其他可轉移的物質造成的。當某人踩到血跡或塗料，液體會沾附在鞋底，所以當他踩到另一個表面時，液體便轉移其上而印出鞋底印記。

就定義上來說，明顯紋指的是肉眼看得到，並可輕易拍出清晰照片的印記。典型的例子是由泥土或血液印出的鞋印。其他的可能就需要特定角度的光線或高強度光源，才能拍出清楚照片。無論如何，注意要用垂直角度拍攝印記，這麼做可降低影像扭曲的情況，以便做出更為準確的比對。拍攝範圍內必須要有比例尺，才能測定正確的尺寸。

潛伏紋，是指相對乾淨的鞋子，留下肉眼無法立即辨識的印記。鞋底經常會吸附並遺落垃圾碎片，大多是油污、灰塵和細泥。當鞋子一接觸到乾淨的表面，就會留下淡淡的印記。即使是乾淨乾燥的鞋子，也會在擦亮或上蠟的玻璃、硬質表面地板、桌子或流理台上留下印記，或者在上面留下一層微不可辨的油脂或污垢。

尋找潛伏的鞋痕跟尋找潛伏指紋一樣得小心翼翼。受害者附近與進出點的區域，都是這些印記會大量出現的地方。

處理潛伏鞋印的方法跟處理指紋差不多（見第十二章：指紋，「尋找、採集指紋」一節），在上面撒上指紋粉後拍照，或用特殊膠帶吸黏起來。至於肉眼不可見的灰塵或細泥印，可以使用靜電提取裝置（electrostatic lifting device）。此裝置使用高伏特電流製造出靜電荷，將印記轉移到專為此目的設計的提取膠膜上。

潛伏血跡通常使用流明諾使之顯現。（見第九章：血清學）

舉例來說，在入室強盜殺人案中，凶手先在客廳將屋主殺害後，上樓至臥室取走她的珠寶。當他踩在受害者身旁沾血的地毯上時，他的鞋底便沾附了血液。所以當他走到房間的另一側，血腳印就會轉印在地板上。他每多走一步，印在地板上的這些鞋印就更淡一點。調查

犯罪現場期間時，他的行經路線會有幾個清晰的足跡可追蹤，但其餘則看不到。然而，只要將流明諾撒在地毯和樓梯間，原本看不見的鞋印就會在暗室內發光。凶手在屋內的每一步行蹤都清晰可辨。

成型印記

成型鞋印是指印在柔軟、具延展性的物質上的印記，像是泥地或雪地。在印記處理或翻模前先拍照，側光可顯現出深度和細節。雪地和沙地特有的問題是，它們本身是白色的，反差太小，而藉由噴上薄薄一層暗色顏料可以解決這個問題。

印記一旦拍好照，通常就會翻模。過去是用熟石膏（Plaster of Paris），現在最常用的，則是用一種硬而耐用的**牙科用硬石膏**（dental stone）。牙科用硬石膏是一種水溶性粉末。首先，用金屬框或木框將印記圍起來，然後仔細將牙科用硬石膏混合液倒在鞋印上。凝固的時間視周遭溫度和濕度而定，從二十分鐘到數小時不等。接近凝固時，法醫科學家會在底部刻上自己名字的縮寫，以便之後在法庭上能輕易且正確地識別。接著將脫模後的印記置於乾燥處約二十四小時，使其變得更堅硬。這個立體的鞋底模型可以用來跟任何犯罪嫌疑人的鞋子做比對。

若為泥地或沙地，石膏或牙科用硬石膏本身的重量有可能扭曲或改變印記。進行翻模過程之前，先在印記上噴一層**蟲膠清漆**（shellac）或**丙烯酸漆**（acrylic lacquer）[1] 有助於支撐印記並使其變硬。

雪地上的印記的其他問題是，它們容易變形，而且雪可能會融化。牙科用硬石膏和石膏在這種情況下幾乎派不上用場。不過，並非毫無辦法。一種叫做**雪蠟**（Snow Print Wax）的產品有助於穩定雪地印記，可在翻模前使用。

---

1 蟲膠清漆可快速乾燥，具隔離塗層的特點。丙烯酸漆快乾，附著力與耐熱性強。

當某人踩踏地毯，在絨毛上留下淺淺的凹痕，這也會產生一種特殊的成型鞋印。凹痕會隨著時間消逝，稱為凹痕遲滯（〔depression hysteresis〕hysteresis在希臘語中意指「延遲或滯後」。在腳踩過之後，印記會維持一段時間而後逐漸消失）。有時側光能讓這些凹陷的鞋痕現形。另一種方法是使用**干涉全像攝影**（interference holography）。這種技術是利用分離的雷射光束製造出印記的全像影像。儘管無法揭露太多細節，但能判定出鞋子的尺寸和大致結構。

印記比對

一旦將犯罪現場的（未知）鞋印拍照、提取或**翻模**，就能用來和犯罪嫌疑人的（已知）鞋印相比對。在犯罪嫌疑人的鞋底塗上一層油墨，並轉印到紙上或透明膠片上，便可進行目視檢查，確認兩者是否擁有同樣的紋路和大致符合的磨損痕跡。過程中可能會用到放大鏡，某些狀況下則利用低倍顯微鏡來揭露細微的切痕和傷痕，這些都是比對出任何個別特徵的關鍵。

待法醫科學家完成檢查，他的報告結論可能是下列三者之一：印記吻合、印記不吻合，抑或無法定論，也就是即使不吻合，也無法排除嫌疑。

胎痕證據

在汽車發明前，犯罪者和其他人一樣都只能靠步行或騎馬移動。這種限制意謂著大多數的犯罪都發生在犯罪者的住處附近。畢竟，一、兩個小時能夠步行或騎馬多遠呢？但隨著汽車的出現，犯罪者變得行動自如，得以在廣泛的區域犯罪，從一州移動到另一州，甚至從一個國家到另一個國家。這為執法單位帶來不小的麻煩，他們勢必得擴大證據的搜查範圍。然而，這也為法醫科學調查員帶來新的途徑，因為汽

車輪胎會留下軌跡或印記。

今日汽車基本上都行駛在鋪設好的道路上，儘管不會在堅固的柏油路或水泥地上留下印記，卻仍可能留下軌跡。倘若汽車駛過泥濘、油漆或血跡，這些物質就會被輪胎會吸附再轉移至路面。輪胎也會從道路吸附油脂和髒污，若壓過路旁的紙張或紙箱，就可能留下清楚可見的痕跡。

即使沒有泥巴或其他外來物質，輪胎也會留下潛在痕跡。這些來自於輪胎製造時，為了使其柔軟所加入的調和油。輪胎的調和油劑量依製造商和製造年代而異。無論如何，當輪胎掠過路面時，這些油就會殘留在道路上。用紫外線照射，紋路印記會發出螢光，便能拍下照片。由於瀝青在紫外線下也會發出螢光，所以這項技術不適用於柏油路。

輪胎經過較軟的地面，如泥土路、軟質路肩、泥地、雪地，或是草地、田地等越野路面時，也可能留下成型的立體印記。這些地面都能留下胎痕。

胎痕特徵

輪胎的款式和尺寸範圍極廣。每家製造商都有數種不同的線條、專屬的紋路設計，再加上各家尺寸廣泛不一，這些胎紋就相當於鞋痕。

跟鞋印一樣，胎痕屬於類型證據，但磨損的印記會使其擁有獨特特徵。藉由某種特定的紋路設計，可能得以判定特定製造商和輪胎尺寸，但通常無法找出造成此印記的輪胎是哪一個。將犯罪現場的胎痕和資料庫中已知的紋路設計相比對，可以限縮搜尋範圍，調查員就能把焦點放在配有類似輪胎的汽車上。

輪胎上具有數種設計特徵，有助於分類與辨識（見圖14-3）。包圍輪胎四周的紋路分為**胎紋**（﹝rib﹞突起的點或脊條）和**溝槽**（﹝groove﹞凹痕）。以約九十度橫切周圍紋路的橫切紋溝稱作**紋槽**（slot），而紋

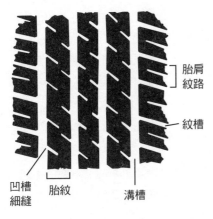

圖14-3 │ 胎面紋路模式。

條被紋槽橫切分出來的方塊為**胎肩紋路**（lug）。在胎肩紋路表面和小紋溝上的則是**凹槽細縫**（sipe）。上述是標準特徵，在絕大多數的輪胎上都會有。

還有兩個重要因素在辨識時也派得上用場，分別是胎面磨損條和降噪設計。**胎面磨損條**（〔tread wear bars〕也稱為胎面磨耗標誌）為條狀橡膠，分布於輪胎的紋溝上，突起約十六分之一吋，在高度上遠比胎紋和胎肩紋路要低許多，其目的是顯示紋路磨損的程度，當它完全暴露在外時就表示輪胎該換了。當這些磨損條能印出平面印記時，表示輪胎已經嚴重磨損，但在成型紋上可能還是清晰可見。

另一個稱作**降噪設計**（noise treatment）。若仔細觀察汽車輪胎，你會發現紋路設計並非只是單調重複著胎紋、胎肩紋路和溝槽三者而已。上述的設計元素在尺寸上有細微的差異，典型的例子是，一顆輪胎的胎肩紋路通常有三種尺寸，而較優質的輪胎則可能高達九種。胎肩紋路的尺寸差異是為了提高摩擦力並降低噪音。輪胎高速轉動時會震動，若紋路設計完全一致，可能會因為和諧波紋變多而增加震動，導致更多的噪音。些微的差異可避免增長和諧波紋，降低輪胎噪音。

對鑑識人員來說，這些設計特色的重要性在於依製造商的不同而有差異，有助於判定輪胎的製造商與款式。目前有數個胎紋資料庫，包括由聯邦調查局建立的龐大資料庫，可加速比對過程。

除了有助於判定輪胎的類型與款式，胎痕證據也能提供車種資料。**胎痕寬度**（兩邊輪胎的寬度）指的是從一邊輪胎中心到另一邊輪

胎中心的距離。發現的胎痕若有迴轉痕跡，或許就能知道汽車的**軸距**（〔wheelbase〕前後車輪軸心的距離）以及**迴轉半徑**（turning radius）。上述幾種特徵在不同型號的汽車上不盡相同，有助於窄縮搜查範圍。例如，比起福斯的金龜車，凱迪拉克的車橫寬度較寬、軸距較長，迴轉半徑也較寬。

胎痕比對

胎痕證據跟鞋印一樣，被歸類為類型證據而非個別證據。不過，輪胎會不斷磨損，也可能因路面不平而受損，兩者都會讓該輪胎產生獨特瑕疵，而有別於其他同樣型號與尺寸的輪胎。

磨損印記因輪胎和車款的不同而有各種變化。如果所有輪胎都完美排成一列平行駕駛，那麼磨損的情況可能較為一致，但這幾乎不可能。大多數的狀況都會有其中一邊，或中間會磨損得比較嚴重。磨損的印記也不會都是圓的，也可能會出現扁平或不規則的痕跡。割痕、裂痕、鑿痕及藏攢了小碎石或指甲屑之類的垃圾，都會為胎痕增加獨特特質。

有時能在現場採集到兩、三個，甚至全部四個輪胎的印記。收集到每一個印記，並確認它們在汽車上的相關位置相當重要。一輛新車由於輪胎都是新的，可能四個輪胎的品牌都一樣，但老舊一點的車有可能換過一個以上的輪胎。新換上的輪胎可能是同一種款式，但也可能不同，這麼一來，便會成為非常重要的個別證據。舉例來說，如果自犯罪現場取得的印記顯示每個位置的輪胎品牌皆不同，而某個犯罪嫌疑人的車子剛好有同樣四種品牌的輪胎，位置也吻合，這就成為強大證據，表示胎痕就是這部車留下的。若輪胎上的磨損和每個輪胎的瑕疵也都吻合的話，便極具決定性。

取得胎痕

胎痕可能是平面的，也可能是立體的。平面胎痕常在較硬的地表，或外來的物質上尋獲——如紙張或硬紙板；成型印記則會出現在軟土、泥地、雪地，以及其他的柔軟表面上。

平面印記

採集平面印記的典型做法是拍照。為了避免失真，以九十度直角拍攝非常重要，並且在靠近印記處擺放一把尺，供日後判斷尺寸。

將犯罪嫌疑人的輪胎「塗上油墨」，並滾過一條長長的白紙，取得胎痕，就能讓犯罪現場的（未知）印記，與犯罪嫌疑人汽車的（已知）印記做比較。取得完整的胎面相當重要，因為降噪設計和所有具個別特徵的瑕疵都是比對的關鍵。若只取一呎（約三十公分）左右的印記，可能會錯過關鍵資訊。

成型印記

在做任何處理之前，需先為成型印記拍照，通常會使用側光來凸顯細節與深度。接著，調查員會翻模取得印記。和取得立體鞋印的方法類似，通常會使用牙科用硬石膏，偶爾也會採用熟石膏。

一個好的翻模做出的印記模型，可直接與犯罪嫌疑人車輛的痕跡做比對。在比對上，這些模型的效果比照片好，因為上頭不僅有更多細節，也能準確反映深度和設計元素的曲線，還能呈現胎面上所有不平整的痕跡。

工具痕跡證據

工具痕跡指的是工具留下的任何印記或痕跡，包括螺絲起子、鐵撬、鑿子、大剪刀、裁剪機和壓榨機。工具痕跡分析的原則是，不可能有

完全一致的兩件工具。首先，工具在製造過程中會出現各種差異，即使大量製造的成品也會有得以區分彼此的小瑕疵。再者，使用過的工具尖端、側邊和刀口會產生切痕、刮痕、凹槽，以及其他小瑕疵。工具一旦經過使用，這些瑕疵再怎麼細微，也會有獨特的特徵可以鑑定出來。

　　工具痕跡可分成三種類型：凹痕（壓痕）、滑痕與切痕。

　　凹痕（indented mark）：當工具用力壓進軟質材料如油灰、填料、厚漆塗料時，便會產生凹痕。將螺絲起子尖端擠入用填料封住的窗縫、硬將窗戶撬開時，通常會在軟質填料上留下凹痕。這類的痕跡會透露工具的寬度和厚度等類別特徵，得以用來判斷螺絲起子的尺寸。然而，凹痕要完全吻合某特定螺絲起子幾乎是不可能的，或者難度極高。

　　滑痕（sliding mark）：當工具在靜止不動的表面移動時，就會留下滑痕。將鑿子、螺絲起子和鐵撬硬擠進門框或窗縫時，通常會製造出滑痕，在木頭和油漆上留下線條或條紋痕跡。這些條紋會因工具的不同而有極大的差異，顯示出製造商和使用瑕疵等特徵。有時候，單憑這些痕跡就能找出犯罪者所使用的工具。

　　切痕（cutting mark）：以鋼絲鉗或老虎鉗等工具切割材料時，會留下切痕，並在切面留下線條和條紋。由於這類工具有很多都需要以手工磨利，特定工具的條紋痕跡可說是獨一無二。檢驗人員可能會如此宣告：痕跡十分獨特，只可能由此具有嫌疑的特定工具造成。在比對上，最完美的是軟金屬如銅和鉛的切面，這種金屬較易保留工具刀口的微小細節。

　　其他類型的工具痕跡則包括錘子造成的凹痕和鑽頭留下的痕跡。保險箱竊賊經常使用這兩種工具，有時從它們留下的痕跡便能判定搶案的使用工具。

工具痕跡的位置和比對方式

在犯罪現場中，尋找工具撬開痕跡的最佳位置是進出點，好比窗戶、門口、櫥櫃和保險箱。切痕則通常出現在鍊條和鎖扣上。

所有痕跡都需要仔細檢查並拍照，可以的話，再送到實驗室進一步處理。門、窗戶、鎖扣或鍊條都完整送到實驗室去，無法移動的凹痕則予以翻模。適用的翻模材料種類不少，但最萬用的似乎是矽膠（rubberized silicon），可以保持最細微的細節，同時又不會對留下凹痕的物體造成損害。

要鄭重聲明的是，無論任何狀況，嫌疑工具都不能接觸到印記。換句話說，不可有任何拿嫌疑工具和該凹痕適配的動作。這會改變印記，而且就算不是徹底失效，也會使其在法庭上不被承認。在鑑識實驗室中，比對顯微鏡（請見附錄）是比對工具痕跡時最好用的工具——將兩個痕跡並排在一起，檢視最細微的細節，痕跡中極其毫細的線條、凹槽和條紋都會一目了然。尋獲某個嫌疑工具時，檢驗人員會試著將它與犯罪現場取得的切痕做比對。比對時，他必須用該嫌疑工具製造出一個切口，最好是使用像鉛這樣軟質的材料。鉛不僅能保有刀口的條紋與瑕疵，它的柔軟度也不會損害或改變刀口。這一點相當關鍵，因為刀口是證據，任何些微改變都會使其在法庭上不被承認。接著，將犯罪現場的（未知）切痕和實驗室製造出來的（已知）切痕放在顯微鏡下做比對（見圖14-4）。

有時候，即使在軟鉛上

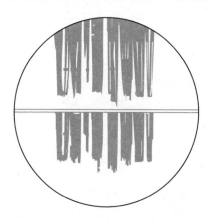

圖14-4｜工具痕跡條紋。在犯罪現場取得的痕跡，以及實驗室使用嫌疑工具製造出來的痕跡，透過比對顯微鏡檢視。

製造出提供比對的切痕，還是無法做出準確無誤的比對。在這種情形下，檢驗人員可能會在同樣的材料上，用同樣的方式盡可能重新製造出最接近犯罪現場的切痕。例如，有一把老虎鉗用來切斷鎖扣，實驗室同時持有切斷的鎖扣和有嫌疑的老虎鉗。檢驗人員會試著模擬犯罪者的角度和力氣切斷一個類似的鎖扣，接著透過比對顯微鏡檢查犯罪現場和實驗室製造出來的切痕。

　　說來簡單，做起來卻沒那麼容易。對檢驗人員來說，老虎鉗和類似器具都有個特殊問題：被切斷的門閂或鎖扣通常都比器具的刀口還小。換言之，刀口比它切斷的物件寬得多。如果要比對得完全準確，就必須用刀口的同樣部位操作，才能製造出正確的切痕。檢驗人員可能會嘗試用刀口的不同區域做出數個切痕，但這個過程既費時又可能損傷刀口，增加進一步比對的難度。

　　幸運的是，對於檢驗人員來說，化學試驗已能檢驗出被切斷物件的微量成分，或者工具刀口的材料。比方說，很多鎖頭都會鍍鋅，檢驗刀口上是否含鋅，就能準確檢查出切痕是由刀口的哪個部位造成的。這讓檢驗人員得以在同樣的部位製造類似的切痕，做出較準確的比對。

　　檢驗人員可能也會被要求比對壓痕。許多非法製藥實驗室會將成品壓成藥片，機器通常會在藥片表面留下顯著的痕跡，透過顯微鏡檢查壓製機和有嫌疑的藥片，就可能比對吻合。

織物印記

手指、鞋子、輪胎、纖維、皮革和其他材料都可能留下印記。最常見的織物印記來自手套（見第十二章：指紋，「手套印」一節）。跟指尖一樣，手套也會沾上油脂、灰塵和污垢，然後在物體表面上留下肉眼可見或不可見的印記。有時候，手套留下的印記可用來與嫌疑手套做比對。

皮革手套使用後容易起皺、產生摺痕或破裂，這些瑕疵的痕跡都會讓手套產生獨一無二的特徵。棉質手套和其他織物則可能留下紡織紋路。拉扯、刮破、撕裂或其他瑕疵都可能產生獨特的印記，藉以判定是否與嫌疑手套匹配。

手套印記的處理與指紋類似。拍下肉眼可見的印記，潛伏印記則撒上指紋粉後拍照並採集。跟指紋一樣，灰塵上的印記可用靜電裝置採集。將一片膠膜置於印記上，增加靜電荷，讓灰塵吸附在膠膜上，接著就可以拍照。

其他的織物也可能留下印記。衣物上的血液、汽油、油脂和泥土可能經由接觸轉移到牆壁或其他物體上。跪在流血受害者身旁的凶手，他衣物上的血痕之後可能會沾附至地板、牆壁或門上。在肇事逃逸的汽車擋泥板或保險桿上的泥土和油脂，也曾找到受害者衣服的織物印記。凶手可能曾坐在沒有座墊的椅子、流理台或者汽車擋泥板上，獨特的針織褲印記因此移轉到平面上。雙手倚靠桌面，也會留下針織袖套或軟呢夾克的織物痕跡。可能性可說是無窮無盡。

15 微物跡證：見微知著
TRACE EVIDENCE:
SWEATING THE SMALL STUFF

第二章介紹並討論過的羅卡交換定律說明任兩件物品只要接觸過，必定會發生物質移轉。二十世紀初，艾德蒙・羅卡教授向我們展示，他能從微量的灰塵中判斷某特定個人是否曾經待過某特定場所。他的理論是，我們經常從周遭環境吸附並遺留微小細物，事實上我們的確如此。

羅卡交換定律是犯罪現場之所以需要封鎖並控制進出的理由。每個進入現場的人都會添加並帶走一些微物跡證，而這類的污染可能讓找到的證據在法庭上失去效力。顯然，如果第一個進入現場的員警不知道發生凶案，或者他們必須放下槍械逮捕犯罪嫌疑人或協助受害者，便會產生些許污染。同樣情形也會發生在前來協助傷者的救護人員身上。這些情況讓法醫科學家的工作益發困難。

羅卡交換定律在細微證據的位置、採集和分析上，顯得非常有力。

現代的犯罪者比較聰明，或至少他們自認如此。他們懂得戴面具，或利用夜色避免被任何目擊者認出來。他們也知道戴手套或擦拭指紋的重要性。他們懂得別留下血跡和精液，裡頭會有他們個人的DNA。這稱作「CSI效應」。犯罪者看過所有CSI之類的電視節目，有些是虛擬情節，像是《CSI：犯罪現場》；也有些是真實的，例如各式各樣的實境秀、Discovery探索頻道和A&E頻道實境節目。犯罪者從這些節目中了解許多犯罪調查方式和鑑識技巧。

然而，儘管有這些資訊，犯罪者仍接二連三被追蹤鎖定、逮捕並定罪。這多半是拜微物跡證所賜──凶手看不見，也不知道他已經留

下證據，抑或他的鞋子和衣服帶走了證據。

　　大部分微物跡證最重要的特徵是具有轉移性。它會黏附在衣物上、躲在鞋縫裡、埋在頭髮中、藏在角落與隙縫中。通常這些微物跡證都很耐久，可以在藏身處數個月甚至數年。

　　我們在第二章看到，微物跡證最主要的價值是能在犯罪嫌疑人、地點和物件之間建立連結。在很多情況中，微物跡證是唯一能將犯罪嫌疑人與犯罪現場連結的證據，這些證據在送到鑑識實驗室進行細節分析之前，必須收集、建檔、拍照，並妥善保管以避免污染。

　　微物跡證主要是類型證據，而非個別證據（見第二章：證據，「類型特徵與個別特徵」）。意思是說，微物跡證能排除犯罪嫌疑人，卻幾乎不可能證實他犯罪。比方說，若在犯罪現場找到金色毛髮，但犯罪嫌疑人的髮色為黑色，就會因為頭髮來源而將其排除，警方必須另尋凶手。不過，若犯罪嫌疑人的髮色吻合，他仍然只是有犯罪嫌疑，因為這根頭髮可能是他的，也可能是另一個相同髮色的人留下的。

微物跡證分析

微物跡證的分析必須針對其物理性、光學性與化學屬性做徹底檢查。由於大多數微物跡證都很細微，通常難以用肉眼完善檢查，也無法輕易斷定其光學特性與物理特性。幸運的是，現代鑑識實驗室有一系列顯微器材系統，包括複式顯微鏡、比對顯微鏡、立體顯微鏡、掃描電子顯微鏡（SEM），還有許多分析裝置與技術，諸如能量分散光譜儀（EDS）、顯微分光光度儀（microspectrophotometry）、X光繞射（X-ray diffraction）、中子活化分析法（neutron activation analysis）和紅外線光譜分析（infrared spectrophotometry）。本章會逐一提到上列儀器與技術，並在附錄中詳細討論。

　　大多數類型的微物跡證，一開始會在光線良好狀態下先用肉眼檢

視。間接光源或側光通常會增加深度與陰影，帶出物件的所有細節，從泥土、植物、塗料到玻璃皆然。紫外線和雷射光則會暴露出特定的纖維與毛髮，但有些細微的細節是需要藉由顯微系統才能檢視的證據。

這些顯微技術在判定毛髮、纖維、玻璃和塗料的物理特性特別有效，單是如此，就能藉由些許現場證據，排除掉來源相同的另一些證據。不過，假如有兩項證據（未知的犯罪現場樣本和已知的或控制組樣本）具備類似的物理特性，就必須分析證據的光學和化學屬性。

微物跡證的種類

微物跡證的調查主要包括毛髮、纖維、玻璃、塗料、土壤和工業材料。凶手在不知情的狀況下，可能將以上任何東西帶進或帶離犯罪現場。這些物質通常都具有顯著特徵，有助於使犯罪者與犯罪現場產生連結。讓我們來逐一檢視。

毛髮

犯罪現場經常會找到毛髮，人類或動物的毛髮都有可能。法醫會試著判別出毛髮是屬於受害者、凶手、家中的狗或其他未知的來源。幾乎就跟所有形式的微物跡證一樣，毛髮屬於類型證據，現階段我們無法將毛髮視為具個別特徵的證據來源，除非上面有可以採集DNA的毛囊部分。（見第十章：DNA）

毛髮細微，容易脫落、吸附在衣物和其他材質上，凶手往往在未察覺的情況下帶離現場。同時毛髮也很強健，不會隨著時間的流逝而消失，甚至連屍體腐爛多年後依然存在。毛髮中能找出許多毒素，特別是重金屬，例如砒霜。（見第十一章：毒理學）

毛髮分析主要與其結構和化學特質有關。毛髮做為證據的價值在於，檢驗人員有多少把握能用這些特質比對出已知（犯罪嫌疑人）和

未知（犯罪現場）的毛髮。值得一提的是，毛髮不僅因人而異，即使在同一個人身上，不同部位的毛髮也會有很大差異。一個人的頭髮、陰毛、腋毛都不太一樣。

毛髮的鑑識分析並非近期才有。事實上，這是最早的鑑識技術之一，第一份關於毛髮鑑識的論文在一八五七年發表於法國。十九世紀末到二十世紀初，已廣泛用顯微鏡來檢查毛髮。一九三一年，約翰・葛萊斯特（John Glaister, 1856-1932）教授出版了具里程碑意義的專書《哺乳動物類的毛髮研究，包括從法醫觀點針對人類毛髮的特別研究》（*Study of Hairs and Wools Belonging to the Mammalian Group of Animals, Icluding a Special Study of Human Hair, Considered From the Medico-Legal Aspects*）。如今毛髮分析已成為普及的鑑識技術，用以解決許多案件，包括亞特蘭大市兒童連環謀殺案。（見第二章：證據）

我們來審視一下毛髮的特質，好讓你更了解法醫科學家是如何使用毛髮做為證據。

毛髮的結構

毛髮和指甲同為皮膚的附屬物，從稱作**毛囊**的特殊細胞中長出。毛髮的髮幹包含三個部分（見圖15-1）：中間的核心是**毛髓質**（medulla），周圍部分是**毛皮質**（cortex），薄薄的外層是**毛表皮**（cuticle）。檢驗人員比對頭髮時，會檢視以上三個區域。

▶ **毛髓質**：儘管毛髓質內含許多細胞，表面看起來卻像是空心或塞滿泥狀物的中心管（central canal）[1]。毛髓質的寬度與整根毛髮的寬度有關，稱作**毛髓質係數**。大多數動物的毛髓質係數大於〇・五，也就是毛髓質的寬度占毛髮寬度的一半以上。人類毛髮的毛髓質係數通常只有〇・三，意謂著毛髓質的寬度僅髮幹寬度的三分之一。這是一項用來區分人類和動物毛髮很有用的依據。

1　中心管為脊髓中央的管狀構造。

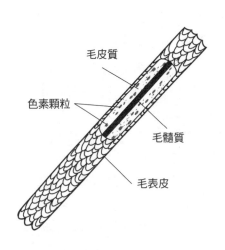

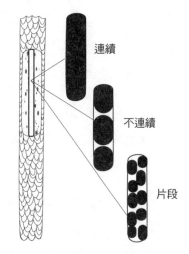

圖15-1｜髮幹結構。髮幹包括中心的毛髓質、內含色素顆粒的毛皮質，和鱗片狀的毛表皮。

圖15-2｜毛髓質的型態分為連續（A）、不連續（B）或片段（C），有些毛髮不含毛髓質。

　　毛髓質可能是堅硬且連續、不連續或片段的（見圖15-2），多樣的型態在比對兩根毛髮時極為有用。如果兩根毛髮（犯罪現場與犯罪嫌疑人的）毛髓質寬度相同，顏色和型態也相同，它們就可能是同一來源，亦即犯罪現場的毛髮是犯罪嫌疑人所留下的。

　　並非所有毛髮都有毛髓質，人類的頭髮要不就是不含毛髓質，要不就是屬於片段型態。值得注意的例外是，有蒙古人種血統的毛髮，毛髓質通常屬於連續型態。

　　動物的毛髓質可能是片段或不連續的型態，或者細胞以各式各樣的型態分布其中。比方說，貓毛的毛髓質長得很像一串珍珠。這樣的特徵有助於法醫科學家判斷毛髮來自什麼物種。他可以參考各種動物毛髮型態的資料庫，協助比對。

　　▶ 毛皮質：在人類毛髮中，毛皮質是髮幹最主要部分，內含的色素使毛髮顯露出不同顏色。色素粒子的顏色、形狀和分布型態差異很大，

有助於判定人種，在比對和鑑定上非常重要。毛皮質中包含稱作**皮質梭**（cortical fusi）的細小氣囊及其他結構，如**卵狀體**（ovoid body）。透過顯微鏡檢查，這些物質各式各樣的分布型態都能用在比對工作上。

倘若兩根毛髮的顏色一樣，色素、皮質梭和卵狀體的分布也一致，那麼檢驗人員就能判定它們應該有相同的來源。

▶ **毛表皮**：覆蓋在髮幹表面的細胞層，看起來像魚鱗片或屋瓦。這些鱗片必定是從髮根往髮幹順向重疊。毛表皮有三種基本形狀，因物種不同而有極大的差異。**冠狀**（皇冠狀）鱗片讓毛髮看起來像馬賽克，罕見於人類，常見於齧齒類動物。**刺突狀**（花瓣狀）鱗片的形狀看起來像三角形，尚未在人類身上發現過，一般見於貓。**扁平疊瓦狀**（扁平狀）鱗片出現在人類和許多其他動物身上。檢驗人員可利用鱗片的型態來判斷毛髮是否屬於人類，並比對毛髮是否相吻合。

毛髮分析

法醫科學家做檢驗時，手上要有未知的毛髮（來自犯罪現場），和從受害者或任何犯罪嫌疑人身上取得的已知毛髮樣本。已知的毛髮樣本必須從受害者和犯罪嫌疑人身體的各個部位取得。通常會從頭部各部位取得五十根頭髮，並拔幾根陰毛，若是性侵案件，會仔細檢查陰部毛髮，尋找是否有外來毛髮或其他微物跡證。

接著，檢驗人員會使用比對顯微鏡（見附錄）檢視兩根並排的毛髮。首先，比較顏色與寬度。倘若不吻合，表示來源不同，便無須做進一步分析。若上述特徵吻合，接著會檢查毛髓質（若有），並判斷分布型態是否相同。同樣的，也會比較毛皮質中色素粒子的顏色和分布型態。最後，他會檢視這兩根毛髮的毛表皮型態是否相同。

檢驗人員可以藉由紅外線顯微分光光度儀（見附錄）來判定毛髮是否曾染色、漂白或護理，只要一根完整的頭髮，就能知道多久之前做過最後一次頭髮護理。頭髮一個月約生長半吋，髮根處若有一吋未

染色或未經漂白的頭髮，表示最後一次頭髮護理約在兩個月前。這可能是另一個比對的重點。

比對過程中最重要的就是這些特徵的相似性。然而，就像我先前提過的，即使特徵吻合，也無法完全證明毛髮由某特定人士所留下。但這依然是一項重要證據。加拿大皇家騎警隊做過一項研究結果顯示，若犯罪現場的頭髮的以上特徵都和犯罪嫌疑人的頭髮相吻合，這根頭髮來自犯罪嫌疑人以外的可能性是四千五百分之一；陰毛的話，可能性則為八百分之一。

人種、性別和年齡———法醫科學家若能正確判斷出遺留在犯罪現場的毛髮的人種、性別和年齡，將有助於縮小犯罪嫌疑人的範圍。在某些案件中是有可能的，但不容易斷定，也並非絕對正確。

有時毛髮的一般特性（顏色、粗細、卷曲度）能區分出不同人種。白人容易有筆直或波浪狀的毛髮，橫剖面為圓形或橢圓形，毛皮質色素粒子的分布則較細薄均勻。有黑人血統的人毛髮卷曲，橫剖面從扁平到橢圓都有，毛皮質色素粒子的密度較高且分布不均。可惜的是，這些特徵不全然可靠。

年齡和性別完全無法準確判斷。比起男性，某些特定染劑較容易出現在女性身上，卻也不必然如此。嬰兒的毛髮則通常短而細，但無法就此下定論。

來源———檢驗人員必須回答的第一個問題是，未知的毛髮最可能來自身體哪個部位？頭髮、陰毛，抑或其他部位？檢驗人員必須將犯罪現場的毛髮和犯罪嫌疑人身上同一部位的毛髮做比對，所以這個問題非常重要。儘管不盡然百分之百符合此原則，但通常身體不同區域的毛髮，橫剖面圖形也會不一樣。頭髮、眉毛和眼睫毛的橫剖面比較圓，腋毛則是橢圓形，鬍鬚大多為三角形。

拔除方式———毛髮是被扯斷還是切斷的？判定此事便能了解凶手與受害者之間發生了什麼事，而且有助於重建犯罪現場。藉由顯微鏡檢查髮根，可以看到與髮根相連的組織。從頭皮猛拔斷的頭髮通常會一併扯斷毛囊組織，這項發現意謂著頭髮是被強力拉斷，而非自然掉落；切斷面則顯示有人使用銳利器具切斷頭髮。在這種情況下，極有可能藉由頭髮的斷面判斷出何種器具造成的。

個人化的化學特徵———在頭髮中也能找到許多人體內的化學成分。中子活化分析法等技術能偵測出多種相異的化學成分，因此得以測出毛髮中的化學成分。

刑事檔案：約翰・福爾曼

一九五八年，加拿大艾德蒙斯頓的十六歲少女葛坦・博巧（Gaetain Bouchard）的屍體在住家附近的砂石堆中被尋獲時，胸前被刺了數刀。警方在石堆附近找到輪胎痕跡和兩塊綠色碎片，後者看起來像是汽車要駛離時，被飛濺的砂石刮落的。目擊者指出，他們早些時候曾看到葛坦和一名男子坐在一台淺綠色的車子裡。她的朋友也向警方表示葛坦正在和約翰・福爾曼（John Vollman）交往，他就住在邊境那頭緬因州馬達瓦斯卡鎮，是一名二十歲的樂手。

約翰・福爾曼的確有輛淺綠色、一九五二年的龐帝克汽車。檢查車輛後，發現刮落的烤漆和犯罪現場找到的一塊碎片看似吻合，便透過顯微分析確認。驗屍時則發現受害者手上抓著一根頭髮。這根頭髮和約翰・福爾曼的頭髮一併送去進行以當時來說相當新穎的中子活化分析法檢驗，結果顯示兩根毛髮的化學成分非常類似。根據以上發現，福爾曼從無罪改判為殺人罪。這是第一件以「微物證據」判決的謀殺案，時間是一九五八年。

由於兩個人的頭髮化學成分要完全一樣幾乎是不可能的，因此比對這些成分的型態與數量，可以讓鑑識檢驗人員判斷頭髮的來源是否相同。

毛髮與DNA

我先前提過，毛髮主要屬於類型證據，但毛髮上若含有DNA，就成為得以辨識出特定個人的鐵證。（見第十章：DNA，「粒線體DNA」一節）。當毛囊細胞死去、失去細胞核（和DNA）並混進髮幹時，頭髮開始長出、變長。這表示髮幹是由死掉的細胞所組成，不含細胞核DNA。毛囊則是由活的細胞所組成，所以內含DNA。掙扎時，不管是受害者或攻擊者的頭髮被扯斷，連結處的毛囊組織通常會保留下來，成為DNA來源，用來進行DNA分析和比對。

偶爾也能從髮幹中取得粒線體DNA。既然頭髮是由死掉的細胞堆積出來的，而粒線體DNA存在於細胞質中，就有可能從髮幹中取得有用的粒線體DNA樣本。切斷或自然脫落的無毛囊頭髮，在鑑定時都能發揮用處。

比方說，如果犯罪現場找到一根毛髮，它的粒線體DNA與犯罪嫌疑人的手足或其他母系親屬（母親、祖母等）吻合的話，就證明一件事：在犯罪現場遺落這根頭髮的人，和犯罪嫌疑人有共同的母系血緣。這表示，若非他在現場，就是他親屬中的某個人。既然犯罪的看來不太可能是老祖母，那麼必然就是他。這項證據雖然不像細胞核DNA那麼明確，但依然極具威力。

纖維

纖維無所不在。衣服、地毯、車用踏墊、寢具、毛巾，以及人們每天都在使用的上千種織物，當然也是纖維組成的。由於纖維如此普遍，種類繁多，因此成為重要的微物跡證。纖維的特色跟毛髮一樣，

容易掉落、轉移和運送，而且犯罪者幾乎不會注意到。可能會在受害者或犯罪嫌疑人的身體、頭髮或衣服上尋獲，也可能來自犯罪現場。收集纖維之後，鑑識實驗室會試著辨識出製造商或特定纖維的來源，或者比對兩種纖維是否相同。

收集纖維證據時，時間是關鍵。研究顯示，吸附在受害者或犯罪嫌疑人身上的纖維很快便會掉落。四小時過後會掉落百分之八十，而經過二十四小時，會失去百分之九十五的纖維。因此，必須盡快尋找受害者和犯罪嫌疑人衣服上的微物跡證，用膠帶或真空吸塵等方式從衣服、家具或其他表面上取得纖維。

纖維分類

纖維有三種基本類型：天然、再製、合成。

▶ **天然纖維**：來自各種動物、植物和礦物。這種纖維通常很容易辨識，用顯微鏡檢查就能比對出來。把動物毛髮當成纖維似乎有點奇怪，不過用來編織或製作衣物和其他居家用品時，便被視為纖維，而非只是掉落的毛髮；例如羊毛、安哥拉羊毛、喀什米爾羊毛和蠶絲。植物纖維包括棉、麻、亞麻和黃麻。到目前為止，使用最廣泛的天然纖維是棉，棉因為有「扭曲緞帶」（twisted ribbon）的特徵，用顯微鏡檢查時，非常容易辨識。未經染色的白棉因為太普遍，幾乎不具證據價值。石棉之類的天然纖維則可能從礦物中提取。

▶ **再製纖維**：也稱為**再生纖維**。製造再製纖維時，需先將棉花或木漿溶解於水，提煉出纖維素，接著將纖維素「再生」成纖維。尼龍、醋酸纖維和三醋酸纖維都屬於再製纖維。

▶ **合成纖維**：來自聚合物，由一連串單一分子（單體）組成，可達到數千個單一分子連在一起的長度。單一分子看起來像條長鍊，每個聯結點都代表一個單體。聚合物的屬性視重複單體的化學結構而定。

合成纖維的製作方式是先融化聚合物原料，接著經過紡嘴抽壓成

絲，便能混進織品中使用。尼龍和聚脂纖維都是合成纖維。

纖維的鑑識與比對

纖維分析員通常會被要求判定纖維的可能來源。是地毯纖維嗎？製造商是誰？他也可能必須確認多種纖維的來源是否相同。像是受害者衣服上的纖維跟犯罪嫌疑人的汽車踏墊纖維是否吻合。為了做出以上判斷，檢驗人員會評估纖維的物理、光學與化學屬性。

在實驗室中，分析員會先用立體顯微鏡檢查未知纖維，確定其直徑、形狀、顏色、色澤、卷度和褶皺，並檢視是否吸附任何碎屑。比對兩種纖維時，會使用比對顯微鏡，並排兩種纖維一同比較。

顯微分光光度儀可用來判斷纖維真正的顏色，避免出現觀察者偏差的問題（見附錄）。在纖維分析上，可見光顯微分光光度儀比紅外線顯微分光光度儀好用。這項儀器可準確分析出光線的波長，所以能斷定兩種纖維的顏色是否真的一致，或者只是看起來像而已。

將纖維曝露在**偏光**（polarized light）下，可估算出纖維的反射率，也就能反過來判斷它的構造。**反射率**（reflective index）是種度量法，用來計算纖維如何反射各種不同形式的光。不同的材質會以殊異且各具特性的方式反射出可見光、紫外線和紅外線，而比較兩種纖維的反射率有助於判斷它們是否相同。

接著，檢驗人員會檢視纖維的橫剖面，確認它們是單股線、多股線，或三股線──看起來像是三股合而為一。

如果纖維或織物受損，會使用掃描電子顯微鏡檢查結構和表面的細節。這些資訊或許能顯示損傷的成因，是撕裂、切割，還是子彈造成的？

很多纖維也能藉由**折射率**（refractive index）這個有用特色來辨別。光從一個介質進入另一介質時，會產生折射（彎折）。將一根棍子伸入游泳池或一碗水中，儘管棍子是筆直的，看起來卻出現了彎折。這

個現象是因為光在不同的介質中有不同的移動速度，在空氣中較快，在水中較慢，造成了光的彎折。所以看起來就像是棍子彎折了，彎折的角度稱為折射率。不同纖維的折射率不同，這項差異便能用來辨識與比對。

有個類似的屬性稱做**雙折射**（birefringence），或雙重折射。當光線經過某些合成纖維時，會折射兩次，產生兩種不同的偏振光波，各有其折射特性。比對兩種不同纖維的雙折射，在鑑識上很有幫助。

若纖維的上述特徵都不一致，表示它們彼此不吻合，並非來自同一原料。如果上述的物理和光學屬性都相似，檢驗人員接著會測試纖維的化學結構。

纖維的化學分析有兩種常用的方法，一種是附加能量散射光譜儀的掃描電子顯微鏡，另一種是氣相層析質譜儀（見附錄）。這兩種方法都能揭露出纖維的化學組成，也能看出製造過程或後續變化中是否曾添加任何色素或加工。事實上，氣相層析和質譜分析法能夠區分並辨認出纖維或加工中的每一種化學物質。比方說，若發現錫與溴化物（bromide），可能是加工成防火材料，而二氧化鈦（titanium oxide）則代表著消光產品（削減纖維的光澤或光亮度）。

這些化學特性通常有助於找出纖維的製造商，或成為兩種纖維彼此吻合的強力證據。法醫科學家分析出已知和未知纖維的物理和化學屬性之後，他就能判定兩種看起來很像的纖維來源一致；反之，若兩種纖維的特徵皆不同，兩者則來源不一。

玻璃

和其他微物跡證一樣，玻璃分析很少能提供具有個別特徵的證據。玻璃提供的是類型證據，排除犯罪嫌疑人的效果遠勝於新增犯罪嫌疑人。檢驗人員所能期盼的最佳結論是：這兩塊玻璃很相似，可能有共同來源。此處的關鍵字是「可能」，因為它們可能是，也可能不是。

比方說，比對過兩塊玻璃之後，如果檢驗人員發現兩者在物理、光學或化學屬性上都不相似，他便能肯定它們並非同一來源。反過來說，如果類別特徵一致（顏色、形狀、表面特徵、光學和化學屬性），它們可能出自同一來源，但無法將之當成事實。因此，這項證據具有排除性，但並非確鑿無疑。值得注意的例外是：一旦有裂痕吻合，便是極為有力的證據。

玻璃製品到處都是——窗戶、杯子、盤子、汽車頭燈……你舉目所及都看得到玻璃。玻璃有各種尺寸、形狀、樣式、顏色，也有各種不同的化學組成。玻璃容易破裂，一旦破裂通常會成為碎片。這些小碎片會附著在武器、鞋子和衣物上，以及凶手的皮膚上和頭髮裡。當凶手擊破窗戶、打破花瓶或其他玻璃物品時，便要承擔玻璃碎片轉移到衣物上的風險。

玻璃的特性

玻璃是沙子（矽或二氧化矽）混合石灰岩（碳酸鈣）和蘇打（碳酸鈉）後加熱製成的。過程中加入其他特定化學物質會改變玻璃的特性，各式各樣的雜質也會在不知不覺中混入最後的成品。分析這些添加物和雜質的化學結構有助於比對，也可能排除未知的樣本。

玻璃的表面堅硬光滑，是指紋和腳掌紋路理想的基底。例如，有個入侵者擊破窗戶進入屋內，他可能在爬越窗戶時意外碰觸到玻璃碎片，或可能踩在掉落地板的一大片碎玻璃上。在這兩種狀況下，他都可能毫無察覺地留下清楚有用的指紋或腳掌紋路。

碎玻璃也可能讓凶手受傷流血。倘若凶手利用破掉的窗戶或拉門進出，很容易就刮傷或割傷，而且可能完全沒意識到自己受傷，因此留下血液或組織——這樣就有了他的DNA。

玻璃分析

玻璃分析包括兩項基本評估：鑑定和比對。檢驗人員利用玻璃的物理與化學屬性做出判斷。

▶ **鑑定**：鑑定出未知的玻璃樣本通常是破案的關鍵。檢驗人員常會收到一片玻璃，被要求辨識來源：這是破掉的酒杯、窗戶玻璃，還是車頭燈？如果能判定出來，接著便會試著找出最有可能的製造商。

不同的玻璃製造商會採用不同的成分、製程與技術。分析玻璃的物理、光學與化學屬性通常就能指認出是哪家製造商，以及在什麼年代製造的。比方說，從汽車擋風玻璃或車頭燈的小碎片，說不定能看出一輛肇事逃逸、意外肇事或者犯罪用車的類型、款式和年分。

▶ **比對**：檢驗人員也經常被要求比對不同的玻璃碎片，判斷兩者的來源是否相同。例如，在犯罪嫌疑人衣服上找到的玻璃碎片，是否來自犯罪現場破掉的窗戶玻璃？

物理屬性───察看送驗樣本的顏色、厚度、形狀、樣式和阻光度，是玻璃分析的第一步。單憑這些特徵，經常就能找到關於來源的線索，或證明兩塊玻璃碎屑是否系出同源。窗戶的玻璃碎片、威士忌水晶玻璃杯的碎片、眼鏡鏡片和汽車擋風玻璃，彼此間的差異很大。

可惜只有這些通常不夠。比方說，檢驗人員比對犯罪現場（已知）的酒杯碎片和在某個犯罪嫌疑人褲腳內摺中找到的（未知）玻璃碎片。這兩件樣本可能有同樣的顏色、形狀和厚度，但不表示它們必然來自同一只酒杯。檢驗人員下一步是判斷兩塊玻璃碎片的密度是否一致。**密度**是指單位體積下的質量，體積同為一立方吋時，密度高的玻璃會比密度低的玻璃重。

比對密度時，需在圓柱容器中裝入不同密度的液體，最常見的是三溴甲烷（bromoform）和溴苯（bromobenzene）。混合兩種液體，加入玻璃碎片，接著再繼續添加其中一種液體，直到玻璃不往上浮也不下

沉，處於懸浮其中的狀態。此時，溶液和玻璃的密度是一樣的。既然兩種液體的密度為已知，就能算出混合液的密度，並藉此便輕易得出玻璃的密度。

已知的玻璃碎片處於懸浮狀態時，可加入密度未知的玻璃碎片。如果未知的碎片也是懸浮狀態，表示兩者的密度相同。若未知的碎片下沉或上浮，表示兩塊玻璃碎片的密度不同，並非同一來源。

然而，即使這兩件樣本具有相同的物理特徵和密度，仍有可能來源不同。為了解決這一點，檢驗人員下一步會確認樣本的光學屬性。

光學屬性───不同的玻璃製品會以不同方式傳遞、反射和折射光線。透射光穿過玻璃，反射光會反彈，折射光能穿過玻璃，但路徑會折射（彎折），就像經過三稜鏡那樣。不同種類的玻璃在光學屬性上至少會有一種以上的差異。倘若兩件樣本的光學屬性都相同，很可能就是同一個來源，否則肯定不是。

將玻璃碎片浸在矽油（silicone oil）之類的液體中就能測出折射率，因為折射率會隨著溫度不同而改變。將油緩慢加熱，直到玻璃碎片看似消失時，表示玻璃和油的折射率達到一致。我們已知矽油在特定溫度下的折射率，測量此時的溫度，就能得出玻璃的折射率。

測量有色玻璃時會出現一個問題，那就是每個人看到或感受到的顏色不盡相同。為了克服個別差異，光學檢查的過程已經自動化，利用特殊的光學儀器與電腦設備，可測出真正的顏色、透明度與反射率。這些方法能避免觀察者變異（observer variation）的誤差。

如果兩件樣本以上所有的特徵都吻合，檢驗人員接著會檢視玻璃的化學屬性。

化學屬性───玻璃在製程中會加入各種化學物質，藉以改變顏色、透明度、密度和強度，同樣也會改變反射與折射屬性。炊具

和玻璃器皿相對來說更需要耐熱與耐受衝擊，添加硼可以達到此效果。比較脆弱的玻璃，例如窗戶玻璃，因為加入便宜的鹼石灰（soda lime），通常鈉和鈣的含量很高。有色玻璃常含有鉛和其他色素，鉛可讓玻璃閃閃發亮；氧化鎂則能增加平板玻璃的強度，製作玻璃瓶時加入氧化鋁也是為了同樣理由。

　　法醫化學家測試玻璃中這些添加物和雜質的目的，在於比對已知和未知樣本的化學結構。

　　反覆測試的過程中，若有一個步驟顯示兩個樣本出現差異——不管是物理、光學或化學屬性，檢驗人員便能肯定這它們並非同一來源，無須進行後續測試。如果各方面都吻合，則會是兩者來源一致的有力證據，但並非絕對肯定的結論。

玻璃裂紋

　　上述屬性中，沒有一項能絕對證明兩塊玻璃碎片來自同一出處，然而裂紋可能做得到。如果已知和未知樣本的物理和化學屬性都相同，加上斷裂面能完全接合，就能成為強而有力的證據，證明兩者曾經是一體的。比方說，在肇事逃逸案件中受害者的衣服上發現車頭燈碎片，而嫌疑車輛的車頭燈破裂，該碎片正好能完全嵌入嫌疑車輛的車頭燈裂口，那麼檢驗人員就能確定碎片來自於此。此處的關鍵原則是，不可能有兩樣東西的裂痕完全相同。

　　檢驗人員經常使用顯微鏡判定兩塊玻璃片是否來自相同物件。如果犯罪現場找到一塊玻璃碎片，犯罪嫌疑人擁有物中也有類似的碎片，將兩者斷裂面接合，若能無縫嵌合，就表示它們曾是一體的。

　　實驗室也經常被要求判定窗戶之類的玻璃製品如何破裂，以及為什麼破裂。檢驗人員會從窗戶的斷面與裂口尋找線索，判斷撞擊的速度與方向，這有助於判定造成破裂的可能物品。是像石頭和拳頭那樣慢速移動的嗎？還是像子彈或霰彈槍子彈那樣高速行進？

窗戶和其他平板玻璃上的裂紋多為輻射狀與同心圓。**輻射狀裂紋**（radial crack）形狀像輪軸，從衝擊點向外延展；**同心圓裂紋**（concentric crack）則是沿著衝擊點形成的一系列圓圈。整體來說，破裂的窗戶看起來可能有點像蜘蛛網。

裂紋的某些特徵能讓檢驗人員判定衝擊發生的方向，這對重建犯罪現場頗具關鍵性。子彈是由外往內貫穿窗戶，還是從室內往外擊發？凶手是打破窗戶進入屋內，還是屋內的某人擊破窗戶，將殺害家人的現場布置成非法入侵的謀殺？

壓力性斷裂線（stress-fracture line）又稱作**貝殼狀斷裂線**（conchoidal line），從衝擊點向外發散（見圖15-3）的特徵有助於解答上述疑問。檢視玻璃上的裂紋，這些線條多從衝擊點向外彎曲，再仔細檢查貝殼狀裂口，會發現衝擊點另一側的斷裂線邊緣，有很多垂直的細線，這稱為**鋸齒紋**（hackle mark）。

如果類似子彈的發射體撞擊並貫穿窗戶，但窗戶沒有整片碎落的話，便會留下一個孔洞，或許還有圍繞在孔洞四周的斷裂線。子彈進入的

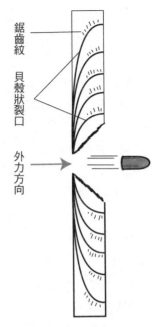

圖15-3 ｜ 貝殼狀斷裂線。貝殼紋斷裂線由衝擊點向外彎曲，從鋸齒紋也能看出外力施加的方向。

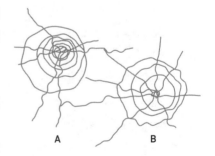

圖15-4 ｜ 裂紋相交。輻射狀裂紋會陡然停在前一次衝擊造成的裂紋上。就此個案來說，裂紋 B 發生在裂紋 A 之後。

這一面,會有一個乾淨俐落的孔洞,而穿出的那一面則是一個玉米狀的小彈孔。從衝擊點就能輕易辨識出發射體行進的方向。

若是由多枚子彈或其他發射體造成玻璃裂開,通常可以判斷它們的發射順序。一般來說,第二枚發射體造成的輻射狀裂不會穿越過第一枚造成的裂紋。也就是說,這些裂紋遇到之前的裂紋會停止前進(見圖15-4)。

無論是確認或反駁犯罪嫌疑人與證人的陳述,重建犯罪現場周圍的事件,或者釐清責任歸屬,這些發現都相當重要,也非常有用。

舉例來說,兩名幫派分子決定射擊另一輛車上的死對頭,駕駛朝著受害者窗戶開火後駕車離開,他的同夥接過槍再開一槍。兩枚子彈都穿過窗戶擊中受害者,一枚擊中肩膀,另一枚擊中頭部使其死亡。由於兩枚子彈來自同一把槍,兩名凶手手上都有火藥殘留(見第十六章:武器鑑定,「火藥殘留」一節),那麼哪一個是真正的凶手呢?是第一枚子彈(駕駛)還是第二枚(乘客)?分析受害者車窗玻璃的斷裂線後,確認第二枚子彈是致死原因,這個難題方獲解決。

塗料

跟玻璃一樣,塗料也是無所不在。牆壁、車子以及各類物品外圍都塗著塗料。犯罪發生時,掉落的漆斑會從某個上漆表面轉移到另一處,轉移到受害者或凶手身上的情形也很常發生。

對大多數鑑識實驗室來說,送驗評估的樣本中最常見的是汽車塗料。跟其他微物跡證一樣,檢驗人員必須判斷出塗料來源與製造商,或是比對兩件樣本是否來自同一出處。一般來說,分析塗料的物理和化學屬性就能斷定製造商,並判斷出涉及意外的汽車類型和款式,或許還能推估出年分。這對肇事逃逸事件來說是關鍵性證據。

偶爾也會有房屋或其他物件的塗料送到檢驗人員手中。凶手可能走過一面剛漆好的地板,或碰觸到一面剛上油漆的牆,塗料因而轉移

到他的車上、屋子或私人物件上。他也可能因為使用某種工具破屋而入，在過程中沾到工具上的塗料。

這些轉移塗料的分析對於判斷犯罪嫌疑人是否待過犯罪現場非常關鍵。

為了判斷兩件塗料樣本是否來自同一出處，檢驗人員必須回答三個問題：

- 樣本的物理和化學屬性相同嗎？
- 如果有多層塗料，樣本的塗料順序和厚度一致嗎？
- 掉漆的斷裂面與牆上的缺口相符嗎？

塗料分析

塗料是一種複合液體，由成膜物質、顏料、溶劑和改性劑等四種成分組成。**成膜物質**（binder）通常是天然或合成樹脂，之後再加入顏料。**顏料**（pigment）分成有機（多為藍色和綠色）或無機（多為紅色、黃色和白色），目的是增加顏色。常見的化學顏料有白色的氧化鈦，以及由多種紅色色素組成的氧化鐵。顏料大多很昂貴，製造商會盡可能用少量顏料來達到想要的顏色與濃度。**溶劑**（extender）增加固體體積，增強塗料的覆蓋性。**改性劑**（modifier）能改變塗料的色澤、延展性、堅硬度和耐久度。例如，氧化鉛會增加塗料的硬度，使之得以防風雨侵襲。以上四種成分的種類和比例，在每種塗料中都有相當的差異，這就成了鑑識實驗室分析塗料的基本要件。

汽車上漆的過程步驟繁複，最終會塗上好幾層塗料。儘管每一層的構成成分會因製造商不同而有差別，塗層的種類卻類似，常見的塗層有：

▶ **電鍍底漆**（electroplated primer）：將環氧樹脂（epoxy）電鍍到汽車金屬上，有防腐與防鏽效果。

▶ **底漆**（primer）：塗在電鍍底漆上，使原來的瑕疵變得平整光滑，

為之後的顏色漆打好基礎。

▶ **底色漆**（basecoat）：又稱之為顏色漆，賦予汽車顏色的塗層。

▶ **清漆**（clear coat）：塗上數層透明丙烯酸或聚氨脂（polyurethane）塗料，增加色澤、厚度並保護底色漆。

分析以上各層塗料時，不管分層或整體檢視，都能得出汽車的製造商、類型、款式和製造年分；上面每一項也都是兩件塗料樣本的比對點。

有時候，分析人員會被要求判斷特定塗料樣本的製造商。通常單憑顏色就能辨識出來，特別是汽機車塗料的顏色。特定製造商會有各自的專屬顏色，有好幾種居家和汽車綜合資料庫可協助檢驗人員判斷。另外，即使塗料的顏色相似，化學特性卻通常有所差異，檢驗人員會採用化學分析做比對或予以排除。

實驗室也常需要斷定已知和未知的樣本是否出自同樣的來源，同樣的，塗料的物理和化學屬性會一併檢驗。

首先檢驗的是塗料的物理屬性，例如顏色和色澤。就像檢查纖維那樣，檢驗人員為了避免觀察者偏差，會使用顯微分光光度儀檢查塗料，判斷出準確的顏色。分析塗料時，紅外線顯微分光光度儀比可見光顯微分光光度儀更適合（見附錄）。

接著，會檢查各塗層以確認厚度和顏色的次序。如果犯罪現場的樣本和犯罪嫌疑人的車子顏色分層次序一樣，每一層的厚度也相同的話，汽車上反覆塗刷的顏色順序便成了極具指控性的證據。

舉例來說，假設有件肇事逃逸的事故，在受害者衣服上找到一片掉漆，掉漆顯示這輛汽車曾反覆塗過好幾次塗料。可能一開始是紅色，但後來又依序漆成黑色、稍微不同的紅色，最後是黃色。如果最後鎖定了某個犯罪嫌疑人的車輛，從取得的樣本比對顯示掉漆的顏色與順序完全一致，每一層的厚度也相同，那麼世界上出現第二輛條件完全相同樣的車輛的機率幾乎為零。如果犯罪現場樣本每層塗料的化

學分析都跟犯罪嫌疑人的車輛一樣，此時不逮人，更待何時？

塗料的化學檢驗包括成膜物質、顏料、溶劑和改性劑的分析。檢驗人員會稍微調整氣相層析質譜儀（見附錄）的進行方式，因為掉漆是固體，會使用**熱裂解氣相層析法**（pyrolysis gas chromatography，**簡稱Py/GC**）。熱裂解是藉由高溫將固體轉換成液體。熱裂解氣相層析法使掉漆氣化成氣體，分解成不同的化學成分進入氣相層析管柱中。掉漆經過質譜分析後，呈現出塗料的「化學指紋」，如此就能針對送驗的塗料樣本做出正確比對。

此外，將掃描電子顯微鏡和能量散射光譜儀做結合，就成了附加能量散射光譜儀的掃描電子顯微鏡（SEM/EDS，見附錄），不僅能在為塗料分層時提供更高的解析度，也能分析出每一層的基本元素。此外，紅外線光譜分析法（通常會跟氣相層析法搭配使用）也能分析出塗料的化學成分，X光繞射（XRD）和**分析式電子顯微鏡**（AEM）亦可。後面兩種技術能準確辨識出塗料添加物的多種樣態。比方說，有些塗料含有三種樣態的氧化鈦，由於這些解析技術能區分這些不同樣態，因此能區別出兩種非常相似的塗料。這些技術分別會在附錄中予以討論。

若已知和未知樣本有相同的化學屬性，就算無法百分之百證明，也能強烈指出兩件樣本極可能來自同一來源。

不過，到目前為止的塗料分析當中，掉漆斷面的輪廓吻合是最具個別特徵的證據。如同我們在玻璃分析中看到的，若已知和未知的掉漆，和凹口完美無瑕接合在一起，就能得出兩者原本是一體的結論。將掉漆放在立體顯微鏡、比對顯微鏡和掃描電子顯微鏡下檢查，有助於比對過程（見附錄）。

土壤和植物

土壤和植物也是微物跡證，它們是被遺留在犯罪現場或自現場被帶走的微量物證的典型。兩者都是將犯罪嫌疑人與犯罪現場連結的證

據。實驗室經常需要分析從犯罪現場、犯罪嫌疑人的鞋子或衣服、汽車輪胎，以及鏟子之類的工具上找到的土壤。

土壤不單純只是塵土。它是複雜的混合體，包含了礦物質、植物、動物排洩物，以及種種細微的人工產物，如玻璃、塗料、瀝青、水泥和其他物質。土壤成分隨著地區而異，即使在同一區域，只要地點不同就會有很大差異。比方說，堪薩斯州鬧區的土壤和阿拉巴馬州的紅土就很不一樣。加州海濱社區的土壤和洛杉磯商業區公園的土壤的差異也很大。

若將已知的土壤樣本和犯罪嫌疑人的車輛或鞋子上取得的未知土壤做比較，兩者在物理與化學屬性上都比對吻合，檢驗人員便能說兩者應該是來自同一處。這就能確認犯罪嫌疑人曾經到過犯罪現場所在的區域，或至少讓他的說法（如鞋子是無意間在某處踩到）成為可疑的託辭。

土壤分析會先從目測與顯微檢查開始，接著再判定顏色、鬆軟度、酸鹼值及礦物質成分，也會一併尋找其他外來異物，如植物或動物的毛髮。假設某個犯罪嫌疑人表示自己從未靠近過犯罪發生的海濱社區，但卻在他的汽車輪胎與踏墊上找到該區域的砂質土壤碎屑，他的說法便啟人疑竇。同樣的，若有具屍體在附近的馬廄被發現，而犯罪嫌疑人靴子上的泥土樣本中有馬毛與馬廄堆肥顆粒，這可能意謂著泥土來自馬場，而非他所指稱的自家後院。

如果已知和未知樣本的物理屬性類似，接著會確認兩份樣本的化學屬性是否相像，可能會以氣相層析質譜儀來鑑定樣本的諸多成分，X光繞射用來檢查、比對土壤中的物質非常有效。

另一項有效的技術是**差熱分析**（differertial thermal analysis，簡稱DTA），原理來自土壤吸熱和散熱的速度不同。在這項測試中，將樣本放入特殊設計的鍋爐中加熱，測量出它分解、融化或沸騰的溫度，再將溫度和其他土壤的溫度比較，如此就能判定兩者的熱屬性是否相符。

植物也具有高度的鑑識重要性。土壤樣本中的植物，可能會在屍體、衣服、室內地板、汽車踏墊、工具和無數地方出現。樹葉、莖、松葉、樹皮、花瓣、種子和花粉，可能皆需送驗分析。

不同地區有不同的原生種植物，因此鑑定植物有助於判斷土壤樣本的來源地。比方說，在受害者屍體附近的地板上發現松葉，但附近區域並無種植松樹，那就很可能是凶手的衣服或鞋子帶進現場的。若鑑定出松樹確切的品種，就能縮小犯罪嫌疑人的範圍。

花粉來自正在開花的植物，對鑑識人員可能非常有用。花粉粒極其微小，不易發現，但因為非常獨特，得以辨識出原本所屬的植物。花粉可能會沾附在衣物上、在受害者或犯罪嫌疑人的頭髮中，甚至在威脅信或勒索字條的信封尋獲。針對犯罪嫌疑人身上的花粉進行顯微鑑定，可能揭露出他在某特定植物開花時，待過某個區域，這說不定能將他與附近的犯罪現場扯上關係。有許多花粉參考資料庫能協助種類鑑定。

最後，DNA可能也有用處（見第十章：DNA）。舉例來說，路邊發現一具屍體，檢查時發現死者的頭髮沾附些許松葉，和極少量的松樹花粉。最近的松樹有一哩之遙，其中一棵松樹下有個熟睡的流浪漢。他的衣服、睡袋和附近地面的松葉都與受害者身上找到的頗為類似。但流浪漢否認見過受害者。將受害者身上取得的松葉和松樹花粉的DNA，和流浪漢身上的做比對。若兩者相符，表示受害者身上的松葉和花粉正好是流浪漢在樹下睡覺的那一棵。

灰塵

灰塵跟土壤不同，灰塵是指所有極細微的粉末狀物質，包括煤塵、麵粉、水泥粉，或石頭粉塵、紙張的細小纖維，以及許多其他物質。如果能在犯罪現場或遭殺害的受害者身上找到這些灰塵，便可取得大量有用的資訊。灰塵物質的種類可能暗示凶手職業很特殊，或有

某特殊嗜好。若能在犯罪嫌疑人住家、車上或工作地點找到類似的灰塵，就能讓犯罪嫌疑人和犯罪現場產生連結。即使不足以將凶手定罪或提出控告，也有助於進一步調查，幫助警方更加聚焦在犯罪嫌疑人的身上。

假設，我們在一個被殺害的年長婦女附近的地毯上，找到少量水泥和磚頭的灰塵。接著發現，她的兒子即將繼承她一大筆財產，這個兒子工作的建築工地離犯罪現場並不遠；她的兒子跟磚瓦工匠共事，而磚瓦工匠的工作是鋪磚塊與攪拌水泥。如果調查員分析並比較犯罪現場與工地取得的灰塵，發現兩者的物理與化學屬性都相同，那麼她的兒子就需要找個好律師了。

16 武器鑑定：不只是槍枝彈藥

FIREARMS EXAMINATION: MORE THAN GUNS AND AMMUNITION

此一領域的法醫科學調查通常稱為彈道學。其實這個詞彙並不正確，但我們很難撼動這麼普及的用法。實際上，**彈道學**（ballistics）是發射體行進的科學，也就是探討彈頭、火箭彈或其他快速行進的物件是如何移動的。**槍枝鑑識人員**的工作是研究槍枝如何運作、鑑定與比對槍枝彈藥。

在第七章中，我們探討彈頭對人類身體的傷害，還有驗屍官如何評估這類傷口。本章我們要談的是槍枝與彈藥，以及鑑定和比對如何解決相關的槍枝案件。

因槍擊而死可能是意外、自殺或凶殺。在最後一項情況中，來自槍枝或彈藥的證據往往是凶手落網的原因。槍枝鑑識人員的職責之一便是回答以下問題：

- 分析彈頭和彈殼，判斷是由何種類型的武器所擊發
- 計算槍口與受害者之間的距離或子彈彈道，協助犯罪現場重建
- 比對彈頭或彈殼和特定武器是否相符

檢驗人員執行工作前，必須熟知所有種類的槍枝和彈藥，也必須了解彈藥擊發的內部運作，以及各種彈道特徵。

武器與彈藥組成

槍基本上可分成**手槍**、**步槍**（來福槍）和**獵槍**（霰彈槍）。手槍可以用單手拿著開槍，步槍和獵槍通常要架在肩膀上。手槍可再分成**左輪**

手槍、半自動手槍或全自動手槍（衝鋒槍）。獵槍槍管為滑膛（無膛線），獵槍和手槍的槍管中則刻有陰膛線（groove），兩條陰膛線之間的區域是陽膛線（land）。陽膛線凸起，陰膛線下凹，一凸一凹在槍管內呈螺旋狀分布，子彈沿著膛線螺旋發射，可以更準確擊中目標。

步槍和手槍子彈由數個元件組成：彈頭（實際的發射體）裝入填滿無煙火藥的彈殼中，靠著火藥爆炸的推力將彈頭送出槍管。左輪手槍的彈殼會留在圓柱槍筒中，直到以手動取出，大部分的自動武器則會自動退出彈殼。

彈殼通常會留下紋痕，例如撞針留下的痕跡和彈底紋。這對檢驗人員來說是個好消息，因為這些紋痕通常會留下個別特徵，可用來找出擊發的槍枝。

自動武器和半自動武器的彈殼上，通常會有退殼和擊發的痕跡。這是因為機械裝置退出擊發過的彈殼，並在槍膛中裝入新子彈。這些痕跡也因武器的種類而異，可用來比對彈殼與特定槍枝是否吻合。

真正的火藥（gunpowder）現在已經很罕見了，大多被無煙火藥取代，唯一的例外是自動裝填彈藥。不過「火藥」一詞仍普遍用於兩種爆炸性粉末。依照其化學組成，無煙火藥可分為單基火藥、雙基火藥和三基火藥。單基火藥中，棉化火藥（nitrocelluose）是唯一爆發性成分；雙基火藥中，有棉化火藥和硝化甘油（nitroglycerin）；三基火藥則又加入硝基胍（nitroguanidine）。

火藥中也含有安定劑（stabilizer），如二苯胺（diphenylamine）和乙基中定劑（ethyl centralite）。其他的添加劑包括塑化劑（〔plasticizer〕降低濕氣的吸收量）和消焰劑（flash suppression）。火藥粉末的化學組成和添加劑的種類和數量，都因製造商而異。

大多數子彈的底部或下半部，有一個置中的底火杯，稱為中央式底火（centricfire）子彈。當槍手扣下板機，槍的撞針會撞擊底火杯點燃底火，讓底火點燃火藥粉使其爆炸，並製造大量氣體，推送彈頭脫

離彈殼飛出槍管。這些氣體主要是一氧化碳、二氧化碳和一氧化氮。

有些彈殼沒有底火杯，但是彈殼底緣有底火。這類槍枝主要是點二二口徑，也稱為**凸緣式底火**（rimfire）武器，因撞針擊發的是彈殼底緣，非中央部位而得名。

彈頭與彈殼檢驗

有趣的是，首次用來解決犯罪案件的「彈道」證據中，並不包括彈頭，主要的關鍵是前膛式武器使用時的防撞軟墊。彈痕的價值是後來才逐漸彰顯。目前的槍枝鑑識檢查演變自下列幾個主要事件與發現：

▶ 一七八四年：在英國的蘭開夏（Lancashire），愛德華・卡蕭（Edward Culshaw）遭前膛式燧發槍擊中，導致致命性傷害。外科醫生從卡蕭的傷口取出用來包火藥的防撞軟墊碎片。後來證實與主嫌約翰・湯姆斯（John Toms）口袋中找到的軟墊邊緣吻合，因而將其定罪。

▶ 一八三五年：在一件入室竊盜案中，有名僕人受到槍傷。當時蘇格蘭警場弓街警察隊（Bow Street Runners）成員之一的亨利・高達（Henry Goddard, 1866–1957）在從受害者床頭板上挖出的彈頭上，注意到奇怪的「隆起」。接著，他檢查受害者持有的子彈鑄模（當時子彈以手工製造），發現上頭有個跟那枚彈頭相同的瑕疵。他因而認定，此人為掩護犯行而朝自己開槍，根本就沒有外人入侵。

▶ 一八六三年：南北戰爭時，擊中南軍將領「石牆」・傑克森（Stonewall Jackson）的彈頭，後來被發現是點六七的子彈，為南方聯軍使用的口徑。既然北軍使用的是點五八口徑，那麼殺死傑克森的子彈必然是由自己人發射的。

▶ 一八六四年：美國內戰期間，北軍將軍約翰・賽吉威克（John Sedgwick）遭到南軍狙擊手自八百碼外開槍斃命。彈頭的口徑和六角形的外觀顯示，這是來自英國製造的魏渥斯步槍（Whitworth rifle），南

軍專門進口供狙擊手使用。

▶ 一八八九年：法國醫學家和犯罪學家亞歷山大‧拉卡桑（Alexandre Lacassagne, 1843–1924）從槍擊受害者身上找到彈頭，只憑彈頭上的痕跡計算出陰膛線數量，比對出是否由特定的槍管所擊發。

▶ 一八九八年：保羅‧傑瑟李奇（Paul Jeserich, 1854–1927）博士使用顯微鏡比較同一把槍擊發的兩枚彈頭的溝紋。

▶ 一九一三年：法國的維特‧巴瑟蘭教授（Victor Balthazard, 1872–1950）在他的論文「犯罪人類學和法醫學」（Archives of Criminal Anthropology and Legal Medicine）中，描述每一枚擊發的子彈都有其獨特的痕跡。

▶ 一九二〇年：物理學家約翰‧費雪（John Fisher）發明了窺膛儀，一種裝有燈光和放大鏡的探測裝置，用以精細檢查槍管內部。

▶ 一九二〇年：薩柯和范賽蒂（Sacco & Vanzetti）一案喚起大眾對於武器鑑定的關注。

▶ 一九二三年：查爾斯‧衛特（Charles Waite）、菲利浦‧葛維爾（Philip Gravelle）、凱文‧古德（Calvin Goddard）和約翰‧費雪於紐約成立彈道鑑識局，為全美提供槍枝與彈藥的鑑定服務。

▶ 一九二五年：葛維爾和古德發明比對顯微鏡，為武器鑑定帶來革命性的改變。

刑事檔案：薩柯和范賽蒂

這樁案件鞏固了武器鑑定技術在鑑識領域的地位。一九二〇年四月十五日，保安警衛亞歷山卓‧伯納迪利（Alessandro Berardelli）和腓德烈‧帕曼特（Frederick Parmenter）遭兩名男子射殺而死，超過一萬五千美元翼而飛，現場唯一找到的證據是幾枚彈殼。後來發現這些彈殼由三家公司製造：雷明頓、溫特斯頓和彼得斯。兩天後，警方尋獲逃逸車輛並追蹤到先前一樁搶案，最後鎖定了尼古拉‧薩柯（Nicola

Sacco）和巴托洛米奧·范賽蒂（Bartolomeo Vanzetti）。薩柯持有一把與凶器相同口徑的點三二手槍，以及二十九顆雷明頓、溫特斯頓和彼得斯出品的子彈。於是兩人遭到逮捕，並以雙重謀殺定罪。

由於兩人是無政府主義的激進分子，這起案件因而成為美國第一次紅色恐慌[1]。辯護團體將無政府組織分子、共產主義者和工會領導人組成薩柯－范賽蒂辯護委員會，並將該審判視為一種「獵巫」。

此案的關鍵在於證明殺人的子彈來自薩科的槍。由於比對吻合，薩科和范賽蒂被定罪並宣判死刑。但故事並未結束，甚至沒有結案。

在無政府組織分子持續抗議之下，一九二七年六月成立了檢視此案的委員會。美國首屈一指彈道專家——紐約州彈道鑑識局的凱文·古德，帶著兩樣新的鑑識工具比對顯微鏡和窺膛儀參與此案。比對顯微鏡得以將兩枚子彈並排比對，窺膛儀則裝設了燈光和放大鏡的探測裝置，得以精細檢查槍管內部。再次比對的結果依然毫無疑義。

一九二七年八月二十三日，兩名凶手在電椅上死去。然而爭論仍舊持續。一九六一年及一九八三年再次檢驗這起案件，皆確認古德的鑑識結果無誤。

武器類型

在犯罪現場尋獲或從犯罪嫌疑人身上沒收的槍枝能提供大量的證據。可以與謀殺案的彈頭比對，也可以和其他犯罪現場的彈頭比對，也可能是犯罪者沾附在武器上的血液、毛髮、纖維之類的微物證據和指紋的基體。萬一找不到彈頭，將遭近距離射擊的受害者血液及組織**放大還原**（blowback），或許是唯一能讓受害者與武器產生連結的方法。

萬一只找得到彈頭，卻沒有槍枝可供比對呢？鑑識團隊該如何利用這項證據？

---

1 「紅色恐慌」是曾在美國興起的反共產主義風潮，對於工人與社會主義者可能爆發革命運動或政治激進運動的恐慌。

　　且讓我們假設解剖時，法醫取出一顆彈頭送至槍枝檢驗人員，希望他能判別使用的武器種類。

　　檢驗人員會先試著找出彈頭的口徑與類型。如果彈頭完整或幾乎沒有受損，就能測量口徑大小。倘若嚴重變形，儘管測重無法準確確認口徑，但至少有助於縮小範圍。比方說，點二二和點四四子彈的重量差異頗大。若彈頭很重，那麼點四四或點四五口徑的武器較可能是緝察的目標。

　　如果是穿甲彈頭，由於彈頭類型很容易判定，經常用來協助鑑定使用的武器類型。全包式彈頭的子彈通常用在獵槍，單純的鉛彈則最可能來自小口徑手槍。

　　我在前面提過，不同製造商生產的槍管，陽膛線和陰膛線的數量和寬度也會有所不同，膛線旋轉的方向與角度也不一樣。檢驗人員可以利用這些特徵處理未知的彈頭，找出武器的類型。

▶ **柯特型**（Colt Type）：六條寬陰膛線，窄陽膛線，膛線左旋。

▶ **布朗寧型**（Browning Type）：六條寬陰膛線，窄陽膛線，膛線右旋。

▶ **史密斯威森型**（Smith & Wesson Type）：五條寬度一致的陽膛線與陰膛線，膛線右旋。

▶ **韋伯利型**（Webley Type）：七條寬陰膛線，窄陽膛線，膛線右旋。

▶ **馬林型**（Marlin Type）：馬林獵槍使用所謂的**細膛線技術**（microgrooving），槍管內有八到二十四條窄陰膛線。

　　以這些知識為底，檢驗人員若收到解剖取得的點三二彈頭，發現上頭的彈道刮痕符合從五條陽膛線和膛線右旋的槍管中發射出來的子彈，那麼使用的武器很可能是史密斯威森。接著，就能鎖定史密斯威森公司製造的點三二手槍。

　　聯邦調查局有個稱作「綜合膛線特徵」（General Rifling Characteristics，簡稱GRC）的檔案資料庫，內含所有已知武器的陽膛線、陰膛線和旋轉特徵。

子彈檢驗

　　槍管裡的陽膛線和陰膛線不僅讓子彈旋轉，也會切割子彈周邊，留下稱為**刮痕**（striation）的痕跡。這些痕跡是與子彈長軸平行的直線，在彈道比對中扮演極重要的角色。一如你所預期的，這些痕跡在軟鉛子彈上較為明顯，在金屬或鐵氟龍包覆的子彈上則極其細微，甚至看不到。

　　每個槍管都有其獨一無二的細微特徵。因為製造商的膛線工具在金屬槍管上切出的痕跡都略有差異，況且切刻或鏤蝕的器材每用過一次就磨損一點。累積造成的磨損讓每個槍管內的膛線痕跡都不一樣。

　　此外，重複射擊也會磨損陽膛線和陰膛線，增加每個槍管獨特的特徵，讓發射的任何子彈具有獨特性。這意謂著同一把手槍擊發出的子彈會有同樣的刮痕，反之則否。

　　絲毫無損的彈頭要比對刮痕通常很容易，但不幸的是，檢驗人員很少能得到完整無缺的彈頭。大多情況是，彈頭因為擊中骨頭、牆壁或其他堅硬物體而變形或殘缺。不過只要沒有嚴重變形，仍可提供大量資訊。

　　收集與處理任何犯罪現場的彈頭時，必須避免造成破壞或損傷。不管是手術或解剖，或從犯罪現場牆壁上取出，都要謹慎處理。比方說，以外科手術器具緊夾取出或從門柱撬挖出彈頭時，都可能在刮痕上增添與案件無關的痕跡，導致與犯罪嫌疑人武器的比對的困難，或派不上用場。

　　如果彈頭基本上完好無缺，那麼顯微鏡就能檢視出刮擦其上的膛線痕跡。我們已經知道陰膛線的數量、旋轉的方向和角度有助於判斷武器的種類和製造商。這屬於類型證據，因為它無法完全準確鎖定是由哪一把槍所擊發。不過，將彈頭放大檢視後，就會看到細小而具獨特性的刮痕，這些都是槍枝檢驗人員在分析子彈時會檢視的部分。

　　這些具獨特性的刮痕在很多情況派上用場。例如，比對同一個犯

罪現場的多顆彈頭，看它們是否來自同一把槍。如果不是，表示現場使用的槍枝超過一把。或者比對來自兩個不同犯罪現場的彈頭，判斷是否由同一把槍所發射。如果是，便能將兩樁犯罪連結再一起。最重要的是，從凶殺案受害者身上取出的彈頭，可以用來和犯罪嫌疑人的武器做比對。若比對吻合就表示鑑定出凶器，這可能是指認凶手的關鍵。同樣的，若受害者遭兩名加害者射殺，而致死的彈頭與兩把手槍之一吻合，便能判定誰將面臨更重的刑責。

比對程序的第一步，取得嫌疑武器射擊出的完好彈頭。檢驗人員會使用類似的彈藥於射擊測試器內開槍。射擊測試器可能設有捕彈陷阱或水捕彈陷阱，兩者都能在不造成破壞的情況下取得樣本。將實驗室發射的（已知）彈頭與犯罪現場的（未知）彈頭置於比對顯微鏡下，並列檢視兩枚子彈的影像。（見附錄）

要注意的是，兩顆彈頭不需要每個細節都吻合。事實上這是不可能的。因為每顆自槍管擊發的子彈都會細微地改變槍管，並留下煙灰和硬粒。槍管內的這些改變，連同淤積的外來物質讓留在下一枚子彈上的印記略為不同。這意謂著兩顆彈頭的痕跡會有極細微的差異。它們無須完全一致，但比對時至少要找到三個完全一致的連貫刮痕。

擊發時，滅音器也會在彈頭留下痕跡，不過這些痕跡無法預測。如果射擊測試時無法取得該滅音器，留有痕跡的彈頭可能因而無法與槍枝比對吻合。

同樣的，彈頭上可能也會有重要的微物跡證。塗料、纖維、玻璃碎片和其他物質，可能在發射後或從牆、門、磚頭和窗戶彈開時沾附在彈頭上，也可能會在上頭發現小片碎肉或血液。這些細微的小物很可能成為破案或犯罪現場重建的關鍵。

舉例來說，一名丈夫表示妻子離家出走，但親友都堅持她不可能這麼做。調查期間，警方在地下室發現一顆嵌在牆面的彈頭，鑑識實驗室則發現彈頭上有一小片血跡，與失蹤女子髮梳上的頭髮 DNA 一

致。儘管沒有屍體，這樣的證據仍足以起訴丈夫。

霰彈鎗的槍管沒有膛線，發射出的是一簇小顆子彈（霰彈），而非單一子彈，因此霰彈槍的彈道比對不包含刮痕。在某些犯罪案件中，若擊發過霰彈槍，通常可以從牆壁、家具，抑或自手術或解剖的受害者身上取出霰彈。霰彈的尺寸無法判定出霰彈槍口徑，但卻能提供彈藥的資訊。霰彈的各種尺寸都有編號，號碼愈小，彈殼內的彈丸愈大。例如，八號的霰彈就比四號的小。從十二號的〇‧〇五吋到霰彈（〔oo shot〕又稱鹿彈〔double-O buckshot〕）的〇‧三三吋，各種尺寸都有。檢驗人員會測量所有尋獲的霰彈口徑，從中估算出使用的是哪一種尺寸的霰彈。

彈殼檢驗

某些犯罪現場找不到彈頭，唯一可用的彈道證據是彈殼（一枚或多枚）。這些彈殼通常也會留下幾種很重要的痕跡。將在同一個現場或不同現場找到的多枚彈殼，與射擊測試的彈殼做比對，可以得到重要資訊。能派上用場的彈殼痕跡如下：

▶ **撞針印記**（firing pin impression）：無論中央式或凸緣式底火的彈殼，撞針印記通常很獨特，可用做比對。

▶ **槍栓痕跡**（breechblock marking）：槍栓是槍膛的後壁。彈殼內的火藥引爆，將子彈推送出槍管，牛頓物理學指出彈殼會往後推離槍栓，這會在彈殼底部留下印記。

▶ **拉彈鉤與退殼痕跡**（extractor and ejector marking）：自動和半自動武器內的機械裝置，能將槍膛內發射過的彈殼移除並從武器中退出（退殼鉤），接著再從彈匣拉出下一顆子彈送進槍膛（拉彈鉤）。退殼與拉彈的機械裝置會在彈殼周邊留下獨特的刮痕和標記。

彈殼上每一道獨特的痕跡，都能透過比對顯微鏡檢視與比較。這些痕跡可能獨特到足以配對出彈殼與特定武器。在聲名狼藉的「情人

節大屠殺」後，這類證據的威力首次為大眾矚目，而在古怪的布萊尼恩謀殺案後更增添分量。

刑事檔案：情人節大屠殺

咆哮的二〇年代[2]期間，禁酒令導致美國幾個主要城市的黑幫組織爆發武力衝突，因為得以掌控私酒供應的人，就能從中牟取暴利。最著名的例子莫過於芝加哥「疤面」艾爾‧卡彭（Al "Scarface" Capone）與「瘋子」喬治‧莫蘭（George "Bugs" Moran）的對峙。

一九二九年二月十四號晚上，莫蘭的七名手下在克拉克街倉庫等候一批打劫來的酒。莫蘭因遲到而逃過一劫。他抵達時，看見五名警察進入倉庫，便撤退了。但「警察」其實是卡彭的手下，他們命令莫蘭的七名手下排成一列，以湯普森衝鋒槍（俗稱湯米衝鋒槍）射殺。

真正的警察不久後抵達，在現場發現七十枚彈殼，之後又從受害者身上找到一些彈頭。由於案情重大，加上武器鑑定在薩柯–范賽蒂案件後知名度倍增，古德博士因而參與此案調查。他判定彈殼是從湯普森衝鋒槍發射的，使用比對顯微鏡檢驗後，他確定芝加哥警局內的湯普森衝鋒槍皆非凶器。這意謂著凶手假扮成警察，而卡彭馬上成為頭號犯罪嫌疑人。警方突襲卡彭一名手下的住處，並起出兩把湯普森衝鋒槍。古德鑑定發現這兩把都是凶器。

芝加哥兩名企業家相當讚賞古德的專業。一九二九年，協助他於西北大學成立「科學犯罪偵查實驗室」（Scientific Crime Detection Laboratory，簡稱SCDL），這是第一間獨立的鑑識實驗室。聯邦調查局

2　咆哮的二〇年代（The Roaring Twenties），用來指稱北美地區一九二〇年代這十年。當時許多的科技發明與工業化浪潮刺激民眾消費需求與消費欲，生活方式也因此有了大改變。爵士樂與新藝術也於此時誕生，咆哮的二〇年代以一九二九年華爾街股災終結。

依循這個模式，亦於一九三二年成立專屬的鑑識實驗室。

刑事檔案：約翰‧布萊尼恩

　　一九六七年十二月二十二號，約翰‧布萊尼恩（John Branion）醫生離開南芝加哥的醫院，途經住所到托兒所接孩子，接著前往朋友家。這名女性友人原本預定和布萊尼恩一同用餐，但因故取消，布萊尼恩便離開，並於正午前抵達家門。他一進門，就發現妻子多娜身中數槍倒臥在起居室地板上，已無生命跡象。布萊尼恩旋即報警。

　　槍枝專家布特‧尼爾森（Burt Nielson）比對現場的彈殼和死者身上的彈頭，研判凶器為點三八的槍枝。他也指出彈殼上有特殊痕跡，經確認是瓦爾特PPK手槍（Walther PPK）的退殼痕。布來尼恩本身是槍枝收藏家，但他卻告訴探員他沒有瓦爾特槍。警方申請搜索票後，在他家中找到一本瓦爾特PPK手槍手冊、一個補充彈夾，以及印有瓦爾特商標的標靶，所有物品皆有產品序號188274。警方同時找到兩盒點三八子彈，一盒完整，另一盒則少了四顆。巧的是，布萊尼恩太太身中四槍。

　　警方連絡紐約的進口商，得知該序號的瓦爾特PPK手槍經船運至芝加哥，賣給一個叫做詹姆士‧虎克（James Hooks）的人，他正好是布萊尼恩的朋友。布萊尼恩被判長期監禁。他針對判決申請上訴時獲得具結釋放。一九七一年，他無法再上訴而必須重返監牢時逃逸至烏干達，躲在獨裁者伊迪‧阿敏（Idi Amin）的庇護下，他甚至擔任阿敏的私人外科醫生。對布萊尼恩來説不幸的是，阿敏政權後來遭到推翻，布萊尼恩因而被引渡回國服刑。

其他武器鑑定技術

除了檢驗槍枝類型和子彈痕跡，鑑識人員還需要處理其他相關資訊，包括計算擊發的槍枝距離受害者多遠，以及鑑定槍枝持有人。

分布型態估算

開槍距離在任何槍擊調查中，都是一項重要的要素，也就是槍口和受害者之間的距離。意外、自殺和凶殺各有不同的估算距離，能幫助重建案發經過，支持或駁斥犯罪嫌疑人和證人的證詞。

在第七章中，我們已經看到距離如何影響入口傷的解剖。槍枝擊發時，熱氣和燃燒或未燃燒的火藥微粒物質也一併隨著子彈從槍管中噴出。法醫通常可以從這些物質對傷口的影響，估算出開槍的距離。但有時受害者隔著衣物被擊中，在這種情況下，由於熱氣和未燃燒的火藥被衣物隔絕，因此皮膚上不會留下該有的火藥刺青和燒灼傷。當受害者的皮膚未能替法醫提供足夠資訊，便要仰賴槍枝檢驗人員來判斷射擊距離。

針對入口傷，衣服上的殘留痕跡得視射擊距離而定。距離愈遠，火藥殘留的分布愈廣——當然有其範圍上限。一旦射擊距離超過熱氣和微粒物質行經的距離，便不會留下殘留痕跡。

要準確估算出距離，檢驗人員需要使用犯罪嫌疑人持有的武器、類似的彈藥、類似的衣服質料，並以幾種不同距離進行一連串射擊測試。使用同樣的武器和類似的彈藥非常重要，這樣才能盡可能重現實際發生的槍擊事件。接著，檢驗人員會將測試射擊的殘留痕跡與犯罪現場衣物上的痕跡相比對，以估算開槍距離。

舉例來說，假設受害者胸口隔著襯衫中槍，槍枝檢驗人員會使用武器和類似的彈藥，分別以四吋、十吋、十八吋，以及兩呎和三呎的距離進行射擊測試。接著，將測試用衣物上的火藥殘留和受害者的衣

物做比對，結果發現最接近的是十八吋的測試射擊。那麼，就能推估最可能的開槍距離是十八吋。

當犯罪事件中使用到槍枝時，類似的比對得以確認射擊距離，這在第七章已經詳細討論過。

火藥殘留

槍枝擊發時，槍膛內的底火和火藥爆炸，將子彈隨著爆炸產生的大部分氣體和微粒物質（但不是全部）噴出槍管，此時也會有些微粒從武器的後膛及其他開口逸出。這種情況在左輪手槍特別明顯，左輪比其他類型的武器「漏出」更多熱氣。這些氣體的化學和微粒物質稱作**射擊殘跡**（GSR），附著在開槍者的手部、手臂、衣服、臉部和頭髮上，也會附著在鄰近的牆壁或家具上。若為近距離射擊，也會附著在受害者的皮膚和衣物上。

颱風和下雨通常會減少或改變整片殘留物的分布，所以檢驗人員經常在預期之處遍尋不著火藥殘留，卻在意想不到的地方發現。火藥殘留在淺色衣物上看起來像是髒污或污漬，顯而易見。但如果是深色、色彩多樣或沾有血跡的衣物，就不容易用肉眼辨識，通常會用紅外線攝影或**格里斯試驗**（Griess test）使火藥殘留現形。格里斯試驗是將感光紙或沾了醋酸的濾紙壓過欲檢驗的區域，然後再浸於格里斯試劑中，火藥殘留物中的無機亞硝酸鹽會與試劑發生作用，顯現出圖樣。

火藥殘留分析的最終目標是將槍枝與「犯罪嫌疑人的手」連結在一起。可惜通常不會那麼順利。只要槍枝擊發時待在附近，或於擊發後觸摸過槍枝，都可能在無辜者身上留下火藥殘留。

火藥殘留消失得很快，通常在兩小時後消散，也容易擦拭或洗掉。因此，必須在槍枝擊發後盡快送驗。

犯罪嫌疑人的手部、臉部與身上的衣物都要檢查，並取得樣本。舊式的石蠟檢測（paraffin test）是將石蠟融化後，吸附手上的火藥殘

留，這種方法幾乎已不再使用，而是以沾濕的棉籤或濾紙擦拭犯罪嫌疑人的手部、手臂和衣物取得樣本。

接著，以化學分析找出底火和火藥爆炸的副產品，主要是重金屬鉛、鋇和銻。使用二苯胺處理棉籤或濾紙來鑑定是否含有這些成分，有的話會顯現藍色。不幸的是，諸如肥料、香菸、化妝品和尿液等其他物質也會顯現藍色，可能誤導結果。這意謂著火藥殘留必須採用更加特定的檢驗方法來確認，例如中子活化分析法和原子吸收光譜法（atomic absorption spectrometry）（見附錄），若發現高出一般基準的鋇和銻，則表示有火藥殘留。

有時候，火藥殘留並非在凶手的手上發現，而是他的衣服或頭髮上。掃描電子顯微鏡能鎖定這些微細的火藥殘留分子。掃描電子顯微鏡通常會搭配能量散射光譜儀，顯現出檢測物質的「化學指紋」。使用附加能量散射光譜儀的掃描電子顯微鏡能從這些微細物質中找到的鉛、鋇和銻，更加確定其為火藥殘留。這項技術是一九七四年由衛索（J.S. Wessel）、瓊斯（P.F. Jones）和奈斯比（R.S. Nesbitt）博士所研發。

復原序號

有時在犯罪現場、凶手的逃逸路徑或棄置場所尋獲的某特定槍枝，顯然就是凶器，而槍枝檢驗人員也判定槍枝和受害者身上的彈頭吻合，但這些資訊卻無法確認誰是槍枝所有者，或者誰曾經射擊過這把槍。在這種情況下，若能找到註冊槍枝的人就有助於案情進展。即使槍枝所有者不見得是凶手，他也可能把它給了某人，或者槍被偷了，那麼凶案和槍枝竊盜就能連結起來。比對兩起案件的證據可以讓調查員更接近真凶。

然而，犯罪者很狡猾，他們為了不讓槍枝被追蹤到，通常會將槍枝序號磨掉或者銼除。若是如此，檢驗人員還有一些方法可以運用。

最普遍的方法是**磁化**（magnaflux）、**化學和電解浸蝕**（chemical

and electrochemical etching），以及**超音波空蝕**（ultrasonic cavitation）。這三種方法都是藉由序號磨平的過程中，槍枝金屬結構產生的改變來做出判斷。金屬承受磨平的壓力時，嵌著序號的金屬表面和序號下方的金屬都會歷經結構改變的過程。

▶ 磁化：只有在武器是由含鐵金屬製造時，這個方法才有效。將槍枝置於強力磁場中或者強力磁鐵下，將槍枝磁化。磁化物體的磁線會彼此平行，但是序號附近被磨平的金屬會因為結構改變而失序。接著噴上一種特殊的油，鐵類分子會懸浮而聚集在失序金屬區域旁，隱藏的序號就能顯露出來。這個方法最主要的優點是沒有破壞性，也不會改變武器。

▶ 化學和電解侵蝕：兩種都屬於破壞性做法，因此使用很有限。過程中需要將有問題的區域塗上侵蝕溶液。失序部分遭受侵蝕的速度會比周圍的金屬快，如此一來，就能讓序號顯露出來。通上電流（電解侵蝕）會加速過程。這兩種方法都要很謹慎操作，因為過度侵蝕會永久性摧毀證據。

▶ 超音波空蝕法：這項技術和化學侵蝕類似，同樣是破壞性做法。將槍枝放在一種能釋放出高頻振動的特殊超音波槽中，造成孔洞。過程中，金屬表面會產生小泡泡。若持續進行，孔洞會開始蝕空金屬，失序金屬區域蝕空的速度最快，因而露出序號。

國家彈道資料庫系統

如果彈道檢驗人員只拿到一枚子彈或彈殼，但沒有可與之比對的武器，該怎麼辦？如同前述所提，他可以判定出發射子彈的武器類型和製造商，但似乎就到此為止。感謝現今的電腦技術，他也許還能將彈道痕跡和曾在別的案件中使用過的武器痕跡做比對。目前有以下幾種類型的資料庫：

▶ Drugfire：聯邦調查局於一九九〇年代發展出這個彈道鑑定系

統，不過後來逐漸被IBIS取代。

▶ **整合彈道辨識系統**（IBIS）：整合彈道辨識系統為美國聯邦菸酒槍械炸藥局（BATFE，或一般簡稱的ATF）所有，這個電腦化的系統儲存的是射擊後彈頭和彈殼的數位影像。

▶ **國家整合彈道資訊網絡**（NIBIN）：由聯邦調查局和美國聯邦菸酒槍械炸藥局合營，使用整合彈道辨識系統來比對彈道痕跡。

以上的資料庫並不完整，但若整合彈道辨識系統中存有某槍枝的彈頭或彈殼影像，同一把槍再度犯案時，就能連結兩個犯罪現場。整合彈道辨識系統電腦可快速比對上萬件資料，淘選出可能吻合的紀錄，接著就由經驗老到的槍枝檢驗人員進行最後比對。

17 | 縱火調查：火災和爆炸
ARSON INVESTIGATION: FIRES AND EXPLOSIONS

縱火調查的難度極高，若涉及爆炸就更困難了。主要原因在於，犯罪現場和證據就算沒有被徹底摧毀，也會嚴重損壞。這是火災和爆炸的特性。

調查人員藉由化學和物理證據來判斷火災是意外或人為因素。自然原因造成的火災極為罕見，除非是由雷擊引發。

火的特性

火幾乎可說是一種活生生的存在。它消耗可燃物和氧氣，產生光和熱。從化學角度來說，稱為**氧化作用**，亦即物質和氧氣或其他**氧化劑**結合時，製造出另一種物質的過程。氧化的特徵是電子從一個分子轉移到另一分子，釋放出能量的反應，也稱作放熱反應或釋能反應。以火為例，是藉由光和熱釋放能量。

你可能會覺得驚訝，生鏽也是一種氧化過程。鐵和氧結合，產生氧化鐵或鏽。這個過程極為緩慢，可能要花上數個月或數年，所以不會產生肉眼察覺得到的光或熱。

火災基本上也一樣，只不過發生速度要快上許多。除了產生光和熱，還有一氧化碳及二氧化碳等多種燃燒副產品。當易燃性的碳氫化合物（由碳和氫原子組成的任何化合物）如甲烷（CH_4）燃燒時，會和氧氣結合，產生水和二氧化碳。其反應方程式如下：

$$CH_4 + 2\,O_2 \rightarrow CO_2 + 2\,H_2O + 光和熱$$

　　一個甲烷分子和兩個氧分子結合，會產生一個二氧化碳分子和兩個水分子，光和熱則是作用的副產品。爆炸只是同樣過程的激烈版本。

　　所以，生鏽、燃燒和爆炸都是類似的氧化過程，只是反應的速度不同。

　　但是，單純只有氧氣和紙張或汽油之類的易燃物並不會形成火災，還需要別的東西——高溫。燃燒需要三種要素並存：燃料、氧氣和高溫。這些缺一不可。

　　是的，移除或降低三要素的其中之一都會消滅或趨緩火勢，而增加一種以上則會加速燃燒。比方說，在火焰上潑水可以滅火。因為水能降溫、阻隔氧氣接觸燃料，某些情況下還能稀釋燃料，繼而減緩或消滅火勢。反之，添加汽油或氧氣則會助長態勢。

　　那麼，溫度要多高才夠？這得視燃料而定。

　　引發火災的起始溫度稱為**燃點溫度**（ignition temperature），不同物質的燃點溫度各異。舉例來說，汽油和木材的燃點溫度就相當不同；但只要有氧氣，一達到足夠的溫度，這兩種物質都會開始燃燒。一旦開始燃燒，火勢便會持續不停，因為火本身能製造出足以持續燃燒的高溫，這個原理在所有放熱或釋能反應中皆然。

　　起火燃燒的可能是固體、液體或氣體。在居家或其他建築物結構的火災中，通常這三種類型的燃料都會有，若非結構的一部分，就是致燃物，在縱火案中也可能扮演助燃物的角色。固體燃料包括木材、窗簾、地毯、家具和屋頂；液體燃料則是汽油、油漆稀釋劑、酒精或任何其他易燃物質；氣體燃料可能是天然瓦斯或任何易燃液體的揮發物。

　　然而，要讓這三種一般的燃料類型起火燃燒，它們必須先成為氣體狀態。換句話說，易燃氣體會起火燃燒，但固體或液體燃料在起火燃燒前，必須先轉化成氣體。

　　氣態燃料先與空氣中的氣態氧氣結合，接著還需要足夠的高溫才

能點燃。天然瓦斯這樣的氣體固然可行，但液體和固體燃料呢？溫度必須高到足以讓燃料汽化（亦即變成氣態）。此溫度稱為**引火點**（flash point），也就是讓液體燃料汽化的最低溫度。不同的液體有不同的引火點。汽油是極易揮發的液體，擁有獨特的氣味。當汽油中的氣體進入你的鼻孔，你會立即聞到氣味，而當汽油接觸到火，燃燒的不是液態汽油，是氣態汽油。火產生的熱度持續汽化液態汽油，以提供更多氣態燃料繼續燃燒。

固體燃料也是同樣道理，只有在溫度高到將固體轉化為氣體時才能燃燒，這個過程稱為**熱裂解**（pyrolysis）。以木材或紙張來說，高溫將這些固體的表面轉化成氣態，接著與氧氣結合，起火燃燒。當你看到木材燃燒時，實際上你看到的是木材表面極為細薄的一層「木材氣體」在燃燒。若溫度沒有高到足以產生熱裂解，固體還是會燃燒，稱之為悶燒。這是緩慢無焰的燃燒。但若是提高溫度或添加氧氣，悶燒也可能產生足夠的熱度，進而產生熱裂解反應，燃料就迸發出火焰。吹氣、搧風或使用風箱將空氣送進火中，使悶燒的木頭迸發出火焰，也就是所謂的「搧風點火」。

重點是，固態和液態燃料都不會直接燃燒，只有氣態燃料會與氧氣相互結合並產生火焰。

自燃（spontaneous combustion）指的是本質上自行燃燒的火焰。造成自燃發生的條件並不常見，所以鮮少發生。將浸滿某種特定油類的破布堆置放在通風不良的貨櫃裡，就會發生自燃。原理是油在緩慢的氧化過程中，逐漸累積熱度，若熱度升至油的燃點溫度，就很可能起火。居家和工廠偶爾會這樣發生這種情況，不過，更常見的是縱火犯意圖利用這種少見的情形做為辯護藉口。

炸藥是具備快速氧化能力的燃料，反應快到空氣中的氧氣都來不及參與氧化過程。炸藥內含的氧化劑就具有氧氣，得以克服前述問題。舉例來說，黑火藥（black powder）是由硫磺、碳、硝酸鉀所組成，

硝酸鉀含有氧，可扮演氧化劑的角色。

縱火

如果火災附近有可疑情況，那麼縱火調查員便會參與調查，判定火災的來源和原因。縱火是蓄意事件，但絕大部分會被偽裝成意外。

縱火動機

為什麼人們會蓄意縱火？理由形形色色，但縱火一定有其好處。常見的情形如下：

▶ **財務利益**：許多縱火案都是為了詐領保險金。犯罪者可能臨時需要一筆錢，而家中或倉庫的保險高於財產的市場價值。或者遭祝融肆虐的房舍曾藏有現金或具保險的高價物品，如珠寶、藝術品，必須搜查是否有這些物件的剩餘物，因為它們很可能在縱火前已先被拿走。如此一來，犯罪者不僅可以得到保險金，還能擁有這些毫無受損的物品。

▶ **掩蓋其他罪行**：縱火通常被用來掩蓋另一樁犯罪，例如偷竊。員工盜取公司的現金，為了掩蓋罪行而放火一把燒掉所有的財物紀錄。或者員工可能從公司倉庫偷拿物品，希望火災能隱藏事實。畢竟如果所有存貨都毀了，還有誰能說有貨品遺失？因此，火災現場通常都會調查是否有入侵和竊盜的跡象。

▶ **復仇或恐嚇**：對另一方的怨恨或深沉的恨意，也可能讓人放火燒掉房子或公司。個人或團體可能為了製造恐懼或申明政治立場而燒毀建築物。

▶ **心理變態**：有些人對於放火有變態式的熱愛，這麼做只是為了尋求刺激。就這情況來說，火滿足了某些深層的心理需求，這樣的人經常會變成連續縱火犯。

▶ **自殺和謀殺**：火災很少用來自殺或謀殺他人，因為對前者來說實在過於痛苦，而後者又太難以控制結果。然而，火災倒是經常用來偽裝或掩飾凶案。凶手希望火災能讓真正的死亡原因難以判斷，但對凶手而言很遺憾的是，建築物火災通常溫度不夠高，或時間長到足以徹底燒毀人體。若是屍體火化，一般會置於華氏一千五百度或以上的高溫兩小時或更久。這會讓屍體燒得只剩下骨灰和骨頭碎片，建築物火災通常無法做得這麼徹底。事實上，即使明顯燒成焦炭的屍體，通常內部都還保存得很完整，得以讓法醫搜尋到外傷、中毒和其他死亡原因的線索。

縱火調查

消防人員將人們從建築物中救出、撲滅火勢並預防蔓延之後，火災調查員就會介入，試著判斷火災是意外或者人為。

懷疑有縱火可能的調查會繞著兩個問題打轉：

- 火災起火點在哪裡？
- 火災原因為何？

起火點

確定**起火點**是火災和縱火調查的基礎。在起火的區域找到的物質有助於判斷火災是意外或者人為，以及是否使用**點火物**（引發火勢的溫度來源）或**助燃物**（加速起火，並擴散火災的物質）。比方說，起火點若是靠近插座滿載的牆壁，就比較可能是意外起火，而如果位於遠離電氣來源，卻靠近燒焦汽油桶的倉庫角落，就很可能是縱火。同理，在起火點附近找到燒剩的破布、紙張或其他燃燒物質的餘燼，抑或火柴、發焰筒等點火裝置的殘留物，都暗示著縱火的可能。讓很多縱火犯備受打擊的是，即使在破壞性極高的火災中，這些物質仍經常殘留下來。

　　火災調查員必須極其謹慎，他們要收到建築工程師的通知才能進入燒毀的建築物中。否則崩塌的天花板、掉落的梁柱、碎玻璃、尖銳釘子、悶燒物質、有毒氣體，以及（老舊建築中的）石綿都可能讓調查員陷入險境。然而，等火勢一撲滅而建築物被視為安全時，就必須盡快展開調查和收集證據。因為有許多造成或加速火災的揮發性物質消失得很快，也就是說，時間是敵人。

　　進行建築物檢查的同時，火災調查員會逐一詢問目擊者，這個步驟通常能獲得重要線索。可能有人正好看到剛起火時的情況，就有助於確定起火點。火焰和煙霧的顏色也有助於案情，因為很多助燃物和燃燒物質會製造出不同特徵的火焰和煙霧顏色。比方說，汽油是黃色火焰，冒白煙；木材是紅黃火焰，冒出灰色或棕色煙霧；塑膠和一些石油製品會發出紅橘火焰並冒黑煙。調查員可藉由這些資訊鎖定起火點，並研判火災中是否用到助燃物。

　　確定火災的起火點必須先了解火是怎麼在建築物中移動的。一般來說，火勢會橫向且垂直蔓延，所以一旦確定起火點，就能沿著火勢在建築物中蔓延的路徑調查。即使建築物損壞得極其嚴重，通常也做得到。反之，沿著火勢蔓延的相反方向一路回溯，就能找到起火點。調查員會在燒毀的物質中尋找Ｖ型痕跡。因為火勢容易上升擴散，會在牆壁或其他垂直表面製造出Ｖ型痕跡，而起火點通常是Ｖ型的尖點處。

　　不過也並非總是這麼簡單。燒得特別嚴重的建築物，牆壁常會嚴重損毀或倒塌。但損毀程度最嚴重的區域也往往最靠近起火點，調查員會在這塊區域搜尋，因為他們知道該處最容易找到點火物或助燃物。不幸的是，各種物品都會燒到難以辨識，難以下結論，所以調查員必須一併納入考慮。

　　敞開的窗戶吹進來的風和氣流、特定建築的氣流形式、樓梯、電梯和很多其他因素，都可能改變火勢蔓延的方式與火勢最旺盛之處。

建築和裝潢會使用的材料，如塑膠、油漆、隔熱或隔音物質、合成纖維地毯，以及壁紙都可能製造出讓人混淆的「熱點」（hot spot）和蔓延的圖形。原本儲存在建築物中的燃料和其他易燃液體，不僅會與真正的起火點混淆，也會增加助燃物的搜尋難度，因為這些東西本身就是助燃物。同樣的，縱火犯可能會在建築物中多處點火，或者圍繞建築沿途潑灑汽油或其他助燃物。在這種情況下，火場可能會有多處起火點。有多處起火點的火場通常都是人為縱火。

藉由火災對建築材質造成的影響，可以評估特定地點的火勢強度。倘若火勢猛烈，鋼筋梁柱會崩塌。玻璃會在華氏一千五百度左右熔化。牆壁和天花板若裂解和剝落，表示此為高熱區域。燒焦的木製梁柱、天花板和牆壁若留下像鱷魚皮的圖樣，小小的「鱗片」也顯示火場最熱的熱點就在附近。如果建築物設有煙霧偵測器系統，警示器響起的時間也有助於判斷火勢的路徑。

液體和氣態燃料會為調查員帶來特殊問題。液體會順著容器的形狀蔓延。如果將汽油倒在地板上，汽油會流經房間、流下樓梯，滲進護壁板。當火一點燃，火勢會快速沿著汽油流經之處一路肆虐，這樣的起火點範圍很廣。此外，天然氣之類的氣態燃料若進入房間或建築物中，會瞬間充斥整個空間，一旦加入起火源，天然氣可能就爆炸。在這種情況下，要找到準確的起火點幾乎是不可能的。

起火原因

確定起火點之後，接著就是找出可能的起火原因。這需要檢查起火當下的環境和因素，確認火如何接觸到燃料。人為因素需要特別關注，若涉及人為，表示必定是意外或蓄意縱火。

徹底搜尋起火點附近的區域，尋找點火物和助燃物。可能的點火物包括電線、油燈、蠟燭、香菸、壁爐、設計精巧的點火計時器，或置於通風不良處、浸滿油的破布（自燃的可能來源）。分析這些可

能的點火物來源，有助於調查員將火災歸類為天然、意外或人為。天然火災肇因於雷擊這類自然事件，而意外火災的火源可能是磨損的電線、超載的電路或延長線，也可能是冒煙悶燒的香菸、一堆油膩的破布等。若發現電子或易燃的計時器裝置，當然就指向縱火的可能性。

點火裝置和計時裝置可以很簡單也可以很複雜，最普遍的是火柴。通常縱火犯點火後會將火柴丟在一旁，認定接下來的火勢必然將火柴燒得一乾二淨。但是火柴頭含有矽藻（diatoms），在矽藻土發現的單細胞有機物也同樣用來製造火柴。這小東西那含二氧化矽的外殼，不僅堅硬還耐火燒。有趣的是，火柴製造商使用含有不同矽藻種類的材質製造火柴，從外殼結構就區分得出來。鑑定火柴頭外殼的殘留物不僅能指出有人使用了火柴，還能找出火柴的廠牌。

另一種低科技物品是放在成堆紙張上的蠟燭，蠟燭燒盡時會點燃紙張起火燃燒。同樣簡單的來源還有置於窗簾下、火柴盒旁的一根點燃的香菸。或者，來源可能是複雜的電子計時裝置。有時點火物也可能和助燃物結合，像是汽油彈。通常是裝有易燃液體的玻璃罐，一條布製導火線塞在罐口或瓶頸。接著點燃導火線，將其朝建築物扔擲——很原始，但很有效。徹底搜查後，可能會發現蠟燭殘留、菸蒂、電子裝置殘留，或者是塞著布的瓶頸。

助燃物

助燃物指的是任何助長或加速火勢的物質。縱火犯幾乎都會使用助燃物，單單將火柴點燃丟在紙堆上，或朝沙發丟根香菸實在太難預估結果。縱火犯會想要確保火勢持續燃燒。

助燃物可能是固體、液體或氣體。固體助燃物包括紙張、火藥和燃燒的木頭，液體則包括汽油、煤油、酒精和油漆稀釋劑，典型的氣體助燃物為天然氣和丙烷。

液體助燃物最常用來做為火災助燃物，特別是汽油和煤油。即使

建築物嚴重損毀，仍然找得到這些助燃物的痕跡，它們會浸入地毯和磚牆中，滲進護壁板和縫隙裡。大部分火災都會有餘燼殘留，調查員會在任何可疑的火災中仔細搜尋餘燼。在看似使用過助燃物的地方取得的樣本，最有可能尋獲助燃物並予以鑑定，調查員有幾種方法可以縮小搜尋範圍。

助燃物會強化火勢，因此第一步是找出火勢比預期中燃燒得更快、更猛烈的可見痕跡。這些痕跡有：

▶ 鱷魚鱗紋（alligatoring）：木頭表面若暴露在高熱中，會覆上一層氣泡，看起來很像鱷魚鱗片。

▶ 裂紋（crazing）：猛烈的大火會讓玻璃以不規則圖形破裂。

▶ 剝落碎片（spalling）：若出現小片、薄片剝落的變色磚塊或混凝土，就表示火勢猛烈。

▶ 碳化深度（char depth）：一般火勢每四十五分鐘約燃燒木頭一吋深，若燒得更深、更快，就表示火勢愈加猛烈。

調查員可能會藉由受過特別訓練的狗來嗅聞是否有助燃物，或使用氣相痕跡分析器（vapor trace analyzer，簡稱VTA）之類的偵測器。這種「人工鼻」（實際上是特殊的氣相層析儀）對於具易燃性的碳氫化合物的殘留物特別敏感，可用來檢驗助燃物殘留地點周圍的空氣。氣相痕跡分析器有管嘴、加熱器和溫度表，空氣樣本透過管嘴流入，經過加熱器。樣本燃燒使裝置內的溫度升高，溫度表的指針便會上升。若溫度暴衝，則表示取得易燃物存在的推定證據，接下來會採集更多樣本帶回實驗室做更完整的分析。

一旦確定某個區域富含助燃物，便採集檢驗樣本，這件事得愈快愈好。因為大部分的助燃物是含石油的揮發性碳氫化合物，例如汽油和煤油，這些氣體會隨著時間消散。為了避免關鍵證據消失，任何收集到的物質都必須放進無開口導管的密閉容器中，如乾淨的油漆罐，若能放在玻璃罐最好。不建議置於塑膠袋內，因為塑膠會與碳氫化合

物發生作用，可能致使揮發性氣體從損壞的容器中流失。

若情況允許，調查員不僅要採集地毯焦黑的部分，也要採集未燒毀的地毯樣本。如此就有無污染的對照組，可與嫌疑樣本做比對。這很重要，因為很多地毯、亞麻地毯和磁磚黏著劑都含有揮發性碳氫化合物，也會檢測出助燃物殘留。若能比對燒過和沒燒過的部分，就能區別出外來的碳氫化合物和原本就存在的碳氫化合物。

所有的物質——碳化的木頭、地毯碎片、家具殘骸，甚至是疑似裝有易燃液體的空瓶，都要一併收集，送至鑑識實驗室。分析的第一步是看能否從這些殘骸中萃取出助燃化學物質，普遍使用的方法有：

▶ **蒸氣蒸餾法**（steam distillation）：加熱炭化物質，收集蒸氣後冷凝，確認得到的液體是否含有揮發性碳氫化合物。

▶ **溶劑萃取法**（solvent extraction）：將樣本放在含有氯仿、四氯化碳（carbon tetrachloride）、二氯甲烷（methylene chloride）或二硫化碳（carbon disulfide）等溶劑的容器裡。當樣本中的可疑物質在溶劑中溶解時，先吸附出碳氫化合物，接著將之分離並予以分析。

▶ **頂空氣相萃取法**（headspace vapor extraction）：將可疑物質放進密閉容器裡，碳氫化合物易揮發的特性，會使可疑物質的「頂部空間」出現富含水蒸氣的氣體。將樣本稍微加熱可以加速萃取過程。接著，使用針筒將氣體從容器抽出檢驗。

▶ **氣體濃縮法**（vapor concentration）：將樣本放進含有活性碳的密閉容器中加熱。揮發性碳氫化合物會脫離樣本，吸附在活性碳上。接著取出活性碳，使用溶劑萃取出碳氫化合物。

一旦萃取出任何揮發性碳氫化合物，就可以進行分析，判定其屬性和類型。到目前為止，最常使用的工具是氣相層析儀（見附錄）。由於汽油、煤油和其他普遍使用的含石油助燃物實際上是多種碳氫化合物的混合體，氣相層析法可逐一將這些物質分離還原。接著再與已知的標準純度做比較，就能揭開可疑物質的真實面貌。

通常鑑定只需要氣相層析儀，但如果需要樣本更詳盡的資料，可與質譜分析儀合併使用，或併加紅外線光譜分析。這兩種方法都能提供該物質的分子「指紋」。

每一批汽油的化學組成和附加物內容都略有差異。儘管不可能針對樣本斷言製造商，但是比對分析未知樣本與可疑服務站或周圍取來的樣本後，有可能追蹤到特定加油站。儘管並非全然可靠，檢驗人員至少可以說該樣本可能來自某個特定來源，並進一步調查某個特定時段在該處買過石油的人，就有機會鎖定犯罪嫌疑人。

縱火殺人

有時火場殘骸中會出現一具屍體，驗屍官和命案調查員因而介入調查。他們的調查是為了確認死者身分並判定死亡原因，以及確認是意外或凶殺。

驗屍官會竭盡所能辨識死者身分（見第四章：認屍）。他會依照屍體狀況予以判斷，如身高、年齡、性別、刺青、胎記，以及是否有手術傷口或手術器材等生理特徵。手術器材是指放在體內的人工裝置，從人工髖關節到心律調節器，乃至於植入骨頭內的金屬物都包含在內。

指紋、齒列和DNA比對可能也同樣有用。但指紋可能已無法取得，屍體也可能嚴重燒毀，沒留下任何可用的DNA。不過，即使是嚴重燒毀的屍體，大部分的內臟依然得以保存，所以通常可以從內臟器官、骨髓或牙髓取得DNA——尤其是比較強壯的粒線體DNA（見第十章：DNA，「粒線體DNA」一節）。

法醫必須回答一個問題：受害者在火災開始時是否還活著？如果是，就可能是意外。如果不是，就可能是凶殺，因為死人不會放火。死亡原因和死亡方式的判斷端視火場和解剖的詳細評估而定。法醫會檢視屍體的姿勢、血液和組織中的一氧化碳含量、肺部和支氣管是否含有煤灰，以及灼傷的狀況。

▶ **屍體姿勢**：屍體的姿勢會說話。比方說，如果在床上發現一具屍體，死亡原因是吸入過多濃煙，而後來發現火災是香菸碰觸到寢具引起的，那麼很有可能是意外。但如果受害者本身不抽菸呢？為什麼案發時他在抽菸（除非他是個掩人耳目的癮君子）？香菸會不會是縱火犯用來點火的工具，以便掩飾他的殺人罪行？有趣的是，法醫通常可以從受害者的尿液中測量出尼古丁濃度，濃度高就表示他確實是個老菸槍。

另一方面，如果在地下室發現一具被綑綁的焦黑屍體，嘴巴塞著布條且頭部有槍傷，那又如何呢？這種死亡方式明顯是凶殺。刀傷、勒痕或像是骨折之類的明顯外傷，都極可能是凶殺。

有個普遍的錯誤認知是，如果屍體被發現時呈胎兒卷曲狀，就表示火災開始時，受害者還活著並在死前承受極大的痛苦。這不是真的。火燒過的屍體通常都會呈「拳擊師姿勢」──四肢曲折，拳頭收在下巴處。會呈現這樣的姿勢是因為火災的「烹燒」使屍體脫水，肌肉因而收縮造成的。

▶ **一氧化碳濃度**：大部分火災的死亡原因，都是由於吸入濃煙和一氧化碳窒息所致（見第八章：窒息，「有毒氣體」一節）。一氧化碳是木頭等有機物燃燒後的副產品，法醫會檢驗受害者的血液和組織，確認一氧化碳的濃度。正常的濃度是低於百分之十，有抽菸習慣的人可能會稍微高一點。一氧化碳窒息而死的人，濃度約是百分之四十五到百分之九十之間，偵測到高濃度表示吸入過多濃煙和一氧化碳。若濃度低，則可能是在火災開始時已經死亡。

一氧化碳中毒不僅直接致死，也會阻礙從火場逃生的可能。當血中一氧化碳濃度變高，人的思考和行動能力相對變低。濃度達到百分之三十時，人會開始暈眩或意識模糊；百分之五十時會變得虛弱，喪失協調性與方向感；濃度更高時喪失意識，接著死亡。這意謂著受害者原本還活著，有時間逃生，但一氧化碳的毒性剝奪了這個可能性。

解剖一氧化碳中毒的死者時，另一項發現是高濃度的**碳氧血紅蛋白**，此為一氧化碳和血液中的血紅素結合時的產物。碳氧血紅蛋白會讓死者的血液、肌肉和器官的顏色呈現鮮豔的櫻桃紅。看到這種情形時，法醫會懷疑死亡原因是吸入一氧化碳，接著檢測血液和組織中一氧化碳的濃度來進一步證明。

▶ **氣管裡的煙灰**：除了血中高濃度的一氧化碳，若在口鼻、喉嚨、氣管和肺部找到煙灰，也表示死者在火災發生時還活著。反之，若一氧化碳的濃度低，氣管中沒有煙灰，那就需要考慮別的死亡原因。

▶ **灼傷的狀態**：人在活著的狀態下遭火灼傷時，身體會馬上啟動修復機制，運送額外的血液至燒傷區域，致使周圍的組織充血。充血是指由於組織血液含量增多，同時也流進許多白血球啟動修復程序。假如法醫在顯微鏡下檢查灼傷組織時，在周遭區域看見增多的血液與白血球，表示受害者在組織灼傷時還活著。如果受害者當時已經死了，心臟停止跳動，不會有血液流至灼傷區域，便不會有上述反應。

同樣的，檢查皮膚上的水泡可能會有相同的發現。活著時產生的水泡，裡面的液體富含蛋白質，但死亡之後產生的水泡則不然。法醫可以檢測蛋白質含量來判斷水泡產生於死前或死後。

也就是說，如果灼傷的區域周圍充血、白血球數量多，而且水泡的液體富含蛋白質，表示受害者在火災發生時還活著。相反的情況代表受害者遭火吞噬時可能已經死亡，死亡原因是凶殺、吸入濃煙或其他原因。

讓我們進一步檢視上述那有灼傷痕跡的屍體，他被發現時遭到綑綁、塞住口鼻且身負槍傷。法醫解剖屍體，檢查血中一氧化碳濃度以判斷死亡原因。問題是，奪去受害者性命的原因為何？是槍擊還是火災？若在肺部和支氣管中發現高濃度的一氧化碳和煤灰，法醫可能會判定死者遭受槍擊，但死於一氧化碳中毒。若一氧化碳濃度低，那麼槍擊便很可能是死亡原因。如果有兩名犯罪者的話，這對檢察官而言

可能會是關鍵證據。一個扣板機,另一個放火;一個是謀殺犯,另一個是共犯。對這兩人提出的指控將視法醫的發現而定。

爆炸

爆炸即為劇烈的氧化反應。爆炸裝置的重點在於限制爆炸物質。如果在沒有限制的開放空間點燃,就單純只是燃燒而已;但若裝在一個密閉的容器中,點燃後便會導致爆炸反應。

爆炸會釋放大量氣體,產生的震盪波因而壓迫周圍空氣。震盪波高速行進,對行經之處的一切造成嚴重且立即性的損害。這對調查員來說困難重重,因為爆炸裝置和周遭建築物就算沒有被徹底摧毀,也會嚴重受損。除非緊接著發生火災,否則爆炸的源頭還算容易判斷,但要找到裝置碎片、點火器或計時器則困難許多。

炸藥分為高速炸藥和低速炸藥,以壓力波的速度做區分。**低速炸藥**的壓力波通常以每秒一千公尺或更慢的速度前進,**高速炸藥**則每秒可前進八千五百公尺。

最普遍的低速炸藥是火藥(黑火藥)和無煙火藥。無煙火藥由硝化纖維(〔nitrocellulose〕又稱硝化棉,經硝酸處理過的棉花)組成,可能含有硝化甘油(nitroglycerin)也可能沒有,但兩種都購買得到。黑火藥則可輕易用碳、硫磺和硝酸鉀製成;另一個可以輕鬆製造的炸藥是結合糖和氯化鉀。炸彈客不需要是化學專家,而且很不幸的是,網路上很容易就能取得製造炸彈的大量資訊。

高速炸藥則進一步區分成**起爆**或**非起爆**,差異在於對於熱、摩擦或機械衝擊的敏感度。

▶ **起爆炸藥**(initiating explosives):此類炸藥對於熱、摩擦或機械衝擊很敏感,意謂著很有可能無預警引爆,因此很少用於自製炸彈中。比較常在底火和雷管中發現,用來起爆其他較不敏感的非起爆物。雷

酸汞（Mercury fulminate）和疊氮化鉛（lead azide）常以這種形式用在炸藥上。

▶ 非起爆炸藥（non-initating explosives）：比較穩定而少意外引爆的炸藥。需要導火線或某種類型的起爆裝置來啟動，常見於商業和軍事用途。包括矽藻土炸藥（dynamite）、三硝基甲苯（TNT）、季戊四醇四硝酸酯（PETN），以及環三亞甲基三硝胺（RDX）。儘管現在矽藻土炸藥還在使用，但大部分矽藻土炸藥和其他內含硝化甘油成分的炸藥已經被硝酸銨成分的炸藥所取代。

硝油炸藥（ANFO）是一種容易製作的炸藥。硝酸銨可以自肥料中取得，屬於富含氧的氧化劑。奧克拉荷馬市爆炸案[1]和一九九三年世貿中心的爆炸事件都是這種炸藥造成的。

爆炸現場和縱火現場一樣，搜索時非常需要留意細節。尋獲的炸藥裝置、點火器或任何計時器的殘骸，都可能是確定炸藥類型與涉案人的關鍵線索。除了尋找這些碎片，也會收集殘骸，進行未爆炸殘餘物檢測。

在顯微鏡下檢查殘骸，會看到火藥和黑火藥，從顆粒的顏色和形狀可以輕易辨別。檢驗後，將殘骸放入丙酮（acetone）之類的溶劑中漂洗，大部分的炸藥都會溶解。接下來可以用薄層層析儀、氣相層析儀，或者質譜分析儀和紅外線光譜儀（見附錄）來分析溶液，便能鑑定出使用的是何種特殊炸藥。確認之後，調查員就能全力鎖定該特定產品的賣方和買方。這項資訊也能將兩起或更多起原本不相關的爆炸案連結在一起。

連續炸彈客和連續縱火犯一樣，通常是對於某人或某組織（公司或政府）懷著由來已久的憤怒。有時候，爆炸是為了傳達政治聲明或製造恐慌，但就跟大部分的連續犯罪一樣，連續炸彈客也有自己習

1　一九九五年四月十九日，奧克拉荷馬市中心的聯邦大樓遭本土恐怖主義炸彈襲擊，共有一百六十八人死亡，並導致嚴重的損害。

慣。他們會使用重複的物品，並在他們感覺舒適的地方設立巢穴。這
意謂著他們傾向使用同類型的炸藥、計時器或觸發裝置。分析炸藥和
任何與炸彈相關聯的裝置，通常都能將數起爆炸案連結在一起，而所
有線索最終會指向一個主犯。

18 | 可疑文書：筆跡和偽造檢驗
QUESTIONED DOCUMENTS: HANDWRITING AND FORGERY EXAMINATION

文書是很多犯罪計畫的重點。盜領公款者會更改公司帳本以掩蓋竊盜罪行，綁架犯會寄送要求字條，而變造過的支票、彩券或遺囑都可能讓一大筆錢落入不該擁有的人手中。由文書鑑識員進行的文書分析往往會成為破案的關鍵。

　　就跟前面提過的其他鑑識工具一樣，文書鑑定的歷史可能超乎你的想像。一六〇九年，法蘭索瓦‧達米勒（François Demelle）在法國發表第一份關於文書鑑定的科學論文。一八一〇年，德國一項名為Konigin Hanschritt的墨水染料化學測試，首次將文書分析運用在法律領域。

　　現代文書鑑識員要處理的文件問題可能是手寫、打字、影印、完整或片段的文字，或者只是一個簽名。來源可能是信件、支票、遺囑、彩券或票券、收據、帳本、勒贖或搶劫字條、恐嚇信、駕駛執照、合約或契約，也可能是偽造的現金或郵票，甚或寫在牆壁、門上或任何其他物件上的筆跡或符號。

　　可疑文書意指其來源或真實性有待確認的任何文件。當犯罪調查員遇到這類文書，文書鑑識員會被要求進行以下確認：

- 判定某份文書是否為真，或由宣稱其為真的人所製作的
- 判定文書是否經過更動
- 重現被破壞或被抹去的文字
- 比對筆跡、個人簽名，以及打字或影印的文件

- 判定紙張和墨水的年代與來源

檢驗人員運用他所有的技能與經驗，乃至於數種顯微鏡、攝影和化學工具來處理這些難題。這是一項精細的藝術，本書無法盡數說明，但希望你在閱讀完本章後，能對文書鑑識員的眾多特殊任務與才能有所認識。

筆跡

沒有兩個人的筆跡會一模一樣。可能看似相似，但只要仔細檢查就會發現許多差異。每個人的書寫風格都是獨一無二的，來自於無意識的動作。此外，也沒有人能用完全一樣的方式寫兩次同樣的字。你不信？很快地寫你的名字幾十次，然後仔細看看，每個都稍微有點不同，對吧？

現在再進行這個實驗，請把紙按在牆上，或站著將紙張放在桌前。然後，試著使用不同類型的書寫工具。你看到了什麼？以這些方式寫出來的字和你一開始的簽名應該差異更大。原因是我們的筆跡不僅每次都不同，也會受到書寫姿勢影響，而使用鋼筆、鉛筆或蠟筆都會造成差異。

包含上述等各種不同的可能性都會為文書鑑識員帶來難題，而他們必須一併考慮所有因素。

讓我先釐清一件事。文書鑑定專家檢視筆跡時，考慮的只有書寫的物理特性，不會試圖判斷書寫者的人格特質。後者是筆跡學家做的事，而筆跡學尚未被法醫科學所接受。

學習書寫

經過多年累積，我們都有個人獨特的書寫風格。我們在人生初期就開始學習書寫，基本上每個人一開始學寫字時，使用的都是同樣方

法。事實上，美國只使用過兩種基本書寫系統：一八八〇年引進的帕瑪系統（Palmer system），以及一八九五年首次出現的札那－布羅瑟系統（Zaner-Bloser system）。

人們被教導先學習寫印刷體，之後再學書寫體，通常都是從字母表開始。學習模仿每個字母的大小寫，接著進展到如何用印刷體和書寫體寫出單字。在這個初期教育階段，大部分的人書寫風格都很類似，因為系統教導每個人使用同樣的方式寫字，所以有某些共通的**類別特徵**。然而，隨著時間和重複書寫過程，開始顯現出不同的風格，每個人逐漸發展出自己的風格和特色——好比個人的簽名。在文書鑑識員眼中，這些個人的特徵形成**個別特徵**，為筆跡鑑定和比對的基礎。

重點是，書寫是一種進展緩慢的學習經驗。從大寫印刷字母一直到流利的書寫體需要數年的練習。人們的筆跡在青少年後期開始變得獨特、根深蒂固且具個人特色，其後書寫風格甚少改變。但的確會改變，某些情況甚至可能劇烈影響書寫風格。

隨著年齡增長，書寫方式開始緩慢而穩定的變形。不算劇烈，但看得出來。這一點在比對舊文書時很重要，因為書寫者的筆跡新樣本可能和二十年前的不同。如果罹患某些疾病，例如中風或帕金森氏症，這些改變可能會很明顯。疲倦、壓力、視力受損、手或手臂受傷、怪異的書寫姿勢，以及藥物或酒精中毒都可能讓人的筆跡改變。鑑定人員必須意識到這些變因。

筆跡比對

比對兩份文書或簽名以判斷真偽時，檢驗人員必須有此人真正的筆跡樣本（稱作**範本**〔exemplars〕或**標準**〔standards〕）。也就是說，如果他想確定某個人是否寫了某份可疑書信，他需要有此人的筆跡樣本做為比對的基礎。由於每個人每次下筆都會略有差異，盡可能取得愈多的樣本愈好。如果想要充分比對，必須充分掌握此人筆跡的個別特

徵和變化幅度。

　　一開始比對時，他會檢視已知標準和可疑文書之間的相似處和差異點。他將評估以下事項：

　　▶ 整體形式：包括大小、形狀、傾斜度（偏右、偏左或垂直）、比例（相對高度），以及字母的起筆和最後一劃。筆跡是否向這邊或另一邊傾斜？字體是否有其習慣的角度、圓圈或彎曲出現？每個獨立的字母如何開始與結束？

　　▶ 線條特色：這與書寫速度和流暢度、下筆力道輕重、字母和字詞間的間隔寬度，以及字母的連接方式有關。整體是流暢的，抑或破碎而遲疑的？下筆慎重還是輕快草率？字母是擠在一起還是分得很開？是平順地成一直線，還是某些特定筆畫會上挑？

　　▶ 留白和格式：這裡看的是整體的版面。頁邊寬或窄？每一行彼此平行嗎，和紙張上下緣平行嗎？或者有些會向上或向下傾斜？

　　▶ 內容：文法、標點符號和選字也是比對的一部分。拼字和標點符號有一致的錯誤嗎？是否有特定的詞彙和文法結構重複？是否透露出書寫者的種族或教育程度？

　　如果檢驗人員有充足的標準樣本，他通常能判定可疑文書和標準樣本是否出自同一人之手。問題在於，若是樣本數不多，則不足以讓他「感受」某個人的書寫風格。另一個問題是，標準樣本可能是在不同情況下，以不同的書寫工具寫成的。比方說，要比對可疑書信跟牆上的筆跡幾乎是不可能的。如果沒有可用的已知標準樣本，檢驗人員可能會要求此人用類似的筆在類似的紙張上寫字。

　　這帶出一個「經要求的標準樣本（requested standards）和自然標準樣本（nonrequsted standards）」的概念。自然標準樣本是已知的文書和簽名，經要求的標準樣本則是檢驗人員要求下書寫的筆跡或簽名。

　　比方說，檢驗人員可能需要判定某張支票是否經過偽造。除那張了可疑支票，他還需要一份帳戶持有者真正的簽名。這類的自然標準

樣本通常能從銀行取得，或者檢驗人員可能要求犯罪嫌疑人寫下數次簽名（既然他宣稱支票是他開立的），並使用與可疑支票類似的筆和同類型的紙張來書寫。

自然標準樣本有幾項優點，最重要的是它們如實呈現書寫者的書寫習慣，通常也包含書寫者經常使用的單字和詞彙，這是用來做為反駁的鐵證。舉例來說，昔日的信件或字條，可能用了跟勒贖字條上一樣的詞彙。自然標準樣本的主要缺點在於其本身必須經過證實為真。若無法證實，那麼對檢驗人員來說幾乎毫無價值。

自然標準樣本的另一問題是，每個人的筆跡都可能因為年齡、某些醫療狀況，以及一堆我前面提過的理由而改變。因此檢驗人員必須取得與可疑文書時間相近的筆跡。比方說，如果要鑑定一份寫於二十年前的遺囑是否為真，他必須要有同位書寫者二十年前的筆跡。當時的筆跡會比近期寫的文書更能反映書寫者的風格。

經要求的標準樣本主要的優點是真實性無庸置疑——檢驗人員可以親自看著對方書寫。另一個優點是，檢驗人員可以直接將他想要的字念給對方寫出來，例如可疑文書中的單字或詞彙。如此得以直接比對書寫風格。如果文書中有些內容是他不想讓犯罪嫌疑人知道的，或者對進行中的調查來說太敏感，他可以要求對方寫出迥異的句子，而在句子間安插許多可疑文書中出現的單字和詞彙。

不過，經要求的標準樣本主要的缺點是，這種狀況會讓某些人緊張或過度專心於書寫過程，結果改變了他們原本「正常」的簽名，而增添細微的改變，讓比對變得更加困難。

同樣的，犯罪嫌疑人可能會意圖偽裝他的書寫風格。比方說，如果可疑文書是勒贖、敲詐字條或恐嚇信，而犯罪嫌疑人就是寫字條的人，他會因為不想被認出而偽裝筆跡風格。這種企圖偶爾會得逞，讓比對變得困難或者無法進行。

關於這點有個辦法，就是讓犯罪嫌疑人寫下大量文字。不只一

頁，而是好幾頁。小篇幅很容易改變筆跡風格，但只要寫得愈多，他原本的書寫習慣就會不小心跑出來。另一個技巧是念出相同的文字內容，讓犯罪嫌疑人多寫幾次。如果他意圖偽裝筆跡風格，很可能每次的筆法都不同。因為他會忘記第一次所寫的風格，勢必得天馬行空編造。厲害的檢驗人員能在要求對方寫下的樣本中，發現隱藏的風格元素和偽裝的筆法，並且加以比對。

但如果犯罪嫌疑人拒絕提供自己的筆跡樣本呢？難道他不能聲稱這違反美國憲法第五條修正案中的不得被迫自證其罪嗎？答案是不能。最高法院在吉伯特訴加州案（Gilbert v. California）中已裁決筆跡判定為生理特徵的一部分，不受第五修正案的保護。此外，在瑪拉案（United States v. Mara）中，法院也裁定這並未違反第四修正案中的禁止無理搜查與扣押。這表示法院可以責令犯罪嫌疑人交出筆跡標準樣本，縱使他拒絕。

當檢驗人員手邊有了經要求寫下或自然的標準樣本，他便可將已知文書和可疑文書並列放置，先用肉眼檢查。他會先找顯著的相似點或相異點。如果找到重大的差異性，便可結束比對，說明兩份文書並非出自同一人之手。

手寫體最明顯的特色是字體的傾斜方式。像「T」和「L」這種較高挑的字母最容易呈現一個人字體的傾斜方式。這些字母可能會偏右、偏左，或者保持垂直。其他常見的特徵，包括字母的大小和濃淡、字母之間和單字之間的間隔，以及字母的相對高度。

如果以上特徵都很類似，他接著會評估更細微的特徵，像是特定字母的起始和結束筆畫。這包括寬度、最後一筆會否圈成環狀，或寫成花體字。好比「y」或「j」，這些字母的尾巴有可能是筆直、有角度、帶鉤或者圈成環狀。

接著，他會聚焦在筆壓、書寫速度和停筆上提。停筆上提是指書寫過程中，筆是否會從紙張往上提。有些人寫字時筆始終與紙張保

持接觸，有些人筆會離開紙張，呈現字與字之間沒有連接在一起的風格。這些動作都是長久累積的習慣，難以掩飾。

若只有單一特色很難準確比對，但結合數種特色，檢驗人員就能判定筆跡是否來自同一人。這顯然是非常主觀的判斷。根據他的發現，檢驗人員可以宣稱文書完全吻合、吻合性很高、可能吻合、不吻合、沒有結論，或者無法判斷。

如果可疑筆跡是手寫體或簽名，訓練有素的檢驗人員通常能判定是否由特定人士所寫。但如果可疑文書是印刷的，這件工作就困難得多了。因為大部分用來區別筆跡的特色在印刷字中並不存在。

對執法人員來說，幸運的是大部分的犯罪者都不太聰明。這點在書面文件中可以明顯看出，因為常會有拼錯字的狀況。讓偽造文書或勒贖字條的犯罪嫌疑人寫下樣本提供比對時，檢驗人員會要求他們使用字條上拼字錯誤的相同單字。假如犯罪嫌疑人就是寫字條的人，絕大多數會以同樣的方式拼錯單字。因為他不知道怎麼拼才對，也就不知道到底是哪裡拼錯。

一九六九年，惡名昭彰的曼森（Charles Manson）家族成員在謀殺拉比安卡（LaBianca）夫婦的犯罪現場中，用受害者的血在冰箱門上寫下「Healter Skelter」的字樣。這個詞顯然是出自披頭四著名的《白色專輯》（*White Album*）中的一首曲名〈狼狽〉（Helter Skelter），而且拼字錯誤。拼字錯誤這項證據後來用在曼森及其跟隨者的審判上，以謀殺定罪。

如同指紋、彈道痕跡以及DNA資料庫，現今也建置了數個筆跡資料庫。聯邦調查局擁有國家偽造支票中心（National Fraudulent Check Center）、Bank Robbery Note File、匿名信件檔案庫（Anonymous Letter File），以及筆跡鑑識資料系統（Forensic Information System for Handwriting，簡稱FISH），囊括掃描和數位文書。文書鑑識員可將可疑文書與裡頭的參考檔案比對，若彼此吻合，就取出實體文書進行確認。

偽造

偽造（forgery）是法律術語，非鑑識上的判定。偽造的定義是文件的書寫或更動有「欺詐意圖」。文書檢驗人員可以判斷的是，某份文件是否出自文件聲明者以外的人之手，或者曾以任何方式被動過手腳，但「欺詐意圖」是由法官和陪審團決定的。

犯罪調查員通常會參與偽造文書調查，例如手寫遺囑、合約，以及支票、遺書和合約上的簽名。即使是勒贖字條和恐嚇信，也可能因為想嫁禍他人而偽造。經過偽造的文件並不自然，就算是最謹慎且天賦異稟的偽造專家，也可能會留下證據。

兩個最常見的方法是**臨摹**（freehand simulation）和**描摹**（tracing）。臨摹是複製簽名最單純的方法，描摹則是將文件放在原始簽名上面描出線條。這兩種技巧，偽造者都會在書寫時留下不自然的線索。

偽造書寫最普遍的線索包括：

▶ **先描線**：偽造者通常會用鉛筆先輕輕描出簽名，再用墨水在描過的簽名上寫字。

▶ **偽造者的顫動**：偽造者想要精準複製時，會在書寫時留下極其細微的顫動。

▶ **不一致的速度和筆壓**：小心翼翼地寫字和描線時，不如自然狀態的書寫流暢。偽造者在謹慎寫下每個字時，速度和筆壓都不會一致。

▶ **猶豫**：這個狀況很常見，在開頭和最後停止時，偽造者因為想要達到完美而猶豫。

▶ **不尋常的停筆上提**：複製和描線的過程緩慢又冗長，偽造者得經常停筆上提，檢視工作進行的狀況。

▶ **修補和修整**：冗長書寫時常會犯錯。偽造者會留下增加、移除和修補的痕跡。

▶ **笨拙的起筆和收尾**：每個人自然寫字時的起筆筆畫都很難複製，

因此在一份偽造的文件中，起筆和收尾的筆畫會特別笨拙。

用肉眼查看時，這些缺陷大多隱而未現，但只要藉由簡單的放大鏡或顯微鏡檢視，就能清楚看出。以先行描線的情況來說，用顯微鏡檢查時經常會同時看到鉛筆和墨水兩種線條。檢驗人員也可能使用紅外線，某些墨水在紅外線下會變得透明，但鉛筆中的石墨不會。如此一來，就能看到墨水底下的鉛筆線條。

偽裝筆跡

有種特殊的偽造形式叫做**偽裝筆跡**（disguised writing），偽造者企圖改變或偽裝自己的筆跡。很多勒贖字條和恐嚇信都是這種形式，為的是日後得以矢口否認。另一種情況是，犯罪嫌疑人在面對一封他在自然情況下所寫，卻能證明其罪的信件時，企圖掩飾自己的筆跡。他可能會改變字的大小、傾斜和某些字母的形式。然而，不管再怎麼努力，他的書寫風格還是很難隱藏。特定的字母結構、傾斜或花體字會在不經意時顯露，要掩飾這些根深蒂固的寫字習慣相當困難，專業的檢驗人員通常都會找到破綻。

遭竄改的文書

因著各式各樣的理由（包括獲取金錢或製造不在場證明），偽造者常會企圖消除、增添或改變書面檔案的部分內容。可能只是單純更改日期，也可能複雜到意圖塗擦並重寫文件部分或簽名。更改合約或支票上的日期或數目，可能因此獲得暴利。可能只要在遺囑上增加一個名字，並排除另一個人，就能拿到一大筆錢或財產。或者簽到簿上的一個簽名就能提供不在場證明。這些更改稱為塗擦（erasures）、清除（obliterations）和更改（alterations）。

塗擦輕易就能達成，用橡皮擦、刀尖或其他尖銳工具、砂紙，甚或指甲等任何能削除或擦去不欲存在的記號的工具都行。幸運的是，

上述這些塗擦方式通常只要用斜射光照射，就能輕易看見留在紙張上的凹陷痕跡。如果不行，檢驗人員會使用放大鏡或附有斜射光的顯微鏡，讓這些消除痕跡顯露出來。

如果使用的是橡皮擦，橡皮擦的細屑會連同墨水一起嵌入紙張纖維，在紫外線或紅外線底下會發出螢光。此外，在紙上撒上**石松粉**（lycopodium powder）也有幫助，石松粉會附著在殘留的橡皮擦細屑上，使其現出原形。

塗擦的痕跡很重要，因為就算原本的字或記號已經看不見，檢驗人員至少知道該文件被動過手腳。單這一點就是犯罪證明，可使很多法律文件失效作廢。

清除比單純的塗擦更具侵略性，如果某人將寫有文字或簽名的紙張銷毀或嚴重損毀，也就無須塗擦了。火是最常見的方式。紙張一旦燒毀，上頭的字跡就永遠消失無蹤，對吧？不見得。如果紙張燒焦但完整無損，用各種不同角度的反射光照在紙上，可能會讓墨水和焦黑紙張背景之間的反差顯露出來，接著就可以拍照取證。

當然了，燒焦的頁面極其脆弱，輕易就能化為灰燼，處理的難度很高。解決方法是在紙上噴灑溶於丙酮的聚醋酸乙烯酯（polyvinyl acetate），這種溶劑會讓紙張變得僵硬，處理起來更加容易。接著讓紙張浮在混合酒精、水合氯醛和甘油的溶液中，然後拍照，有時會在紅外線光下拍攝。或者可以使用放射顯跡術（autoradiography）。這項技術是把紙張像三明治那樣夾在兩張攝影底片中間，放置暗房兩週，底片通常會顯露紙上的字跡。

有時候，氧化劑或漂白劑等化學物質也會被用來消除字跡。這些化學物質和墨水反應會產生一種無色合成物，而讓筆跡消失。檢驗人員可以透過顯微鏡看到墨水殘留，以及該區域紙張褪色的痕跡。

清除筆跡有個更現代的方法，就是利用雷射來蒸發墨水。然而雷射也會燒灼該區域的紙張纖維，這些都能透過顯微鏡看到痕跡。

　　更改通常是在清除筆跡還不夠時才會派上用場，像是偽造者需要替換成其他單字或數字。常見的例子是變更支票上的數字，或合約、遺囑上的日期。倘若在添加其他字詞前先清除原本的筆跡，檢驗人員會在紙張上看到上述的變化，他接著分析新舊筆跡的差異。

　　若偽造得幾近天衣無縫，簡單的檢查根本看不出所做的更改時，檢驗人員會使用顯微鏡檢視原件與更改過的部分之間的細小差異。他可能會發現墨水顏色、線條粗細、雙線，以及筆壓的微妙不同。如果使用的是原子筆或圓珠筆，可能會發現筆頭的缺陷所留下的痕跡。可能一支筆的筆頭平滑無瑕，另一支筆的筆頭不平或者圓珠有缺陷，書寫的線條因而斷裂出現瑕疵。鉛筆筆芯和鋼筆的筆尖也是同樣情況。

　　覆寫（overwriting）是另一種更改形式。偽造者不是塗擦，而是增添或覆寫文件的一部分，可能是將4改成8，或在支票上多加一個0。如果偽造者和原書寫者使用同一種墨水，這類型的更改幾乎不可能發現。不過，大部分的偽造者無法取得原本用的筆或墨水，只能用類似的顏色來偽造。只要仔細檢查墨水使用最多的地方，通常都能找到更改過的區塊。

　　儘管在正常光線下兩種墨水看起來都一樣，一旦用紫外線或紅外線照射，通常會出現極大的差異。視墨水的化學結構而定，紫外線光可能會讓這些字發出螢光、消失不見或者看起來毫無變化。每種墨水反應皆不相同，有些可能發出螢光，有些漸漸消失不見，這樣的差異便能顯示使用過兩種不同的墨水。眼睛未戴輔具是看不到紅外線的，所以通常會搭配拍照留下字跡影像。**紅外線攝影**是在藍綠光下，採用紅外線感光底片拍攝紙張，這個方法通常能非常明確地區分出兩種墨水。如果這些特殊光線攝影派不上用場，可能就需要檢查墨水的化學結構以顯示它們確實不同。

筆跡壓痕

在記事本上寫過字後，移除寫過的頁面，下一頁會留下筆的壓痕（indented）。若用鉛筆在該頁的表面來回塗畫，就會顯露出原本「隱形的」筆跡。筆跡壓痕也稱為**第二頁筆跡**（second page writing）。當然，文書鑑識員絕不會採用上述以鉛筆塗抹的方法，鉛筆痕可能會破壞或損害證據。

有時候光是用斜射光就能讓筆跡壓痕現身，此時就能拍照取證。另一個更敏銳的方法是使用**靜電偵測器**（electrostatic detection apparatus，簡稱ESDA）[1]，這種儀器於一九七八年由美國福斯特－弗里曼（Foster & Freeman）公司所研發。靜電偵測器偶爾可以讓原始頁面以下數頁的筆跡壓痕一併顯現，有趣的是大家都不知道靜電偵測器是怎麼做到的，只知道它做得到。

靜電偵測器的使用方法是，將可疑頁面覆上麥拉膜（Mylar sheet），置於有孔洞的金屬板上，再啟動真空抽取設備使兩者緊密貼合。麥拉膜的作用是保護頁面這項潛在證據免於受損。接著，以靜電棒在表面製造靜電荷，雖然整個表面都有靜電，但壓痕處的靜電荷最大。然後，把類似影印機用的黑色碳粉或倒或撒於其上。由於碳粉黏附的範圍與電荷成正比，壓痕處會積聚最多碳粉，筆跡就會顯露出來，得以拍照取證，完全不會破壞或改變原始頁面（真正的證據）。

紙張和墨水

有時文書鑑定員必須判定文件是否曾被插入額外的頁面，或者是在某特定時間製造出來的。為此，必須進行文件的紙張或墨水的相關分析。倘若文件中包含不同種類的紙，就表示可能被添加或置換過頁面。或者，若是這些紙張或墨水在文件載明的日期前根本尚未生產，

1　台灣較常用的名稱是筆跡壓痕器。

那就表示其中有鬼。

　　大部分的紙張都是由木頭或棉花所製成，通常含有化學添加物，進而影響紙張的阻光度、顏色、明度、強度與韌性。製造過程中也會加入**塗布**（coatings）、**填充劑**（fillers）和**膠料**（sizings）。**塗布**會改善紙張的樣貌和表面屬性，有的會讓紙張更適用於影印機或印表機，有的則讓紙張適合書寫。**填充劑**增添顏色、強度與表面質地，普遍含有二氧化鈦和碳酸鈣。膠料則讓表面孔洞變少，使書寫和印刷更銳利乾淨。依製造商和紙張類型的不同，添加物的種類和數量差異甚大，化學檢測則能區分出不同的類型與製造商。

　　舉例來說，假設檢驗人員被問到遺囑、合約或其他的多頁文件是否每頁都是同一時間創建的。亦即，是否曾在日後加入別的頁面？分析每一頁的化學成分後，檢驗人員便能判定這些紙張是否屬於同一類型，或來自同樣的製造商，甚至可以從眾多種類中鑑定出紙張的類型。

　　他同時也會尋找有無浮水印，這是紙張上一種半透明的設計，只要逆光檢視就看得到。浮水印通常會有製造商、製造日期，通常也會載明紙張是為誰製造。企圖偽造浮水印通常很容易被識破，因為真正的浮水印上的纖維比紙張其他部分少。這也是為什麼能逆光看到浮水印的原因。偽造的標記則是額外增加的圖像，因此纖維密度會和紙張其他部分一樣。

　　紙張分析在揭開阿道夫・希特勒日記偽造案上，扮演了關鍵角色。

刑事檔案：希特勒日記

　　一九八一年二月十八日，德國古納亞爾（Gruner + Jahr）出版社員工哥德・海德曼（Gerd Heidemann）宣稱找到幾本遺失的希特勒日記。這些日記上的德文筆跡幾乎難以辨識。他表示是從一名富有的收藏家手中取得，收藏家的哥哥曾是東德的將領。海德曼的老闆庫特納・費

雪（Manfred Fischer）同意以二十萬馬克買下共二十七冊的日記，以及過去不知其存在的希特勒自傳《我的奮鬥》第三卷。

費雪接著開始進行鑑定程序，他將部分日記和希特勒的筆跡樣本交由蘇黎世警局的馬克‧傅雷－蘇瑟（Max Frei-Sulzer）博士鑑定，同時送往美國南卡羅來納州，由世界知名的文書鑑定專家歐德威‧希爾頓（Ordway Hilton）進行檢驗。遺憾的是，傅雷–蘇瑟博士和希爾頓皆未察覺該份筆跡樣本和日記的來源相同，兩人判定筆跡出自同一人之手，該文獻為真品。

矮腳雞出版公司（Bantam Books）、《新聞周刊》（Newsweek）和出版商魯柏‧梅鐸（Rupert Murdoch）紛紛投入競價以爭取全球發行權。為此，梅鐸求教於英國知名歷史學家休斯‧特雷費－羅柏（Hugh Trevor-Roper），被矇騙的特雷費-羅柏博士和傅雷–蘇瑟博士、希爾頓一樣，下了相同的結論。最後，《新聞周刊》以三百七十五萬美元贏得競標。

所幸，古納亞爾出版社請求西德警方鑑識部門協助調查。調查後發現，日記的紙張含有一種叫做勃侖可風夫（Blankophor）的螢光增白劑，而這種增白劑直到一九五四年才問世。除此之外，線裝的細線中含有一九四〇年代尚未存在的黏膠和聚酯。更有甚者，日記所使用的墨水在二戰時並不普遍，最後測量墨水蒸發的氯氣發現，這些文獻是在一年內所寫。

有時判定真偽的關鍵在於使用的墨水，外表看似相同的墨水可能有非常不同的化學特質。這有助於檢驗人員逐字逐頁判定文件中的墨水是否一致，也能揭露該份文書書寫時，特定的墨水是否已經問世。比方說，原子筆首次上市是在一九四五年，所以用這類型工具書寫的文件不可能早於這一年。

以顯微分光光度儀（見附錄）做墨水比對，是一種不具破壞性的方法。這項儀器讓檢驗人員得以準確判定兩種墨水的顏色是否吻合。

如果確定吻合，兩者就很可能出自相同來源。另一種比對方法是利用薄層層析法（見附錄）。這項檢測要用極細的空心針穿刺字跡，取得極少量吸附墨水的紙張樣本，再將樣本放入試管中，加入可溶解墨水的溶劑。接著，取一滴含有墨水的溶劑滴在試紙上，一旁也同時滴上數種已知墨水做為控制組。待試紙變乾後放入另一種溶劑中，墨水會開始在試紙上移動。每一種墨水移動的距離取決於分子大小，而將墨水分離成一條帶狀的圖樣。如果從可疑文書中取得的兩個頁面以這種方法測試，結果卻出現不同的帶狀圖樣，就表示它們是用不同的墨水所寫成。

檢驗人員也有幾種墨水參考資料庫可以運用，如墨水圖書館（Ink Library），隸屬美國特勤局鑑識科可疑文書部門管轄。此外，美國財政部也有商用墨水的薄層層析圖樣的延伸資料庫。近年來，許多製造商在產品上附上螢光色「標籤」使其更容易辨識。標籤年年更換，因此可以輕易判定製造年分。

然而，即使文書鑑定員有這些精巧儀器可供運用，某些偽造案件還是很難辨明。從摩門偽造案就可以看到一個經驗豐富的偽造者有多麼精明。

刑事檔案：摩門偽造案

一九八五年十月十五日，猶他州鹽湖城發生了兩起鐵管土炸彈爆炸案，其中一起奪走了企業家兼摩門教祭司史帝夫・克莉斯森（Steve Christensen）的性命，另一起則讓老婦人凱西・席特（Kathy Sheets）死亡。害死席特太太的包裹上署名給她的丈夫葛瑞（Gary），葛瑞也是摩門教的祭司。次日，第三枚炸彈在一名年輕人馬克・霍夫曼（Mark Hofmann）的車裡爆炸，霍夫曼的工作是處理歷史文獻。逃過一劫的霍夫曼告訴警方，他看到車裡有個奇怪的包裹，正想摸時就爆炸了。

然而，炸彈調查員馬上就知道霍夫曼在說謊，根據犯罪現場重建的證據顯示，炸彈引爆時，霍夫曼正跪在汽車座椅上操作炸彈。霍夫曼遂成為另外兩起爆炸案的主嫌，因為就當時的情況來看，第三枚炸彈可能是他在運送途中意外引爆的。

警方很快發現霍夫曼是尋找古籍的專家。事實上，他才剛剛發現不只一部，而是兩部十七世紀美國第一次印刷的書籍《自由人誓詞》（Oath of a Freeman）。神奇的是，在霍夫曼發現之前，根本沒有人知道這本書的存在。他也發現了後來稱作「白蜥蜴信」（White Salamander Letter）的文獻，文獻內容損害摩門教的基本教義，並使摩門教會蒙羞。警方發現霍夫曼曾出售許多歷史文獻給摩門教會，但他們也找到證據證明它們都是贗品。難道，霍夫曼是試圖掩飾他的造假而計畫出這些爆炸案？

這個案件漫長且複雜，但最後霍夫曼不得不面對足以證明他的「發現」是造假的證據。霍夫曼俯首認罪，以坦承爆炸案和偽造換取終身監禁而非死刑的判決。他也向調查員透露他是如何完成讓許多專家都信以為真的贗品。

《自由人誓詞》的真本是由史蒂芬·戴（Stephen Daye）所印製，他也是《海灣聖詩》（Bay Psalm Book）[2]的印刷商。霍夫曼先低價購買一部《自由人誓詞》，再割下字母重新排成一本《自由人誓詞》。接著他以此為模型製作印刷版，用來印出兩本《自由人誓詞》。他在字母上加上磨損痕跡，磨掉某些字母的一部分，並用鋼絲絨摩擦整面印刷版，好冒充真正重複印刷會出現的磨損。這讓印出來的文書產生逼真的印刷缺陷。

不過為了面對接下來的嚴格審查，霍夫曼需要讓他使用的紙張和墨水「老化」。紙張的問題還算簡單，他使用從楊百翰大學（Brigham

---

2 聖詠經，是美國印刷最早的書籍。

Young University）圖書館偷來的其他十七世紀古書的空白頁，甚至燒掉其中一頁以製作出他所需要的「古風」印刷墨水的碳黑粉。他這麼做，是因為他擔心可能會使用碳－14定年法來檢查墨水。如果紙張本身來自十七世紀，碳－14定年法便會反應出這一點。他將碳黑粉和亞麻籽油、蜂蠟混合，並用十七世紀的皮革封面以蒸餾法提取的鞣酸加入其中。他藉此製作出「古老的」墨水。但是，墨水會隨著時間氧化，並從暗黑色退成鐵鏽色。為了假冒出這效果，霍夫曼利用過氧化物（一種氧化劑）和熨斗加熱，以加速過程。這些預防措施意謂著，不論用肉眼觀察或是化學檢測，都會顯示墨水是十七世紀的產物。

不過，負責這樁爆炸謀殺案的檢察官讓文書鑑識員喬治・特羅摩頓（George J. Throckmorton）和威廉・芬恩（William Flynn）一同參與調查，他們揭穿了霍夫曼的詭計。檢查文獻後，他們察覺到一些不對勁的地方。有些有「尾巴」的字母如Y和J，當出現在較高的字母如L和T上方時，看起來重疊了。這重疊處是霍夫曼在製作印刷板時，將字母黏貼在一起造成的。傳統的手工印刷中，個別的字母都是突起在小方塊上面的圖形，按照字詞和句子的順序將小方塊在一頁大小的托盤上排列好，一行一行排滿一頁。這表示每一個字母都在方塊「裡面」，不可能重疊。

他們還注意到熨斗烤焦了紙張和墨水，因此留下「鱷皮效應」的證據。這是因為使用化學氧化劑將墨水人工「老化」，造成墨跡龜裂和斷裂。自然形成的不會有這種變化。他們還發現其他許多問題，直到最後，聰明至極的霍夫曼還是無法騙過更聰明的檢驗人員。

打字機和影印機

打字機經常用來寫恐嚇信、勒贖或敲詐字條，因為犯罪者以為這樣就無法追蹤出信件是誰寫的。並非如此。案件中若出現打字機，文書鑑識員最常問的兩個問題是：

- 文件使用的是什麼型號和樣式的打字機？
- 這份文件是否是用某犯罪嫌疑人的打字機打成的？

　　第一個問題的答案依據是類別特徵，第二個則需要鑑定出個別特徵。

　　要鑑定型號和樣式，檢驗人員必須有各式打字機的字體資料庫，新舊款式都需要。大部分的製造商用的是派卡（pica）[3]或依理（elite）[4]寬度的字體，至於字母的尺寸、形狀和樣式都不一樣，因此得以鑑定出特定製造商。單是這一點就能限縮搜尋範圍，準確找到製作文件的那台機器。

　　檢驗人員為了判斷某台機器是否打出該可疑文件，必須找出這台打字機的個別特徵。這包括不一致或受損的字母、某些字母前面或後面不正常的間距，以及將某些字母打到紙張上時，施加壓力的微妙差異。比方說，某個字母的內凹或尖凸也會一併印到紙張上，或者某個字母稍微往一邊歪斜，或比其他字母略高或低。將這些缺陷與犯罪嫌疑人的打字機相比對，就能提供有力的個別特徵。

　　這種類型比較在一九二四年著名的李奧波德和勒柏一案扮演了關鍵角色。

刑事檔案：李奧波德和勒柏

　　納森・李奧波德（Nathan Leopold）和李察・勒柏（Richard Loeb）屬於新型的殺人狂──尋樂殺人狂（thrill killer）。一九二四年五月二十一日，年僅十九歲的李奧波德和十八歲的勒柏用鑿子殺害同窗巴比・法蘭克斯（Bobby Franks），只為了想體驗殺人的感覺，以及看看自己是否有辦法逃脫。儘管法蘭克斯已經死了，他們仍寄送一張勒贖字條

3　一派卡等於十二pt（點），相當於每吋十個字母。
4　每吋十二個字母。

試圖誤導調查方向。不巧的是，李奧波德將他的眼鏡遺留在犯罪現場，而正好這副眼鏡的鏡架接合處很特別，警方便一路追查到芝加哥的一名驗光師。驗光師表示他僅開立過三份類似的鏡片處方，其中一份就是給李奧波德。調查結果顯示，勒贖字條和李奧波德在法律讀書小組中使用過的打字機相吻合。儘管著名的辯護律師克拉倫斯·丹諾（Clarence Darrow）極力辯護，這兩名年輕人最後仍被判處終生監禁。

「IBM Selectric」這款打字機在比對時會造成一個問題。該款式的打字機內有個可替換的球形打印頭（type-head sphere）。這表示在檢驗時，也必須有和打出可疑文件同樣的打印頭才行。顯然地，倘若打印頭被換走並丟棄，比對就不會吻合。

若是使用色帶的打字機，檢驗人員或許能用色帶來連結打字機和可疑文書。如果打字機使用的是一次性色帶，而打出文件的色帶仍在原位，便可輕易從色帶上讀取打過的訊息。然而，即使打字機使用的是多次性色帶，還是讀得到部分訊息。不過有一點必須注意的是，若要和某台機器比對文件，檢驗人員必須要有一份使用這台機器的比對文件，也要使用類似的色帶，並且色帶的狀況必須和打出可疑文件的色帶相似。因為老舊或墨色稀薄的色帶會在字體上顯露細微缺點，而墨色重的新色帶則可能讓字體模糊不清。

如果用同一台打字機在文件上增加一行字或一段話呢？檢驗人員如何得知有沒有這種情況發生？由於使用同一台機器，確實有可能無法發現差異。不過，將同一張紙再次放入打字機時，通常無法完全對齊。差異可能很細微，但檢驗人員有辦法找出來。將某種特製的蝕刻方格圖案玻璃板蓋在紙面上，若有沒對齊的外加字行或段落，馬上就能分辨。

遺憾的是，打字機現在已被電腦取代，直接和印表機連結輸出文件。印表機可分為菊輪、點陣、噴墨及雷射，其差異甚微，檢驗人員

通常難以區分。如果取得犯罪嫌疑人使用的印表機，檢驗人員或許能找出噴墨或雷射某些字母的細微差異。這項任務比判定打字機困難得多了。

有時候則需要比對影印文件和特定的影印機是否吻合。影印機可取得頁面影像，並複製出一份相同的文件，其過程是一連串複雜的程序。首先，有個透鏡將影像反射到影印鼓上，影印鼓表面充滿靜電荷且塗有硒或其他感光物質。影像吸附碳粉，依照靜電荷強度的比例附著在影印鼓表面，在影印鼓上形成影像。這個碳粉影像接著轉移印到空白紙上。

影印機的運作是將紙張往上拉，再從影印表面退出，因此頁面會留下痕跡；覆蓋的玻璃、透鏡、影印鼓都可能有抓痕或缺陷，而出現在每一張紙上。偶爾可以透過這些痕跡找到製作可疑文件的印表機。

藝術品偽造

藝術品偽造者是一種特殊的類型。他們必須很聰明、一絲不苟，還要有天分。畢竟，如果你想要複製名作，至少要知道怎麼拿畫筆吧。然而，揭露藝術偽造品的方法對文書鑑識員來說都差不多。從號稱是十七世紀荷蘭畫家梅維爾（Johannes Vermeer）的名作〈基督和犯姦淫者〉（Christ With the Adultress）的製作，就能看出藝術品偽造者的聰明程度。

刑事檔案：梅維爾偽造案

從二次大戰前到戰爭期間，納粹黨員在整個歐洲和蘇聯或購買或竊取藝術品。戰爭期間，許多藝術品被祕密藏在掩體、洞穴和礦坑之中。戰爭結束後，奧地利一處鹽礦發現了畫作的祕藏處。其中有幅名為〈基督和犯姦淫者〉的梅維爾畫作，然在此前，從未聽聞有這幅畫

的存在。調查來源後，追蹤到另一名荷蘭畫家漢‧凡‧米格倫（Han van Meegeren），是他將畫作賣給納粹，於是他被以通敵的罪名逮捕。

　　米格倫坦承這幅畫是他偽造的，政府單位原本不相信，直到他在軟禁期間製作出其他令人驚訝的偽造品。他告訴調查員，他最初是想藉由製作贗品欺騙藝術專家，嘲弄他們的無知，後來發現可以高價賣給納粹後，便偏離了原先的計畫。

　　他是如何製作出足以愚弄專家的贗品呢？首先，他需要十七世紀的油畫布。他購買一些當時的作品，以浮石清除大部分的原畫。接著開始磨製自己的顏料，就像梅維爾和那個時代的其他畫家那樣。不過，他不只是將磨製的顏料加入傳統的亞麻籽油，那得要花上好幾年才會徹底乾燥與龜裂，無法逼近有三百年歷史畫作的外觀。他還使用一種能快速乾硬的酚醛樹脂（〔phenol-formaldehyde resin〕一般稱為阿貝樹脂〔Albertol〕）。他用這種混合物作畫，再放入烤箱中以華氏一百零五度烘烤一小時。塗上清漆後，他將畫布置於捲筒上滾動，好讓畫作「龜裂」。此時，油墨會散布在畫作上，並滲入裂隙中使之「老化」。塗上第二次清漆後，畫作就可以面世了。

　　檢驗人員分析這幅畫以及米格倫多年來製作的畫作，確認這種說法的真實性。化學分析顯示，其中確實含有酚醛樹脂，而且某些畫作含有一種直到十九世紀才有的藍色顏料。照射Ｘ光，則看到畫布上殘留著原畫的痕跡。〈基督和犯姦淫者〉的確是一九三〇年代的偽造品。

19 | 犯罪心理學：心理探索
CRIMINAL PSYCHOLOGY: ASSESSING THE MIND

犯罪活動背後的心理學研究，屬於法醫心理學家和法醫精神科醫生的工作。儘管人們經常交替使用心理學家和精神科醫生這兩個詞，其實兩者完全不同。心理學家擁有博士學位（PhD），精神科醫生則有醫學院學位。再者，精神科醫生和其他外科醫生一樣，必須先讀四年醫學院，接著完成精神科住院實習，才能取得資格。

　　臨床心理學家（clinical psychologists）所受的訓練是測試與面談病患，判斷其心智狀況、自主能力與心智健全度，以及提供諮詢。在美國，臨床心理學家也得以針對治療開立處方箋。

法醫心理學

我們在病理學家的討論（見第一章：法醫科學）中得知，臨床心理學家或精神科醫生的工作跟他們在鑑識上扮演的角色截然不同。前者分析與治療病患，是希望改善病患的精神健康；後者推敲犯罪者的心智的目的，在於判斷犯罪動機、自主能力和心智健全度。就定義來說，**法醫精神病學**是精神病學在法律面的觀點。

歷史性失策

　　社會大眾總是想找出得以識別出「壞蛋」的方法。理由很簡單：若能辨別出犯罪者並將之排除，人們就安全了。否則，眾人皆活在風險中。在泰德‧邦迪、約翰‧韋恩‧蓋西（John Wayne Gacy）和BTK

殺人魔[1]丹尼斯・雷德（Dennis Rader）這種看似「正常」的連環殺手出現後，人們的恐懼加深了。這些人並非流淌著口水的怪獸或野獸──至少他們外表看起來很正常。這一點令大多數的人感到不安。

正因如此，過去有很長一段時間，不乏有人想找出能識別「犯罪類型」的方法。讓我們來看看有哪些知名人士曾探索過這個領域。

德國醫生弗朗茲・約瑟夫・加爾（Franz Joseph Gall, 1758-1828）在一八〇〇年左右發展出顱相學（phrenology）領域，他相信可以從一個人的頭部隆起形狀判斷此人是否會犯罪。他的概念是，人之所以會犯罪是因為大腦異常，而大腦在顱骨內，所以異常的大腦也會改變外覆的顱骨形狀和輪廓。他認為藉由觸摸感覺這些部位的差異，得以檢測出異常的大腦，並識別犯罪人格。

凱薩・隆布羅梭（Cesare Lombroso, 1835-1909），義大利精神病學教授，同時也是貝沙羅（Pesaro）一間精神病院的主任，他於一八七六年出版《犯罪者》（*The Criminal Man*）一書。他在書中指出，犯罪者可以從生理特徵予以鑑定並加以分類。犯罪特徵包括：兔唇、齒列不整、長手臂、不對稱的頭型、下顎或顴骨突出、大耳、鷹勾鼻、厚唇、多出手指或腳趾，以及其他生理「缺陷」。他在發表於一八九五年《論壇》（*The Forum*）的文章〈犯罪人類學〉（Criminal Anthropology）中提到，這些特徵不僅能指認出犯罪分子，有些特徵還能對應其所可能犯下的罪行。根據隆布羅梭的理論，殺人犯的特徵是下顎外凸且臉色蒼白，搶劫犯手短、窄額、細髮，而扒手則會有長手指（這點其實很合理）和黑髮。

這些理論和許多其他類似的原理已證明失敗，但對於「犯罪心理」的探索仍持續不懈。本章稍後會討論到的「側寫」便致力於此。此外，

1 BTK意指「綑綁（bind）、折磨（torture）、殺害（kill）」，是尼斯・雷德對付受害者的手法，也是他自封的稱號。美國警方追捕BTK殺人魔長達三十一年，在這段期間，至少有十人遇害。

如電腦斷層掃描（CT scan）、核磁共振成像（MRI）和正子斷層掃描（PET scan）等高科技設備，也正在研究用來評估犯罪者的大腦功能。目標是發展出範圍廣而精確的謊言偵測技術，以識別出可能導致異常行為的大腦失調。

比起上述的研究者，現代的精神科醫生和心理學家評量犯罪嫌疑人和犯罪者時，採取的是相對理性而科學的方法。

法醫精神病學專家的角色

法醫精神病學專家可能會被要求要執行以下幾種職務：

- 檢測犯罪嫌疑人的心理疾病
- 評定犯罪者的心智是否正常
- 確認犯罪者在犯罪時的精神狀況
- 鑑定是否有接受審判、作證、簽署合約和執行其他行為的自主能力
- 評估犯罪嫌疑人是否有欺騙和詐病的跡象
- 側寫犯罪者和受害者

執行以上任務時，法醫精神病學專家會用上各種醫療紀錄、檢驗和測試、精神疾病檢測和面談、警方和證人報告，以及犯罪現場證據。

精神病學在醫學（臨床）和法律（鑑識）上的目標和方法大相逕庭。臨床精神科醫生的主要目標是與患者建立和諧的信賴關係，使患者敞開心胸，吐露所有他必須知道的一切，以制定適當的治療計畫。這整個過程是合作關係，精神科醫生並不會對患者有任何道德或價值判斷。

法醫精神病學則不然，雙方比較像是對立關係。它具有批判性，因為法律制度的設計就是為了針對相關責任做出道德判斷。目的不是為了治療個人，而是分析其人格特質，找出犯案動機。這意謂著犯罪者和法醫精神科醫生經常處於爾虞我詐的情況。

在臨床領域，患者有必須說真話的理由。畢竟，他和醫生都希望他能康復。而在鑑識領域，犯罪者則有太多說謊的理由。倘若有罪，此人會試圖掩飾他的所做所為與真實想法。在懸而未決的案件中，犯罪者希望自己的動機永遠不被發現，因此他可能會捏造或誇大症狀，以精神障礙或心智缺陷為由抗辯。他較可能將精神科醫生視為敵人，而非醫療專業人員。

法醫精神科醫生通常會參與刑事與民事案件的偵辦。在刑事方面，他可能應檢方、辯方或法官之需，調查殺人、搶劫、綁架、攻擊、鬥毆，以及性不當行為的案件。他可能會被要求確認酒精和藥物對被告行為的作用，判定某人是否有接受審判的行為能力，或者評估某人是否真的了解現實與責任，以及鑑定犯罪嫌疑人在犯罪當時的心理狀況。他也會將證人與犯罪嫌疑人的資訊提供給調查員做為偵訊之用。

在民事案件中，法醫精神科醫生可能需要判定某人是否具有簽署遺囑和合約、管理個人事務、投票、作證或接受審判的行為能力。他可能也會參與關於配偶及兒童虐待的案件，或是對兒童監護權的爭辯、性騷擾、無行為能力或精神損害等提出質疑。

遇到明顯為自殺案件時，法醫精神科醫生會進行心理剖析，判定受害者是否可能結束自己生命。和受害者的家人、朋友和同事面談通常能了解受害者在悲劇發生前的行為，藉此判定藥物和酒精、財務問題或社交障礙是否為死亡原因。

精神疾病檢測

在法醫精神科醫生探討研究對象的精神狀態時，他必須先確定他的評估不會受到對象現有的疾病或治療所干擾。諸如中風、某些肝臟或腎臟疾病、頭部損傷，以及許多藥物都可能改變人的思考、理解和推理能力，進而影響檢驗人員對研究對象的評估。比方說，中風可能改變

一個人的推理能力，讓他無法擁有完整而連貫的想法，可能是腦部控管語言、聽力、情緒及其他功能的區域受損。這會對研究對象在許多精神疾病檢測上的表現產生很大的影響。因此進行任何精神疾病檢測之前，都必須先確認並處理醫療問題。

許多處方及非法藥物會改變大腦的功能。治療癲癇、糖尿病、心臟病、失眠、減重的藥物，以及已知的每一種鎮定劑和情緒提振劑原則上都會影響精神疾病檢測。

為了在進行檢測之前排除以上的藥物問題，必須在特別注意受試者的神經狀態下，檢視他的完整病史，並進行身體檢查。包括審查他的病歷、工作紀錄及從軍紀錄。倘若受試者為犯罪嫌疑人，還需要檢視警方和證人報告、犯罪現場照片，以及解剖報告（若有人死亡的話）。此外，也需要進行血液檢查和特殊腦部檢查，如腦電圖（EEG）、核磁共振，或腦部電腦斷層掃描。如果這些檢查結果正常，精神科醫生才接著進行評估與測試。

測試的目的是為了尋找是否有人格分裂之類的顯著精神失調，並確認受試者的思考過程和認知（推理）能力。法醫精神科醫生必須處理的一個要項是犯罪嫌疑人在犯罪時可能的心理狀態。他是否有行為理解能力，知道自己的行為有害且違法？但這通常很難斷定。

法庭上，控方與辯方毫無例外都會針對這些測試爭辯不休，因為測試雖然能確認犯罪嫌疑人過去和目前的心智狀態，卻不盡然能判定他在犯罪時的心智狀態，所以任何精神上的判定都只是臆測。這一點在很多方面確實如此，但透過操作正確的測試與面談，精神科醫生通常都能做出準確的評估。

精神疾病檢測分成幾類：人格測驗、投射測驗、智力和認知測驗。每位精神科醫生運用的測驗不盡相同，我們在此僅探討較為普遍的幾種。

▶ **人格測驗**（personality inventory）：這類測驗有極高的統一性和可

靠性,目的是判斷受試者的基本人格類型。例如,**明尼蘇達多相人格測驗**(MMPI)、**米隆臨床多軸量表**(MCMI),以及**加州心理量表**(CPI)。這些測驗在學校或工作場所普遍施用,你可能也在人生的某個時期做過一種以上的測驗。

▶ **投射測驗**(projective testing):這類測驗評估人格和想法形成的過程,相對於上述提到的人格測驗較不具統一性,也比較主觀。常見的方法有羅夏墨漬測驗(Rorschach test)、投射繪畫和主題統覺測驗。

進行羅夏測驗(又名墨漬測驗)時,受試者會看到一系列抽象的墨漬,並描述自己看到了什麼。此描述可能會透露他的人格、想法形成,以及與現實的連結,說不定也能得到關於內在幻想的線索。

投射繪畫(projective drawing)也相當類似,測驗時會讓受試者畫圖,然後從中分析。可能會請他畫房子、車子、樹、一名異性,或是一個可怕的場景或情況。他畫出的作品會透露他內在的想法與幻想。比方說,如果他畫的是一棟著火的房子、被刺的女人,或是光禿禿的樹與斷裂的枝幹,就能從這些結構中一窺他的內在世界。

主題統覺測驗(TAT)是讓受試者觀看一些常見狀況的圖片,並要求他依照所見的影像編故事,他的內在想法與幻想可能會因而顯露。比方說,看過一張男人和女人說話的照片後,他說的可能是這兩人如何計畫婚禮的故事,或者他們正在為錢爭吵,或者這兩人正在說他的壞話。每一種都指涉不同的精神狀態。

▶ **智力和認知測驗**(intellectual and cognitive test):這些測驗是用來評估研究對象的智商、心智能力、思考過程,以及行為的理解能力。在鑑識評估中,犯罪嫌疑人是否具有理解情況與自身行為的能力,可說是判斷他該為罪行負責的程度與是否有受審能力的關鍵。最常用的智力測驗是**韋氏成人智力測驗**(WAIS),用來評定**智商**,也就是所謂的「IQ」。

做完這些測驗與評估後,法醫精神科醫生會與研究對象面談,

他會在過程中深入探查是否還有需要關切而檢測未能發現的部分。他過去所受的訓練和經驗在此時會派上用場，這些談話很複雜，範圍亦廣，加上每個精神科醫生使用的技巧不同，遠遠超過此處所能探討的範圍。不過，還是有兩種面談技巧值得一提：催眠以及在面談過程中藥物的使用。

催眠是誘導受試者進入一種意識改變的狀態，可用來幫助犯罪嫌疑人或證人回憶起某些事件和細節。有個問題是，催眠很容易造假，利用這個方法取得的任何資訊都需要正式確認。再者，人在催眠的狀態中很容易接受「暗示」，光是問一些問題也可能改變對某些事件的記憶。這些新的「記憶」會變成真實記憶的一部分，致使日後任何面談和法庭證詞的真實性變得可疑。因此，有些法庭承認先前接受過催眠的證人的證詞，有些法庭則否。

儘管根本沒有「吐實藥」（truth serum）這種東西，但類似琉噴妥鈉（sodium pentathol）的巴比妥類藥物能減低抗拒和防衛性。琉噴妥鈉這種麻醉劑能讓受試者昏沉而放鬆，並且開始多話。配合催眠，以這種方式吐露出來的訊息頗為可疑，在法庭上也很容易被質疑。

精神科醫生會根據測試和面談結果，對於研究對象的精神狀態、行為能力和心智健全程度提供意見。

行為能力和健全的心智

法醫精神科醫生可能會參與刑事司法過程的三個階段：審判前、審判時與審判後。在審判前的階段，法醫精神科醫生會判定犯罪嫌疑人是否有接受審判、提供證詞、了解權利、與律師合作，以及認罪的行為能力。法庭通常不接受無行為能力或心智不健全之人的認罪。

接受審判的**行為能力**（competency）包括被告是否了解對他的指控、指控的可能後果、法庭的運作，以及法官和律師的角色。倘若他對這些事情全然不理解，他就無法公平地接受審判。比方說，他可能

產生法官是他祖父的幻覺，或者法官和律師正密謀著要「抓他」。這些幻覺都會扭曲真實，進而影響他為自己辯護的能力。行為能力的檢視也包括判斷被告是否有足夠的行為能力得以認罪、作證、行使米蘭達權利（〔Miranda rights〕即保持緘默與聘請律師的權利）、接受或拒絕心神喪失抗辯，或者接受判決。

因心智異常而判定無行為能力的例子，較常見的有：

- 心智遲緩（因認知或發展異常導致，或者腦部受創或感染所致）
- 嚴重的藥物或酒精成癮
- 腦器質性病變（結構或功能性腦異常），例如中風、腫瘤或感染
- 導致偏執或嚴重焦慮症狀的重度神經官能症
- 改變現實認知的精神疾病以及人格分裂

審判期間，法醫精神科醫生是以證人身分針對犯罪嫌疑人犯罪當下的心智狀況提供意見。如果此人在犯罪當下心智不健全（暫時或永久性），就能以心神喪失做為抗辯。

而在審判後或者判刑階段，可能會需要精神科醫生針對被告提出進入治療機構而非入獄的申請進行評估，或針對被告的危險程度，或未來犯罪的可能性提供意見。若是宣判死刑的案件，他可能還需要評估被定罪者是否有受刑的行為能力。

心神喪失（insanity）是法律名詞，而非醫療用語，這一點很重要。精神科醫生不能診斷心神喪失，只有法官或陪審團能做此決定。精神科醫生可以診斷心智異常，並向法庭提出建議，但最後的決定權在於法律，而非醫學。

法律上的心神喪失是個具高歧異性而定義薄弱的用語，會因司法權的不同而有不同的詮釋。不過，大部分的司法權都採用源自十九世紀初期英國的馬克諾頓法則（M'Naughten Rule）做為判斷心神喪失的標準。這主要是一項關於被告認知能力的聲明，詢問犯罪者是否有任何心智異常，能否理解自身行為的本質及其後果。換句話說，任何個人

若在犯罪當下不知道自己的行動是違法的，或者不具有改變自己違法行為的能力，就能以心神喪失為由被判無罪。

美國國會通過的心神喪失辯護改革法案（Insanity Defense Reform Act of 1984）中說明，「若被告因為嚴重精神疾病或缺陷，欠缺了解其行為的本質、屬性或錯誤性」，此人就能以心神喪失為由獲判無罪。「了解」（appreciate）與「知道」（know）這兩個詞差異甚大，「了解」意指比單純「知道」更高等級的認知。

馬克諾頓法則和心神喪失辯護定義都指出犯罪包括兩部分：一個是犯罪行為（actus reus），第二個是犯罪心態（mens rea），或稱犯罪意圖。

能力減損（diminished capacity）跟心神喪失一樣，定義會因司法權不同而有所差異，這是一種特殊的「心神喪失」形式。能力減損的基本原則是，因當下的特定情況減損犯罪者改變其行為或區分對錯的能力。換句話說，犯罪者沒有能力構成特定犯罪意圖，或無法預謀行動。這會減輕此人的罪責，或至少減輕犯罪等級。比方說，因長期濫用古柯鹼或甲基安非他命而患有偏執妄想症者，可能沒有能力計畫謀殺。這會將他的罪責從一級謀殺減至二級謀殺。

說謊和欺騙

犯罪者會說謊，以前會，現在會，以後也會。如果他們都乖乖吐實，檢調人員的工作就輕鬆多了，因為犯罪者會乖乖自首。但事實並非如此。不管是偽造文書、捏造不在場證明、布置犯罪現場或在法庭上說謊，犯罪者會改變、扭曲及編造對他有利的事實。另一方面，證人在指證犯罪嫌疑人時也可能出錯，或者無辜者卻自認有罪。儘管他們並非故意說謊，卻依然提供了錯誤的資訊。

扭曲、誇大與欺騙都會為法醫精神科醫生帶來困擾。就像前面提過的，法醫精神科醫生和犯罪嫌疑人的關係比較是對立的。姑且不論犯罪嫌疑人是將精神科醫生視為敵人，抑或他騙局中可能的盟友，他

就是極可能說謊。畢竟，如果他能讓精神科醫生相信他說的是真話，或者他對於犯了什麼罪完全想不起來，或判定他心神喪失，都等於在法庭裡有了一個盟友。

假設犯罪嫌疑人確實犯下一樁恐怖的姦殺案。他可能會說他喜歡並尊重女人，儘管真正的狀況完全相反。他會對於過去的人際關係和性經驗說謊，更改或全然捏造自己的想法與內在感受。或者，他也可能採取相反策略，誇大自己的負面行為與感受，以被判定無行為能力或心智異常而逃避罪責。通常這些誇大的說法都是因為犯罪嫌疑人相信自己能被認定患有那些具爭議但廣為人知的症狀，如創傷後壓力症候群（post-traumatic stress disorder，簡稱PTSD）、多重人格障礙（multiple personality disorder，簡稱MPD），或其他得以逃過審判的無行為能力疾病。

儘管精神科醫生在偵測謊言上受過訓練且經驗豐富，但道高一尺魔高一丈，偶爾還是敗給狡猾的犯罪嫌疑人。「山腰絞人魔」坎尼斯・畢安奇（Kenneth Bianchi）就是一個著名的例子。

刑事檔案：坎尼斯・畢安奇

一九七〇年代，洛杉磯發生了一連串殘酷的姦殺案。受害者被棄屍在洛杉磯地區的山腰顯眼處，人們因而將凶手稱作「山腰絞人魔」。經過漫長且繁瑣的調查後，警方終於在洛杉磯逮捕傑羅・布魯諾（Angelo Buono），並在華盛頓貝靈翰（Bellingham）逮捕他的表兄弟坎尼斯・畢安奇。

被逮捕後，畢安奇利用他從大學心理課程與電影《三面夏娃》（The Three Faces of Eve）和《西碧兒》（Sybil）中習得的知識，編造他患有多重人格障礙而提出心神喪失抗辯。畢安奇表示是他的邪惡自我「史帝夫」讓他殺害那些年輕女子，而他只是邪惡史蒂夫底下無辜的人質。他極為逼真的演技把好幾個精神科專家耍得團團轉。

　　後來，催眠專家馬丁・歐尼（Martin Orne）博士對畢安奇進行評估，想要引出史蒂夫這個人格。儘管最初讓人信服，但畢安奇此時犯了幾個錯誤。當他是史蒂夫人格時，某些狀況下卻用「他」而不是「我」來稱呼史帝夫。如果他那時候真是史帝夫，就不會使用第三人稱的「他」了。此外，當他被介紹給史蒂夫不認識的虛構人物坎尼斯認識時，他卻跟這個不存在的人握手。比起握手這個動作，「看見」這個假想人物意謂著他是產生幻覺（看見實際上不存在的某人或某物），而幻覺並不屬於多重人格障礙的特質。最後歐尼博士告訴畢安奇，只有兩個人格的多重人格障礙患者很少見，大多數都會有好幾個人格。聽到這件事的時候，「比利」這個人格就蹦出來了，畢安奇頓時有了三個獨立的人格。

　　計謀敗露後，畢安奇認罪，並同意指證他的表兄弟安傑羅，跟法庭換取較好的處置。

　　詐病（malingering）是欺騙的特殊形式。在這種情況下，當事人會假裝自己的狀況比現有的生理或精神疾病更嚴重，或無中生有地裝病。反之，他可能會偽稱自己的病情沒有實際嚴重。幸運的是，多相人格測驗和其他幾種量度測驗都能揭發這類欺騙行為。

眼見不為憑

　　一般認為目擊者的證詞是牢靠的證據。畢竟，目擊者親眼看見犯罪者和犯罪行為，既不是猜測也非臆斷。可以結案了，對吧？實則不然。

　　眾所皆知，目擊者並不牢靠，無數研究都指出這項事實。比方說，一九七四年羅勃・巴克哈（Robert Buckhout）在《科學人雜誌》（Scientific American）發表了一篇名為〈目擊者的證詞〉（Eyewitness Testimony）的文章，內容是關於五十二個人目睹一件搶案的實驗結果：目擊者中僅有七人能指認出小偷。在這個領域中，這是相當典型的論調。

聽起來不合理，對吧？因為有違直覺。

很遺憾的是，記憶並不是那麼單純、可靠的東西。創造、儲存和召喚記憶是一連串複雜的神經系統程序，不只是單純儲存一個影像或聲音，或一些其他的感官輸入。它還需要大腦不同區域之間精細而準確的溝通。

人們回想某事細節的能力會隨著時間消逝，接著將他們認為應該發生的事情填入記憶消失的區塊裡。而這無意識中的活動，會受到此人的信仰、偏見、動機和期待的影響。再加上目睹一件可怕或具威脅性的事件所帶來的壓力，記憶就更容易產生錯誤或變動。這不必然是惡意欺騙，只是人類大腦運作的機轉。

耳聞證人的問題就更多。人們有時候會被要求從聽到的聲音辨識犯罪者，但除非那個聲音相當獨特，否則往往是不可靠的證詞。

虛假認罪

虛假認罪比你想得還要常見。大部分的人很難理解怎麼會有這種情形，原因大致如下。

虛假認罪可以讓警方將焦點轉向另一樁犯罪。例如，犯罪嫌疑人可能會坦承自己偷車或打劫商店，而對於同一時間發生在別處的凶案一無所知。如果他因搶劫案被判有罪，那他就不可能是殺人凶手。或者，也有可能是某個親友為了包庇真凶而頂罪。

至於那些沒有特別原因而認罪的人呢？這是很多心理因素的影響，諸如自尊心低落、害怕警方、想成名、渴望取悅權威或另一個人等，都可能混合導致虛假認罪。許多人基於真實或想像出來的罪惡感，認為自己有必要坦承犯下某件罪行，為此接受懲罰。酒精或藥物的作用可能影響判斷而使其認罪，錯誤或捏造的記憶也會反過來導致虛假認罪。

有些警方的訊問手法也可能導致虛假認罪。隔離與疲勞會使人意

志力崩潰，所以一般認為持續訊問較容易讓犯罪嫌疑人認罪。如果訊問過程中好警察壞警察輪番上陣，犯罪嫌疑人可能會向好警察認罪，以為好警察會保護他免於壞警察和法律系統的折磨。

連續犯和多起犯

連續犯總是為執法單位帶來特殊問題。無論是連續強暴犯、炸彈客或殺手，他們的犯罪行為和受害者之間通常不存在共通性，迫使執法單位為了應付這類型的犯罪者發展出新的技術。

　　大部分的謀殺都有明顯的動機，例如謀取金錢、復仇或者為了掩飾另一樁罪行。許多凶案都是為了從保險公司、遺囑、合約，以及婚姻或夥伴關係中謀取金錢。某些錯誤的怒氣和報復，不管是真實或是想像出來的，也會引爆謀殺。此外，為了隱瞞盜領公款、敲詐或婚外情而殺人的情況也不罕見。有時候配偶和子女被殺害，是因為凶手想從社會責任中脫身。

　　基於這些原因，任何殺人案件的初期調查階段都會聚焦在認識死者，以及可能從中得利的人身上。這樣的調查程序相當合理，因為絕大多數的凶殺案發生在彼此認識的人之間。不過，這並不適用於大部分的連環殺手和連續強暴犯。他們的動機更為私密，無法明顯看出。更常見的情況是，即使發現他們的動機，看起來也完全說不通，但對凶手本人來說並非如此。

多起謀殺犯的分類

　　多起謀殺犯（multiple murderer）是指殺害一人以上的凶手。根據殺人的地點和連續性又分成大規模殺手（mass murderer）、瘋狂殺手（spree killer）和連環殺手（serial killer）三種類型。

　　▶ **大規模殺手：**在同一時間、地點殺害超過四個人便屬於此一類

型。這類型的凶手通常會有清楚的流程,以及想要傳達的訊息。像是那種走進他日常的工作場所,猛然掃射使數人喪命,而最後通常會在凶手自戕,或者與警方駁火、使其感覺自己被「榮光」龔罩下結束。至於行凶動機,通常是不滿同事或雇主的對待。這類案例有德州大學塔樓槍手查爾斯・惠特曼(Charles Whitman)、科倫拜校園殺手艾瑞特・哈里斯(Eric Harris)和狄倫・克萊伯德(Dylan Klebold),以及維吉尼亞理工大學殺手趙承熙(Seung-Hui Cho)。

刑事檔案:查爾斯・惠特曼

一九六六年八月一日,德州奧斯丁(Austin)一個豔陽高照的日子,查爾斯・惠特曼以迅雷不及掩耳之姿成為美國史上最惡名昭彰的大規模殺手之一。在殺害妻子和母親之後,這名前海軍陸戰隊士兵帶著多把步槍和手槍,爬上德州大學校園中二十七層的高塔。他向下朝著眼界所及的每個人掃射,連五百碼外的人也無法倖免。他甚至擊中一架載著警方狙擊手的直升機。在他被員警丁尼茲(Ramiro Martinez)和馬考依(Houston McCoy)擊斃之前,他共殺害了十六人,造成三十一人受傷。其動機至今無法得知,但他留下一封信,信上暗示他想要戲劇性地死去,並且不希望妻子和母親因為他的行動而蒙羞。

刑事檔案:科倫拜大屠殺

一九九九年四月二十日上午十一點十九分,十八歲的艾瑞特・哈里斯和十七歲的狄倫・克萊伯德穿戴軍用外衣、軍服和滑雪面罩,帶著步槍、自動武器、手槍和鐵管土炸彈,全副武裝走進科羅拉多州立特頓(Littleton)的科倫拜高中。他們從學生正在用餐的餐廳開始掃射,最後在圖書館結束自己的性命。從屠殺開始到結束,他們共殺害了一

名老師和十二名學生，造成二十多人受傷。從這兩個男孩的日記和屠殺當天錄製的影片可以看出，他們對許多同學懷有極深的憤恨。

刑事檔案：維吉尼亞理工大學大屠殺

二〇〇七年四月十六日，黑堡鎮（Blacksburg）維吉尼亞理工大學的一名學生趙承熙展開隨機殺人行動。在他行動結束之際，他已經成為美國史上最可怕的大規模殺手。約在早上七點十五分時，趙承熙進入宿舍先擊斃兩個人，但這只是開始。他逃離現場，換裝後帶著更多武器和彈藥，進入郵局寄了一個裝有文件和影片的包裹給NBC新聞，接著展開持續九分鐘的第二次攻擊。他一共擊發一百七十四枚子彈，殺死另外三十人，並造成許多人受傷。然後他用武器對準自己。NBC收到的資料顯示這是出自趙承熙所寫及錄製的聲明，他怒斥那些「有錢小鬼」，說他們是「放蕩」的「騙子」。這種對於某一群人長期累積的深沉憤怒是大規模殺手的典型特徵。

▶ **瘋狂殺手**：這類型的凶手會在兩處以上的地點殺害數人，凶案之間沒有「冷卻期」，但有動機連結。瘋狂殺手展開殺戮時，會從一處移動到另一處，從一個城市到另一個城市，甚至從一州到另一州，在他所到之處留下一堆屍體。看似深埋的憤怒使其展開行動，他一旦開始，便無法停止或轉向。跟大規模殺手一樣的是，瘋狂殺手最後通常以自戕或被警方擊斃作結。安德魯·庫納南（Andrew Cunanan）便是瘋狂殺手之一。

刑事檔案：安德魯·庫納南

安德魯·庫納南常被形容成那種專門服侍有錢老男人的「高級男

妓」。他一直生活在富裕和享樂的世界裡，直到一九九六年他的世界開始大反轉。一九九七年四月中旬，他在聖地牙哥為自己舉辦了歡送會，告訴大多數人他即將搬到舊金山。但是，他卻又告訴某些人他要去明尼蘇達州「解決某些事」。接著他買了一張頭等艙單程機票，前往明尼蘇達州的最大城明尼亞波利（Minneapolis）。一九九七年四月二十七日晚上，他在情人大衛‧曼德森（David Madson）的公寓中，用一把榔頭將二十八歲的傑佛瑞‧垂爾（Jeffrey Trail）打死。五天後，他在湖邊隔著五十哩的距離一槍擊中曼德森頭部，並駕駛他和曼德森從垂爾家中開走的紅色吉普車逃離該地。

庫納南開車前往曾與七十二歲房地產大亨李‧明格利（Lee Miglin）廝混的芝加哥。在將明格利折磨一番後，庫納南用剪刀和花園鋸子將他殺害，然後駕駛明格利的凌志汽車前往東部。五月九日，他在賓州紐澤西開槍射殺威廉‧利斯（William Reese），偷走受害者的紅色雪佛蘭敞篷車，往南行駛。此時，庫納南的名字已被聯邦調查局列為十大通緝犯之一。

他的旅途在佛羅里達州邁阿密結束，七月十五日清晨，他在名設計師吉安尼‧凡賽斯（Gianni Versace）下榻的卡蘇阿瑞納酒店（Casa Casuarina）前朝凡賽斯的頭部開了兩槍。七月二十五日，警方接獲通報前往庫納南為費南多‧卡列李納（Fernando Carreira）代管的船屋。就跟許多瘋狂殺手一樣，庫納南在警方抓住他之前已先自我了斷。

▶ 連環殺手：這類凶手在不同時間和地點殺害數人，殺戮期間會有冷卻期。冷卻期可能是幾天、幾週、幾個月，甚至長達數年，這是連環殺手與瘋狂殺手不同之處。連環殺手的名錄上包括一些極知名的名字：泰德‧邦迪、約翰‧韋恩‧蓋西、亨利‧李‧盧卡斯（Henry Lee Lucas）、葛瑞‧瑞吉威（Gary Ridgway）、傑佛瑞‧達莫（Jeffrey Dahmer）、藍迪‧克拉夫特（Randy Kraft）、丹尼斯‧雷德等人。

連續犯的精神病理學

這個題目顯然龐大而又富爭議性。有許多理論研究這類犯罪者如何產生，又是什麼誘發他們的異常行為。我無意淌入這爭吵不休的渾水中，我只是想讓你知道一些目前較為人接受的理論。

社會大眾一直很難理解連續犯，在處置方面也有困難。不管是連續強暴犯或連環殺手，這些人都和社會上其他人完全不同，而到目前為止，還無法找到處置他們的合理方法。他們是典型的**精神變態**（psychopaths）或**反社會者**（sociopaths），這兩個詞經常交替使用。這些人有自我中心的傾向（自我主義和自戀）、操控欲、情感淺薄，以及缺乏同理心與懊悔。他們為了免於受罰而說謊成性，即使是最精明的審問者也會被瞞騙，而且他們有時能通過測謊。

連續強暴犯和連環殺手有許多共通點。事實上，他們可能完全一樣，只是處於精神變態錯亂的不同階段而已。多數連環殺手在暴行前期會先犯下強暴罪，接著為了掩飾罪行或者增加樂趣而進展到殺人。

目前的認知是，這些人無法透過治療恢復正常。這點顯然富有爭議性，但有一件事實堅定不移：有許多法律是為了保護大眾免受這些罪犯侵害而制定的。這些類型的犯罪者刑期很長，很少能離開監獄或精神機構而重返社會，性犯罪者則是在獲釋後，會持續被監視著。社區中若有性犯罪者搬入，民眾會接獲通知。

這並非新觀念。早在一九三〇年代，法律就規定性犯罪者必須接受醫療專家評估與治療，而在一九六〇年代，這種方案幾乎在每個州都看得到。對這些性犯罪者的診斷和治療在在顯示他們的與眾不同。他們不適用一般的診斷，一般的治療方法也無效。一九九〇年代，許多州紛紛關閉這些特殊治療中心，延長入獄刑期遂成了常規。

為什麼治療對這類型的犯罪者無效？

看來性心理變態的驅動力在犯罪者的人生早期便根深蒂固，並隨著進入青春期，乃至成人階段而益發擴大。雖然不是全部，但大多數

是由於成長過程中遭受身體、心理和性的虐待。他們通常會創造出一個幻想世界，藉此保護自己與遭受的虐待隔離。當幻想愈來愈膨脹，有些人便發展出性和暴力的特質。在犯罪者付諸行動之前，這些幻想可能會醞釀多年，甚至長達數十年之久。

一般來說，這些幻想在連續犯的暴力犯罪中扮演強大的角色。在初期階段，他的幻想可能還不邪惡，也尚未具體成形，但當他在心中年復一年，一次又一次的演練，幻想開始成形。幻想通常都很單純，但對於較富有想像力的犯罪者來說，幻想會演變成情節複雜的劇本。在很多例子中，性和暴力的主題會相互混合，直至緊密相連。

犯罪者出外追捕受害者時，他其實是在尋找幻想劇中的角色。他會尋找特定類型或有特殊外表的人。泰德‧邦迪下手的女性都是有著黑髮與中等身材，這是他幻想中需要的角色。

這就帶出關於這些幻想的一個重要事實——它們通常都有獨特性。我們每個人都有不同的幻想，某個人的幻想不見得對另一個人有吸引力。但當你陷入幻想時，你幻想中的細節和感受是一樣的，每個幻想也喚起同樣的情緒。這對連續犯來說也一樣，差別只在於這些人容易有性暴力幻想，且最終會使其變成真實。

但也因為這些幻想具有特殊的細節，才得以側寫出凶手的特質。由於幻想大多獨特且重複，犯罪行為的特定元素也會是獨特與重複的，便能彰顯出凶手的特徵。

連續犯側寫

側寫（profiling）與其說是科學，不如說它是一門藝術。側寫基本上是尋找證據，針對可能犯下某罪行的某類型人士做出最好的推測。側寫員察看犯罪現場、解剖資料、受害者，以及凶手犯案前和犯案後可能的行為，接著做出評估。凶手是如何接觸受害者？對受害者做了什麼？他是否嘗試掩飾行蹤？如果是的話，他是怎麼做的？受害者吸

引凶手的特點為何？是什麼樣的動機或幻想驅使凶手在這個地點、這個時間、以這種方式傷害受害者？

在連續謀殺案中，通常以**未知犯罪嫌疑人**（unknown subject，簡稱unsub）來稱呼犯罪者。犯罪現場的分析可以提供警方線索，找到這類型的未知犯罪嫌疑人。這些分析現在成為人們所知的**犯罪側寫**（offender profiling）。儘管側寫無法明確指出誰是犯罪者，卻經常協助警方縮小調查範圍。側寫可能會指出未知犯罪嫌疑人的外表特徵與心理構造、他的住處或工作場所、他在犯罪前可能出現的舉動或犯罪後可能的行動，以及其他的證據可能在哪裡。最後，犯罪現場可能會顯露出未知犯罪嫌疑人的做案手法與犯案特徵。

除了常見的調查手法，執法人員逐漸增加犯罪側寫知識以追蹤連續犯。既然這些凶手通常是「陌生人」，一般可見於凶手與受害者之間的聯繫並不存在，但還是能從別的面向找到線索。凶手的精神層面有某種東西驅使他在特定地點、特定時間攻擊特定的受害者。

聯邦調查局中，負責犯罪側寫相關研究的是行為分析小組（Behavioral Analysis Unit，簡稱BAU）。該單位的研究是為了更深入理解暴力犯罪，包括與獄中被定罪的連環殺手進行一系列的會談。透過特定出現在這類型犯罪者之間的普遍性，調查員可以更加了解這些暴力犯罪者，並導入有效的調查工具。分析犯罪現場，尋找關於犯罪者人格的線索與動機及犯罪側寫漸漸變得普遍，現在已成為追蹤連續犯的關鍵性步驟。前提是凶手不僅要留下物理證據，還要有行為與心理證據。解讀這些證據是找到凶手的關鍵。

這些解讀會在傳統犯罪調查試圖回答「如何」和「為什麼」的問題上，再加上「誰」。面對遭到連續犯或陌生人殺害的受害者，側寫員運用「如何」和「為什麼」來判斷出「誰」。也就是說，「什麼類型的人」會以這種獨特的方式犯下這起獨特案件？

側寫的基本原理之一是行為反應人格，一個人的行動是源自於人

格與心理需求和恐懼。側寫員從凶手的行為（不限於犯罪現場，也包括犯罪前和犯罪行動之後）尋找關於其人格的線索。從這些線索可以洞察出凶手的動機、他的智力與教育程度，以及挑選特定受害者的理由。

凶手通常會「布置」受害者，可能是為了驚嚇發現屍體的人，或是他幻想的心理意象的再現。布置可能是褻瀆的、聖潔的，或任何介於這兩者之間的形象，往往會顯露凶手對於受害者的感覺。如果他對受害者蘊藏恨意，或者此人具代表性（代表他的母親、妓女或者所有女人），那麼布置的方式就會反映出以上形象。

犯罪側寫的第一個重大成功案例是二十世紀中期的瘋狂炸彈客（mad bomber）案，可以說側寫這門藝術是直到近期才問世。

刑事檔案：瘋狂炸彈客

一九四〇年十一月十六日，聯合愛迪生電力公司（Consolidated Edison，簡稱Con Ed或Con Edison）的曼哈頓辦公室窗台上發現一枚未爆彈。炸彈旁有張手寫印刷字體的字條寫道：「聯合愛迪生大壞蛋——這個送給你。」一九四一年九月，又發現了第二枚未爆彈。三個月過去，就在珍珠港事件爆發後，炸彈客寄了一封信給警方，表明基於愛國心，在戰爭結束前他不會再放置任何炸彈。儘管多年後他又寄了好幾封信，但他確實信守承諾，直到二戰結束都未再發現任何炸彈。

一九五〇年四月二十四日，紐約公立圖書館的電話亭裡出現了一枚未爆彈。一九五一到一九五五年間，炸彈客設置超過一打的炸彈，其中多數都爆炸了，他持續寄信表達對於聯合愛迪生公司強烈的恨意。一九五六年十二月二日，一枚威力強大的炸彈在布魯克林的派拉蒙劇院（Paramount Theater）引爆，造成好幾個人受傷。這起事件促使警方請精神科醫生詹姆斯·布魯塞爾（James Brussel）博士參與調查此案，

他當時因為分析犯罪，並預測什麼樣類型的人可能是犯罪者而聞名。

看過瘋狂炸彈客的信件和警方報告後，布魯塞爾博士推斷炸彈客是一名中年男性，偏執且性格內向，對於聯合愛迪生公司恨意極深。他告訴警方，此人可能曾與該公司有過爭執，並且遭到開除。他受過良好的教育，可能有斯拉夫血統，和年長的女性親人同住，且工作上極為一絲不苟。此外，他很擅長使用工具，被捕時可能穿戴整齊，好比穿著雙排扣西裝，扣上扣子。

事實上，炸彈客曾在一封信中提到，一九三一年九月五日有件意外特別激怒他。警方調閱聯合愛迪生公司的紀錄發現，當天曾發生鍋爐爆炸，一名叫做喬治·麥卡斯奇（George Metesky）的員工因此受傷。其後麥卡斯奇曾寫信向公司申訴，拿來和炸彈客的信件比對後，發現其中有很多相同的詞彙。警方到麥卡斯奇的住處逮捕他時，發現他五十四歲、波蘭裔、未婚，並且和兩個姊姊同住。他還穿著一件雙排扣西裝，扣上了扣子。

如果行為能吐露人格，那麼查看犯罪現場的特徵應該可以提供犯罪者心理狀態的線索。基本上根據犯罪現場的證據，可將他們分成組織型犯罪者、無組織型犯罪者，以及混合型犯罪者。

組織型犯罪者考慮周延，證據也會顯示出計畫的跡象。他們通常是一般智力或高智商，有工作也有配偶和家人等社會關係。他們即使受到幻想驅使，也有足夠的自制力避免衝動行事。他們不但會準備，還會預演。他們傾向對特定受害者或特定類型下手，會使用監禁等控制手段讓受害者順服。他們會攜帶得以接觸並控制受害者的工具，並且避免留下證據。他們一般會藏匿或丟棄屍體，大部分會有個早已選定的「棄屍地點」。

無組織型犯罪者則相反。他們通常獨居，或只跟一名親人同住，智力低於平均值，無業或打雜工，通常都有心理疾病。他們會衝動行

事，就像無法控制幻想驅使的需求。他們很少使用計謀取得受害者的信任，大多是突然以暴力制服受害者，犯罪現場通常混亂失序。他們不會預先計畫或隨身攜帶工具，而是直接使用當時手邊有的物品。屍體通常會留在現場，也很少避免留下證據。可能會在受害者死後與其發生性接觸。

混合型犯罪者同時具備以上兩種類型的特徵，留下混合型態的犯罪現場。通常會有證據顯示他們的犯罪計畫，有考慮周詳的做案手法，但是攻擊行為可能很狂暴或混亂。這可能代表他們壓抑著某些深藏的暴力幻想。

為了讓流程順暢並標準化，側寫員發展出**敘詞**（descriptor）的分類。這些敘詞「描繪」出各種犯案類型。用在側寫連環殺手的敘詞包括：

▶ **年齡**：大多數連環殺手的年齡約落在二十幾歲或三十幾歲。組織型犯罪者通常較無組織型犯罪者年長與成熟。

▶ **性別**：幾乎全是男性。幻想驅動這些有性虐待傾向的連環殺手，而這些幻想是被一種叫做睪固酮（testosterone）的男性賀爾蒙所驅使。這類型的殺戮核心是性與暴力衝動的混合。

▶ **種族**：大部分都不會跨越出自己的種族，白人凶手殺害白人，黑人凶手殺害黑人。儘管並非放諸四海皆準，但這個傾向的確說明犯罪者幻想的特殊性。在個人獨特的幻想驅使下，他們會尋找特定年紀、性別和種族的受害者。

▶ **住處**：組織型犯罪者可能已婚，擁有家庭且受到朋友喜愛。無組織型犯罪者則由於心智缺陷和發育不全，往往獨居或只和一名親人同住。

凶手的住處是否鄰近犯罪現場也很重要。無組織型犯罪者通常會殺害住家附近的人。因為住家附近對他們來說屬於舒適圈，由於精神狀態不穩，踏出此區域會形成壓力。相反的，組織型犯罪者通常有車，

行動範圍較廣。儘管他們一開始下手的少數受害者可能在居家附近，但有了經驗後，他們會擴大舒適圈，因而擴大掠殺範圍。

▶ **社交技巧**：像泰德·邦迪那樣會使用計謀來誘騙受害者上當的，通常都具備良好的社交技巧（組織型）。而採用閃電攻擊的犯罪者，則較不擅長對話溝通（無組織型）。

▶ **工作和從軍紀錄**：組織型犯罪者通常擁有穩定的工作履歷，比較可能有光榮服役的從軍紀錄。無組織型犯罪者通常太「瘋」，以致無法長期待在同一份工作或服完役期。

▶ **教育程度**：組織型犯罪者的就學時間通常比無組織型犯罪者來得長，後者無法適應學校的紀律和壓力。

側寫員使用這些敘詞來「描繪」可能犯下該罪的人物類型，有助於警方鎖定特定的犯罪嫌疑人。側寫在訊問犯罪者時也扮演著重要角色，一旦知道可能的人物類型，調查員就能設計問題，並在可能的問題點上施壓以求突破，這說不定能誘使犯罪嫌疑人編出一籮筐謊話，或使其認罪。

側寫也有助於判斷犯罪現場是否經過「設計」。設計意指改變場景外觀，讓犯罪現場看起來以完全不同的方式，或基於不同的理由發生（見第二章：證據，「犯罪現場重建」一節）。經典案例是因大發雷霆而殺死妻子的丈夫，將抽屜和衣櫃全都拉開、推倒家具、敲破門鎖或窗戶，讓現場看起來像是竊賊幹的。當調查員發現受害者遭到棍棒毆打，並被刺了二十多刀後，懷疑的目光就會落在那名丈夫身上。竊賊不會有這種殘殺行為，通常殺了就跑。殘殺有私人因素存在，而憤怒是最普遍的內驅力。

戰利品和紀念品

很多犯罪者會從犯罪現場拿取物品。有價值的物品通常會被偷走，例如現金、珠寶、電器，以及賣得掉的東西。犯罪者也會取走可

能使其涉嫌的證據，像是凶器或使用過的保險套。連續犯則傾向拿走非金錢或無具體價值，但對他們來說具有像是**戰利品**或**紀念品**等私人意義的物件，可能是衣物、珠寶、頭髮、照片，甚至是受害者身體的一部分。

戰利品和紀念品這兩個詞經常交換使用，但兩者間其實存在著差異。差別在於犯罪者對於受害者的感覺。如果他視受害者為被征服者，那麼他會將物品當作戰利品，日後撫摸這東西時，會讓他想起對受害者的支配。如果他視受害者為幻想中珍貴的成員，該物件就是紀念品，用來重現當時經驗，成為他自慰幻想中的一部分。

做案手法與犯罪特徵

簡單來說，**做案手法**是犯下罪行的方法。凶手是開車還是走路到現場？隨身攜帶武器，還是單純使用手邊的物件？他是打破窗戶、撬開門，或使用計謀引誘受害者讓他進門，還是他重擊受害者？他有從現場拿走任何有價值的東西嗎？他是否監禁或傷害受害者？以上談的是犯罪者做事的方法，每一點都是犯罪者執行以及擺脫罪行的必要條件。

做案手法不是新觀念。這個詞可溯及英國一名保安長官艾區力（L.W. Atcherley），他擬定了這套包含十個要點的系統，用來處理犯罪者的做案手法。他會查看像是犯罪地點、進入點和進入方法、進入或犯罪時所使用的工具、從犯罪現場取走的物品類型、案發在當天的什麼時刻、不在場證明、共犯、往返現場的交通方式，以及任何不尋常的特徵。蘇格蘭場後來採用了很多他的技巧。

很重要的一點是，做案手法會隨著時間進化。未知犯罪嫌疑人一旦學會如何精進犯罪時，他會改變進入模式、引誘計謀、裝扮、攻擊時間、使用武器，以及做案手法的任何部分。只要能夠讓他更有效率或避免被捕，他都有可能調整手法。

犯罪特徵和完成犯罪或擺脫罪行的過程無關，但對犯罪者而言是很重要的行為。折磨或殘殺受害者、死後破壞屍體或布置屍體、取走戰利品或紀念品都是犯罪特徵。這些是凶手受精神需求和幻想驅使所做出來的行為。

和做案手法不同的是，犯罪特徵永遠不會變。凶手可能會調整犯罪特徵使其臻至完善，但基本特徵是一樣的。比方說，如果一名連環殺手以宗教方式布置他的受害者，好比呈現祈禱或十字架姿勢，他日後可能會增加像是蠟燭、十字架或其他儀式物品等細節。犯罪特徵的細節會改變，但基本形式和主題都是一樣的。

犯罪特徵會如此穩定的理由在於他的驅動力，也就是未知犯罪嫌疑人的幻想。這些幻想在人生早期開始發展，在心中經年累月重現下淬鍊成執念。犯罪過程中，未知犯罪嫌疑人迫使受害者按照他的劇本來回應他，而這劇本早已在他的腦海中預演過千萬次。他的犯罪特徵只是讓個人的幻想出現在現實中。既然他的幻想永遠不變，犯罪特徵也就不會改變。在上述情況中，宗教性的布置和裝飾是凶手幻想中極為重要的一部分，既然這是他犯罪的初始理由，他就會以同樣方式處理所有的受害者。

犯罪特徵對於凶手側寫很有用。宗教性布置可能表示某些與宗教、教會或某個教士有關的問題，這也會併入此人的側寫中。此外，犯罪特徵或許能將一連串的犯罪連結起來。如果在數起犯罪中發現類似的布置、綑綁或殺害方式，聰明的調查員便會尋找其他的連結線索。因為犯罪現場的連結對於追蹤凶手而言，通常扮演著關鍵角色。

刑事檔案：卡敏・卡拉伯

一九七九年，二十六歲的教師法蘭馨・艾佛森（Francine Elveson）的屍體在她公寓的頂樓被人發現。她全身赤裸，被人用筆和雨傘性侵

過，屍體被支解。她的身體被擺成「查」（〔Chai〕猶太人象徵好運的符號）的形狀。她平時會配戴「查」符號的飾品，但這個飾品顯然被凶手當作紀念品拿走了。

聯邦調查局對於凶手的側寫指出此人屬於無組織型犯罪者，因為現場看起來缺乏計畫，而且種種細節都暗示這是受幻想驅動所犯下的謀殺。他很可能是白人、二十五到三十五歲之間，無業，知道建築物構造與受害者習性。此外，他很可能認識受害者，至少曾經看過她。他知道這棟公寓的頂樓隱密到足以讓他完成種種暴行，還能讓他逃離。謀殺的儀式性和虐待性以及他沒有直接性侵受害者，而是用物品取代，意謂著他性無能，沒有穩定的女性關係。他可能有某種心理疾病，極可能曾在某段時間待過精神病院。

這份側寫讓警方鎖定卡敏‧卡拉伯（Carmine Calabro），一名三十二歲、未婚的無業男子。他經常拜訪他的父親，而他的父親就跟受害者住在同一棟公寓。他正在精神病院接受治療，但是在凶案發生時沒有得到允許就外出。他因為齒型與受害者身上的咬痕吻合而被定罪。

受害者研究

需要側寫的對象不只凶手。對受害者的評估也要加入犯罪者側寫，說不定能提供足以限縮調查範圍的資料。對於受害者特質的研究稱為受害者研究（victimology），基本上是針對一個人基於其私人生活、職業和社交聯繫之因而成為受害者的風險評估。深入檢視受害者的生活方式和習慣能提供線索，了解為什麼在這個地點和時間，這名特定的受害者會被凶手挑中。這些資訊將受害者分成高風險、中等風險和低風險。

高風險受害者是那種頻繁處於高風險處境中的人。妓女，特別是馬路上的「阻街女郎」顯然落在這個區塊。她們通常在夜間工作，經常接觸陌生人，而且願意上陌生人的車。簡言之，她們很容易成為目

標。其他的高風險行為還包括藥物濫用、濫交、夜間工作，以及和具有犯罪人格的人扯上關係。

低風險受害者跟工作和家庭有密切關係，他們不去不熟悉的區域，有穩定工作和很多朋友，不使用藥物，夜裡一定會鎖門。

中等風險受害者則介於上述兩者之間。

之所以挑定某個特定受害者，端視凶手自身的幻想需求和受害者易受攻擊的程度而定。有些受害者只是運氣差被選上。比起低風險受害者，高風險受害者讓自己置身於極易受攻擊的處境，但兩者都是在錯誤時間出現在錯誤地點才受害。其他的受害者則是因為符合凶手幻想中的閃亮角色。凶手可能花上數天或數星期尋找對的受害者，那個最吻合他幻想中的人。他會對其他比較好下手的潛在受害者視而不見，因為她們「不對」。

關於受害者側寫，有個叫做**心理剖析**（psychological autopsy）的特殊形式。當不確定受害者的死亡原因是意外、自殺或凶殺時，就會用這種方式來確定。為了判斷死亡原因，法醫精神科醫生會查看受害者的病歷、就學情形、工作狀況、從軍紀錄，也會與家屬、朋友和關係人面談，並且評估解剖結果以及警方和目擊者報告。目的是為了評估受害者的壓力是否過大，以致讓他這類型的人產生自戕的念頭，或是他的生活方式屬於容易成為凶手下手的類型？

地緣剖繪

電視上的野生動物節目中，旁白經常提到特定的獵食者領域或狩獵範圍；狩獵監督官也會用這些邊界線來縮小其搜尋獅子或老虎的範圍。側寫員對於連環殺手用的也是同樣方法。

分析凶手的襲擊模式可以導出珍貴的資料，徹底掌握對他的認識。這種分析稱為**地緣剖繪**（geographic profiling）。地緣剖繪建立在一個前提之下：連環殺手和獅子、老虎一樣，有其「舒適圈」，他們覺

得在舒適圈裡可以安心實行犯罪。地緣側寫員會想知道受害者是在哪裡被劫持，襲擊與謀殺發生在何處，以及棄屍地點。倘若發生數起攻擊事件，側寫員便有好幾個地點要調查，他可以將這些地點在地圖上圈起來，確定凶手的地盤。

如果這些凶案都密集發生在一小塊區域裡，表示凶手活動範圍不大，可能沒有車子或者沒有工作。如果範圍廣闊，表示凶手行動自如，可能有里程數很高的汽車，因為他經常外出尋覓受害者。不管範圍窄或寬，凶手的住處或工作地點都很可能在這個舒適圈之中。

對調查員來說很重要的是，判斷哪個受害者是第一個被殺的。假如受害者在案發後馬上被發現，這個問題就很單純。但受害者若是消失了也無人注意到的街友或妓女，可能根本不知道他們是哪一天被劫持。而如果屍體被丟棄在遙遠的地方，受害者被殺的順序便可能跟屍體被尋獲的順序不同。在這種情況下，法醫人類學家便會參與案件，評估最有可能的死亡時間（見第五章：死亡時間）。這點為什麼那麼重要？連環殺手的舒適圈一開始通常很小，隨著每一次殺人而變得愈來愈大。這表示第一個受害者遇害的地方可能相當靠近凶手的住處或工作地點，這是找出凶手的關鍵。

犯罪者與犯罪現場的連結

若能連結數個犯罪現場，就能連結起證據，反過來也有助於縮小可疑的犯罪嫌疑人名單，可能縮小到一人。假設可以用類似的犯罪特徵，把位於鳳凰城的犯罪現場和洛杉磯及賭城的犯罪現場連結起來。再假設鳳凰城有個目擊者表示，他看到一名個頭高大的男人駕駛藍色貨車離開犯罪現場，而洛杉磯有枚鞋印顯示凶手穿著某種尺寸和款式的運動鞋；再者，在賭城的現場發現的頭髮透露出凶手將他的金髮染成黑色。這些證據若單獨檢視顯得很薄弱，但放在一起，便能讓警方看到

一幅清楚的犯罪嫌疑人圖像：個頭高大、頭髮染黑、穿著運動鞋，以及駕駛一輛藍色貨車。還有許多線索可以繼續拼湊。不過，要如何做到像這樣的連結？

可以使用自動指紋辨識系統（Automated Fingerprint Identification System，簡稱AFIS）比對多個犯罪現場的指紋和犯罪嫌疑人的指紋（見第十二章：指紋），聯邦調查局亦建立其他資料庫來對付連續犯。例如，**國家暴力犯罪分析中心**（National Center for the Analysis of Violent Crime，簡稱NCAVC），這是全美暴力犯罪資料的貯藏庫。另外，還發展出**暴力犯罪逮捕計畫**（Violent Criminal Apprehension Program，簡稱VICAP），以及存放連環殺手側寫資料的**側寫員資料庫**（PROFILER）。

犯罪現場的資料都會輸進這些資料庫中。調查員處理一樁凶案或一連串凶案時，他可以建立一個可疑現場的側寫，接著和全國其他案件相比對，看是否能找到與其他案件的連結。比方說，如果調查員正在分析一個犯罪現場，受害者被一條打上繩結的繩子勒斃、被用某物件性侵，並且她的雙手被砍下，他可以將這些資料鍵入側寫中，並將該現場與暴力犯罪逮捕計畫和側寫員資料庫中的資料做比對，便能找出特徵類似的犯罪現場。接著調查員檢視兩者，判斷它們是否由同一人所為。若有其他可用證據，就能將兩件凶案連結在一起，並鎖定凶手。

法醫精神病學是一門倘若不夠嚴謹便窒礙難行的科學。事實上，與其說是科學，它更像一門藝術。無論是心智狀態測試、行為能力評估、判定受試者所言是否屬實，或側寫某個未知犯罪嫌疑人，法醫精神科醫生都必須運用他所受的訓練、經驗和常理做出「最佳猜測」。精神病學中，沒有什麼斬釘截鐵的事。

後記

AFTERWORD

我希望閱讀本書能讓你增長見聞，同時覺得這些知識很迷人，在學到許多新事物之餘，更加了解法醫科學做得到與做不到的事。希望你不只一次針對某些觸動你心弦，或引發你好奇的主題上網搜尋完整資料。更重要的是，希望你覺得有趣，這也是我在搜尋資料與撰寫這本書時的感受。

請造訪我的網站www.dplylemd.com，你會發現這裡有來自作家們提出關於法醫科學各式各樣的問題。如果你覺得很感動，請留言給我，讓我知道你對於這本書的想法。

—— D・P・萊爾醫生

附錄：鑑識工具

APPENDIX: FORENSIC SCIENCE TOOLS

呼吸測醉器（breathalyzer）―――一九五四年，美國印第安那州警長勃肯斯坦（R.F. Borkenstein）發明了呼吸測醉器，儘管後來歷經改良，但基本概念是一樣的。這個裝置在於保存人們呼出的氣體並予以分析。當閥門切到「測量」（TAKE）位置時，受試者朝吹嘴吹一口氣，氣體便被密封在收集槽裡。接著閥門切至「分析」（ANALYZE）的位置，呼出的氣體便進入水、硝酸銀（silver nitrate）、硫酸、重鉻酸鉀（potassium dichromate）等混合物中。呼出的氣體中若含有任何酒精，都會立即氧化成醋酸，這個作用是以酒精的多寡等比例破壞重鉻酸鉀。也就是說，呼吸中的酒精含量愈高，就會破壞愈多的重鉻酸鉀。

呼吸測醉器中也包含用來測量吸光度的分光光度計。以上面的情形來說，它是以重鉻酸鉀的波長來測量吸光度。當重鉻酸鉀被明顯破壞，濃度下降，吸光度也隨之減少。分光光度計便測量此變化。變化程度與呼吸中的酒精量息息相關，而由於呼出的氣體也直接反映出血液中的酒精含量，呼吸測醉器便能準確地間接測得血液中的酒精濃度。

層析儀（chromatography）―――**氣相層析儀**（gas chromatography，簡稱GC）能將混合物快速分離成單一成分。氣相層析儀（見圖A-1）的原理是藉由每個成分在含有惰性氣體（如氮和氦）的管柱中移動速度的快慢來測量。上述氣體稱為載氣（carrier gas），它會攜帶未知的氣相樣本一起通過玻璃或金屬管柱。基本上是將液態樣本注入管柱一端，加熱讓液體氣化。蒸氣自管柱流入載氣中，接著到達偵測器（detector）。由於不同的化合物移動速度各異，因此會在移動過程中逐

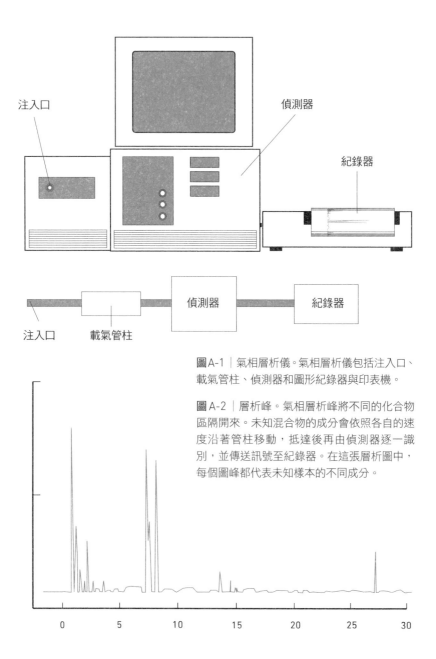

注入口

偵測器

紀錄器

注入口　載氣管柱

偵測器

紀錄器

圖A-1｜氣相層析儀。氣相層析儀包括注入口、載氣管柱、偵測器和圖形紀錄器與印表機。

圖A-2｜層析峰。氣相層析峰將不同的化合物區隔開來。未知混合物的成分會依照各自的速度沿著管柱移動，抵達後再由偵測器逐一識別，並傳送訊號至紀錄器。在這張層析圖中，每個圖峰都代表未知樣本的不同成分。

一分離，並在不同時間抵達偵測器。化學物質抵達偵測器所需的時間稱為**滯留時間**（retention time，**簡稱RT**），不同化學物質的滯留時間不一。而後偵測器將這些訊號傳至紀錄器，顯示每個化合物滯留時間的圖形。這個圖形稱為層析圖（chromatograph）（見圖A-2）。通常只要有這張圖就能判斷未知樣本的組成，但如果需要進一步的資訊，氣相層析儀可結合接下來要討論的質譜分析或者紅外線分光光度計。

　　熱裂解氣相層析儀（pyrolysis gas chromatography，**簡稱Py/GC**）在待測樣本為固體時使用。固體必須先加熱轉化成氣體（這個過程稱為**熱裂解**），接著再以上述的氣相層析法處理。

　　液相層析（liquid chromatography）類似於氣相層析，只是待測樣本為液態。將樣本溶解於液體溶劑後，使其通過固定吸附劑（stationary absorbent）。每個溶解的化合物流經吸附劑的速度各異，抵達物質另一端的時間也不同，因此可用於區分並判別樣本的化學性質。

　　薄層層析法（thin layer chromatography，**簡稱TLC**）類似於氣相層析，可一次區分並判別數百種化合物。主要差別在於薄層層析使用的是覆有吸附劑（通常是矽膠〔silica gel〕）的薄層，而非氣體管柱。進行測試時，先在玻璃板上覆蓋一層矽膠（或用來做為薄層的物質）。待測樣本溶於溶劑後，將它和已知樣本（已知組成的混合物）並排點在靠近玻璃板一頭的矽膠上。待其乾燥後，把玻璃板置於底部裝有液體溶劑的密封槽中，液體因為毛細作用會沿著玻璃板向上爬升，並帶著樣本的不同組成成分移動。每一種化學物質移動的速度不一。當溶劑到達玻璃板的頂端時，再將玻璃板取出乾燥。不同的化學物質會有不同的移動長度，也就能將它們區隔開來。

　　接著在玻璃板上噴灑或滴上各種試劑，試劑和不同的化合物作用時會產生呈色反應（color reaction）。藉由和已知樣本比對移動長度，以及與試劑作用的顏色變化，就能判別樣本中化學物質的存在與類型。最後再以質譜分析（mass spectrometry，簡稱MS）詳加區分。

　　凝膠電泳（gel electrophoresis）————電泳是利用物理特性（像是大小或電荷）將分子或分子碎片（如DNA碎片）分離的過程。基本原理是將欲分離的物質置於瓊脂凝膠（類似果凍的膠狀物質）的一端並施加電流。物質會從凝膠的一端往另一端移動，移動速度則是依照成分的尺寸、形狀或電荷而異。較小或形狀不規則、高電荷物質移動的速度較快，而較大的物質受到凝膠的阻力較大，移動速度較慢。因此會有不同的分離色條，每一條都是不同的原始物質的組成分子。這項技術運用在某些DNA指紋分析上。

　　免疫分析法（immunoassay）————免疫測定法和抗原抗體反應有關。要尋找的物質是抗原，而測試物是抗體。抗體只會和特定的抗原發生反應。這項測試是將待測樣本的特殊抗體加入樣本中，若抗原抗體黏著或「凝集」成複合物，即為陽性反應。進行測試時，通常會在抗體加上螢光「標籤」，如此就能在發出螢光的抗原抗體複合物「讀到」反應。如果使用的是放射性「標籤」，這個過程就稱為**放射免疫分析法**（radioimmunoassay）。這在血清（血液）測定上非常實用。

　　感應耦合電漿質譜分析儀（inductively coupled plasma-mass spectrometry，簡稱ICP-MS）————這項試驗很快成為測試細小金屬樣本的選擇。主要缺點是價格昂貴。使用氬氣噴燈，將樣本加熱至超過攝氏六千度，使物質變成離子化氣體。接著讓氣體經過質量偵測器，透過質量和電荷判斷出化學物質為何。

　　顯微鏡（microscope）————**複式雙目顯微鏡**（compound binocular microscope）是將兩個觀測鏡頭結合在一起，雙眼各自透過平行的鏡頭觀察。這是學校、醫院和鑑識實驗室最常使用的顯微鏡。光線可以自上方、斜角或下方投射到檢體上，放大倍數可達一千兩百倍以上。

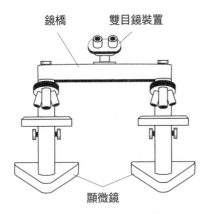

鏡橋　　　雙目鏡裝置

顯微鏡

圖A-3 │ 比對顯微鏡。這基本上是兩個顯微鏡由鏡橋連結，因此可以將兩個檢體併置觀測。

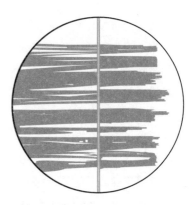

圖A-4 │ 比對顯微鏡的視像區域（field of view）。比對顯微鏡可以將彈頭的膛線痕跡並置比對。

可附加偏振光或其他類型的光線，協助觀察某些檢體，也可以加裝測量極細微檢體尺寸的測微計（micrometer）。

比對顯微鏡（comparison microscope）可以並排比對兩個檢體。比對顯微鏡是在一九二五年由飛利浦・葛萊維（Philip Gravelle）所發明，基本上是以鏡橋將兩個顯微鏡結合在一起（見圖A-3）。鏡橋上的鏡片組和目鏡，能將待觀測的兩個檢體影像投射到雙目鏡裝置。觀測者會看到切成兩個半圓的圓形，左邊顯微鏡下的檢體在圓形的左半邊，右邊顯微鏡下的檢體則在圓形右半邊（見圖A-4），如此就能比較兩個樣本的顯微細節。最常使用在工具痕跡和彈道比對上。

偏振光顯微鏡（polarized light microscope）可以在偏振光下觀察物質，看到很多標準光線下所看不到的細節。在正常光線下，光波有許多振動面，而在偏振光下，光波只會朝單一方向或平面振動。在偏振光下觀察檢體，較少反射光的散射，所以看起來較銳利清晰，顏色也較為清澈。

立體顯微鏡（stereomicroscope）是兩個鏡頭分開十到十五度角的

雙目鏡（一個接目鏡以及雙眼各一個鏡筒），觀測的檢體看起來會是立體的。塗料碎片、織物質地、玻璃表面上的痕跡或是毛髮卷度等，在立體狀態看得最清楚。

掃描電子顯微鏡（scanning electron microscope，簡稱SEM）於一九二〇年代初期開始普及商業化，放大倍率可達十萬倍以上，不過鑑識工作所需倍數很少超過兩萬倍到兩萬五千倍。標準顯微鏡是利用光來觀測檢體，掃描電子顯微鏡則是使用電子束。將電子束掃射到檢體上，透過電磁鏡片觀測。這不只能將檢體放大到極高倍數，也使其不可思議地清晰。掃描電子顯微鏡大多用來觀察極細微的檢體，確定微小細節，並且判定像是火藥殘留之類的痕跡。

掃描電子顯微鏡若是和能量散射X射線光譜儀結合（SEM/EDS），便成為威力強大的鑑識工具。掃描電子顯微鏡能確認細微物質，而能量散射光譜儀能確認基本構造，兩者結合就能判斷出物質的屬性。

中子活化分析法（neutron activation Analysis，簡稱NAA）——這是一項複雜繁瑣的程序，並且需要使用核反應器，因此所費不貲。這項技術是以中子衝擊樣本，與樣本中各種組成分子撞擊。這會讓各種組成分子依照特有的能量程度釋出放射能。測量釋放出的放射能，就能得知樣本的化學結構。可用來分析塗料、土壤、毛髮、金屬，以及許多其他物質。

光譜學（spectroscopy）、光譜測定法（spectrometry）、分光光度法（spectrophotometry）——原子吸收光譜法（atomic absorption spectroscopy，簡稱AAS）藉由氣體化原子的吸光性判斷出不同的化學物質。這表示任何固體或液體物質在進行原子吸收光譜法之前，都必須經過氣化。最常用來評估待測樣本的各種金屬質量，像是鉛、鐵、砷等。例如可以判斷砷中毒受害者毛髮中的砷含量。

　　紅外線光譜（infrared spectroscopy，簡稱IR）是以待測樣本的紅外線吸光性做為判斷依據。每種化合物都有不同的紅外線吸收頻譜，可利用這種屬性判斷出化合物。紅外線光譜分析可得知樣本的「化學指紋」，常與氣相層析儀結合使用（GC/IR），對於分離化合物與判斷屬性的準確性很高。

　　能量散射X射線光譜儀（energy dispersive x-ray spectrometry，簡稱EDS）能分析微小物體的光和顏色特徵。與掃描電子顯微鏡結合使用（SEM/EDS），可用來判定小於一微米（百萬分之一米）的組成，也能準確判定物質的化學屬性。

　　質譜分析（mass spectrometry，簡稱MS）和紅外線光譜分析一樣，可用來辨識化合物的「化學指紋」。只是紅外線光譜分析是使用紅外線，而質譜分析則是以高能量電子束衝擊樣本，擊成碎片的化合物通過電場或磁場時，會因為質量的不同而區分開來。接著比較未知樣本與已知樣本的碎片圖形，就能判定未知物質的組成。和紅外線光譜分析相同的是，質譜分析經常與氣相層析結合使用（GC/MS），任何物質都能予以分離並判定。

　　顯微分光光度儀（microspectrophotometry）可用來測量微物跡證的光和顏色特徵，藉此排除觀察者的偏差與歧異。每個人看到的光和顏色都略有不同，一個人眼中的紅色可能另一人的橘色。有了顯微分光光度儀，就能準確測量並判定物體或物質準確的顏色、透光性、吸光性與反射特徵等。顯微分光光度儀可使用標準光（可見光）或是紅外線，並且很適合用來檢查塗料碎片、有色織品、染過或保養過的頭髮。

　　紫外光譜法（ultraviolet spectroscopy）利用化合物吸收或反射紫外線的量和波長各異的特性，將待測樣本分成不同種類。這表示每一種化合物若以特定的波長吸收較強的紫外線，則其他的吸收較少。波長最大量下吸收的強度，可為樣本的化學濃度提供指標數。這對於法醫毒物學家來說極有用處。

X光與電子繞射分析（x-ray and analytic electron diffraction）────── X光繞射（X-ray diffraction，簡稱XRD）是以單一波長的X光束衝擊樣本，並測量光束散射的測試。可測出物質中原子和分子的分布情形，並得出該物質的「化學指紋」。這在塗料之類的物質特別有用，可區分化學添加劑（如氧化鈦）中各種聚合物的型態。

分析式電子顯微鏡（analytical electron microscopy，簡稱AEM）和X光繞射類似，只是繞射的光束不是X光，而是電流。可用於分析細小的樣本，甚或微米大小的粒子。

犯罪手法系列1——

法醫科學研究室
鑑識搜查最前線，
解剖八百萬種死法

HOWDUNIT FORENSICS by D.P. Lyle
This edition published by arrangement
with Writer's Digest Books, an imprint of
Penguin Publishing Group,
a division of Penguin Random House LLC.
though Bardon-Chinese Media Agency
Complex Chinese translation copyright © 2020
by Rye Field Publications,
a division of Cite Publishing Ltd.
All rights reserved including the right of
reproduction in whole or in part in any form.

犯罪手法系列1─法醫科學研究室：
鑑識搜查最前線，解剖八百萬種死法／
道格拉斯・萊爾（Douglas P. Lyle）著；
祁怡瑋、周沛郁、林毓瑜譯
.─二版.─台北市：麥田出版：
英屬蓋曼群島商家庭傳媒股份有限公司
城邦分公司發行，2022.12
480面；14.8×21公分
譯自：HOWDUNIT FORENSICS: A GUIDE
FOR WRITERS
ISBN 978-626-310-316-0（平裝）
1.CST: 法醫學 2.CST: 刑事偵察
3.CST: 通俗作品
586.66   111014269

封面設計　　莊謹銘
印　　刷　　漾格科技股份有限公司
二版一刷　　2022年12月
二版七刷　　2024年 4月
定　　價　　新台幣499元
Ｉ Ｓ Ｂ Ｎ　978-626-310-316-0
著作權所有・翻印必究

作　　者　　道格拉斯・萊爾（Douglas P. Lyle）
譯　　者　　祁怡瑋、周沛郁、林毓瑜
審　　訂　　孫家棟
責任編輯　　林如峰
國際版權　　吳玲緯　楊靜
行　　銷　　闕志勳　吳宇軒　余一霞
業　　務　　陳美燕
副總編輯　　何維民
事業群總經理　謝至平
發 行 人　　何飛鵬

出　　版

麥田出版
台北市南港區昆陽街16號4樓
電話：(02) 2-2500-7696　傳真：(02) 2500-1966
網站：http://www.ryefield.com.tw

發　　行

英屬蓋曼群島商家庭傳媒股份有限公司城邦分公司
地址：台北市南港區昆陽街16號8樓
網址：http://www.cite.com.tw
客服專線：(02)2500-7718; 2500-7719
24小時傳真專線：(02)2500-1990; 2500-1991
服務時間：週一至週五 09:30-12:00; 13:30-17:00
劃撥帳號：19863813　戶名：書虫股份有限公司
讀者服務信箱：service@readingclub.com.tw

香港發行所

城邦（香港）出版集團有限公司
地址：香港九龍土瓜灣土瓜灣道86號順聯工業大廈6樓A室
電話：+852-2508-6231　傳真：+852-2578-9337
電郵：hkcite@biznetvigator.com

馬新發行所

城邦（馬新）出版集團【Cite(M) Sdn. Bhd. (458372U)】
地址：41, Jalan Radin Anum, Bandar Baru Sri Petaling,
57000 Kuala Lumpur, Malaysia.
電話：+603-9056-3833　傳真：+603-9057-6622
電郵：services@cite.my